야누시 코르차크에게 아동 권리를 묻다

야누시 코르차크에게 아동 권리를 묻다

존중, 배려, 신뢰, 보살핌의 교육

초판 1쇄 발행 2023년 11월 21일

지은이 타티아나 치를리나 스파디, 피터 C. 렌 외 옮긴이 김윤경
펴낸이 김명희 편집 이은희 책임편집 김미경 디자인 신병근 · 선주리

펴낸곳 다봄 등록 2011년 6월 15일 제2021-000136호
주소 서울시 마포구 토정로 222 한국출판콘텐츠센터 305호
전화 02-446-0120 팩스 0303-0948-0120
전자우편 dabombook@hanmail.net 인스타그램 instagram.com/dabom_books
ISBN 979-11-92148-81-6 93370

NURTURE, CARE, RESPECT, AND TRUST:
TRANSFORMATIVE PEDAGOGY INSPIRED BY JANUSZ KORCZAK, EDITED
BY TATYANA TSYRLINA-SPADY AND PETER RENN
© Myers Education Press, LLC, 2021

Korean translation copyright © 2023 Dabom Publishing
This Korean translation edition published by arrangement with Myers Education Press, LLC
through LENA Agency, Seoul.
All rights reserved.

야누시 코르차크에게
아동 권리를 묻다

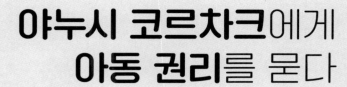

존중, 배려, 신뢰, 보살핌의 교육

타티아나 치를리나 스파디, 피터 C. 렌 외 지음 | 김은경 옮김

다봄교육

추천사

"젊은 세대와 교사들을 위한 책. 야누시 코르차크의 삶과 업적을 멋지게 담은 이 책을 읽는 것만으로도 가슴이 벅차오른다."

— 챔프먼대학 비판교육 교수 피터 매클래런Peter McLaren

"야누시 코르차크의 삶과 작품은 이 세계가 점점 더 다원화하고 연결되고 있다는 점에서 교사와 학생 모두에게 정말 중요하다. 코르차크는 학생의 연민을 기르고 문화적으로 반응하는 교실을 개발하기 위해 혁신적인 아이디어와 전략을 세웠다. 학생의 사회적·정서적·학업적인 역량을 발달시키려는 오늘날 우리의 노력은 코르차크의 노력과 닮았다. 코르차크 교육자 워크숍에 다녀온 후, 나는 교사로서 모든 아동을 효과적으로 교육할 수 있을 뿐 아니라 학생의 주체적인 자아와 자기 옹호를 촉진할 수 있게 되었다."

— 시애틀 세계위원회 교실 프로그램 기획자,
글레이셔피크고등학교 교사, 라이언 호크Ryan Hauck

"코르차크가 선구적으로 개척한 아동 인권 문제는 오늘날 더더욱 중요하다. 이 책은 단순히 코르차크의 획기적인 유산을 기념하기 위한 것이 아니다. 이 책의 사명은 오늘날 사람들의 사고와 실천 속으로 코르차크의 유산을 확장하는 것이다."

— 캐나다코르차크협회장, 제리 누스바움Jerry Nussbaum

"코르차크를 통해 우리는 아이들이 '잠재적인' 사람이 아니라 고유한 요구와 생각, 걱정이 있는 완전한 사람이라는 사실을 깨닫는다. 아이들과 함께 학습에 관해 결정하고 그들의 이야기를 경청할 때 우리의 가르침은 더 강력하고 중요하며 인간적인 것이 될 수 있다. 감탄을 금할 수 없는 이 책은 교사가 코르차크의 감동적인 유산과 친숙해지고 변화하게 한다."

— '우리 여기 있어요! 방관하지 않는 아이들'의 지도자,
시애틀 홀로코스트추모박물관USHMM 교사, 낸스 모리스 애들러Nance Morris Adler

"오늘날 학생 중심 교육과 전인교육은 폴란드의 의사이자 교육자인 야누시 코르차크 교육의 기초였다. 코르차크의 원칙을 따를 때 학교는 모든 아이들이 공부하고 번영할 수 있는 인간적인 학습장이 될 것이다."

— 시애틀공립학교 국제교육 관리자, 미셸 앙시오 아오키Michele Anciaux Aoki 박사

비키, 맥스, 소피아 미나코프를 위해

그리고

내 삶에 심오한 영향을 준

실비아, 보니, 밥, 로리 네 분의 선생님을 위해

이 책을 바칩니다.

이 책의 편집자들은 시애틀 퍼시픽대학의 교육학장인 니아라조 음부두두Nyaradzo Mvududu 박사의 꾸준한 지원과 캐나다 코르차크협회 회장인 제리 누스바움Jerry Nussbaum의 격려와 우정에 감사를 표합니다. 또한 이 책에 기여한 모든 작가들과 작가들이 소속된 각국의 코르차크협회, 원고 편집을 도와준 매의 눈 도나 라파넬로Donna Rafanello 박사, 원고 편집을 도와주고 부록을 재구성해준 SPU 학생 어맨다Amanda와 엘리자베스Elizabeth에게도 감사의 마음을 전합니다.

특별히 타티아나는 남편 존의 인내심에, 또한 딸 비키와 끊임없이 영감을 불러일으키고 긍정적인 태도를 지니게 해준 손주 소피아와 맥스에게, 마지막으로 코르차크 이론을 따르고 학교에서 실천하기로 선택한 모든 제자들에게 매우 고맙다는 말을 전합니다.

차례

1부 ─────────────────────────────

헌신과 사랑
코르차크가 남긴 삶의 발자취를 따라서

부록

원제가 《보살핌nurture, 배려care, 존중respect, 신뢰trust —코르차크에게 영감을 받은 변혁적인 교육학transformative pedagogy inspired by Janusz Korczak》인 이 책은 여러 사람이 쓴 글을 엮은 책이다. 자기 분야에서 뛰어난 교사이자 의사, 학자, 행정가, 작가, 사회단체 활동가, 큐레이터인 이들은 코르차크가 남긴 지혜를 기억하고 사람들에게 전해야 한다는 데 뜻을 모았다. 그들은 각자가 일하는 분야의 관점을 바탕으로 코르차크가 오늘날 우리에게 어떤 영감을 주는지에 대한 통찰을 이 책에 실었다. 그리고 편집자인 치를리나-스파디와 렌은 저자들이 기리고자 하는 코르차크의 사상에 '보살핌, 배려, 존중, 신뢰'라는 이름을 붙였다.

코르차크의 사상은 그가 어떤 이론이나 개념을 만들지 않으려 한 탓에 ~이론과 같은 이름이 없다. 코르차크에게 교육은 교사와 아동의 만남이라는 구체적인 맥락에서 일어나는 것이므로, 객관적인 조건을 설정하고 결과를 도출하는 이론이 타당하지 않았다. 대신에 그는 관찰에 기초해 얻은 통찰을 생생하게 담은 저술들을 남겼다. 덕분에 우리는 코르차크의 글을 읽을 때, 마치 우리가 그의 옆에서 아이들을 함께 관찰하고 그의 이야기를 듣는 것처럼 느낄 수 있다.

'보살핌, 배려, 존중, 신뢰'는 그런 코르차크의 이야기가 전하고자 하는 메시지를 요약한 것이다. 코르차크가 남긴 글과 이야기는 그 어떤 교육

이론보다 많은 통찰과 지혜가 담긴 보석과 같다. 이 책의 많은 저자들이 고백하듯이, 나도 코르차크에 관해 읽으면서 담담할 수만은 없었다. 눈물을 흘리고, 깨닫고, 놀라고, 때로는 희망찬 꿈을 꾸기도 했다. 그리고 코르차크를 좀 더 연구하고 그의 유산을 알리고자 이 책을 번역하게 되었다.

오늘날 대한민국 사회는 아동이 여전히 사회적으로 배제된 집단임을 보여준다. 아동의 행복지수는 세계 최저 수준인데도 정치나 정책의 주요 안건이 되지 못하며, 아동 혐오를 조장하는 온갖 사회적 이슈가 미디어에 끊임없이 등장하고, 그럴 때마다 아동 혐오를 정당화하고 옹호하는 여론은 재생산되지만 이를 비판하는 목소리는 찾아보기 힘들다. 상황이 이런데도 우리는 아동 인권에 관한 생각을 아이들에게 묻지 않는다. 우리는 코르차크처럼 진지하게 생각해보아야 한다. 우리는 아동을 자신을 둘러싼 문제들에 관해 사고할 줄 아는 존재로 바라보는가? 세상에 영향을 줄 수 있는 적절한 책임을 지닌 존재로 보는가? 아니면 미숙하고 무책임한 존재 또는 미래를 위해 준비하는 데 매진해야 하는 수단적 존재로 바라보는가?

코르차크가 제안하는 생각이나 방법은 오늘날 완전히 새로운 것이 아닐지 모른다. 아동 인권·자치·참여, 시민교육은 현재 폭넓게 사용되는 개념이다. 그러나 이런 개념들과 관련하여 코르차크가 남긴 생각에는 여느 교육사상가의 생각과는 다른 무언가가 있다. 아이들과 함께한 경험을 바탕에 둔 코르차크의 생각은 우리로 하여금 교육의 진정한 의미를 되새겨보게 하고, 깊이 있고 넓은 시각을 갖추게 해준다. 저마다 자기가 옳다는 주장들이 첨예하게 대립하고 때로는 부정의나 부도덕함이 정상으로 여겨지는 현실을 바라볼 때, 코르차크의 지혜는 분명 우리로 하여금 깨닫게 하는 바가 있다. 그리고 이것이 바로 내가 이 책을 번역하게 된 이유이다.

엄마이자 교사, 교육연구자로 늘 아동에 관한 일을 하면서도, 막상 그일의 중심에는 아동이 없었던 적이 많았다. 그런데 코르차크를 연구하면서 내가 하는 일이 아동을 위한 것이라는 점을 다시금 깨달을 수 있었다. 이 책을 소개해주신 김명희 대표님께 고마움을 전한다. 글을 꼼꼼히 교정해주신 김미경 선생님께도 고맙다는 말씀을 꼭 드리고 싶다. 김미경 선생님 덕분에 더 나은 책이 될 수 있었다. 그리고 책을 깔끔하게 디자인 해주신 신병근 실장님, 보이지 않는 곳에서 여러모로 애써주신 이은희 편집장님께도 고마운 마음을 전한다.

코르차크의 한 제자는 이렇게 말했다고 한다.

"모든 어른들이 야누시 코르차크의 책을 읽을 수 있으면 좋겠어요. 그러면 어린이들이 더 행복해질 테니까요."

　이 책이 승식, 승준, 승민이를 포함한 모든 아이들의 행복에 보탬이 되기를 소망하며 옮긴이의 글을 마친다.

2023년 여름

김윤경

시작하며

마르타 산투스 파이스
유엔 아동 폭력 대처 사무총장 특별 대표

야누시 코르차크는 유명한 작가이자 소아과 의사, 교육학자, 언론인 그리고 사회운동가였다. 또한 지칠 줄 모르는 노력과 용기 있는 삶으로 영감을 주는 아동 권리 옹호자였다.

코르차크는 아동이 자율성을 지니고, 항상 자신에게 가장 나은 선택을 할 수 있도록 행동하기를 바랐다. 그래서 코르차크는 아동에 대한 사회적 인식의 패러다임을 변화시키고자 했다. 또한 가족과 공동체가 아동을 성인이 될 사람이 아니라 오늘의 시민으로서 소중히 여기고 존중하도록 민감성을 지니게 했다. 나아가 성장의 신비와 급격한 변화를 존중하도록 아동 전문가에게 동기를 부여했다. 무엇보다 중요하게는, 젊은이들이 자신감을 느끼고 스스로를 믿고 절망 속에서 희망을 싹틔우며 진정한 변화의 주체로서 민주주의를 경험하게끔 격려했다.

평화와 전쟁의 시기, 폴란드 안팎에서 코르차크가 남긴 발자취 하나하나에는 아동에 대한 그의 비전과 헌신이 명료하게 담겨 있다. 그 비전과 헌신은 특히 바르샤바 게토 고아원과 트레블링카 강제수용소로 가는 극적인 여정에 가장 뚜렷이 나타난다.

코르차크가 열변했듯이, "모든 양육자는 아동 권리를 위한 대변인이 되어야 한다!" 어린이도 사람이다. 우리는 어린이에게 내일을 위해 막연한 약속을 건네기보다는 현재를 즐기고 현재에 영향을 줄 권리를 주어야 한다. 우리는 "아동에게 아동으로 살 수 있는 권리를 주어야 한다." 어린이는 자기 감정의 주인이고 시인이자 사상가이며 우리의 성찰을 안내하고 새로운 진리를 발견하게 돕는 존재이다. 우리는 어린이를 전문가이자 파트너로서 존중해야 한다.

코르차크의 유산에는 시간과 지리적 경계가 없다. 코르차크는 아동 권리를 위한 대헌장을 만들 것을 요구했다. 실제로 그는 1924년 〈아동권리선언〉에 발기인으로 참여했다. 〈아동권리선언〉은 국제연맹이 제네바에서 채택한, 아동 권리에 관한 최초의 국제협약이다. 코르차크가 언급한 바와 같이 이 선언문은 사람들을 설득하려는 강력한 메시지와 선의를 향한 호소, 친절을 향한 요청을 담고 있었다.

60여 년의 시간이 흘러, 코르차크의 비전은 아동권리협약이라는 획기적인 협약이 탄생하게 이끌었다. 1989년에 유엔이 채택한 아동권리협약은 세계 역사상 가장 널리 비준된 조약으로, 구속력 있으면서도 포괄적인 〈아동권리헌장〉을 세계 각국에 공포했다.

아동 권리를 위한 법률 시스템, 문화적 환경, 정치적 의제는 아동권리협약을 통해 서로 관련을 맺고 작동할 수 있다. 또한 아동을 수동적 수혜자나 성인이 되기 위한 사람이 아니라, 공동체의 응집력과 민주주의를 공고화하는 데 제몫을 다하는 시민이자 실제적인 파트너로서 존중, 보호해야 할 의무를 지니게 했다.

2019년은 아동권리협약 채택 30주년을 기념하는 해였다. 야누시 코르차크의 비전은 오늘날에도 여전히 유효하며 영감을 불러일으킨다!

아동권리협약의 핵심은 행동 주체로서의 아동과 아동의 의사결정 참여이다. 그러나 아동권리협약이 엄숙하게 채택된 지 30년이 지난 지금도 이러한 광범위한 원칙을 실천으로 옮기는 것은 여전히 어려운 일이다. 그럼에도 코르차크의 작품은 아동 권리를 위한 노력에 꾸준한 영감을 제공한다. 거듭 강조하지만, 코르차크가 '어린이의 집'에서 운영한 모든 것은 우리에게 가르침을 준다. 중요한 결정에 대한 아동 참여, 아동에게 자문 구하기, 어린이 의회·신문·법정은 민주주의 교육의 모델을 제시해준다. 코르차크는 사람들이 진지하고 공정하게 고려해야 할 아동의 권리를 인정하게끔 이 모든 것을 생각해냈다. 이를 통해 아동이 성인에게 의존하지 않고 점차 자유로워질 수 있게 도우려 했다.

폭력에서 자유롭게 자랄 수 있는 권리는 아동권리협약의 또 다른 핵심이다. 폭력에서 보호받을 권리는 본질적으로 아동에게 인간의 존엄성 또는 고결함과 관련해 존중받을 권리가 있다는 것을 뜻한다. 인간의 존엄성과 고결함을 존중하는 것은 야누시 코르차크가 평생 끈질기게 추구한 원칙이다. 코르차크는 "나는 체벌에 무자비하고 냉혹하게 반대한다. 심지어 어른에 대해서도 채찍은 통제 수단일 뿐, 결코 교육적 수단이 될 수 없다"고 강조했다.

그러나 안타깝게도, 아동권리협약의 내용과 현실은 극명하게 대조된다. 이 협약의 비전과 조항들이 구속력이 있는데도 말이다. 아동에 대한 폭력은 여전히 만연하고 은폐되며 사회적으로 묵인되고 있다.

많은 나라에서 아동에 대한 폭력 사건을 드러내는 것은 아직도 사회적 금기이다. 또한 훈육은 필요하며 공개를 요구할 수 없는 완전히 사적인 문제로 인식되고 있다. 방치, 남용, 착취는 거의 알려지지 않는다. 또한 공식적인 통계는 폭력의 실제 규모와 범위를 제대로 반영하지 못하고 있다.

폭력은 모든 연령대의 아동에게 영향을 주며 생애 초기부터 시작되는 경우가 많다. 아동은 의도적이고 정치적인 표적이 된다. 조직범죄의 손아귀에 놀아나고, 집단적인 폭력 때문에 도망 다니며, 경제적 이윤을 위해 판매되고 착취당하며, 온라인 세상에 정신을 지배당한다. 또한 아동은 폭력적으로 훈육되고, 가정에서 성폭행을 당하며, 기관에서 방치되고, 소년원이나 유치장에서 학대받으며, 학교에서 괴롭힘을 당한다. 미신이나 나쁜 관습 때문에 고문을 당하기도 한다.

아동을 가정과 기관의 울타리 안에서 일어나는 폭력으로부터 보호하기 위한 법안을 그동안 여러 나라가 제정했다는 점은 상당한 진전으로 볼 수 있다. 이러한 법안은 아동 권리에 대한 국가의 책무를 표명한다는 점에서 중요하다. 또한 코르차크가 강조한 '양육의 민주화'를 촉진하며, 비폭력적인 수단을 통한 양육과 교육을 요구함으로써 아동에 대한 모든 형태의 폭력을 규탄하는 분명한 메시지를 전달한다.

사회는 강력한 입법을 통해 어떤 것이 수용 가능하고 어떤 것이 협상 대상이 될 수 없는지를 명확히 보여줄 수 있다. 아동 권리에 관한 법은 가족과 일반 시민뿐만 아니라 아동 관련 전문가와 공무원에게 명확한 지침을 제공한다. 더 중요한 것은, 명확한 법을 통해서 아동 피해자들이 스스로를 중요한 사람으로 느낄 수 있다는 점이다. 아동은 방치·학대·착취에서 보호받을 수 있을 뿐 아니라 보상을 받고 진정한 회복과 재통합에 필요한 효과적인 도구를 찾을 수 있다.

협약이 채택된 지 30년이 지났지만 체벌을 포함해 아동에 대한 모든 형태의 폭력을 법적으로 명확하게 금지하는 나라는 겨우 60개국에 불과하다. 이제는 야누시 코르차크의 비전과 작품이 불러일으키는 영감을 바탕으로 전 세계 모든 아동에게 폭력에서 자유로울 권리를 보장하기 위해 행동하고 지원해야 할 때이다.

이는 2015년에 유엔이 채택한 새로운 세계적 개발 어젠다의 비전이기도 하다.

주지하다시피 '2030 지속 가능한 발전을 위한 어젠다'는 야심찬 목표를 내놓고 있다. 그것은 아동에게 투자하는 세상, 모든 아동이 가난·두려움·폭력에서 자유롭게 자랄 수 있는 세상, 즉 아무도 뒤처지지 않는 세상을 건설하는 것이다.

야누시 코르차크가 평생 보여준 바와 같이, 아동을 포기하지 않는 가장 좋은 방법은 아동을 무엇보다 우선으로 생각하는 것이다! 아동을 우선순위에 둘 수 있는 많은 방법이 있다. 아동을 위한 정책을 만들고, 법률을 제정·집행하며, 예산을 배정하는 방법. 전문직 종사자를 모집해 그들로 하여금 아동이 언제나 최대의 이익을 얻을 수 있도록 지원하는 기술과 역량을 쌓게 하는 방법. 아동이 안전하게 보호받을 장소를 찾아 자신의 집이나 지역사회를 떠나도록 강제하는 방법. 마지막으로, 아동이 변화의 주체로서 그리고 오늘의 시민으로서 자신에 관한 결정에 자신 있게 참여할 수 있도록 권한을 주는 방법.

야누시 코르차크는 어리든 나이가 들었든, 특권층이든 가난하든, 병들어 버려졌든 전쟁으로 희생당했든, 어떤 아동도 절대 포기하지 않겠다는 비범한 용기와 결의를 보여주었다. 코르차크는 바르샤바 게토에서 아이들을 두고 도망하라는 제안을 받았지만 거절했다. 그는 트레블링카 수용소로 마지막 여행을 떠나는 바르샤바 게토에서 아이들 곁을 지키기 위해 두려움 없이 목숨을 바쳤다.

야누시 코르차크의 비전과 유산에서 영감을 받고 코르차크의 비전과 아동 권리라는 대의명분을 꾸준히 알리는 모든 사람들이 우리에게 힘을 불어넣는다. 그 덕에 우리는 아동 인권과 평화를 존중하는 세계를, 모두를 위한 평화로운 세계를 확보할 수 있다! 이 책은 그러한 노력에 결정적으로 기여한다. 이 책은 절대 어느 누구도 제외하지 않고 모든 아동의 권리를 보호해야 한다는 절박함을 강하게 일깨워준다.

2019년 4월 뉴욕

시작하며

에이미 스팽글러
교육 컨설턴트

지난 33년 동안 나는 도쿄뿐 아니라 미국 여섯 개 주의 학교와 지역사회에서 교사, 교장, 장학사로 일했다. 내가 정말 강조하고 싶은 것은 미국 공교육에 야누시 코르차크의 유산을 활용하는 것이 시의적절할 뿐만 아니라 우리 사회의 전반적인 발전을 위해 필수적이라는 점이다.

요즘 미국 아이들이 예의가 부족해 보이는 이유는 유년기를 가정과 학교에서 서서히 고립되어가며 보내기 때문이다. 아이들은 철저하게 고립을 경험한다. 이러한 고립은 아이들의 상호작용, 문제해결, 학습능력에 나쁜 영향을 끼친다. 빠른 속도의 성과 중심 사회는 우리 아이들을 유아차 안에 가두어버렸다. 양육자는 애정 어린 태도로 아이를 돌보고 대화하는 대신 휴대폰만 들여다보고 있다. 공립학교에서 사회적 역량을 갖춘 행복한 성인을 키우는 것보다 더 중요한 것은 학업성취도 기준이다.

과거에는 공교육 시스템을 통해 가정에서 비롯되는 격차를 메우고 긍정적인 사회적 결과를 산출할 수 있었다. 그러나 지금은 그 격차가 너무 벌어져, 교육에 실질적인 변화가 오지 않는 한 메우기가 너무 힘들어졌다.

미국 학교는 대부분 학생들이 공정하게 대우받는지, 괴롭힘에 적절히 대처하는지, 환경 변화에 맞서 자신의 감정을 잘 관리하는지에 특별히 관심을 둔다. 그러나 모든 학생들에게 이런 것을 잘 가르치는 것은 몹시 힘든 일이 되어버렸다. 그런데도 이를 진정한 문제로 인식하고 해결하려는 시스템은 거의 없다. 공교육의 경제적 의사결정 대부분을 주도하는 것은 시험 점수, 등급, 졸업률이다. 사회의 긍정적 발전을 지원한다는 공립학교의 진정한 목적을 이루기 위한 노력은 깨진 조각이 되어 지속되지 못하고 있다. 우리의 교육적 대화와 풍경에는 무조건적인 사랑과 수용, 발달에 적합한 실제, 놀이, 재미, 즐거움 같은 용어가 빠져 있다. 교육과정 대부분은 사고력, 연민, 진정한 문제해결력을 가르치기에 부족하고, 학생의 마음과 정신에 닿을 수 있는 기회도 충분히 제공하지 못하고 있다.

교육계 바깥에서는 이 문제를 교사 탓으로 돌리는 경우가 많다. 그런데 이러한 지적이 진실과 완전히 동떨어지지는 않는다. 많은 교사들이 행복하고 진취적인 학습환경을 만들고자 애쓰지만, 기존의 커리큘럼과 학업성취 기준을 변화시키는 것에는 여전히 귀를 막고 있다. 그럼에도, 교사들은 코르차크식 접근이 학생의 성장과 학습에 필수적이라는 점을 알고 있다. 정부와 교육 시스템이 코르차크식 접근을 회복하는 데 목표·자원·결과를 집중함으로써 교사의 이런 진심을 지지하지 않는다면, 교사들은 지금과 같은 잘못된 노력을 이어나갈 수밖에 없다. 그 결과가 일관되지 않고 바람직하지 않으며, 교사에게 반감을 사고, 교사를 소진시키고, 갈등을 낳는데도 말이다.

나는 코르차크의 원칙이 교육의 기초가 되며, 그래서 이런 원칙들에 집중하는 것이 우리의 관심을 한 인간으로서의 아동에게 돌릴 수 있는 좋은 방법이라고 생각한다. 초등학교 교장인 나는 우리 학교 선생님들에게 질문을 던진 적이 있다. 학생들이 스트레스, 슬픔, 불안 징후를 보이는 이유를 전부 생각해보자고 말이다. 학생들의 문제를 해결하기 위해 우리가 개발한 가장 효과적인 해결 방안 전부는 학교의 모든 활동의 중심에 사랑을 둔 코르차크의 원칙에 부합했다.

　우리가 기억해야 할 점이 있다. 아이는 아이가 될 권리가 있다는 사실이다. 특히 학교에서는 더더욱 그렇다. 학교는 아동이 성공하기 위해 필요한 것이 무엇인지 알고 이해하는, 고도로 훈련받은 사랑 전문가들이 존재하는 곳이어야 한다. 이 책에 실린 이야기와 아이디어는 모든 아동을 위해 코르차크의 꿈을 실현시킬 수 있도록 우리를 한 발짝 더 내딛게 해준다.

이 책을 읽어야 하는
열 가지 이유

타티아나 치를리나 스파디, 피터 C. 렌

여러분은 교사인가요? 아니면 학교관리자나 대학 강사, 학생, 사서교사, 아동 권리 옹호자, 학부모인가요? 아니면 그저 단순한 호기심 때문에 이 책을 읽기 시작했나요? 여러분이 누구든 괜찮습니다. 모두 진심으로 환영합니다!

　이 책을 읽는 동안 여러분은 코르차크라는 낯선 이름과 그의 혁신적인 교육사상에 흥미를 느끼면서도 이렇게 물을지도 모르겠습니다.

○ 야누시 코르차크는 누구인가? 그의 무엇이 그렇게 특별한가?

○ 이 책은 나의 지적 세계를 어떻게 확장하고 깨달음을 줄 것인가?

○ 그가 인정받았다는 혁신적인 교육학은 어떤 것인가?

○ 그러한 혁신이 정말 효과적인가? 그의 교육사상은 이미 그리고 충

분히 실현되고 있지 않은가?

이러한 질문이 떠오르는 것은 당연합니다. 그리고 어떤 분은 이 책을 사려다 말지 모르겠습니다. …… 그러나 그러기 전에 이 책을 읽어야 할 이유를 설명할 시간을 주길 간청합니다. 여러분이 품을 만한 의심을 예상해보며 이 책을 읽어야 할 열 가지 이유를 말씀드리고자 합니다.

① 첫 번째 가장 단순한 이유는 야누시 코르차크라는 새로운 이름을 발견하기 위해서입니다. 그는 폴란드 태생의 유대인으로 여러 번의 전쟁과 불운을 겪으면서도 교육자이자 의사, 작가의 역할을 성실히 해냈으며, 고아원 아이들에게 정성을 쏟고 지혜를 전수해주었습니다.

코르차크는 〈아동권리선언〉을 최초로 공식화했으며, 나아가 어린이 자치 공동체를 구상한 사람입니다. 그는 교육자와 부모를 위해 《어린이를 사랑하는 법How to Love a Child》, 《내가 다시 아이가 된다면 When I Am Little Again》을 비롯해 많은 책을 썼으며, 어린이를 위해 《마치우시 왕 1세King Matt the First》와 《마법사 카이텍Kaytek the Wizard》(그 시절의 《해리 포터》 같은 책)을 비롯한 책들을 저술한 '의사 할아버지'로 유명합니다.

그는 1942년 8월 5일에 바르샤바에서 나치즘에 대항하기 위한 침묵의 행진을 이끌었고 트레블링카 강제수용소에서 생을 마감했습니다. 어린이를 향한 코르차크의 사랑과 헌신, 희생은 전설이 되어 그동안 코르차크라는 사람을 정의해왔지만, 그에게서 배울 점은 이 밖에도 더 많습니다.

② TV나 신문, 잡지, 책을 통해 매일 "어린이의 권리를 존중하라"는 정치인과 인권운동가의 메시지를 접하지만, 전 세계의 많은 어린이는 아직도 학대에 시달리고 있습니다. 거의 한 세기 전에 코르차크 (2018)가 한 다음과 같은 말은 오늘날에도 여전히 적절합니다. 그는 우리에게 어린이의 권리를 최대한 존중하자고 간청합니다.

> 몇 년을 어린이 곁에서 일하면서 깨달은 바가 있다. 어린이는 존중과 신뢰 그리고 친절한 대접을 받을 자격이 있다는 것이다. 어린이는 온화함과 명랑한 웃음, 활기찬 시도와 놀라움으로 분위기를 밝게 만들며 삶을 즐긴다. 어린이의 마음은 순수하며 밝고 사랑스러운 기쁨으로 가득 차 있다. 어린이가 하는 일은 역동적이며 결실이 있고 아름답다. (p. 317)

③ 학생이나 자녀를 이해하려고 애쓰고 있나요? 기쁜 점이든 걱정스러운 점이든 아이들에 관해 새로운 사실을 알게 될 때마다 아이들을 대하기가 더 어렵게 느껴지나요? 어린이의 삶은 점점 더 복잡해지는 태피스트리와 같습니다. 코르차크(2018)는 이렇게 말합니다. "교육자는 기적을 일으키는 노동자가 아니다. 교육자로서 우리는 사기꾼이 되길 원하지 않는다. 우리는 완벽한 아동을 만들겠다는 위선적인 열망을 버리려고 한다"(p. 329).

④ 혹시 여러분은 이제 막 교직에 첫발을 내딛은 새내기 교사인가요? 높은 기대감에 설레겠지만 막상 교실을 경험하고 나면 좌절하며 현실에 대한 준비가 부족하다고 느낄지도 모르겠습니다. 그렇다면 다음 글을 기억하기를 바랍니다.

어린이는 말도 제대로 못 하고, 길도 모르며, 법과 관습도 모르는 이 방인과 같다. 어린이는 난관에 부딪힐 때 어른에게 안내와 조언을 구하기도 하지만, 그보다는 스스로 탐험하기를 더 좋아한다. 어린이는 자기 질문에 성의 있게 대답해줄 안내자가 필요하다. (Korczak, 2018, p. 321)

만약 여러분이 교사로서 가르치는 데 능숙하지 않다면, 모든 학생을 참여시키고 수업 주제에 흥미를 느끼게끔 재미있고 특별한 접근법을 찾겠지요? 코르차크에게서 영감을 받아 시작된 '휴먼 라이브러리Human Library'와 '시를 발견하다Found Poetry' 프로젝트는 그런 분에게 많은 답을 들려줄 것입니다.

⑤ 아니면 여러분은 경력이 많은 교사인가요? 교육정책이 교직을 계속 비(非)전문화하는 상황에서 교사의 역할이 무엇인지 수없이 자문했을 테지요. 코르차크의 짧은 글 〈존중받아야 할 아동 권리The Child's Right to Respect〉(1992)에 담긴 지혜는 그런 우리에게 행동을 요청하는 성찰적 지침이 되어줍니다.

교사의 역할은 무엇일까? 훈계 저장고, 진부한 도덕적 이야기를 뽑는 자판기, 변질된 지식을 파는 가게 주인인가? 아이들에게 깨달음과 활기, 기쁨이 아니라 위협과 혼란, 피로감을 주는 지식을 파는 상인인가? 교사는 아이 곁에 있는 미덕의 주체로서 어린이에게 존경과 따름을 가르치고, 어른에게 따뜻한 감정을 불러일으켜야 한다. …… 의사는 죽음에서 어린이를 구한다. 교사의 일은 어린이가 어린이로서 살 권리를 얻게 하는 것이다. (p. 184)

⑥ 어쩌면 여러분은 학교를 비인간화하는 정책에 맞서 학교공동체를 긍정적으로 이끌고 싶은 책임감 있는 지도자일지도 모르겠습니다. 코르차크는 아동 한 명 한 명의 권리를 존중하기 위해 학생들이 자신의 교육 경험을 바탕으로 명확한 목소리를 내게끔 연습시켰습니다. 학교의 의무적인 교육 관행(이를테면 지나치게 많은 평가)에 저항하려면 때로는 한 발짝 밖으로 물러나 생각할 필요도 있습니다. 이는 아동에게 의미 있고 성장을 촉진하는 경험을 제공합니다. 코르차크의 교육방법에 관해 자세히 읽고 교사들을 독려하길 권유합니다. 교사가 아이들의 필요와 관심사에 귀 기울이게 하십시오. 아동의 삶 전반을 아우르는 코르차크의 교육과정은 좋은 모델이 될 것입니다.

⑦ 자녀가 있나요? 자녀를 더 잘 알기 위해 애쓰는데도 왜 아이들은 여러분의 기대와 다르게 커갈까요? 왜 자녀들은 여러분과 삶을 공유하려 하지 않을까요? 코르차크(1992)를 읽고 다시 한번 아이들의 목소리를 들어보면 어떨까요?

우리가 어른에게 마지못해 대답하는 이유는, 어른들이 맨날 서두르기 때문이에요. 어른들은 늘 우리에게 관심이 없어요. 그저 우리를 빨리 쫓아내고 그냥 내버려두려는 것 같아요. 물론 어른에게는 어른만의 중요한 일이 있고, 우리에게는 우리의 중요한 일이 있어요. 또 우리는 어른들이 정신없지 않게끔 짧게 말하려고 노력해요. 마치 우리의 문제가 중요하지 않은 듯이요. 그러면 어른들은 "돼" 아니면 "안 돼"로만 대답하면 되니까요. (p. 30)

⑧ 여러분이 예비 교사를 가르치는 대학교수라면 이 책에 등장하는 많은 사람들이 그러듯 코르차크의 지혜를 보고 놀랄 것입니다. "가장 터무니없는 실수 가운데 하나는 교육학이 인성이 아니라 아동에 관한 과학이라고 생각하는 것이다"(Korczak, 2018). 어쩌면 여러분은 이 사실을 벌써 인지하고 항상 고민하는지도 모르겠습니다. 그렇다면 훌륭합니다! 그러나 여러분의 예비 교사들도 이 개념을 이해하고 있을까요? 그들은 교실에 만연한 공포와 그 공포가 아동의 자기 개념을 제한하고 훼손한다는 사실을 이해하고 있을까요? 코르차크가 엑스레이 장비로 겁에 질린 아이의 심장이 뛰는 모습을 보여주며 어린이의 잘 보이지 않는 감정을 은유적으로 설명하는 부분을 읽어보길 바랍니다.

⑨ 교육과 무관한 분야에서 일하지만 역사와 역사를 통해 알 수 있는 교훈에 관심이 많은가요? 이 책은 홀로코스트가 어린이에게 준 영향을 비롯해 홀로코스트에 관한 코르차크의 통찰을 보여줍니다. 코르차크와 그의 동료들 그리고 지지자들은 겉으로는 평소처럼, 심지어 즐겁게 지내면서도 많은 이들을 죽음에서 구했습니다. 코르차크는 인간 정신의 위대함과 어떤 어려움에도 견딜 수 있는 능력을 증명했습니다. 그 능력은 책임과 돌봄으로 설명할 수 있습니다. 그는 책임감과 배려심을 지닌, 영감을 불러일으키는 도덕적 귀감으로서 우리 곁에 남아 있습니다.

⑩ 교사나 학교 상담사 또는 사회복지사를 준비하는 학생들은 변화를 원하며 변화를 일으키는 방법을 찾고자 합니다. 그렇다면 이 책은

그런 사람을 위한 책이기도 합니다. 코르차크(2018)가 교사의 역할을 어떻게 정의하는지 보십시오.

> 관건은 아이에게 무엇을 어떻게 요구할지, 어떻게 강요하거나 금지할지가 아니다. 아이가 무엇을 요구하는지, 아이에게 무엇이 부족하거나 넘치는지, 우리가 무엇을 줄 수 있는지를 찾는 것이 중요하다. 보육기관은 물론이고 모든 학교는 연구소이자 아동 클리닉이어야 한다. (p. 252)

이 책을 열심히 읽는 독자가 어떤 여정을 걷게 될지는 가늠하기 어렵습니다. 미지의 땅으로 가는 여정처럼 복잡할 수도 있겠지요. 그래서 우리는 여러분이 이 책을 더 쉽게 여기도록 여러분의 관심사나 필요를 예상하며 나눈 장과 절을 토대로 아래와 같이 로드맵을 제시하고자 합니다.

○ 코르차크의 인품과 생애, 업적에 관해 더 알고 싶다면 1부부터 읽는 것이 좋습니다. 1부는 코르차크라는 인물과 그가 살았던 시대의 역사적 배경을 더 잘 이해할 수 있게 안내합니다.
○ 코르차크가 살았던 시대부터 오늘날까지 아동 권리 옹호의 역사가 어떻게 발전했는지 탐구하고 싶다면 2부에서 여행을 시작해보길 권합니다.
○ 코르차크의 철학과 교육사상에 관심이 많다면, 3부와 4부에서 어린이들과 함께한 코르차크의 접근법과 교육 개입에 관한 남다른 관점을 찾아보길 바랍니다.
○ 코르차크의 아이디어를 교실 일상에 적용하는 방법이 궁금하다면 5부를 읽고 부록까지 꼼꼼히 살펴보길 바랍니다.

코르차크에 대한 연구 성과를 담은 이 책에 관심을 기울여주어 고맙습니다. 로힝야에서 시리아, 미국·멕시코 국경에 이르기까지, 세계 곳곳에서 많은 어린이들이 심각한 트라우마를 안은 채 고통스럽게 살아가고 있습니다. 그래서 코르차크의 말은 그 어느 때보다 중요합니다. 코르차크(2018)는 이렇게 말합니다. "비록 조국의 일로 고통스러울지라도, 어린이는 군인이 아니다. 그들이 조국을 지켜서는 안 된다"(p. 312).

1부

헌신과 사랑

코르차크가 남긴 삶의 발자취를 따라서

한 아이를 이해하고 싶다면 먼저 스스로를 알아야 한다.

당신은 지식을 습득하고 자라며

무엇보다 깨닫기 위해 배워야 하는 한 아이이다.

1
야누시 코르차크를
그린 역사 소설,
《바르샤바의 선한 의사》

엘리자베스 기퍼드

젊은 교사이자 엄마인 나는 아이를 잘 키울 수 있는 최선의 방법이 무엇일지 많은 의문과 걱정을 품고 있었다. 그러다 우연히 어느 교육 세미나에 참석했는데, 그날 발표자가 인용한 코르차크의 한 구절이 한 줄기 햇살처럼 나를 비추었다.

여기 한 사람이 있다. 그는 어린이를 기르기 위한 가장 좋은 방법이 무엇이라고 정해놓고 설명하지 않았다. 그는 어린이를 한 개인으로서 존중했으며, 어린이가 어떤 존재인지 진정으로 이해하여 어린이의 필요에 기초한 관계를 만들어야 한다고 주창했다. 다시 말해 그는 어린이를 사랑하는 방법을 우리에게 알려주었다. 코르차크에 관해 더 많이 알게 된 덕분에 나는 교사이자 엄마로서 내가 하는 일이 안겨주는 즐거움을 되찾았다. 그 뒤로 지금까지 나는 아이와 어른에 관해 생각할 때면, 코르차크의 통찰력을 빌려 더욱 보람찬 방식으로 나의 가치를 재정립한다.

그때 세미나를 담당했던 한 교사도 코르차크의 삶과 용기를 이야기했다. 나는 이전에 그토록 위대한 사람을 몰랐다는 사실에 놀라움을 금할 수 없었다. 그의 사상과 이야기를 더 많은 사람들에게 전하기 위해 책을 쓰기로 결심했다. 그리고 모든 사람을 공감과 이해, 존경심을 바탕으로 대하고 어린이를 돌보았던 그의 모습을 알리는 데 조금이라도 보탬이 되고 싶었다.

그런데 나에게는 두 가지 문제가 있었다. 우선 나는 코르차크가 어떤 삶을 살았는지 거의 알지 못했다. 더 근본적으로는 책을 어떻게 써야 할지 몰랐다. 작문 수업을 듣고, 책 세 권을 펴내고, 그렇게 10년이 지나고서야 드디어 나는《바르샤바의 선한 의사The Good Doctor of Warsaw》(Gifford, 2018)를 쓰기 시작했다.

이 책을 집필하기 위한 내 연구는 20세기의 가장 어두운 역사 속을 헤매는 여정이었다. 나는 코르차크가 쓴《바르샤바 게토Warsaw Ghetto》(2003)의 일기와 일화를 비롯해 메리 버그Mary Berg(Schneiderman & Pentlin, 2009), 아담 체르니아코프Adam Czerniakow(Hilberg, Staron, & Kermisz, 1979), 미하엘 질베르베르크Michael Zylberberg(1969), 할리나 비른바움Halina Birnbaum (McQuaid, 2013), 야니나 데이비드Janina David(2005), 이츠하크 주케르만 Yitzhak Zuckerman(1993)의 글과《우리보다 오래된 이야기Words to Outlive Us》 (Grynberg, 2003)에 실린 오네 안식일Oneg Shabbat 기록에 담긴 다양하고 직접적인 일화들을 집중적으로 읽었다.

나는 코르차크에 관해 알 수 있다면 어떤 책이든 닥치는 대로 읽느라 대영도서관, 위너도서관, 런던폴란드도서관, 옥스퍼드보들리도서관을 찾아다녔다. 그곳에서 나는 베티 진 리프턴Betty Jean Lifton(2018), 아디르 코헨Adir Cohen(1995) 등이 쓴 코르차크 전기를 읽었다. 또한 코르차크의 저서 가운데《어린이를 사랑하는 법How to Love a Child》(Korczak, 2018a and 2018b)과《내가 다시 아이가 된다면When I Am Little Again》과《아동의 존중받을 권리The Child's Right to Respect》(Korczak, 1992)를 포함한 몇몇 저술의 출처를 파악할 수 있었다.

나는 정보를 얻으려고 세계 곳곳의 코르차크협회에 연락했고, 스웨덴의 미샤 브로블레프스키Misha Wroblewski 코르차크협회장에게도 편지를 썼다. 그의 아들 로만 브로블레프스키 바세르만Roman Wroblewski-Wasserman은 미샤가 얼마 전에 세상을 떠났지만 도울 수 있다고 답했다. 나는 로만을 만나러 스웨덴으로 여행을 떠났고, 그 뒤로 몇 년 동안 그는 친구이자 믿음직한 조언자가 되어주었다. 그는 코르차크와 바르샤바 게토에 관한 방대한 정보를 꾸준히 제공해주었다. 부모님에게 들은 이야기를 나눠준 그의 노고와 친절이 없었다면 나는 책을 쓰지 못했을 것이다. 로만의 부모님인 미샤와 소피아는 전쟁 전부터 코르차크를 도우며 고아원 아이들과 함께 빈민가에서 살았다. 미샤와 소피아는 한때 50만 명이 넘었던 바르샤바 게토에서 살아남은 1퍼센트도 안 되는 사람들이었다. 내가 완성한 코르차크 이야기는 결국 그들의 이야기이기도 했다.

연구 초기에 나는 바르샤바로 떠나 크로흐말나 거리, 즉 지금의 이야크토로브스카 거리에 있는 바르샤바 코르차크 박물관을 방문했다. 본래 이곳은 코르차크의 방이 있던 고아원 터였다. 또 폴린폴란드유대인역사박물관POLIN Museum of the History of Polish Jews을 방문해, 아이작 바셰비스 싱게르Isaac Bashevis Singer가 전쟁 이전 바르샤바에 살았던 유대인들에 관해 쓴 이야기를 읽었다. 로만 역시 바르바라 엥게르킹크Barbara Engelking와 아는 사이였고, 나는 게토의 세세한 부분을 묘사하기 위해 바르바라의 책 《바르샤바 게토^{The Warsaw Ghetto}》(Engelking & Leociak, 2009)를 폭넓게 참고했다.

전쟁은 바르샤바를 쑥대밭으로 만들었다. 오늘날 폴란드 수도에 있는 중세 거리는 사실상 50년도 되지 않은, 거의 완벽하게 재건한 건물들로 채워져 있다. 게토를 비롯한 많은 유대인 지역은 오늘날 소련식 주택과 현대적인 사무용 건물에 뒤덮여 사라져버렸다. 하지만 그 속에서도 옛 건물의 일부를 발견하고, 역사적인 장소가 표시된 지도를 따라 본래 모습을 머릿속에서 재구성하는 것은 가능하다.

기초 조사를 마친 뒤에 떠오른 가장 큰 질문은 "홀로코스트에 관한 책을 어떻게 쓰는가?"였다. 나는 코르차크와 전쟁에 관한 사실적인 기록에 초점을 맞추고, 연구를 통해 알게 된 음식이나 교통 같은 세부 사항을 배경에 채우기로 했다. 1990년에 안드레이 바이다^{Andrzej Wajda}가 만든 코르차크를 다룬 영화는 나에게 멋진 시적 영감을 주었다. 나치는 바르샤바 게토에 관한 영상 기록물을 제작하는 데 열을 올렸고, 이제 그 자료들을 온라인으로 볼 수 있다. 이 책은 코르차크의 삶과 거기에 결정적인 영향을 미친 전쟁 시기를 영화적으로 재구성하는 것을 목표로 한다. 나는 이 책을 통해 더 많은 독자들이 코르차크를 알고 그의 작품과 저술을 더 많이 배우기를 바랐다. 나는 전기보다 소설이 코르차크의 방법에 부합한다고 생각했다. 코르차크가 아동의 탐구를 돕기 위해 연극과 이야기를 사용한 것처럼 말이다.

야누시 코르차크는 그가 폴란드에서 유명한 작가가 되기 전에 얻은 필명이다. 그의 본명은 헨리크 골트슈미트^{Henryk Goldszmit}이며, 1878년(또는 1879년. 그가 태어난 연도는 아직까지 확실하게 밝혀지지 않았다)에 태어났다. 코르차크는 부유한 유대인 변호사의 아들로, 폴란드인·유대인과 자유롭게 어울리며 핀 데 시에츨레 바르샤바fin de siecle Warsaw에서 자랐다. 다섯 살 때 코르차크는 죽은 카나리아를 묻어주다 자신이 유대인임을 처음으로 알았다. 폴란드인 친구가 유대인의 카나리아는 무덤에 십자가를 꽂을 수 없다고 말해주었기 때문이다. 당시 폴란드는 세 강대국 독일, 러시아, 오스트리아 – 헝가리제국이 나누어 지배하고 있었다.

코르차크는 러시아의 한 시설에서 처음으로 학교생활을 경험했다. 그곳에서 그는 체벌로 인한 신경증적인 공포 때문에 쇠약해졌다. 이 기억은 그에게 어린이가 목소리를 내고 어린이와 보호자 사이의 이해가 깊어질 수 있게 평생에 걸쳐 노력하는 계기가 되었다. 코르차크의 다정하고 현명했던 아버지는 그가 겨우 열일곱 살일 때 트보르키Tworki의 한 정신병원에서 죽었다. 코르차크가 가정교사를 하며 벌어온 수입에 의존했던 어머니와 여동생은 그가 의대를 졸업하기만을 기다리며 가난을 버텼다. 그 뒤 유명한 소아과 의사가 된 코르차크는 소설로 유명해졌다. 그 소설은 여가 시간에 함께 일했던 거리 아이들의 삶을 도표로 나타낸 것이었다. 코르차크는 관찰심리학에 관한 획기적인 강의에 매료되어 지하 교육기관이었던 플라잉대학Flying University에 출석했다가 황제의 경찰에게 조사를 받았다. 하지만 그는 도망치지 않았다. 결국 그는 마음이 시키는 대로 의사를 그만두고, 방치된 어느 고아원에서 아이들을 위해 일하기로 결심했다. 그 고아원은 스테파니아(스테파) 빌친스카Stefania(Stefa) Wilczyńska라는 훌륭한 젊은 여성이 운영하는 곳이었다. 그와 스테파니아는 어린이에게 헌신하는 평생의 파트너가 되었다.

1차 세계대전이 끝나고 폴란드가 독립한 뒤로 10년은 코르차크가 어린이 왕국을 확장하는 황금기였다. 코르차크는 아동에 관한 그리고 아동을 위한 글과 강연의 폭을 넓혔고, 아동 중심의 방송을 만들었으며, 아동 신문을 창간하고, 10대 비행 청소년들의 법정 변호사로도 활동했다. 그러나 1930년대에 경제불황이 닥치면서 유럽 전역에 파시스트 정신이 퍼지자, 국수주의적인 폴란드에서 유대인인 코르차크가 활동할 수 있는 입지는 점점 좁아졌다. 그는 크로흐말나 거리의 유대인 고아원을 제외한 모든 것을 잃었다.

코르차크는 아동복지와 아동심리학의 초기 개척자였다. 20세기 초, 젊은 시절의 코르차크는 주위를 둘러보며 왜 이렇게 많은 아이들이 불행한지 의구심을 품었다. 바르샤바에는 방치되고 사랑받지 못하는 빈민가 아이들이 넘쳐났다. 부잣집 아이들도 물질적인 부는 누렸지만, 좌절과 원망이 서려 있었다. 마치 어른들은 자신의 어린 시절이 어땠는지 잊어버린 듯했다. 어른들은 아이들과 소통하고 그들의 언어를 다시 말하는 법을 배워야 했다. 그것은 코르차크가 경험을 통해 얻은 교훈이었다. 훈련 중인 젊은 의사로서 그는 아이들의 신체적인 병뿐만 아니라 영혼과 삶까지도 치유하고 싶었다.

빈민가 어린이의 삶을 더 행복하게 만들겠다고 결심한 코르차크는 그들을 위한 여름 캠프를 열었다. 그는 어린이에 관한 지식을 쌓기 위해 책을 섭렵하고, 가방에는 놀이 도구를 가득 채웠으며, 단춧구멍에 카네이션 한 송이까지 꽂고서 선한 의도로 캠프를 향했다.

그러나 첫 주는 혼란스러웠다. 코르차크는 자기가 소년들과 사이가 좋지 않다는 것을 알아차렸다. 아이들에게 자러 가라고 소리쳤고 심지어 협박하기까지 했다. 수치심과 혼란에 휩싸인 그는 소년들에게 무엇이 문제라고 생각하는지 직접 묻기로 결심했다. 보육과 관련한 그의 일률적인 정책이 아이들에게 맞지 않다는 사실이 곧 드러났다. 아이들은 저마다 수면과 음식에 대한 욕구가 다르고, 발달 정도와 관심사도 달랐다. 코르차크는 아이들에게 오로지 진심으로 귀 기울이고 이해해야만 그들을 인간답게 대할 수 있음을 깨달았다. 그는 어린이를 그렇게 대하기 위한 창의적인 방법을 고민했다. 모든 어린이는 그들의 생각과 감정을 존중받아야 할 독립적인 인간이었다.

이듬해 여름, 코르차크는 서른 명의 소년과 마주하기에 앞서 계획을 충실하게 세웠다. 그는 목록과 일정을 짜고 모든 소년들을 잘 알고자 많은 노력을 기울였다. 그 결과, 그와 아이들은 시골에서 멋진 경험을 했다. 그는 많은 사람들이 실패할 것이 뻔한 방법으로 아이들을 양육한다는 점을 깨달았다. 개인에게 초점을 맞추어 어떤 양육이 효과가 있는지만 탐구하는 연구는 실패한 연구였다.

이러한 이유에서 코르차크는 아동 전문가의 책이 유용하더라도 그 책에 의존하기보다는 눈앞의 어린이를 존중하고 알아가는 것이 훨씬 중요하다고 생각했다. "책도 의사도 아이의 부모나 교사의 세심한 관찰을 대신할 수 없다."• 부모는 자녀를 향한 자신의 본능을 믿어야 한다. 그 본능은 자녀가 어떤 사람인지 몇 년 동안 관찰하고 알게 된 내용을 바탕으로 한다. 무엇보다도 그는 육아를 아이를 통제하기 위해 훈련하는 것이 아니라 아이와 양육자 사이에 관계를 맺는 것이라고 보았다. 어른은 아이의 안전과 행복을 지킬 책임이 있지만, 이때 책임은 의무를 뜻하지 결코 화를 내거나 자기 멋대로 사용할 수 있는 불공평한 자유 이용권을 준다는 말이 아니다.

코르차크는 체벌을 몹시 싫어했다. 그가 생각하기에 체벌은 잘못되었

• 이 장에서 인용한 코르차크의 말은 샌드라 조셉(Sandra Joseph, 2007)이 쓴 책에서 발췌했다.《모든 어린이를 사랑하기: 부모를 위한 지혜 *Loving Every Child Wisdom for Parents*》, 샌드라 조셉과 알곤킨북스 유에스에이(Algonkin Books USA)의 허락을 받아 사용했다.

고 효과가 전혀 없었다. 그는 어른이 성숙해야 한다는 것을 이해했다. "어린이에게 규칙을 명령하고 그들을 지배하기 전에, 반드시 자기 안의 아이부터 먼저 일깨워 교육하라." 또한 그는 어린 시절을 단순히 성인기를 준비하는 과도기로 취급하는 것은 아무런 장점이 없다고 보았다. 코르차크는 "어린이는 사람이 되어가는 존재가 아니라 이미 사람인 존재"이며, 행복할 권리를 가질 자격이 있다고 믿었다.

코르차크는 어린이와 어른이 서로 공감할 수 있게 가르쳤다. 그는 아이들에게 자기가 바쁘다거나 책을 읽고 있다거나 그냥 피곤하다고 말하곤 했다. 그러면 아이들은 언제든 가까이에서 도움을 구하고 편안함을 느낄 사람이 있지만 잠시 혼자 놀며 시간을 보낼 수 있다는 것에 행복해했다. 그는 아이들에게 사회적 책임과 타인의 감정에 대한 배려 그리고 정의감과 공정성을 가르쳤다. 아이들은 또래 법정Court of Peers을 열어 서로 품고 있던 불만을 이야기하고, 각 사건의 옳고 그름을 토론함으로써 사회적 책임감을 키워나갔다. 처벌은 대부분 서면 경고로 대신했다.

코르차크는 아이들이 어릴 때부터 접한 종교에서 위안을 받는다는 점을 알고 있었다. 그래서 유대인과 기독교인 아이들이 기도를 하거나 예배를 볼 수 있게 해주었다. 그는 실천하는 유대인은 아니었지만 유대교 교의 속에서 자랐으며, 비록 구체적인 교리를 따르지 않을지라도 사랑의 신을 믿고 지혜문학*을 두루 읽었다. 코르차크의 말에 따르면, 그의 종교는 어린이를 보호해야 하는 신성한 의무였다. 그는 어린이가 어린이 스스로에게 속하는 존재라고 믿었으며, 부모뿐 아니라 모든 공동체는 그들

• 구약성서의 《잠언》《욥기》《전도서》 그리고 《벤 시라의 지혜》《솔로몬의 지혜》 등을 역사서·예언문학과 구분해 지혜문학(Wisdom literature)이라고 일컫는다 — 옮긴이.

의 울타리 안에 있는 어린이를 돌볼 의무가 있다고 믿었다. 그는 자식이 없었지만 수백 명의 아이들에게 사랑받는 아버지였다.

코르차크는 어린이가 세상을 하나로 묶는다고 굳게 믿었다. 민족성의 기초는 민족이나 문화 집단에 있는 것이 아니었다. 그것은 교리나 인종을 막론하고 함께 모여 어린이를 돌보기로 한 국민의 결단에 있었다. 코르차크는 만약 국민들이 어린이를 돌보지 않기로 결정했다면 그 문명은 붕괴하리라는 것을 이해했다. 그리고 그런 일이 바로 바르샤바와 폴란드, 유럽 전역에서 벌어졌다. 1942년, 나치는 수천 명의 어린이를 살해하기로 했다. 죽음의 수용소까지 동행한 코르차크가 자신이 보살핀 아이들의 권리와 행복을 지키려 했던 의지는 나치의 결정에 맞서는 위대한 결단이었다.

캐나다, 이스라엘, 폴란드, 러시아, 미국 등 세계 각국의 학교와 대학 그리고 교육 학술대회에서 사람들은 여전히 코르차크의 가르침을 배우며, 그가 주창한 존중과 공감의 원칙을 따르고 있다. 모든 어린이를 공평하게 대하고 그들의 복지를 고려하자는 코르차크의 간청은, 그가 한 세기 전 《어린이를 사랑하는 법》을 썼을 때 그러했듯이 오늘날에도 여전히 중요하다.

코르차크에 관한 연구에서 발견할 수 있는 최고의 장면은 코르차크와 삶의 일부를 함께했던 어떤 어린이의 말일 것이다. "모든 부모들이 야누시 코르차크의 책을 읽을 수 있으면 좋겠어요. 그러면 어린이들이 더 행복해질 테니까요"(Joseph, 2007).

2차 세계대전 시기 코르차크 고아원이 남긴 인내와 배려의 작은 역사

아그니에슈카 비트코프스카 크리흐

시작하며 ───

역사적인 사건을 연구하는 일은 불확실하고 위험하다. 거의 80년도 전에 일어난 일이라면 더욱 그렇다. 먼 옛날에 일어난 특정 사건을 기록한 출처들은 대개 불완전하고 부정확하며 때로는 서로 모순된다. 개인 전기도 마찬가지이다. 정보나 기억, 보존된 문서의 조각은 누군가의 삶과 경험을 완전히 복구하기에 불충분하다.

역사적 사건과 사람들의 삶은 현대 연구자들이 접근하기 어려운 맥락 속에 파묻혀 있다. 이는 미시사 micro-history 를 재구성하는 작업을 더욱 복잡하게 한다. 그래서 노련한 연구자들은 잃어버린 세계를 다시 그려내기보다는 그것이 설명하는 담론을 연구하려 한다. 이러한 한계가 있음에도 그 과거는 다시 돌아볼 가치가 있다. 적어도 그때 무슨 일이 일어났는지, 여기 그리고 지금hic et nunc•을 사는 우리가 과거의 사건에 가까이 다가갈 수 있게 해준다.

수십 년 동안 주류 연구 흐름에서 밀려나 있던 세계를 탐구하는 일은 아주 매력적이다. 특히 흥미로운 것은 사회적으로 배제되었던 사람이나 집단(예를 들면 국가 또는 종교적 소수자, 여성, 아동, 환자, 빈곤층)의 삶이다. 두 차례의 세계대전 사이에 바르샤바에서 가장 인기 있는 유대인 고아원의 관리자이자 성실하고 책임감 강한 교육자로 알려진 의사, 작가, 교육학자인 야누시 코르차크의 삶이 그 좋은 사례이다.

고아들의 집 ──

코르차크의 고아원Home for Orphans은 일곱 살에서 열네 살에 이르는 유대인 어린이 107명을 위한 집이었다. 바르샤바 크로흐말나 거리 92번지에 위치한 이 고아원은 고아구호협회Relief for the Orphans Association 회원들의 후원과 아낌없는 기부로 1912년에 건립되었다. 코르차크는 고아원이 건립되기 3년 전부터 고아구호협회의 일원으로 협회의 초청과 요청에 따라 교육활동을 해왔다. 그는 자기보다 먼저 고아원을 운영해온 스테파니아 빌친스카와 긴밀히 협력하면서 혁신적인 교육방법을 적용해나갔다.

애초에 고아원은 연구를 위한 기관이기도 했다. 코르차크는 아이들에게 필요한 모든 것을 제공하는 일과 별개로, 고아원이 아이들의 성장과

• 힉 에트 눈크(hic et nunc): '여기 그리고 지금'을 뜻하는 라틴어 — 옮긴이.

발달을 연구하는 독보적인 역할을 하게끔 계획했다. 야누시 코르차크, 스테파니아 빌친스카 그리고 다른 교육·사무 직원들에게 이 시설은 아이들을 매일 관찰하고, 그 내용을 체계적으로 기록하는 곳이었다. 사회복지사와 교사를 비롯해 훗날 코르차크의 동료가 되려는 사람들은 이곳에서 자기가 교육자가 되고 싶은지 아닌지 내면의 바람을 면밀히 평가할 수 있었다. 어린이들에게 이곳은 의심할 여지없이 집과 같은 편안함과 이해와 사랑, 존중을 느끼며 성장하고 발전할 수 있는 보금자리였다.

코르차크의 고아원은 고아구호협회의 기금으로 운영되었기 때문에 국가와 부처, 의회, 바르샤바 유대인 공동체의 간섭에서 자유로웠다. 덕분에 코르차크는 수많은 혁신적인 교육방법을 도입하고 성공적으로 시행했다. 그의 가장 유명한 책 《어린이를 사랑하는 법》(Korczak, 2018a)은 부분적으로나마 고아원 조직을 다루고 있는데, 여기서 코르차크는 그의 고아원이 어떤 기능을 했는지 자세히 설명한다.

여기서 주목할 점은 코르차크의 유대인 고아원과 매우 비슷한 '우리의 집Our Home'이라는 또 다른 폴란드 아동 기관이 존재했다는 사실이다. 프루슈쿠프에 있던 이 기관은 코르차크와 마리나 팔스카Maria Rogowska-Falska(1877~1944)가 공동 설립한 것으로, 나중에 바르샤바의 비엘라니 근처로 자리를 옮겼다. 이 지역에서 코르차크는 버려진 아이들이 더욱 편안하고 가치 있는 삶을 살게끔 수많은 방법을 다듬어냈다. 그러한 방법들은 매우 유용하고, 효과적이면서도 효율적이었다. '우리의 집'이 활용한 일상적인 관행과 방법은 서로 신뢰하는 분위기를 조성하는 데 도움이 되었다. 이러한 경험 덕분에 코르차크는 다가올 삶의 도전에 응할 준비가 된 양심적인 어른이 될 수 있었다.

코르차크의 고아원이 지닌 몇 가지 구체적이고 독특한 특징은 어린이들에게 오래도록 영향을 끼쳤다. 이러한 특징들은 결코 과장된 것이 아니다. 아이들은 평균 약 7년 동안 코르차크의 고아원에 살았다. 7년은 체계화한 교육을 투입하기에 충분한 시간이었다. 아이들은 신체적으로 정신적으로 그리고 무엇보다도 사회적으로 성숙하고 발달할 수 있는 안전한 환경을 제공받았다. 또한 이러한 환경은 신체적으로 안전할 뿐만 아니라 정서적으로 안정적이었다. 또래 법정, 의회, 신문, 공유된 책임 같은 내부 제도는 어린이들과 교사, 직원 사이의 관계를 조정했다. 이곳에서는 어린이든 선생님이든 모든 사람이 고아원의 분위기에 공동 책임을 진다는 규칙을 따랐다. 고아원의 이러한 상황은 1912년부터 1939년 9월 2차 세계대전이 일어날 때까지 비교적 안정되어 있었다.

전쟁이 격화하기 직전인 1939년 8월, 고아원에는 100여 명의 유대인 어린이들이 살고 있었다. 그들은 고아이거나 반(半)고아였다. 반고아인 아이들은 실업 등 어려운 상황 때문에 자식을 부양할 수 없는 부모를 둔 이른바 사회적 고아였다. 이 기관의 일상을 담은 풍부한 자료들은 아이들 그리고 그들과 함께 살았던 노동자 10여 명의 삶을 기록하고 있다.

2차 세계대전은
코르차크의 고아원에 어떤 영향을 끼쳤나? ——

2차 세계대전이 시작할 즈음 코르차크는 바르샤바에 있었는데, 역사학자들은 그가 즈워타^{Ztota} 거리에 있는 여동생의 아파트에 머물렀을 것이라고 추측한다. 1939년 9월, 그는 크로흐말나 거리의 고아원으로 이사했다. 몇 달 뒤 코르차크가 남긴 기록에 따르면, 그는 고아원에 '비상사태'(일종의 내부적인 '계엄령')를 선포했다. 이로써 아이들이 안전하게 조치하고, 군사행동으로 파괴되기 쉬운 고아원의 물자를 보호했다. 그는 아이들에게 폭격에 대처하는 방법과 물을 비롯한 다른 자원을 절약하는 방법을 가르쳤다. 그러면서도 고아원의 일상을 평소와 다름 없이 유지하기 위해 노력했다. 그는 여전히 아이들을 받아들였으며, 심지어 아이들이 가족을 방문해 놀이를 하며 즐거운 시간을 보내게끔 독려했다.

이사직을 맡았던 코르차크는 지난 전쟁을 떠올리면서 고아원의 기능을 최대한 유지하고자 애썼다. 그는 일정을 재정비하고 업무도 평상시에 하던 대로 분배했다. 뿐만 아니라 의회와 신문 발행부, 심지어 연극부까지 고아원의 모든 자치기관을 꾸준히 운영했다. 이때 스테파니아 빌친스카가 코르차크에게 큰 도움이 되어주었다.

안타깝게도 고아원 건물은 잦은 폭격 탓에 일부가 파괴되었고, 젊은 노동자 가운데 주제프 스토크만은 소이탄* 공격에서 건물을 보호하려고 옥상에 몇 시간씩 머물다가 정신적 불안증으로 사망하고 말았다.

전쟁 때문에 더 많은 아이들이 부모나 집을 잃었고, 코르차크의 보살핌을 받는 아이들은 150명으로 늘어났다. 그러나 어떤 고난도 코르차크 고아원의 전통인 여름 캠프를 막지는 못했다. 그는 여름 캠프를 위해 아이들을 데리고 바르샤바에서 시골로 떠났고, 다른 수많은 유대인 기관까지 동행시켰다. 다른 해도 아닌 1940년 여름에 캠프가 열렸다는 것은 실로 놀라운 일이다.

여름 캠프에서 돌아와 비교적 차분한 몇 주를 보낸 뒤, 코르차크의 고아원은 1940년 11월에 새로운 게토 구역으로 강제 이주 당했다. 그들은

● 소이탄(燒夷彈) : 사람이나 시가지 · 밀림 · 군사시설 따위를 불태우기 위한 탄환류 — 옮긴이.

크워드나 거리 33번가에 있는 주제프 마리아 로에슬레르 남자직업학교
Józef and Maria Roesler Trade School for Boys 건물에 정착했다. 그 즈음 코르차크가
한 달 가까이 수감됐기 때문에, 고아원은 스테파니아가 전적으로 책임졌
다. 스테파니아는 1914년에 코르차크가 군의관으로 징집됐을 때도 고아
원 운영을 맡은 적이 있었다.

　다행히 고아원 건물 내부는 폭격의 피해가 전혀 없었지만, 문제는 재
정 상황이었다. 고아구호협회의 지원이 줄어든 것이다. 빌친스카와 코르
차크는 자금 마련을 위한 자선 행사를 열었고, 유대인평의회와 유대인자
조회Jewish Social Self Help도 추가 자금을 기부했다. 이 자금은 조인트the Joint
라는 이름으로 널리 알려진 미국유대인공동분배위원회American Jewish Joint
Distribution Committee가 지원했다.

　1941년 10월, 바르샤바 게토의 경계선이 바뀌면서 코르차크의 고아원
은 다시 한번 이사를 해야 했다. 이번에는 시에나Sienna 거리 16번지와 슐
리스카Śliska 거리 9번지 사이 길모퉁이에 있는 건물이었다. 이곳은 코르
차크와 아이들이 인생의 마지막 달을 보낸 장소였다. 아이들의 수는 늘
어났고, 생활형편은 나빠졌다.

　코르차크의 고아원이 숱한 도전에 직면하는 동안, 상황이 훨씬 비극적
인 곳도 있었다. 성 아우구스티네Augustine 교회에서 매우 가까운 지엘레
나Dzielena 거리 39번지에 위치한 다른 아동 기관이었다. 중앙대피소Main
Home of Refuge라고 불린 이곳의 상황을 충분히 알고 있던 코르차크는 고아
원 일과 별개로 도움을 주기로 결심했다. 1942년 초에는 상황을 파악하
고자 잠시 이 기관으로 이사하기까지 했다. 더 중요한 점은 코르차크가
이곳의 끔찍한 상태를 개선해보려고 노력했다는 사실이다. 불행히도 노
력은 허사가 됐으며, 코르차크는 자기를 더 필요로 하는 본래 자리로 돌

아갔다.

코르차크의 '일기Diary'(Korczak, 2012)에는 그의 생애 마지막 달이 고스란히 담겨 있다. 1942년 5월부터 8월까지를 기록한 이 가슴 아픈 노트에서 우리는 고아원이 있던 시기의 게토에 관한 상세하고 많은 정보를 알아낼 수 있다. 또한 이 일기는 전쟁 전까지 이어졌던 삶의 다른 양식을 보여준다. 이 중요한 기록을 포함하여 오늘날 '새로운 자료'로 알려진, 코르차크가 바르샤바 게토에서 작성한 다른 문서들은 많은 증언과 기록을 바탕으로 코르차크와 빌친스카, 직원과 자원봉사자들이 점점 나빠지는 재정과 전쟁의 포화 그리고 어두운 전망 속에서도 아이들에게 평범한 일상과 안전을 제공하려고 얼마나 애썼는지 보여준다.

전쟁과 혁명을 겪으며 살아남은 코르차크와 직원들은 암울한 상황을 꿋꿋이 견뎌냈고 일상적인 업무에 몰두했다. 이들의 이런 태도는 오늘날의 기준으로 해석할 때 의심할 여지없이 시민저항운동civil resistance으로 간주할 수 있을 것이다. 상황이 나빠졌을 때 나이 든 의사 코르차크는 개인적인 구원의 기회를 거부했으며, 바르샤바 게토를 떠나 몸을 숨기라는 제안도 거절했다. 1942년 8월 4일, 코르차크(2012)는 일기에 "지금 내가 살아 있는 것은 이미 일어난 일"이라고 적었다(p. 140). 그는 예전의 전쟁 경험을 떠올렸지만, 그와 아이들에게 무슨 일이 일어날지는 아직 알지 못했다.

3

영혼의
조각가

마르샤 탈마지 슈나이더

내가 야누시 코르차크와 스테파니아 빌친스카를 처음 알게 된 때는 1972년이다. 그 무렵 코르차크에 관해 영어로 읽을 수 있는 책은 단 한 권뿐이었다. 그 책의 한 장(章)은 코르차크의 이야기를 영웅주의적인 시각에서 서술하고 있었다. 하지만 코르차크의 혁신적인 어린이 교육방식에 관해서는 아무것도 다루지 않았다. 나는 그 책에 담긴 어린이를 향한 코르차크의 사랑에 특히 놀랐다. 그 뒤 세월이 흘러 코르차크는 더 많은 사람들에게 알려졌고, 그의 철학과 교육적 가르침을 담은 출판물은 점점 더 늘어갔다.

1992년에 트레블링카Treblinka를 방문하면서 나는 '야누시 코르차크와 아이들' 기념비를 찾았다. 제자 한 명이 쓴 카드와 그 옆에 코르차크를 기리는 작은 촛불을 바라보고 있는데, 갑자기 커다란 눈물방울이 내 볼을 타고 흘러내렸다. 그때 나는 코르차크를 알리기 위한 일을 하겠다고 결심했다.

이후 2001년, 나는 이스라엘의 게토전사박물관 Ghetto Fighters' Museum에서 생존자 열 명의 이름과 주소, 전화번호를 입수했다. 이들은 유대인 대학살이 벌어지기 전까지 바르샤바에 있는 '고아들의 집 Dom Sierot'에 살았다. 나는 구형 테이프 녹음기를 들고 이들을 만나러 이스라엘을 돌아다녔다. 생존자 대부분은 인생의 황혼기를 맞이하고 있었지만 게토의 기억만은 여전히 생생했다. 많은 이들은 자기가 평생 동안 했던 일을 선택한 이유가 코르차크와 고아원에서 보낸 시간 때문이라고 했다. 이제 그들 가운데 오직 한 사람만이 살아 있다. 이때의 인터뷰를 바탕으로 나는 《어린 영혼의 조각가 야누시 코르차크》(Talmage Schneider, 2015)를 썼다.

코르차크와 스테파니아는 결혼하지 않았지만, 수천 명 아이들에게 아버지는 "미스터 닥터 Pan Doktor"였고, 어머니는 "미세스 스테파 Pani Stefa"였다. 코르차크와 스테파니아는 아이들을 진심으로 사랑하고 존중했으며 친절하게 대했다. 유년기가 미래를 준비하는 시기라는 생각을 바탕으로 둘은 아이들이 미래에 꾸릴 가족의 삶에 모범이 되려고 노력했다.

베티 진 리프턴의 《게토 일기 Ghetto Diary》(2003)는 코르차크를 종합적으로 다룬 첫 전기이다. 이 책의 머리말에는 코르차크가 그의 친구에게 한 말이 실려 있다. "나는 교육을 통해 치료하는 의사이자 스스로 선택한 교육자, 열정적인 작가, 요청받은 심리학자라네"(p. xvii). 코르차크 삶의 여정을 탐험하면서 이러한 면모들을 살펴볼 수 있을 것이다.

코르차크는 뛰어난 선각자였다. 로런스 콜버그 Lawrence Kohlberg• 가 도덕 교육, 아동의 권리, 저널 쓰기, 행동 수정, 사회적 관습, 공동체 생활, 자치, 또래 상담 같은 말을 유행시키기 수십 년 전부터 코르차크와 스테파니아는 이 모든 용어가 뜻하는 교육방식을 벌써 활용하고 있었다.

먼저, 의사로서 코르차크는 매주 모든 아동의 몸무게를 측정했다. 그는 몸무게를 적은 수첩을 카키색 실험복에 달린 가슴 주머니 안에 넣고 다녔다. 그는 누가 살이 찌거나 빠졌는지 관찰했다. 아이들은 대개 마른 상태였다. 고아원 지하에는 욕조가 있었다. 현재 이스라엘의 한 작은 도시에 속한 심리학협회 회장 에르나 라도르Erna Lador는 "닥터는 매주 아이들을 씻겼어요. 손톱을 잘라주고 머리를 감겼지요. 특히 치통이나 다른 질병이 걱정되면 머리도 직접 밀어주었어요"라고 회상했다.

미라 카스피Mira Caspi도 거들었다. "아침에 옷을 입고 나면, 상체를 씻으러 두 싱크대 앞에 줄을 섰어요. 물론 이도 닦았어요." 카스피는 폴란드어로 노래를 부르기 시작했다. "나는 이를 닦아서 백 살까지 튼튼한 이를 가질 테야. 하루 두 번 닦아서 늑대처럼 강한 이를 가질 테야. 만약 노인이 됐다고 하루 두 번 이를 닦지 않는다면, 아마 틀니를 화장대에 올려놔야 할 테니까."

카스피는 코르차크가 처음 만든 운율에 맞춰 노래를 부르며 "덕분에 양치질 습관을 배웠어요. 그렇게 오래됐는데도 아직 기억하고 있어요!"라고 말했다. 코르차크는 카스피가 아파트 안에서 이국적인 새 한 마리를 키우는 데 영향을 끼쳤다. "코르차크는 참새들에게 모이를 주고 심지어 이름을 지어 부르기도 했어요. 몇 마리는 고아원 아이들과 이름이 같았지요."

코르차크의 동료 상담가였던 클라라 마얀Klara Maayan의 기억에 따르면,

• Lawrence Kohlberg(1927-1987), 도덕 발달 이론으로 잘 알려진 유명한 미국의 심리학자이자 교육가 —옮긴이.

스테파니아는 아이들을 위해 금테를 두른 예쁜 컵에 매일 대구 간유를 조금씩 따르고, 코르차크는 아이들이 먹었는지 일일이 확인했다.

사라 크레메르Sarah Kremer는 내게 말했다. "대구 간유 맛이 하도 고약해서 함께 먹을 작은 빵 조각들이 쟁반 위에 놓여 있었지요. 대구 간유는 절대 남기면 안 됐어요! 솔직히 그 고약한 것을 마셔서 우리가 건강을 유지했던 것 같아요." 크레메르는 코르차크 덕분에 아이들을 가르치는 교사가 되었고, 자기 딸도 교사가 되었다고 했다. 그는 딸에게 "코르차크가 그랬던 것처럼" 학생들에게 사탕과 같은 보상을 주라고 조언했다. 크레메르는 기억을 더듬어 말했다. "코르차크 선생님은 이가 빠진 아이에게 사탕, 초콜릿, 심지어 돈까지 주셨을 분이에요. …… 만약 이가 빠지지 않으면 빼주셨죠. 그는 아이들의 빠진 이를 모아서 작은 '우리 집' 모형을 만들었어요. 빠진 이를 잃어버린 아이는 모형을 만드는 데 자기 이를 쓸 수 없어 아쉬워했죠."

슈무엘 니센바움Shmuel Nissenbaum은 휘파람으로 새소리를 흉내 내 구걸하며 살던 아프고 집 없는 어린아이였다. 그가 처음 고아원에 끌려왔을 때 코르차크는 그를 다른 아이들과 분리해 자기 다락방에서 재웠다. 그래서 코르차크는 슈무엘을 면밀히 돌볼 수 있었다. 니센바움은 회고했다. "그는 나를 마치 당신 자식처럼 보살펴주었어요. 내게는 어머니와 아버지 같았지요."

또 다른 혁신은 라디오 토크쇼 〈의사 할아버지The Old Doctor〉였다. 코르차크는 이 프로그램에서 유대어로 된 그의 실명을 쓰지 않았다. 그는 자녀와 부모, 또래 아이들의 문제를 다루는 아동 상담을 해주었는데, 요즘으로 치면 필 박사Dr. Phil* 같은 사람이었다. 그의 상담은 코르차크 자신처럼 유머러스하고 따뜻했다. 그러나 1930년대 중반 폴란드에서 반유대주의 분위기가 강해지면서 이 프로그램은 종영될 수밖에 없었다. 나는 코르차크가 오늘날 페이스북과 소셜미디어에 관해, 또한 이런 것들이 어린이에게 끼치는 영향에 관해 어떻게 말할지 궁금해지곤 한다.

코르차크는 항상 어린이책에 담긴 글을 높이 평가했으며, 스스로도 수많은 어린이책을 썼다(예를 들어 Korczak, 1969; 2012). 그는 《어린이 비평 Mały Przegląd》이라는 새로운 시도를 하기도 했다. 이 신문은 대부분의 글을 아이들이 쓴 최초의 어린이 신문으로, 짧은 이야기나 코르차크가 쓴 기사가 실렸다. 아이들은 아침 식사를 마친 뒤 또는 근처에 집이 있는 아이들이 가족을 만나러 가기 전 토요일 같은 때 함께 모여서 신문을 소리 내어 읽었다.

코르차크는 또래 상담소를 열었다. 이곳에서는 대학생들이 큰형이나 큰언니 역할을 했다. 그들은 날마다 4시간씩 아이들과 함께 체스를 두거나 운동을 하거나 숙제를 도와주는 대신에 숙식을 제공받았다. 앞서 언급한 에르나 라도르도 이 일을 하려고 면접을 본 적이 있다. 라도르는 약속시간보다 일찍 고아원에 도착해 여행 가방을 내려놓고 돌아다니며 아이들과 이야기하던 기억을 떠올렸다. "아이들이 게임을 하고 있는 테이블이 보였어요. 그 테이블은 곧 식탁으로 바뀌었죠. 거기에는 질서와 세심함이 있었어요. 그 뒤에 나는 스테파니아와 코르차크를 발견했죠. 그는 나에게 '굳이 더 이야기할 필요가 없을 것 같군요. 우린 계속 지켜보고 있었어요. 이제 라도르에게 여기 일을 맡기겠어요! 게시판에 이름을 올리세요'라고 말했죠."

• 필 맥그로(Phil McGraw)를 말하며, 오프라 윈프리(Oprah Winfrey)와 함께 심리치료를 주제로 한 토크쇼를 진행했다 — 옮긴이.

게시판은 코르차크가 고안한 또 다른 방법이다. 그는 게시판을 통해 고아원 안의 활동과 소식을 알렸다. 게시판은 모두 쉽게 볼 수 있는 곳에 놓였고, 언제나 두 가지 내용이 적혀 있었다. 하나는 **불일치**하는 의견에 관한 것이고, 다른 하나는 **고마움을 표현**하기 위한 것이었다. 만약 어떤 아이가 키가 너무 작거나 글을 쓸 줄 모른다면, 키가 크거나 나이가 많은 다른 아이가 대신 글을 써서 도움을 주었다. 이런 아이디어는 코르차크의 신념을 강화했다. 그는 어린아이를 그 아이보다 나이 많은 아이가 돌보고 도움을 주는 것이 효과적이라고 믿었다.

코르차크 자신은 종교적 관례를 따르지 않았다. 하지만 그는 아이들이 그들의 전통을 긍정하기를 원했고, 그래서 아이들이 원할 때 이용할 수 있는 '조용한 방'이라는 기도실을 만들었다. 그곳에는 아침 기도문이 적힌 포스터가 붙어 있었다. 부모를 잃은 많은 아이들은 카디시˙를 암송하고 싶어 했다. 코르차크는 아이들을 돕기 위해 그곳에 함께 있었을 것이다. 그는 하누카나 유월절처럼 역사적 의미가 있는 유대인의 명절을 아이들이 배우기를 원했다. 유대인 출신 상담사들도 히브리어로 기도와 명절 노래를 가르쳤다.

슐로모 나델Shlomo Nadel은 그의 유월절 경험에 관한 놀라운 이야기를 들려주었다. 성만찬 의례의 유월절 의식을 완성하려면 아피코멘afikomen이라는 맛초matzo˙˙ 빵이 조금 필요하다. 연장자는 대개 식사를 시작할 때 이 빵을 숨겨둔다. 식사하는 동안 아이들이 이 빵을 찾으면, 연장자는 의례가 끝날 때 그것을 선물로 준다. 그러나 100명이나 되는 아이들과

• 카디시(kaddish): 유대교에서 죽은 가족을 등을 위해 암송하는 기도 ― 옮긴이.
•• 맛초(matzo): 누룩을 넣지 않고 만든 빵. 무교병이라고도 한다 ― 옮긴이.

함께 이런 의식을 진행하려면 너무 혼란스러울 것이다! 그래서 코르차크는 아피코멘을 호두로 대신하는 방법을 생각해냈다. 그는 아이들이 먹는 수프의 만두(맛초 볼) 중 하나에 호두를 숨겼다. 인터뷰 도중 나넬은 주머니에서 손수건을 꺼냈다. 구깃구깃하고 갈색으로 바랜 손수건 안에는 60여 년 전 자기 몫의 수프에서 발견한 호두가 있었다. "이건 나에게 행운의 부적이었다네."

모두 저마다 맡은 일이 있고, 코르차크에게도 할 일이 있었다. 그는 이런 식으로 사회적·도덕적 책임을 가르쳤다. 코르차크는 접시 치우는 일을 맡았다. 그는 접시를 치우면서 누가 너무 많이 먹는지 또는 덜 먹는지를 파악했고, 어떤 접시가 깨져서 바꿔야 하는지도 알 수 있었다.

사라 크레메르는 사랑과 감사로 가득했던 고아원에서의 경험을 회상했다.

내 생애 최고의 시간을 코르차크와 함께 보냈어요. 그곳은 내 집이었죠. 어린이를 향한 내 관심의 씨앗은 코르차크와 함께하면서 심겼답니다. 나는 코르차크가 활용한 많은 방법을 내 자녀와 제자들에게 적용했어요. 선생님이 된 딸에게 아이들한테 보상을 주라고 조언한 이유도 그래서죠.

미라 카스피는 처음 고아원에 왔을 때 친구들 주변에서 자신이 어떻게 혼자 놀았는지를 이야기했다. 카스피는 친구가 없었다. 이를 알아차린 코르차크는 그를 나뭇가지 위에 올려놓았다고 한다. 카스피는 이렇게 회상했다.

너무 놀라서 어쩔 줄 몰랐어요. 나는 울면서 내려달라고 소리쳤죠. 아이들이 나무 주위에 모였어요. 코르차크는 나를 내려주지 않았어요. 아이들은 "코르차크를 법정으로 데려가!"라고 외쳤어요. 그제야 그는 나무 위에서 나를 내려주었어요. 그래도 아이들은 그를 법정에 세워야 한다고 아우성이었어요. 어떻게 제가 코르차크를 법정으로 보낼 수 있겠어요? 하지만 아이들이 계속 소리쳤기 때문에 그렇게 했어요. 나는 게시판에 그의 이름을 적는 방식으로 그를 '고발'했죠. 코르차크는 폴란드에서 가장 관대한 처벌인 1즈워티* 벌금을 냈어요. 그날부터 아이들은 나와 함께 놀았어요. 코르차크는 이런 결말을 꿰뚫어보고 있었죠.

코르차크는 어린이에 대해 흔하지 않은 심리적 통찰력을 지니고 있었다. 그는 본능적으로 어떻게 해야 할지 알고 있었다. 이츠하크 벨페르(Itzhak Belfer, 2016)는 이 사건을 그림책에 담아냈다.

코르차크가 또다시 법정으로 끌려간 것은 기숙사 방이 있는 2층에서 1층으로 내려갈 때 계단 난간 위에서 미끄럼을 타면 안 된다는 규정을 어겼기 때문이었다. 바지가 찢어지거나 더 심하게는 엉덩이에 찰과상을 입을 수 있기 때문에 금지한 사항이었다. 그러나 코르차크는 아이들의 관심을 끌기 위해 그리고 재미를 위해 일부러 규정을 어겼다. 내가 1998년에 고아원을 방문하면서 알게 된 코르차크는 정말 괴짜였다!

고아원에는 동아리도 있었다. 코르차크는 체스 동아리에서 도브 네트제르Dov Netzer에게 체스를 가르쳐주었다. 네트제르는 그 뒤로 50년 넘도록 체스를 하지 않았다고 설명했다. 네트제르는 수술 후 요양 중인 데다 나이도 많았기 때문에 구소련 출신 간병인의 보살핌에 의존했다. 그는

• 즈워티(zloty): 폴란드의 화폐 단위. 1즈워티는 현재 한국 돈으로 약 285원 — 옮긴이.

농담처럼 말했다. "오늘 오후에 코르차크가 나를 돌봐주러 올 것이고 체스 게임도 할 거라네. 나는 그냥 노는 걸 좋아하지!"

나델은 동아리에서 사진을 찍고 현상하는 법을 배웠다. 나델의 또래 상담가는 그에게 사진을 소개해주고 필름을 처리하고 현상하는 암실에 데리고 다녔다. 그는 사진을 처리하는 과정이 늘 흥미로웠고, 결국 이 일은 만년에 그의 직업이 되었다. 그는 고아원과 여름 캠프에서 아이들과 함께한 활동을 담은 소중한 사진을 수없이 찍었다. 그리고 평생 동안 여행과 모험을 통해 기적적으로 그것들을 다시 구했다. 나델의 두 아들은 2세대 코르차크협회의 활동에 깊이 참여해왔다. 그들은 거실 벽에 코르차크의 초상화가 항상 걸려 있던 것을 기억했다. 나델의 아내는 부부가 중대한 결정을 내려야 할 때면 "코르차크는 우리에게 어떻게 조언할까?"라고 자문한다고 말했다.

이 글을 쓸 때만 해도 살아 있었던 이츠하크 벨페르는 유명하고 존경받는 이스라엘의 예술가였다. 그는 수많은 그림과 청동 조각상으로 코르차크를 표현했다(Belfer, 2016). 소년 시절 벨페르는 크레용과 종이 그리고 그림을 그릴 수 있는 작은 공간을 제공받았다. 재능과 흥미를 타고난 벨페르는 그 덕분에 자신감을 키우고 경험을 넓힐 수 있었다.

여름 캠프는 코르차크의 또 다른 아이디어였다. 나델은 "나는 매일 맨발에 짧은 바지를 입고 돌아다니기를 좋아했어요. 우리는 카약도 배웠지요. 요즘도 그렇지만 그때도 카약은 대단한 스포츠였어요"라고 말했다. 미라 카스피는 자신의 기억을 나와 공유했다.

어느날 밤, 우리는 의사 할아버지와 함께 숲속으로 들어갔어요. 팬트리 바닥에 금이 간 것처럼 조심조심 걸었죠. 그건 우리만의 비밀이었어요! 정말이지 엄청 재미있었어요! 우리는 숲에서 집시 소녀를 만났는데 그 소녀는 우리를 속이려 했어요. 하지만 결국 코르차크는 그 소녀에게 진정한 도덕적 교훈을 가르쳐주었답니다.

코르차크의 사상과 방법은 도덕규범과 자기수양을 가르치는 것을 포함했다. 아이들에게는 자신들의 사적인 '보물'을 놓을 수 있는 작은 공간이 저마다 있었다. 그곳에는 자물쇠나 심지어 덮개조차 없었다. 그런데도 아무도 서로의 것을 훔치지 않았다. 코르차크는 아이들이 도덕성과 책임감을 기를 수 있게 도왔다. 또한 아이들이 자기주도성과 훌륭한 시민성, 인간관계를 형성하게끔 북돋우고 인격을 함양하게 했다. 그와 스테파니아는 **사랑과 존경**으로 아이의 영혼을 매만지는 놀라운 능력이 있었으며, 그 능력이 **더 나은 세상**을 만들 것이라고 믿었다.

4
잠시 코르차크가
되어보는 시간

릴리안 보라크스 네메트스

야누시 코르차크 박사는 예나 지금이나 내 영웅이다. 코르차크를 존경하는 내 아버지는 바르샤바 게토에서 그를 처음 만났다. 나는 의사 할아버지라고 불린 코르차크 이야기와 어린이를 향한 그의 사랑을 아버지에게서 들으며 자랐다. 아버지가 들려준 코르차크에 관한 이야기는 전쟁이 끝나고 피폐해진 유럽의 암흑 속에서 나를 비춰준 한 줄기 빛이었다. 내가 아는 코르차크는 귀가 아니라 자신의 존재 전체로 어린이의 이야기를 들은 사람이다.

코르차크(Lifton, 1988)는 다음과 같이 썼다. "한 아이를 이해하고 싶다면 먼저 스스로를 알아야 한다. 당신은 지식을 습득하고 자라며 무엇보다 깨닫기 위해 배워야 하는 한 아이이다"(p. 80).

이렇게 자기 스스로를 잘 알고 있는 사람이 얼마나 될까? 어떤 문제의 답을 찾을 때 사람들은 대개 자기 삶을 깊이 들여다보지 않는다. 그 대신 가장 최근의 경험에 비추어 자신과 타인을 판단한다. 질문에 답하기 위해 멈추는 법도, 문제의 본질에 다다르기 위해 진지하게 파고드는 법도 없다. 우리는 자주 잘못된 결론에 이르고 사람들에게 그릇된 메시지를 전달한다. 이는 때때로 우리 스스로와 판단 대상인 타인을 위험에 빠뜨린다.

상상해보자. 굶주리고 지친 의사 할아버지가 한밤중에 지엘나 거리의 황폐한 건물에 앉아 보드카 한 잔과 검은 빵 한 조각을 들고 있다. 검은 그림자가 드리워진 곳에서 코르차크는 등유 램프의 희미한 불빛 아래 놓인 종이를 향해 몸을 기울인다. 그는 우물을 파듯 글을 쓸 것이라고 적는다.

나는 내 인생 이야기를 토대로 뭔가 다른 일을 해보려고 한다. 그것이 의미 있고 옳은 일인지 확신할 수 없더라도 말이다. 우물은 가장 깊은 곳부터 파지 않는다. 우물을 파는 사람은 먼저 맨 윗부분을 부수고 삽으로 흙을 떠서 한쪽으로 내던지고 이를 다시 반복하는 방식으로 삽질을 한다. 삽 아래에 무엇이 있는지, 얼마나 많은 뿌리가 뒤엉켜 있는지, 또 어떤 장애물이 있는지 모른다. 나나 다른 사람이 얼마나 많은 돌을 묻고 잊었는지……. 소매를 걷어붙인다. 삽을 단단히 움켜쥐고 …… 해보자! …… 나 스스로 끝내야만 하는 나의 마지막 일을. (Korczak, 2003, pp. 6~7)

코르차크는 일기를 통해 현재에서 과거, 성인기에서 유년기에 이르기까지 자기 삶의 우물을 파고들면서 가장 심오한 자아와 자기 안에 아직 남아 있는 아이의 자아를 드러낸다. 이렇게 코르차크는 어린이를 이해하는 청사진을 그리고자 스스로를 탐구한다.

그러므로 만약 코르차크에게서 더 많은 것을 배우고 싶다면, 어린이를 이해하기 위한 그의 교육학적 접근법을 따라 할 필요가 있다. 소욕(少慾)과 친절, 다른 사람들의 요구에 대한 반응, 공감, 관용의 원칙을 우리 자신의 삶에 적용할 필요가 있다. 또한 더 좋은 교사이자 존재가 될 수 있도록 그가 제시한 여러 사례를 활용할 수 있다.

코르차크는 사려 깊으면서도 매우 인간적인 방식으로 아이들이 자기 삶을 유지하게끔 도왔다. 아이들이 해야만 했던 말에 귀 기울였고, 그들의 몸짓이 의미하는 언어를 지켜보았다. 또한 부분이 아닌 온전한 한 사람으로서 보려고 노력했기 때문에 아이들의 진심이 담긴 일기도 허투루 읽어 넘기지 않았다. 그는 어른에게는 중요하지 않은 듯이 보이는 아이들의 질문과 말을 귀담아들었다. 그 질문과 말이 어린이에게는 모든 것이었다. 코르차크는 아이들이 비판적이고 강한 어른이 아니라 본래 되려던 사람이 되게 했다.

그는 아이들의 상황과 그들에게 가해진 고통을 생각하면서 자기 우물 안에 갇힌 아이를 상상했다. 하르트만[Hartman](2009)의 표현대로 "아이들은 역사가 저지른 만행의 짐을 짊어져야 했다"(p. 13).

전쟁을 겪은 많은 아이들이 지닌 상처는 관심을 기울이지 않으면 더 깊어진다. 어린 시절에 경험한 폭력은 성인이 되었을 때 아동을 대하는 방식에 영향을 끼치는 경우가 많다. 예를 들어 나는 어린 시절에 괴롭힘과 신체적·정신적 학대 그리고 방치와 외로움에 시달렸다. 나와 같은 어린 생존자들이 캐나다에 처음 도착했을 때, 아무도 우리의 파괴적인 경험에 관심을 두거나 듣고 싶어 하지 않았다.

나는 어릴 때 바르샤바 게토의 움슐라그플라츠[Umschlagplatz]에서 겪은 일을 절대 잊지 못한다. 나는 줄을 선 채 무서워하며 어머니 팔에 매달렸다. 그 줄 끝에는 유대인을 트레블링카 죽음의 수용소로 보내기 위한 가축운반차가 기다리고 있었다. 트레블링카 죽음의 수용소는 유대인이 도착하면 거의 즉시 사형을 집행하는 가스실이었다. "엄마, 나를 두고 가지 않을 거지?" 나는 엄마 팔에 매달리며 간절하게 말했다. 엄마는 "어떻게 널 떠날 수 있겠니? 물론 아니지"라고 대답했었다. 마침 총격전이 벌어져 건물 안으로 피신한 덕분에 우리는 그 죽음의 줄을 기적적으로 탈출할 수 있었다. 그렇게 우리는 구조됐다.

코르차크처럼 의연하지는 않았지만 우리 가족은 그가 200명의 아이들과 죽음을 향해 함께 걸었던 바로 그 길을 따라 걸었다. 구조를 제안받았을 때 코르차크는 아이들이 자신을 필요로 한다며 거절했다. 그렇게 코르차크와 아이들은 모두 트레블링카 수용소에서 죽음을 맞이했다. 이는 문명사회가 경험한 가장 기괴한 형태의 반유대주의와 인종차별주의가 초래한 끔찍한 결과였다. 코르차크는 그가 영웅으로 죽은 날 피어난 불꽃 속에서 여전히 살아 숨 쉬고 있다.

캐나다로 이민 온 뒤, 나는 내 또래 아이들처럼 평범하게 살려고 애썼다. 그들의 어린 시절은 나보다 훨씬 더 평화로워 보였다. 나는 1939년 폴란드의 모든 유대인 어린이들처럼 인종 때문에 박해받고 벌레처럼 다루어졌다. 나는 히틀러가 사형을 선고한 그 아이를 내 속에 처박았다. 이제 어른이 된 나는 결혼을 하고 아이들을 키운다. 하지만 뭔가가 그 폭력적인 과거와 관련된 기억을 불러일으킬 때면 내 세계는 무너져버렸다.

어린 시절의 트라우마는 방치하면 치유되지 않는다. 그래서 세심한 양육을 통한 예방이 필요하다. 코르차크처럼 어른에게 그러듯 어린이의 말에 귀 기울인다면 아이가 마음이 아픈 어른이 되기 전에 도울 수 있다. 즉 트라우마가 된 사건이 끝나고 그 뒤의 삶이 시작될 때부터 주의 깊게 관찰하며 도와야 한다. 만약 우리가 사리사욕과 섣부른 판단을 뒤로 미루는 태도를 다시 배울 수 있다면, 이야기를 듣고 공감해줄 이를 그냥 지나치지 않는다면, 연민을 품고 서로의 말을 듣는다면, 우리는 모든 어린이에게 훌륭한 모델이 될 것이다. 그리고 너무 늦기 전에 그들의 상처를 치료하는 것을 도울 수 있다.

마지막으로, 이 위대한 사람이 아이들의 영혼을 매만졌던 고아원의 축소판 같은 어떤 교실을 상상해보자. 그곳에서 교사는 학생을 존중과 배려로 대하는 동시에, 그들의 마음속에 한 개인으로 잘 살기 위한 그리고 더 잘 사는 세상을 위한 지식을 가르칠 것이다. 바로 코르차크가 그랬듯이.

코르차크를 찾아서

─디종에서 시애틀에 이르는 여정

마크 베른하임

1978년 이전까지 나는 코르차크를 알지 못했다. 1978년은 코르차크 탄생 100주년으로 추정되는 해이다. 유엔은 '코르차크의 해'를 선포하며 행사를 열고 기념우표를 발행했다. 나는 이 특별한 사람에 관해 배우고 저술하기 위해 프랑스 디종으로 떠났다. 그곳에서 나는 소아과 의사와 난민 출신의 시각장애인 두 사람과 인연을 맺었다. 그 뒤로 40년이 지난 지금까지 내 마음속에는 코르차크에 관한 글을 쓰겠다는 다짐이 생생히 남아 있다.

1977년 말, 나는 풀브라이트가 주최한 학술 교류에 참석하러 디종으로 갔다. 그곳 생활이 일 년 반쯤 지난 1978년 1월 무렵, 우리 부부는 시 외곽에 있는 슈노브Chenôve의 한 산부인과에서 둘째 딸을 낳았다. 새로 태어난 아기는 첫딸처럼 곧바로 정형외과 치료를 받아야 했다. 우리는 딸에게 필요한 치료를 해줄 수 있는 지역 소아과 의사를 소개받았다.

그런데 그 소아과 의사는 2차 세계대전 전에 폴란드에서 이주해온 어느 유대인 노인을 알고 있었다. 그 노인은 독일 점령지에서 몸을 숨겨 살아남았다. 이제 시각장애인이 된 노인은 전쟁 때 그곳에서 자행된 잔혹 행위와 관련된 귀중한 문서를 보관하고 있었다. 그는 영웅적인 소아과 의사가 운영한 바르샤바의 특별한 고아원에서 자랐다. 노인은 역사에 해박했으며, 내 주치의는 그의 이런 점을 매우 존경했다. 그는 내가 노인을 만나 문서 보존을 돕기를 바랐다.

그렇게 해서 나는 베냐민 로젠베르크Benjamin Rozenberg를 만났다. 그는 왜소하고 약했지만 활기가 있었다. 그는 디종 중심부의 작은 아파트에 혼자 살았다. 이웃 아이들이 번갈아가며 그를 도와 길을 안내해주었다. 다른 이웃들은 장보기와 식사를 돕고 그가 건강하게 지낼 수 있게 도움을 주었다. 디종에 이렇게 작은 유대인 공동체가 있었는데도, 관찰력이 없던 나는 그동안 그들을 한 번도 만나지 못했다. 900년 가까운 역사를 지닌 이 공동체는 계속되는 반유대주의를 위대한 투쟁으로 끈기 있게 버텨내왔다. 불행히도 나는 반유대주의를 내 지도교수에게서 직접 겪었다.

로젠베르크 씨를 만나기 전까지 나는 사람들이 유대인에게 품는 적대감을 외면했다. 습관적으로 내 일에 몰두했고, 그런 식으로 나는 살아가는 방식을 터득했다. 그런 나에게 로젠베르크 씨와의 만남은 심장을 고동치게 만들었다. 나는 무언가 깨달음을 얻을 준비가 되어 있었다.

우리는 그의 작은 아파트에서 오후를 몇 차례 함께 보냈다. 그는 어린 시절 코르차크와 함께 지낸 바르샤바 고아원 이야기를 들려주었다. 시력을 잃은 그는 조심스럽게 내 얼굴을 더듬거나 내 어깨를 잡고 말하거나 내 팔꿈치에 의지해 산책하면서 나를 '알아갔다'. 40년이 지난 지금도 나는 나에게 의지하던 그의 연약한 손길이 잊히지 않는다. 그는 그를 도우려는 나를 믿어주었다.

나에게 코르차크는 완전히 별천지의 사람이었다. 나는 로젠베르크 씨의 말에 귀를 기울였다. 코르차크는 아이들이 자치적으로 살게 함으로써 개방성과 존중을 가르쳐주었다. 로젠베르크 씨는 아이들이 운영한 가게를 설명해주었는데, 그곳에서 아이들은 자신의 얼마 안 되는 자금을 관리하고 절약하며 경영하는 법을 배웠다. 그는 어린이 법정에 관해서도 이야기했다. 어린이 법정은 아이들의 필요와 요구를 존중하며 경청과 타협을 통해 분쟁을 해결하는 경이로운 곳이었다. 세상은 그들 편이 아니라는 사실을 사회에서 배워온 아이들에게 어린이 법정은 정의를 향한 믿음과 희망을 다시금 심어주었다.

로젠베르크 씨는 코르차크를 도왔던 스테파니아 빌친스카 이야기도 해주었다. 빌친스카는 모성애가 깊었으며 아이들을 세심히 잘 보살폈다. 그는 아이들의 요구 하나하나를 인내심 있게 들어주었으며, 교육의 많은 부분을 담당했다. 로젠베르크 씨는 지금까지도 오랫동안 기억하고 있는 말을 반복했다. 자율과 자립 그리고 함께 사는 동료들에 대해 깊은 의무감과 책임감을 지녀야 한다는 이야기였다. 모든 아이들은 밤이든 낮이든 그들 곁에 의사 할아버지나 다른 직원이 있다는 사실을 알았다.

로젠베르크 씨는 배움이 수동적이거나 기계적인 학습이 아니라 실천과 관찰, 연습을 통해 이루어진다는 중요한 교훈을 잊지 않았다. 코르차크는 아이들이 하길 바라는 행동을 자신이 먼저 실천했다. 아이들은 그런 코르차크를 보며 실천의 힘을 깨달았다. 또한 그는 아이들이 자신에게 기대하는 것보다 빨리 그 행동을 습관으로 만들었다. 그래서 아이들은 적극적인 실천이 지닌 힘을 잘 알고 있었다. 로젠베르크 씨는 신앙심이 깊지 않았지만, 코르차크가 신앙이 있는 사람을 어떻게 존중하는지 보고 그대로 배웠다. 유대인 아이들은 다른 가정의 폴란드계 가톨릭 아이들과는 다른 보살핌을 받았다. 그렇지만 아이들은 서로의 차이보다 서로 공유하는 것들이 훨씬 중요하다는 사실을 알고 있었다.

로젠베르크 씨는 평생 모은 문서와 기록을 챙겨서 다른 폴란드 유대인 수천 명과 함께 프랑스로 이주했다. 그러나 내게 더 큰 감동을 안겨준 것은 그의 부탁으로 침대 밑에서 꺼낸 먼지투성이 상자였다. 그 안에는 직접 타이핑하거나 복사한 서류들이 들어 있었다. 연합군이 부르고뉴 지역을 해방하자 유대인의 작은 생존자 공동체는 다시 뭉쳤는데, 이때 퇴각하는 독일인들이 남기고 간 자료들의 저장고가 발견되었다. 자료에는 디종 공동체에 가해진 체포와 수용, 사형 집행 기록이 담겨 있었다.

로젠베르크 씨는 스테이플러로 깔끔하게 정리된 서류들을 손도 대지 않은 채 몇 년 동안 보관해왔다. 50쪽 정도 되는 다양한 종류의 사본이었다. 그중 몇몇은 희미해지거나 찢어졌지만, 다른 것들은 35년 전 세심히 타이핑된 덕분에 온전히 선명했다. 그는 그것을 맡길 가족이나 맡아줄 만한 아는 사람이 없었다. 그는 고립된 삶을 살았으며, 작은 생존자 공동체 역시 그 문서들을 어떻게 해야 할지 전혀 몰랐다. 그는 나를 파리 같은 대도시 지역에서 흔히 만날 수 있는 성씨를 가진 유대인 학자로 알았다. 그는 나에게 문서를 꼼꼼히 읽어달라고 당부했다. 더불어 우리가 만난 1978년이 폴란드의 코르차크 탄생 100주기이며, 프랑스의 많은 폴란드 난민 후손도 기념하고 있음을 기억해달라고 부탁했다.

그 문서들이 얼마나 귀중한지 알았기에 나는 조심해서 상자를 가져왔다. 그 후 일주일에 걸쳐 나는 모든 내용을 읽었다. 본래 프랑스 부르고뉴 지방의 주도였던 디종은 독일에 점령된 이후로 독일에서 추방당하거나 더 나쁜 상황에 빠진 사람들을 압송 또는 검거하기 위한 중심지 역할을 한 것이 분명했다. 우리 가족은 프랑스의 위대한 교육 선구자이자 개혁가 쥘 페리^{Jules Ferry}의 이름을 딴 초등학교와 운동장 건너편 마을의 큰길가 집을 빌려 살았는데, (독일어로 '화물을 옮겨 싣는 곳^{Umschlagplatz}'이라 알려진) 그곳이 드란시와 아우슈비츠로 갈 운명인 사람들이 대기하던 장소로 사용된 사실을 알 수 있었다.

몇 주 만에 프랑스어를 배운 세 살배기 내 딸은 매력적인 프랑스 동요와 돌림노래를 따라 부르며 유치원을 다녔다. 우리는 친절한 이웃이 빌려준 마차를 학교 운동장이 내려다보이는 발코니에 놓았다. 둘째 딸은 그 마차 안에서 잠들었다. 나는 독일 기록을 필사한 프랑스어 원문을 읽었다. 평화롭게 잠든 내 딸 바로 아래 공간에서 사람들은 강제로 끌려와 심문을 받고 학대와 고문을 당했다. 이 모든 사실이 내 손에 들린 문서에 기록되어 있었다. 한 문서는 불분명한 이유로 총살당한, 나와 성이 같은 로즈 베른하임이라는 여성을 다루고 있었다. 그것으로 충분했다······.

시력을 잃은 로젠베르크 씨는 이제 어느 것이 원본인지 복사본인지 구분할 수 없었지만, 나는 그에게 그것들을 아주 조심스레 챙겨서 미국으로 돌아가겠다고 엄숙히 약속했다. 이제는 그가 더 읽을 수 없는 그 문서들의 내용을 내가 알고 난 뒤로, 그는 그가 숨어 지내던 가장 어두운 시절 소중하게 간직했던 코르차크의 고아원 이야기를 이어갈 수 있었다. 그곳이 아이들을 얼마나 사랑하고 잘 보살핀 곳이었는지 그는 젊은 시절의 기억을 이야기했다. 나는 책을 쓰는 데 필요한 연구 지원금을 확보하겠다고 그에게 약속했다.

1978년 여름, 미국으로 돌아가는 길에 작별인사를 하러 간 내 이마에 닿은 그의 손은 가볍고 차가웠다. 나는 그에게 코르차크를 잊지 않겠다고 약속했다. 내 딸들은 집이 제공하는 안락함 속에서 코르차크 고아원에서처럼 존중과 보살핌을 받으며 성장했다. 내 일이 나를 어디로 데려가든, 나는 베냐민 로젠베르크가 알려준 코르차크의 삶에 관해 글을 써 내려갔다.

몇 년 뒤, 나는 베아테 클라르스펠트Beate Klarsfeld에게 그 문서들의 사본 한 부를 주었다. 클라르스펠트는 나치 저격수로 유명했다. 그때 그는 홀로코스트의 역사를 기억하기 위해 남편인 세르주Serge와 함께한 작품을 강연하러 우리 대학을 방문했다. 나는 워싱턴에 있는 미국 홀로코스트박물관에도 추가 복사본을 주었고, 클라르스펠트 부부는 파리의 프랑스 홀로코스트박물관에 그들의 복사본을 보관했다. 베냐민 로젠베르크는 나와 만난 뒤로 몇 년을 더 살았다. 내가 디종을 떠난 뒤 그와 함께 시간을 보낸 이는, 로젠베르크 씨가 마지막까지 지역사회의 보살핌을 받다 평화롭게 세상을 떠났다고 전했다.

1980년대 초반에 나는 코르차크와 그의 주변 사람들의 삶이 어땠는지 더 알기 위해 미국과 해외의 여러 코르차크협회에 연락했다. 폴란드에 관한 지식도, 아는 사람도 없는 내가 재정적인 지원을 받거나 연구하는 것이 적절하지는 않았지만, 나는 로젠베르크 씨에게 한 약속을 지킬 수 있는 방법을 찾아내리라고 믿었다.

1988년, 나는 풀브라이트상을 계기로 또 다른 전환점을 맞았다. 수상을 위해 오스트리아 빈으로 떠난 나는 몇몇 폴란드계 미국인과 유대계 난민 그리고 의료단체의 후원을 받아 완성된 원고를 가지고 뉴욕으로 돌아올 수 있었다. 오스트리아에서는 활발하게 활동 중인 코르차크협회를 만났다. 그들은 나를 환영해주었으며 독일과 네덜란드 소재의 비슷한 협회에 나를 소개해주었다. 내 연구 네트워크는 프랑스와 스위스의 협회까지 확장되었다. 특히 프랑스어를 사용하는 제네바 지역의 할페린^{Halperin} 가(家) 사람들은 이 분야에서 일하는 다른 사람들과 나를 연결해주고 정보를 제공해주고 있다. 제네바에서 그들을 만난 덕분에 나는 중요한 지식과 만남의 새롭고 소중한 원천을 얻었다.

1990년대 초까지 빈에서 보낸 시간은 여러 이유로 자극적이었다. 그 무렵 오스트리아는 발트하임^{Waldheim} 대통령의 외교활동과 나치 인맥 때문에 논쟁이 뜨거웠고, 많은 반대파의 저항으로 진실이 밝혀지고 있었다. 내 저서《고아들의 아버지^{Father of the Orphans}》(1989)의 출간을 축하하는 동안 나는 발트하임 시대의 혼란과 그에 따른 추악함을 경험했다. 현지 타블로이드 신문은 '유대인이 일으킨 오스트리아와의 또 다른 전쟁'을 선포했고, 나는 학생뿐 아니라 여러 사람에게서 적의 어린 시선을 수차례 받아야 했다. 어느 날 저녁, 유명한 빈 국립오페라하우스에서 옆자리에 앉은 노인은 내게 '이스라엘의 집'으로 돌아가라고 고함쳤다. 이때의 기억은 아직도 내 마음속에 남아 있다. 비록 내가 폴란드인이나 제삼자도 아니고 이민 온 지 3세대나 지난 미국인이지만, 로젠베르크 씨와의 약속과 디종에서 처형당한 유대인들의 기억은 나를 단단히 붙잡았으며, 계속해서 그리고 심지어 더 굳건히 중요하게 자리잡았다.

나는 폴란드에서 공산주의가 끝난 것을 환영하면서 코르차크 관련 장학금 모금에 되도록이면 참여했다. 코르차크를 다룬 내 전기는 호평을 받았고, 베티 진 리프턴(1988)이 쓴《아이들의 왕^{The King of Children}》과 함께 대중적으로 인기 있는 작품으로 주목받아 기뻤다. 코르차크에 관한 지식의 표준으로 여겨지는 리프턴의 저서는 훌륭하고 독보적인 작품으로 인정받았다. 나는 대학의 지원을 받아 이스라엘의 키부츠 로하메이 하게타오트^{Kibbutz Lohamei Hagetaot}로 여행을 떠났다. 이곳은 위임통치 시절 팔레스

타인을 홀로 여행한 코르차크의 기억이 남아 있는 지역이다. 코르차크와 스테파니아 빌친스카 그리고 아이들과 관련한 중요한 물품이 계속 발견되는 곳이기도 하다.

　나는 내가 근무하는 대학의 유학 프로그램과 관련된 다른 책임을 맡고 있었다. 이 일은 내가 오랫동안 미국에서 해온 일들을 무색하게 만들었다. 우리 가족은 코르차크와는 무관한 일로 이탈리아에서 몇 년을 보냈다. 하지만 2015년 파리의 한 이스라엘 고등학교lycée of the Alliance Israelite에서 코르차크에 관해 연설해달라는 초청을 받으면서 한동안 미루어온 내 계획이 결실을 맺었다.

　안타깝게도 그해 1월 파리에서 살인 테러가 벌어졌다. 사건이 일어난 지 며칠 지나지 않았지만 프로그램은 예정대로 진행됐다. 학교 건물은 사건 현장이었던 시장 바로 맞은편에 있었다. 지금 그곳은 형용할 수 없는 끔찍한 폭력에 희생당한 생명을 기리는 꽃들로 가득하다. 프랑스의 많은 유대계 고등학생과 교직원은 내 연설에 깊이 감명받았다. 나를 초청한 교사는 그날 안식일 쇼핑을 하다 테러가 일어나기 몇 분 전에 시장을 떠났다고 했다. 몇몇 학생은 지하철에서 다윗의 별을 달고 머리를 가렸다는 이유로 혼쭐난 경험을 이야기했다. 코르차크와 아이들의 이야기는 이들의 삶과 함께 깊이 울려 퍼지는 듯했다.

　그해 말, 나는 워싱턴의 폴란드문화원 초청으로 열흘 동안 후원을 받아 바르샤바와 크라쿠프를 방문했다. 새로운 폴란드와 재건된 바르샤바에서 나는 새롭게 단장한 폴란드박물관을 비공개로 관람했다. 그곳에서 나는 아동 권리 옹호 담당자인 마레크 미할라크Marek Michalak 등 정부 관계자들을 만나 의미 있는 시간을 보냈다. 나는 복원된 고아원 안에서 코르차크연구소Korczakianum 이사인 마르타 치에시엘스카Marta Ciesielska와 영감을 불러일으키는 대화를 나누었다. 그는 내 책《고아들의 아버지》를 알고 있었으며, 자신에게만 있는 모든 자료를 공유해주기로 약속했다.

치에시엘스카와 대화하는 도중 눈에 띈 것이 하나 있었다. 아이들과 함께 나무 아래 서 있는 코르차크의 유명한 사진이다. 이 사진은 내 전기뿐만 아니라 그를 다룬 많은 책에 실려 있다. 사진 속에는 상징적인 이미지가 된 어느 소녀가 코르차크 곁에 서 있다. 고아원 식당으로 들어갔을 때, 마르타는 식탁에 앉아 있는 아이들의 또 다른 사진을 가리켰다. 그 사진은 그곳에서 마지막으로 찍은 사진 가운데 하나로, 여러 얼굴을 확인할 수 있어 중요한 자료였다. 나는 코르차크 곁에 있던 소녀가 앉아 있는 것을 알아보았다. 소녀는 1942년 8월 전투 때 어머니와 함께 고아원을 떠나 기적적으로 살아남았다. 모녀는 이스라엘로 떠났는데, 그곳에서 소녀는 이름을 바꾸어 노인이 될 때까지 살았다. 치에시엘스카는 노인이 된 소녀를 만났다고 했다. 그는 치에시엘스카와 폴란드어로 대화를 나누는 데 동의했으며 자신의 삶과 시대에 관해 들려주었다. 이런 에피소드는 모두 전설보다 훨씬 현실적이었다.

시간 부족과 다른 일 때문에 오랫동안 학문적 모임에 참석하지 못했던 나는 코르차크의 교육학 실천을 강조하는 학자들을 2018년 학회에서 만날 기회를 얻었다. 미국 북부에서 처음으로 열린 시애틀학회를 통해 (호주, 브라질, 캐나다, 영국, 프랑스, 이스라엘, 네덜란드, 폴란드, 러시아, 스위스, 튀니지 등) 전 세계의 수많은 헌신적인 학자들이 치열한 토론을 벌이고 여러 계획을 마련했다.

전 세계 아이들의 복지를 둘러싼 문제들이 매일 종이와 스크린 위에 올랐다. 어린이들은 전쟁으로 고아가 되고, 기아와 질병으로 약해졌으며, 국경과 이민자 문제를 정리하기 위한 다툼 속에서 정치적 볼모가 됐다. 어린이들은 미디어가 만든 새로운 기준에 맞춰 자신의 나이와 상관없이 자라고 있었다. 한 세기 전 코르차크가 선언하고 그의 고아원이 실행에 옮긴 기준에 근거한 성찰과 행동이 필요했다. 어른들은 정체성과 다양성에 관한 새로운 정의를 불편해할 수도 있지만, 아이들은 그것에 가장 열려 있음을 우리는 알고 있었다.

코르차크를 알았거나 그와 함께 살았던 사람은 오늘날 거의 남아 있지 않다. 기존의 정부 시스템을 바탕으로 만들어진 국가 간 경계는 희미해져가지만 관용과 수용에 대한 도전은 모래밭 위에 새로운 선을 다시 긋고 있다. 나는 이 장에 40년이 넘는 여정을 담아보려 했다. 이 글은 개인적인 것이지만 동시에 많은 사람의 것이 되기를 바란다. 나는 내가 코르차크에 관해 객관적으로 쓰거나 주제에서 아주 멀리 떨어져 바라보는 일이 불가능하다는 사실을 알고 있다. 코르차크의 이야기와 업적은 오늘날 우리의 삶과 큰 관련이 없다. 그러나 자기 삶에 동기를 부여했던 코르차크의 엄청난 열정과 헌신은 나를 포함한 어느 누구도 객관적이기 어렵게 만든다. 나는 코르차크 같은 삶을 살 수 있는 사람이 또 있을 거라고 생각하지 않는다.

결국, 코르차크의 이야기는 **다름 아닌** 우리의 이야기이다. 그의 이야기와 업적은 한 세기 동안 우리를 어떤 세계로 이끌어왔다. 그 세계는 우리 스스로를 분열시키고 허무한 결말에 이르지 말라고 요구한다. 몇 년 전 집필에 전념했던 전기는 지금도 개정을 거쳐 꾸준히 발전하고 있다. 로젠베르크 씨를 만난 이후에 수집한 귀중한 정보는 1권에 계속해서 추가할 예정이다. 예전에는 몰랐던 사진 속 인물을 이제는 알아보듯이, 다른 흔적과 그림자에도 이름을 붙여줄 수 있을 것이다.

♥ 과제 ♥

- 1부에서 논의된 코르차크의 삶을 평가해보고, 코르차크가 의사에서 교육자로 전업을 결심한 가장 중요한 시기가 언제인지 찾아보십시오.

- 여러분이 교사라면, 1부의 내용이 학생들에 대한 여러분의 접근 방식과 교수법에 어떤 변화를 줄 것 같습니까?

- 코르차크의 고아원 아이들이 배운 중요한 삶의 교훈은 무엇입니까? 그러한 교훈이 아이들의 성품에 많은 영향을 준 이유를 4장의 인터뷰에서 찾아 설명하십시오.

2부

옹호와 승리

아동 권리 옹호자로서 코르차크

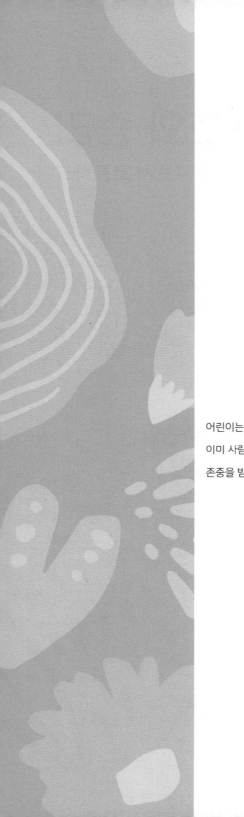

어린이는 사람이 되어가는 존재가 아니라
이미 사람인 존재다. 어린이는 진지하고 친절한 대우와
존중을 받을 권리가 있다.

6

아동 권리로
시작하기

케네스 베델

21세기가 시작을 알린 지 한참이 지났지만 교사, 교육 공무원, 정책입안자들은 아직도 설전을 벌이고 있다. 그럼에도 이들이 분명하게 동의하는 바가 있다. 아동은 출신배경과 상관없이 참여적이고 생산적인 시민으로서 사회에 공헌할 지식과 기술을 배워야 한다는 것이다. 이는 정책을 입안하는 과정에서 미국 교육부가 추구하는 핵심 목표이자 모든 지역학교 위원회가 촉구하는 바이기도 하며, 모든 교사와 학교관리자가 소망하는 목표이기도 하다.

이러한 공통의 목표가 있지만 딜레마는 여전히 존재한다. 목표를 치장하는 미사여구는 미국의 학교 현실과 불일치할 때가 많다. 평등하고 공평하게 주어져야 할 교육 기회의 엄청난 격차는 학교 시스템을 계속 훼손하고 있다. 아동을 위한 학교 시스템 개혁이 절실하지만, 막상 학교 시스템을 전면적으로 바꾸려 하면 만만치 않은 저항이 일어난다.

어째서 우리 사회는 이 문제를 잘 다루지 못하는가? 20세기 초의 진보적 교육자들이 남긴 유산에 그 실마리가 있다. 이 장은 진보적인 교육자들의 접근을 살펴보고 그것이 코르차크의 철학적·교육학적 신념과 어떤 점에서 다른지 고찰할 것이다.

교육정책 기초로서의 어린이 권리 ───

미국의 제인 애덤스 Jane Addams (1860 – 1935), 영국의 에글렌타인 젭 Eglantyne Jebb (1876 – 1928) 같은 진보적인 지도자들은 1차 세계대전 직후의 고통 속에서 어린이들을 구하고자 분투했다. 그 결실로 국제아동구호연합 International Save the Children Union 은 1923년 제네바에서 아동복지헌장 World Child Welfare Charter 을 발표했다. 아동복지헌장은 다음과 같은 다섯 가지 조항을 핵심 원칙으로 강조한다.

① 어린이는 신체적·정신적으로 정상적인 발달에 꼭 필요한 수단을 제공받아야 한다.
② 배고픈 어린이는 먹여야 하고, 아픈 어린이는 간호해야 하며, 뒤처진 어린이는 도와야 하고, 불량한 어린이는 선도해야 하며, 고아와 집 없는 어린이에게는 주거와 원조를 제공해야 한다.
③ 재난 시에 어린이는 우선적으로 구조받아야 한다.
④ 어린이는 생계를 유지할 수 있는 조건에 있어야 하며, 모든 형태의 착취에서 보호받아야 한다.

⑤ 어린이는 동료를 위해 자신의 능력을 발휘해야 한다는 의식 속에서 자라야 한다. (Buck, 2011, p. 89)

코르차크는 아동 권리뿐만 아니라 성인의 책임까지 기술하고 있다는 점에서 아동복지헌장을 지지했다. 그러나 위 헌장은 아동 권리를 모두 포괄하지 않는다는 한계가 있다. 네 번째 조항은 아동 노예들을 보호할 수 없다. 아동 권리에 관한 첫 선언으로 자주 오해받는 이 헌장은 제목 그대로 아동 복지에 관한 헌장이다.

아동 권리에 관한 코르차크의 이해는 아동을 보호해야 하는 성인의 책임과 상당한 차이가 있다. 물론 성인은 아동을 돌봐야 한다. 그가 고아원에서 한 일도 바로 아동을 돌보는 것이었다. 그렇지만 아동을 돌보는 일은 아동의 권리가 아니라 성인의 책임이다. 코르차크는 이 문제를 바라보는 자신의 견해를 다음과 같이 요약한다.

아동은 신체적·정신적 발달 경험에 따라 특별한 개인적 권리가 있지만, 성인은 대개 아동의 이런 권리를 무시한다. 왜냐하면 그러한 권리가 성인에게는 불편하기 때문이다. 아동은 영양과 위생뿐만 아니라 별도의 권리를 요구한다. 그것은 넘치는 생명 에너지를 표출하고 갖가지 경험을 하며 삶에 자신을 체계적으로 통합하고 자신의 필요에 대해 주도권을 지닐 권리다. 많은 경우 성인의 역할은 보호자의 역할을 이해하는 것으로 제한되어야 한다. 즉 성인의 역할은 어디까지나 심각하게 고통스러운 결과나 실험에서 아동을 보호하는 데서 그쳐야 한다. (Medvedeva-Nathoo & Czernow, 2018, p. 158)

유치원을 창시한 프리드리히 프뢰벨Friedrich Frobel은 코르차크가 존경한 교육자다. 2차 세계대전 이후 진보적인 교육자들은 대부분 "어린이를 위해 살자"(Hartman, 2009, p. 13에서 재인용)라고 외쳤던 프뢰벨의 관점을 받아들였다. 나치의 아동 처형을 두려움에 떨며 지켜보았기 때문이다. 하지만 그들은 아동이 어른과 동등해야 한다는 코르차크의 생각에는 미치지 못했다.

코르차크가 성인과 동등하다고 여긴 아동의 권리는 일반적인 권리라기보다는 아동이 저마다 지닌 권리다. 코르차크가 고아원을 관리했던 방식은 아동 권리에 기초해 있었다. 그리고 고아들의 발달(교육)을 책임지는 사람으로서 그가 활용한 방식은 고아들의 권리에 관한 그의 이해에 근거했다. 우리는 오직 아동 권리에 대한 변치 않는 헌신이라는 관점에서만 코르차크의 모든 가르침과 글을 이해할 수 있다.

학생인가 아동인가? ──

2차 세계대전 이후 미국의 진보 교육은 전문적이고 효과적이며 공평한 경험을 전달하는 교사의 역할에 집중했다. 이와 같은 교직의 전문화는 교육과정, 관리, 더 효율적인 학교교육 절차를 강조했다. 이와 달리 코르차크는 학생보다 **아동**에 초점을 맞추는 접근방식을 취했다. 성인 입맛에 맞춘 미국의 학교개혁은 효율적인 공장식 모델을 따라 해마다 학생들을 포장하고 출고하는 불행한 결과를 낳았다. 또한 가정과 학교 간 연계를 강화하는 대신 부모에게 교육자를 지원하는 정도의 역할만 맡겼다.

이런 접근방식은 코르차크의 충고와 완전히 상반된다. 코르차크는 부모와 교사가 아이들의 삶에서 상호 보완적인 역할을 해야 한다고 믿었다. 그는 부모와 교사 모두에게 아동을 사랑하고 존중하라고 요구했다. 여기서 주목할 점은 그가 부모와 교사의 역할을 명확하게 구분하지 않았다는 점이다. 1930년대에 코르차크는 '의사 할아버지Old Doctor'라는 가명으로 라디오 프로그램을 진행했는데, 여기서 그는 교사와 부모에게 같은 조언을 했다(Lifton, 2018, pp. 199-208). 코르차크에게 아동은 결코 전문가에게 맡겨야 할 학생이 아니었다.

아동은 그들이 어른과 동등한 지위를 지닐 자격이 있다는 분명한 이해를 바탕으로 성장해야 한다. 이는 아동 교육에 관한 코르차크의 제안 가운데 가장 중요한 부분이다. 더 구체적으로 말하자면, 아동은 존중받을 권리가 있다. 코르차크의 이런 통찰은 우리가 어떻게 아이들을 가르치고 교육기관을 조직해야 하는지, 어떤 교육정책을 개발해야 하는지와 관련해 시사하는 바가 있다. 교사, 교육행정가, 정책입안자 세 역할의 측면에서 볼 때 코르차크는 혁신적인 교육자다. 그래서 21세기인 오늘날에도 코르차크는 공부할 만한 가치가 있다.

교사 – 어린이 중심 교육학 존 듀이John Dewey(1899)에 따르면 학생은 실천을 통해 배우며, 학습 동기는 스스로 불러일으키는 것이지 교사가 강요할 수 있는 것이 아니다. 듀이는 당시 학교가 학생의 탐구심과 호기심을 무시한다고 비판하면서 학생의 삶과 관련된 교육과정을 제공할 것을 요구했다(Dewey, 1899, Kindle Edition, sec. 308). 듀이(1916)는 교사에게 학습을 지도하는 책임을 부여했다. 왜냐하면 '교사가 학생에 관해 미리 알 수 있는 사실은 단지 그들이 배운다는 것뿐'(Kindle Edition, sec. 2956)이라고 가정했기 때문이다. 이는 교사와 아동의 관계를 바라보는 코르차크의 이해와 대조적이다. 코르차크에 따르면 "어린이는 사람이 되어가는 존재가 아니라 이미 사람인 존재다. 어린이는 진지하고 친절한 대우와 존중을 받을 권리가 있다"(Hartman, 2009, p. 13에서 재인용).

교사의 역할에 관해 미국의 교사들은 듀이와 진보주의자들의 관점을 물려받았다. 코르차크는 이에 정면으로 도전한다. 듀이(1899)는 이렇게 쓴다. "현장에서 교사는 수업 주제에 정통해야 한다. 또한 학생의 태도와 반응에 주의해야 한다. 교사의 임무는 학습 주제와 학생이 상호작용할 때, 학생의 태도와 반응을 이해하는 것이다"(Kindle Edition, sec. 1288). 코르차크는 교사가 아동에게 관심을 집중해야 한다는 점에 동의하지만, 관심의 목적은 교과과정을 효과적으로 전달하기 위해서가 아니라고 보았다. 오히려 코르차크는 "아이들로 하여금 그들이 본래 될 수 있는 사람으로 자랄 수 있도록 교사가 아이에게 관심을 기울이기를 바란다." 그 이유는 "어린이 한 명 한 명 안에 있는 미지의 사람이 미래에 우리의 희망"이기 때문이다(Korczak, 2009, p. 19).

학교관리자 – 학교 규율 미국에서 통솔과 규율에 관한 책임은 우선적으로 관리자에게 있다. 관리자는 학교에서 발생하는 일을 둘러싼 규율 방식과 교사의 발언 범위를 결정한다. 그러나 교사는 저마다 제한적인 범위 내에서 학생에게 어떤 변화를 기대할 수 있는지 설정하기 위해 고유한 접근방식을 취할 수 있다. 이러한 규칙과 기대는 건강하고 존중하는 태도가 있는 학습환경을 조성하는 데 도움이 된다.

그러나 학교 현실에서 아동은 하향식 관리 시스템을 따라야 한다는 무언의 메시지를 느끼며 살아간다. 많은 학교가 학생에게 한 줄로 정숙하게 복도를 지나다니기를 요구한다. 이런 학교에서 어떤 교사가 학생과 함께 복도에서 환호성을 지르거나, 누가 먼저인지를 정하기 위해 달리기

시합을 벌이는 일은 상상조차 할 수 없을 것이다.

학교가 부당하거나 멋대로 강요한다고 느낄 때, 아이들은 학교활동에 참여하지 않거나 배우려 하지 않는다. 코르차크의 이런 관찰은 듀이 등 다른 진보주의자들의 견해와 일치한다(Dewey, 1899, Kindle Edition, 1236). 듀이(1916)는 학생들을 '지도'해야 하는 필요성을 논의한 바 있다. 그에 따르면, "엄밀히 말해 모든 지도는 방향 전환에 불과하다. 교사의 지도는 학생이 이미 하고 있는 일을 다른 방식으로 하게끔 바꾼다. 이미 움직이고 있는 에너지를 인식하지 못하는 한, 학생을 지도하려는 시도는 대부분 실패할 것임이 틀림없다"(Kindle Edition, sec. 3706–3708). 교육자의 역할은 에너지의 방향 전환을 관리하여 행동을 개선하는 것이다. 듀이(1916)에 따르면 다른 사람들과 함께 학교 공동체의 일원이 되는 경험은 또한 적절한 행동을 학습하게 한다. "이런 의미에서 마음은 사회적 통제를 위한 수단이다"(Kindle Edition, sec. 3828).

반면 코르차크는 반항적인 아이들을 이해했다. 그는 자신의 교육학이 부분적으로 반항에 대한 치료법이 될 수 있다고 여겼다. 그는 아이들 한 명 한 명을 사랑과 존중으로 대하면 반항이 줄 것이라고 주장했다. 하지만 그도 관찰했듯이, 때때로 어떤 아이는 학교 밖에서 반항을 부추기는 환경을 경험한다. 가정불화, 불충분한 영양과 수면, 질병 등은 아이들을 반항적으로 만든다. 듀이와 코르차크는 반항적인 학생과 같은 문제에 근본적으로 다른 결론을 내린다. 코르차크는 이 문제를 아이가 아니라 아이가 살아온 기관의 구조적인 문제로 인식했다. 그의 해결책은 아이를 '이미 사람인 존재'로 대하는 것이었다.

코르차크의 고아원에서 아이들은 고아원 운영의 일상적인 일을 관리하는 중요한 역할을 맡았다. 고아원에는 선출된 아동이 관리하는 의회와 법원이 있었다. 어린이 법원의 법률은 위반과 처벌의 범주를 결정했다. 어린이 판사들이 선호한 판결은 언제나 용서였다. 코르차크 자신을 포함하여 어른도 어린이의 고발로 법정에 서고 판결 대상이 될 수 있었다(Medvedeva-Nathoo & Czernow, 2018, p. 338).

코르차크는 고아원 관리자들이 그들의 책임을 아이들과 나누게끔 독려하고자 모든 노력을 기울였다. 예를 들면, 아이들은 고아원에 새 직원이 오면 3개월 동안 관찰한 뒤 유임 여부를 투표했다. 코르차크는 다른 기관을 방문하거나 강연할 때 자신의 민주적 방식을 홍보했다. 그는 이러한 방식이 모든 학교로 빠르게 확산하기를 바랐다. 코르차크에게 제도적 환경에 대한 아이들의 관리 권한은 아이들이 자신의 성장에 관여할 수 있는 권한만큼이나 중요했다.

결론 ———

우리는 코르차크를 홀로코스트의 잔학 행위와 관련한 이야기에 등장하는 흥미로운 사상가이자 영웅적인 인물로 여겨야 하는가? 아니면 21세기 미국 교육이 당면한 여러 문제를 해결하기 위한 아이디어와 실천을 제시한 사람으로 진지하게 바라보아야 하는가? 이 질문은 다음과 같이 바꾸어 표현할 수도 있다. 어린이는 사랑과 존중을 받을 자격이 있는가? 아니면 미성숙한 사람으로서 어른의 보호와 지시가 필요한가?

이러한 질문에 답하는 한 가지 방법은 교육에 관한 코르차크의 접근법을 적용하여 미국의 교육 문제를 해결할 수 있는지 고민해보는 것이다. 그의 교육 실천에 존재하는 논리는 미국의 교육 문제 해결에 시사점을 준다. 부모와 교사 모두 어린이를 돕는 데 참여하게 하는 코르차크의 접근방식은 부모를 변화시킬 수 있다. 즉 부모는 교육 전문가가 제공하는 서비스의 소비자에서 자녀를 위한 교육과정에 참여하는 전체적인 참여자로 변화할 수 있다. 자신에 관한 교육에 온전히 참여하는 교실은 아이들로 하여금 교육 목표를 성취하도록 동기를 부여한다. 학생은 학교 운영과 규칙, 규범 제정에 관여함으로써 학교가 직면하는 많은 문제를 다룰 수 있다. 반항적인 학생을 다루는 일도 이러한 문제 가운데 하나다. 어른은 훈육의 짐을 덜면서도 아이들을 지원하는 데 더 많은 시간을 쏠 수 있다.

지역, 주 또는 국가 교육정책의 토대로서 아동 권리를 확립하는 것은 교사, 관리자, 학부모가 힘을 모아야 성취할 수 있는 프로젝트다. 교육정책은 정치적 과정의 산물이므로 정책입안자들이 전제하는 근본적인 가정을 바꾸려면 정치적 참여가 필요하다. 교사는 교육을 공부한 사람일 뿐만 아니라 교육정책의 요구 때문에 좌절한 경험 있는 사람이기도 하다. 그래서 교사에게는 자신이 일하는 지역에서 '아동 권리 운동'을 이끌 수 있는 고유한 기회가 있다.

결론적으로 나는 학교 정책입안자들이 아동 권리를 약속하게끔 설득하는 프로젝트에 착수하기로 마음먹었다. 코르차크(2009)가 다음과 같은 유명한 말로 아동 권리를 옹호했듯이 나는 이 프로젝트를 통해 미래를 향한 희망을 표현하고자 한다.

몇 년을 어린이 곁에서 일하면서 깨달은 바가 있다. 어린이는 존중과 신뢰 그리고 친절한 대접을 받을 자격이 있다는 것이다. 어린이는 온화함과 명랑한 웃음, 활기찬 시도와 놀라움으로 분위기를 밝게 만들며 삶을 즐긴다. 어린이의 마음은 순수하며 밝고 사랑스러운 기쁨으로 가득 차 있다. 어린이가 하는 일은 역동적이며 결실이 있고 아름답다. (p. 31)

코르차크와 아동 권리
그리고 미소훈장

마레크 미할라크

현대는 획기적인 발견의 시대다. 갈수록 복잡해지는 세계 속에서 과학과 정보 기술, 인공지능만으로는 사회적 요구를 충족할 수 없다는 수많은 증거가 있다. 광범위한 기술적 진보뿐만 아니라 도덕적 가치의 역할에 여전히 감사해야 할 분명한 이유가 있다. 마하트마 간디와 테레사 수녀는 주위 사람을 존중하고 품위 있게 대함으로써 우리 삶의 존재 이유를 잊지 않게 했다. 야누시 코르차크도 도덕적 지도자 역할을 한 전형적인 인물 가운데 한 명이다. 그는 아동 권리를 강력히 지지했으며 자신의 원칙을 지키면서 스스로 삶을 희생했다. 이는 그가 남긴 가장 큰 유산이며 오늘날에도 우리에게 많은 영향을 끼치고 있다.

폴란드에서 두 차례 세계대전이 벌어지는 동안 코르차크는 독창적인 개념을 발전시켰다. 이 개념은 어떤 아이든 자신의 이익, 필요, 권리를 지닌 자율적인 사람이라는 믿음을 바탕에 둔다. 또한 코르차크는 모든 아동이 보살핌과 존중의 대상이며, 법은 아동 권리와 복지를 존중하고 보호해야 한다고 설파했다.

이러한 생각은 폴란드에서 시작한 현대 아동권리협약United Nations Convention on the Rights of the Child(1989)의 기초가 되었다. 아동권리협약은 아동 발달에 필수적인 법적·사회적·문화적 조건, 아동과 성인이 어떤 관계에 놓여야 하는지에 관한 일련의 표준을 제공한다. 협약은 존엄함, 지원, 도움, 보살핌, 아동과의 협력, 아동의 목소리와 관점에 대한 인정과 같은 가치를 국제법으로 명시하고 있다. 아동권리협약은 오늘날에도 모든 아동의 권리를 보호하는 가장 중요한 법적 문서다.

코르차크의 또 다른 공헌은 아동 권리를 인권의 한 종류로 인식하게끔 변화시켰다는 점이다. 코르차크는 아동 권리를 인권과 똑같이 중요하게 여겼다. 또한 아동 권리를 사회적·도덕적·법적 성격을 지닌 독립적인 주제로 다루어야 한다고 보았다. 나는 아동 권리에 관한 그의 이러한 이해를 지난 세기의 가장 바람직한 아이디어 중 하나라고 생각한다. 그의 아이디어는 인간 활동의 거의 모든 분야에 영향을 주었다. 또한 아동권리협약은 아동과 관련한 문제를 해결하기 위한 영감의 원천이 되었으며, 전 세계 아동의 상황을 개선하려는 다양한 행동에 많은 영향을 끼쳤다. 오늘날 많은 국가가 현재와 미래의 아동에게 필요한 것을 해결하기 위해 활동하고 있지만, 아이들이 겪고 있는 모든 고통을 치유하기에는 여전히 충분하지 않다. 이런 가운데 아동권리협약은 아동을 위한 국가 활동을 효과적으로 감독하는 국제적인 틀로 작동하고 있다.

코르차크가 남긴 중요한 유산 중 우리가 실천할 수 있는 것들이 있다. 예를 들어 어린이가 어른에게 주는 독보적인 상이 그렇다. 이 상을 통해 아이들은 자기 문제에 귀 기울여주는 진정성 있는 목소리를 들을 수 있었다. 이 상의 명칭이 '미소훈장'이었던 것은 우연이 아니다.

아이들뿐만 아니라 우리 모두는 참된 미소의 중요성을 알고 있다. 참된 미소는 거짓이 없고 친절하며 기쁨과 격려가 담겨 있다. 어린이는 공기를 필요로 하듯 미소를 갈망한다. 미소에는 돈이 필요 없다. 그럼에도 사람들의 에너지를 넘치게 하고 희망적으로 만들며 자존감을 키워주고 선하게 만든다. 어린이는 미소를 필요로 하고 잘 웃는다. 미소는 어린이가 우리에게 자주 줄 수 있는 가장 아름답고 소중한 선물이다. 미소의 중요성은 여러 문화권에서 계승된 인류의 지혜로 발견된다. 예컨대 "미소의 따뜻함보다 우리를 더 잘 지켜주는 것은 없다"(멕시코), "모든 이에게 미소는 공통어다"(영국), "줄 것이 아무것도 없을 때는 미소 지어라"(중국), "미소는 사람의 능력을 두 배로 만든다"(일본) 같은 속담과 언어 속에는 지금도 웃음의 지혜가 살아 있다(Czerwińska-Rydel, 2018).

코르차크는 미소의 의미를 언급하며 "어린이가 웃으면 온 세상이 웃는다"[•]는 말이 얼마나 특별하고 중요한지 강조했다. 어린이가 웃으면 온 세상이 웃는다는 말은 여러 갈래로 해석될 수 있고 서로 다른 의미를 품을 수 있다. 즉 웃음 가득한 행복하고 즐거운 어린 시절을 보낼 때 어린이가 가장 잘 성장할 수 있다는 특별한 메시지를 어른들에게 준다. 또한 아이가 행복한 세상을 만들 수 있는 선량하고 현명한 어른으로 성장하게끔 도울 수 있다. 이렇게 코르차크는 한 아이의 행복과 전 세계의 행복 사이에 직접적인 다리를 놓았다. 잘 알려져 있듯 코르차크는 어린이를 이 세상을 바꾸고 고치기 위한 희망으로 생각했다.

[•] 이 말은 코르차크가 했다고 알려졌지만, 코르차크에 관한 기록에서는 확인된 바 없다.

미소훈장은 1967년에 폴란드의 유명한 시인이자 작가인 반다 호톰스카 ^{Wanda Chotomska}의 동화《야체크와 아가트카 ^{Jacek and Agatka}》발간 5주년을 기념한 인터뷰에서 시작됐다.* 저자에 따르면, 바르샤바 근처 콘스탄친-예지오르나 ^{Konstancin-Jeziorna}의 재활 요양소에서 치료를 받던 어느 소년이 이렇게 물었다고 한다. "세상에는 왜 미소훈장이 없죠? 미소훈장은 진짜로 있어야 해요."(Zdanowska, 1967a).

얼마 후, '쿠리에르 폴스키 ^{Kurier Polski} **'와 폴란드 국영 텔레비전의 몇몇 기자들이 모여 훈장을 만들기 위한 '미소훈장 프로젝트'라는 대회를 열었다. 출품작들에서 가장 인기 있고 흔하게 쓰인 주제는 밝게 웃는 태양의 이미지였으며, 우승자는 아홉 살 에바 호로바크 ^{Ewa Chro-bak}(Zdanowska, 1967b)였다. 훈장 자체를 만드는 것뿐만 아니라 수상자 지명을 심의하기 위한 미소훈장소위원회도 설립되었다. 머지않아 최초의 미소훈장을 받을 기사가 선정되었다. 바로 포즈난 ^{Poznań}의 세계적으로 유명한 정형외과 의사 빅토르 데가 ^{Wiktor Dega}였다. 그는 고통과 아픔 속에서도 아이들의 웃음을 되찾아주어 미소훈장을 받을 사람으로 추천됐다.

이 훈장의 역사에서 중요한 순간은, 미소훈장소위원회 의장인 체자르 레젠스키 ^{Cezar Leżeński}(1978)의 뉴욕 유엔총회 연설이다. 이 자리에서 그는 다음과 같이 말했다.

- 야체크와 아가트카(Jacek and Agatka)는 1962년부터 1973년까지 매일 저녁 7시 20분에 방송되던 폴란드 어린이를 위한 최초의 저녁 텔레비전 쇼다. 이 프로그램의 진행자는 유명한 작가 반다 호톰스카였다. 주인공은 두 개의 꼭두각시 인형으로, 검은 장갑을 낀 연기자들의 집게손가락 위에 나무로 만든 머리가 달린 인형이었다. 인형 디자이너는 아담 킬리안(Adam Kilian)이었다. 야체크(Jacek)와 아가트카(Agatka)의 목소리 연기는 조피아 라치보르스카(Zofia Raciborska)가 맡았다.
- •쿠리에르 폴스키는 1957년에 창립된 폴란드민주당의 주요 대중매체 기관이다.

저는 세계 아동의 해International Year of the Child가 시작하기 전날 밤 여러분 앞에 서 있습니다. 1979년은 분명 전 세계 사람들의 기억 속에 아동의 모든 권리를 보장하는 보편적인 관습을 확립하기 위한 첫걸음을 내딛는 해로 자리 잡을 것입니다. …… 폴란드 어린이들은 이미 그 첫걸음을 내디뎠습니다. …… 폴란드 어린이들은 교사, 의사, 부모 등 …… 그들을 돌보는 모든 사람 중에서 진정한 친구가 되어주고, 기쁨과 행복을 주며, 그들의 생각과 마음을 가장 잘 헤아린 사람이 누구인지 평가한 최초의 어린이들입니다. (Michalak, 2009, pp. 228–229)

유엔은 이 연설을 계기로 미소훈장을 국제적인 상으로 만들기로 결정했다. 어린이가 상을 디자인하는 미소훈장은 세계에서 유일하게 어린이가 어른에게 수여하는 상이 되었다. 미소훈장소위원회는 모든 대륙의 대표자를 포함하여 구성되었다. 이 아름다운 아이디어는 코르차크가 남긴 유산에 바탕을 두고 있으며 오늘날까지 이어지고 있다.

미소훈장은 하나의 제도이자 현상이다. 공원, 거리, 광장, 무엇보다 학교와 다른 단체들이 미소훈장 또는 기사단을 따서 이름을 지었다. 1996년, 폴란드의 라브카Rabka에는 미소훈장과 미소 박물관을 기념하는 기념물이 세워졌다. 2003년에는 폴란드의 시비드니차Swidnica에 위치한 바르샤바 본부 야외에서 국제 미소훈장 회의가 열리고 어린이우정센터가 설립되었다. 또한 시비드니차는 공식적인 '어린이 꿈의 수도'로, 2003년 9월 21일은 '미소 어린이날'로 선포됐다.•••

지금까지 미소훈장은 전 세계에서 천 명이 넘는 인물에게 수여됐다.

••• 더 자세한 내용은 https://en.wikipedia.org/wiki/Order_of_the_Smile 참조.

14대 달라이 라마Dalai Lama, 요한 바오로John Paul 2세와 프란치스코Francis 교황, 스웨덴의 실비아Sylvia 여왕, 넬슨 만델라Nelson Mandela, 콜카타Kolkata 의 테레사Teresa 수녀, 오프라 윈프리Oprah Winfrey, 스티븐 스필버그Steven Spielberg, J.K. 롤링Rowling, 피터 유스티노프Peter Ustinov, 아스트리드 린드그렌Astrid Lindgren, 마르타 산투스 파이스Marta Santos Pais 그리고 코르차크 고아원에서 자란 세 명의 생존자 이츠하크 벨페르, 슐로모 나델, 이자아크 스칼카Izaak Skalka 등이 대표적인 수상자다.

나는 이들 중 마지막 세 명을 2013년 이스라엘에서 열린 미소훈장 수여식 때 매우 기쁜 마음으로 만났다.* 그들은 코르차크를 아버지라 불렀다. 그들의 기억 속 아버지는 잠을 자거나 쉬는 때가 거의 없었다. 코르차크는 항상 일했다. 그러면서도 언제나 아이들 한 명 한 명을 위해 시간을 냈다. 코르차크가 말을 걸 때면 아이들은 자기가 세상의 중심이라는 느낌을 받았다. 코르차크는 아이와 대화할 때 아이에게 온전히 몰두했다.

또 다른 제자 알리나 에데스틴Alina Edestin도 다음과 같이 증언했다. "야누시 코르차크는 어린이의 마음을 사로잡아버리는 마법사가 분명했어요. 몸짓 하나하나와 표정은 깊고 평화로우며 진실한 사랑으로 빛났죠. 그와 대화하면 아이들은 바로 안전과 신뢰감을 느꼈어요"(Edestin, 1981). 코르차크는 자기 생각이 확고하고 요구도 많았지만, 어린이와 어린이의 필요에 대한 이해와 존중으로 가득 차 있었다. 무엇보다도 그는 다른 사람에게 도전을 요구하기 전에 스스로 도전했다.

오늘날 사회가 점점 더 복잡하게 변화하면서 아동이 희생당하는 일이

• 더 자세한 내용은 Michalak, M. (2013). Ma moc serdeczności [A whole host of warmth]. In T. Belerski, Kawalerowie Orderu Uśmiechu [Knights of the Order of the Smile]. Warsaw: Meissner & Partners, pp. 11–13 참조.

늘고 있다. 이는 아동 관련 갈등을 나타내는 지표의 증가로 확인할 수 있다. 여기에는 의료 공급, 생계 수단, 폭력, 납치, 재산 소유 등 복잡하고 국제적인 규모의 문제 등이 포함된다. 가장 큰 문제는 무력충돌, 대량학살 또는 인종청소에 희생당하는 아이들을 보호하기 위한 효과적인 조치가 불충분하다는 것이다. 유감스럽게도 전 세계 많은 지역에서 어린이는 여전히 인신매매와 경제적·성적 착취의 대상이다.

어린이와 관련된 문제의 종류와 규모는 아동 권리 보호 이슈를 유엔 포럼의 도마 위에 올려놓았다. 이에 따라 폴란드 아동 옴부즈맨 기관은 아동권리위원회가 개별 민원을 접수하고 처리할 수 있어야 한다고 제안했다.

이러한 노력의 결과로 2011년 12월 유엔총회는 '아동청원권에 관한 제3선택의정서Optional Protocol to the Convention on the Rights of the Child to Provide a Communications Procedure'(OP3-CRC; 2011. 이하 '제3선택의정서')를 채택했다. 제3선택의정서는 그 자체로 효력이 있지만 아동의 권리와 보호를 위해 완성된 최종 문서는 아니다. 즉 제3선택의정서는 아동 권리에 관한 포괄적인 편람을 포함하지 않으며 지금도 내용을 꾸준히 발전시키고 있다. 또한 제3선택의정서는 단지 아동의 권리를 보호하기 위한 협약이 아니다. 그것은 어른들로 하여금 자신의 어린 시절이 지니는 가치를 인식하고, 평화롭고 우호적인 공존의 과정을 통해 인간성의 가치를 깨닫게 하는 문서로서 우리 곁에 살아 있다.

두 유엔협약의 아버지,
야누시 코르차크와
라파엘 렘킨

에바 우코비치 오니슈치우크

들어가며 ─────

이 장의 주요 목표는 인권 이해의 새로운 기준을 마련한 20세기의 뛰어
난 두 인물인 야누시 코르차크와 라파엘 렘킨^{Raphael Lemkin}(1900-1959)을
비교하는 것이다. 두 사람은 인권에 관해 시대를 앞선 새로운 인식을 제
시했다는 공통점이 있다.

코르차크는 아동이 부모 소유이며, 결과적으로 부모의 권력이 아동의
권리를 제한할 수 있다는 전통적인 믿음에 의문을 제기했다. 그는 아동
을 모든 권리를 지닌 자율적인 한 인간으로 정의함으로써 아동의 개념을
새롭게 정립했다. 잘 알려진 바와 같이 코르차크의 가르침, 출판물, 연구
는 오늘날 유엔아동권리협약^{UN Convention on the Rights of the Child}(1989)의 형식

과 내용에 많은 영감을 주었다.

라파엘 렘킨은 인권에 관한 인식을 개인의 권리에서 집단의 권리로 확장한 인물로 자주 언급된다. 렘킨은 '유대인 학살 방지와 처벌에 관한 유엔협약UN Convention on the Prevention and Punishment of the Crime of Genocide'(1948) 초안을 작성했다.

이 장에서는 1, 2차 자료를 비교 분석하고 면밀하게 검토함으로써, 코르차크와 렘킨의 사고와 행동에 영향을 끼친 영감이나 공통된 원천을 탐색할 것이다.* 이를 바탕으로 그들이 제시한 개념 사이에 존재하는 놀라운 유사점 몇 가지를 제시할 것이다. 또한 실질적인 평화를 위협하는 현재의 세계적인 추세에 어떻게 대처해야 하는지, 마지막으로 이 지점에서 코르차크와 렘킨이 남긴 유산을 어떻게 활용할 수 있을지 보여주고자 한다.

시작하며 ─────

1920년경의 얀 카지미에시Jan Kazimierz 대학(지금의 우크라이나 르비우)으로 가보자. 어느 젊은 법대생이 국가 권위를 대표하는 자들은 왜 수백만 명을 몰살해도 어떤 범죄로도 기소되지 않는지 의아해하고 있다. 왜 그들은 살인자로 취급되지 않는가? 그 무렵 대부분의 법이론가들은 이를 논쟁의 여지가 없는 문제로 여겼다. 국가권력에 의한 학살은 국가주권 원

• 주로 코르차크의 방대한 교육학 문헌과 법률 저술, 렘킨의 자서전 그리고 그들에 관한 전기와 교육학·법률·인권 연구.

칙에 근거한 국제법상 범죄로 기술되지 않았기 때문이다. 결과적으로 국가는 자국민의 생사를 결정할 권리를 소유할 수 있었다.

대부분의 사람들이 명료하게 받아들이는 이 설명을 젊은 이상주의자 라파엘 렘킨은 받아들이지 않았다. 1930년대 초부터 그는 국제법 개정이 필요하다고 여러 차례 역설했다. "국가의 주권은 독립적인 외교와 내정, 학교와 도로 건설, 국민 복지를 지향하는 모든 유형의 활동을 뜻한다. 주권이 수백만 명의 무고한 사람들을 죽일 권리로 여겨져서는 안 된다"(Lemkin, 2013, p. 20). 거의 같은 시기에 코르차크(2018a)는 수 세기 동안 사람들이 당연시했던 또 다른 전통적인 원칙, 즉 어린이는 일종의 재산으로서 부모가 '소유'한다는 생각에 의문을 제기했다.

> 그리스와 로마의 잔인하지만 공평했던 법은 어린이에 대한 사형을 허용했다. …… 그보다 가까운 17세기 파리에서는 나이 든 아이들이 거지에게 팔려 갔다. 오늘날까지도 아이들은 어른에게 방해가 된다고 여겨지면 버려지고 있다. 사생아와 유기·방치·착취·비행·학대 아동이 증가하고 있다. (p. 320)

코르차크는 1924년 국제연맹이 채택한 〈아동권리선언〉에 크게 실망했다. 어린이의 존엄성과 신체적인 무결성에 대한 존중 등 아동 권리의 실질적인 보장을 기대했기 때문이다. 코르차크(2018a)는 "〈아동권리선언〉에 담긴 논조가 설득에 그쳤을 뿐 선언이 아니며, 제네바 의원들이 의무와 권리를 혼동했다"(p. 320)고 꼬집었다.

이 장의 제목에서 알 수 있듯이, 나는 코르차크와 렘킨을 앞에서 말한 두 유엔협약의 아버지라고 일컫는다. 하지만 둘이 같은 방식으로 유엔협약에 기여한 것은 아니다. 렘킨은 이른바 제노사이드협약Genocide Convention

을 기초하고 추진한 주창자인 반면,• 코르차크는 유엔의 아동권리협약(더불어 폴란드의 아동 권리에 관한 계획)에 영감을 주었다. 코르차크(2018a)는 자신의 신념을 이렇게 서술했다. "법정은 아동의 평등한 권리를 위한 씨앗이 될 수 있으며, 이는 〈아동권리선언〉을 포함하는 헌법 개정으로 이어질 수 있다. …… 어린이는 자기와 관련된 사건이 진지하게 다루어지고, 공정하게 재판받을 권리가 있다"(p. 207).

공통점 살펴보기 ——

코르차크와 렘킨은 둘 다 폴란드 유대계 지식인이라는 뚜렷한 연결고리 외에도 수많은 놀라운 유사점이 있다. 그들의 관점, 꿈, 두려움은 정신적으로 같은 길을 걸었다. 어쩌면 그들은 1930년대 바르샤바의 어느 길목에서 마주쳤을지도 모른다. 우리는 그들이 같은 거리를 걷고 같은 도서관, 카페, 공원으로 들어가는 광경을 상상할 수 있다.

두 사람 모두 자유폴란드대학 Free Polish University에서 강의했고, 시(市) 사법부에서 일했으며, 바르샤바대학을 방문했고, 책을 출판했다. 또 다른 공통점은 두 사람 모두 소모적인 열정에 평생을 바쳤다는 것이다. 그 결과 둘 다 가정을 꾸리지 않고 독신으로 살기로 결심했다. 렘킨(2013)은

• 렘킨은 이 문서를 국제법의 일부로 만들기 위해 그의 남은 생을 바쳤다. 이 업적 덕분에 그는 노벨평화상 후보로 여러 차례 지명됐다. 하버드대 교수 폴 A. 프로인트(Paul A. Freund)는 1951년 노벨상 위원회에 보낸 추천서에서 다음과 같이 썼다. "제노사이드협약 전반은 렘킨 박사 개인이 자발적으로 수행한 십자군원정을 통해 만들어졌다." 프로인트의 견해에 따르면, 이 협약은 "국제법 발전에서 매우 중요한 이정표이자 국제평화를 확보하기 위한 중요한 발걸음"(라파엘 렘킨의 비문[碑文], The Jacob Blaustein Institute, p. 57)이다.

자서전에서 다음과 같이 설명한다. "나는 결혼생활을 할 시간도 없고, 가족을 부양할 돈도 없다"(p. 163). 또 그는 고백한다. "나는 외로움에 시달렸다. (그러나) …… 외로운 사람만이 한계에 도달할 수 있다는 것을 느꼈기 때문이다. 나는 남은 인생을 내 일에 바칠 것이다. 즉 인간 파괴를 보호하는 법을 없앨 것이다"(p. 66).

삶의 사명 렘킨이 요한 카지미르John Casimir 대학에서 법학과 교수와 벌인 논쟁은 그의 인생을 바꾸었다. 렘킨은 이렇게 질문했다. "어떻게 국가가 120만 명이나 되는 아르메니아인을 죽이는 것이 가능합니까? 만약한 사람을 죽이는 것이 범죄라면, 왜 수백만 명을 죽이는 것은 합법인가요?" 교수는 "국가의 주권에 관한 법은 국가가 자국민에 대하여 하고 싶은 것을 할 수 있는 권리를 준다네. 그리고 외부의 간섭은 모두 내정간섭으로 취급될걸세"라고 설명했다. 또한 "만일 자네가 국제법을 안다면 이해할걸세"(Lemkin, 2013, p. 163)라고 덧붙였다. 렘킨은 더 많이 배우고 더많이 실천하겠다고 결심했다.

한편, 코르차크의 삶의 임무는 점차 진화하고 있었다. 어린 시절 코르차크는 가장 약하고 보호받지 못하는 집단에게 가해지는 차별을 목격했다. 이는 코르차크를 경악하게 한 첫 사건이었다. 그러나 코르차크 전기 작가 요안나 올차크 로니키에르Joanna Olczak Ronikier에 따르면, 코르차크는 1909년 바르샤바 고아원을 방문해서 스테파 빌친스카를 만난 뒤에 최종적으로 어린이를 위해 자기 삶을 바치기로 결정했다. '고아들의 집Dom Sierot'을 세우고 관리한 빌친스카는 코르차크의 미래의 후원자이자 파트너였다.

세월이 한참 흘러 미에테크 질베르탈 코르차크Mietek Zylbertal Korczak(2008)에게 보낸 편지에서, 코르차크는 결혼하지 않기로 결심한 순간을 회상했다. "가족을 만들지 않기로 결심했네. …… 노예는 자기 자식을 가질 권리가 없지. 러시아 차르 통치 아래서 폴란드계 유대인인 나는 …… 또 다른 유대인 아이를 위해 어린이를 돌보고 어린이의 요구를 들어주는 길을 선택했네(p. 222). 이 생각의 정점은 그의 《게토 일기》에 명확히 나타난다. "나는 사랑받고 존경받기 위해 존재하는 것이 아니라, 행동하고 사랑할 때 나 자신으로 존재한다. 나를 돕는 것은 주변 사람들의 의무가 아니지만, 나는 인간으로서 세상을 돌볼 의무가 있다"(Korczak, 2003, p. 69).

야만주의에 대한 렘킨의 외로운 십자군원정은 1930년부터 죽을 때까지 이어졌다. 그의 이러한 노력은 그가 박사 논문을 쓰고 성공적으로 학위를 받은 뒤 국제형법을 성문화하기 위한 세계 운동에 참여하면서 탄력을 받았다. 당시 현행법은 민간인을 보호하기 위해 전시에 저질러진 범죄에만 불이익을 주었다. 예컨대 1933~1939년 전쟁 전 독일에서 나치의 행동을 국제법으로 규제하는 것은 불가능했다. 렘킨은 법전편찬위원회Codification Commission의 폴란드 위원으로서 '수백만 명에 대한 대량 학살'을 방지하고 처벌하는 새로운 국제법 소위(小委)jurisdiction in international law를 제안했다. 그는 폴란드 법전 편찬 업무에 대한 자문에도 관여하면서 혐오 발언과 폭력을 선동하는 선전 행위를 고발하는 조항을 도입해야 한다고 주장했다.

1946년, 폴란드를 탈출하여 미국에 거주하던 렘킨은 '집단이나 국민을 전멸시키려는 목표'를 가리키는 새로운 용어인 '제노사이드genocide'를 만들었다.• 현존하는 법의 단점을 인지한 렘킨(1946)은 《아메리칸 스콜

• 렘킨은 소크라테스와 마찬가지로 특정 대상을 이해하려면 그것에 적절한 이름으로 부를 필요가 있다고 확신했다. 렘킨이 '제노사이드'라는 단어를 발명하기 전에 처칠은 제노사이드를 '이름 없는 범죄'라고 표현했다.

라《American Scholar》에 게재한 논문에서 다음과 같이 설명한다. "국가 또는 권력집단에 의해 자행된 대량학살을 국내 범죄로 취급하는 것은 비현실적이다. …… 국가는 스스로 선동한 범죄로 스스로를 기소하지 않을 것이기 때문이다"(p. 228).

젊은 렘킨은 1920년 르비우에서 위생부대 자원봉사자로 일하면서 폴란드-소련 전쟁의 비극을 관찰했다. 같은 시기 멀지 않은 곳에서 군의관으로 징집된 코르차크 역시 시민들, 다시 말해 어린이와 여성에게 가해진 끔찍한 군사적 잔혹행위를 목도하고 있었다.

교육의 힘 인정하기 이것은 지혜와 학문 모두를 소중히 여긴 코르차크와 렘킨이 공유한 또 다른 믿음이었다. 교육자로서 그들은 학생과 교사 또는 아이와 어른 사이에 이루어지는 의사소통의 주요 유형으로 학제적 접근과 (소크라테스식 대화와 비슷한) 대화를 장려하고 실행했다.

코르차크(2018b)는 단순한 사실보다 윤리가 중요하다고 보았으며, 참여에 바탕을 둔 아동 친화적인 교육학과 교육 실천을 추구했다. 그는 여러 전쟁을 겪은 참전 용사로서 교육의 가치가 무력보다 낮게 취급되는 실태에 꾸준히 문제를 제기했다. "모두 학교보다 군대에 더 많은 비용을 쓰고 있다. 미래의 사람들, 미래의 시민들이 써야 할 철보다 더 많은 양의 철을 전쟁으로 버리고 있다"(p. 112).

코르차크(2018b)는 당시의 교육을 비판하면서, 학교를 "'문명화한' 유럽의 교육 감옥"으로 묘사했다. "그곳에서 아이들은 자기가 얼마나 충성스럽게 자랐는지 증명할 종이를 받기 위해 몇 년 동안 기다린다. …… 학교는 가장 신성한 말을 본뜨는 곳이어야 하며, 생명을 지키려는 모든 것이 이곳을 거쳐야 한다. 즉 학교는 가장 큰 소리로 인권을 외치는 곳이어야 한다. 인류의 수렁을 …… 규탄한다"(p. 113)고 적었다.

코르차크는 교육학자에 관해 연설하면서 학제적 접근을 요구했다. 그는 "심리학뿐만 아니라 의학, 사회학, 윤리학, 역사, 시, 범죄학 서적 그리고 기도와 수련 안내서에서도"(p. 318) 답을 구할 필요가 있다고 강조했다. 일률적인 접근법이 본질적으로 잘못됐다는 그의 믿음은 결코 흔들리지 않았다.

렘킨(2013)도 예일대에서 가정교사를 했던 경험을 회상하며 다음과 같이 말했다. "내 수업은 법대생들을 위한 것이었지만, 나는 학제적 접근법을 취했다. 심리학, 사회학, 인류학, 심지어 경제학의 개념까지 도입했다. 나는 그들에게 내 지식을 강요하지 않았다. 나는 그들에게 자신의 생각에 스스로 도달하게끔 가르쳤다"(p. 181). 제노사이드협약의 초안을 작성할 때 렘킨은 다음과 같은 요구사항을 포함했다.

> 협약 당사자들은 제노사이드를 초래할 수 있는 반목과 긴장을 막기 위해 교육과 문화 분야에서 일정한 조치를 취해야 한다. 학교교육과 언론, 라디오, 영화 같은 대중매체의 조직적 활용이 그러한 조치에 해당할 수 있다.(Korey, 2001, p. 41에서 재인용)

마지막으로, 코르차크와 렘킨은 요한 페스탈로치Johann H. Pestalozi의 교육학적 접근법에 대한 존경과 지식을 공유했다. 더군다나 렘킨 자신은 페스탈로치의 위대한 스위스 비망록에서 많은 영감을 받으며 자랐다. 그의 어머니가 페스탈로치의 사상을 추종했기 때문이다.

문화에 관해 또 다른 공통점은 문화의 역할에 관한 이해다. 코르차크와 렘킨은 문화와 문화적 다양성을 높이 평가했다. 특히 문화적 다양성을 세계에서 가장 위대한 보물 가운데 하나로 여겼다. 코르차크는 유대교뿐만 아니라 고대 그리스 고전, 힌두교와 기독교 사상 그리고 철학에서도 영감을 얻었다. 그의 인생 중 가장 비극적인 순간에도 그는 문화의 심연에서 희망을 찾았다. 상상의 행성 로planet Ro로 피신하거나 라빈드라나트 타고르Rabindranath Tagore의 철학 희곡집《우체국》을 읽었다(자세한 내용은 제 19장 참조.).

렘킨도 코르차크만큼이나 문화를 인간성의 상징으로 여겼으며, 두 사람 모두 문화의 힘이 강한 세계가 살아남는다고 믿었다. 렘킨은 인간에게는 기본적인 생리적 욕구만큼 문화적 욕구도 중요하다고 생각했다. 다른 문화에 관한 풍부한 지식과 11개국 언어를 구사하는 능력 덕분에 렘킨은 전 세계 사람들에게서 공통점을 찾을 수 있었다.

렘킨은 그의 자서전에 특정 집단의 예술과 문화유산 파괴가 정신적 죽음을 초래할 것이라고 적었다. 그는 자신의 논문 〈제노사이드Genocide〉 (Lemkin, 1946)에서 다음과 같이 역설했다.

만약 독일이 운명 지은 사람들, 예를 들어 유대인이 성경을 탄생시키지 않았거나 아인슈타인과 스피노자가 태어나지 않았다면, 만약 폴란드인들이 코페르니쿠스·쇼팽·퀴리를, 체코인들이 후스와 드보르자크를, 그리스인이 플라톤과 소크라테스를 낳지 않았다면, 그들을 이 세계에 내놓을 기회가 없었다면, 우리 문화는 얼마나 빈곤했을까!(p.3)

차별에 반대하다 코르차크는 인종과 사람 사이의 차이를 찾아내는 정신상태를 분열과 불화를 야기하고 사람들이 서로 적대하게 만드는, 완전히 반과학적인 소동으로 인식했다. 그는 유대인 월간지에 다음과 같은 기사를 썼다.

나는 어떤 섬의 흑인들과 유럽인의 지능을 연구하려는 시도에 관해 읽은 적이 있다. 백인에게 특별히 뛰어난 점은 없었다. 그러나 중세 암흑기, 전쟁의 광기 속에서 유럽인들의 이해 부족은 오랫동안 전혀 나아지지 않았다. ······ 모든 사람이 모두 형제이기 때문에 평등하다는 아주 단순한 사실은 ······ 가장 설명하기 어렵다. (Korczak, 2018b, p.174)

렘킨은 미국에 도착한 직후 앞서 언급한 노트에 다음과 같은 내용을 적었다.

역 화장실에서 처음으로 '백인용'과 '유색인종용'이라는 글씨를 봤다. 그것이 흥미로웠던 나는 순수한 의도에서 흑인을 위한 특별한 화장실이 있는지 흑인 짐꾼에게 물었다. 그는 나를 어리둥절한 눈빛으로 바라보며 적개심을 느끼고 대답하지 않았다. ······ 그는 분명 내가 그를 놀린다고 생각했을 것이다. ······ 나는 바르샤바의 유명한 나이트클럽에 댄서로 고용된 흑인 한 명을 기억해냈다. ······ 모든 사람들이 그의 춤을 즐기고 그를 술자리에 초대하려 했다. ······ 그러나 300만 명이나 되는 유대인에게는 그런 친근감이 없었다. 무역과 일자리에서 유대인을 향한 경쟁심이 느껴졌다.(Lemkin, 2013, p. 100)

이중 정체성 렘킨과 코르차크 모두 자신의 이중적인 정체성을 소중히 여기고 지켰다. 또한 두 사람 모두 평화주의자였지만 조국을 위해 싸울 준비가 되어 있었다. 비록 그것이 생명이 걸린 일일지라도 둘은 모두 뿌리를 포기하지 않았다. 그들은 스스로를 유대인이자 폴란드인으로 여겼고, 자신이 유대인 혈통의 폴란드 시민이라는 사실을 강조했다.

코르차크의 아버지와 조부는 폴란드인과 유대인 사이의 거리를 좁히려고 애썼다. 마찬가지로 코르차크는 글과 교육적인 작품을 통해 폴란드인이 유대인 문화를 공부하고 이해할 수 있게 도우려 했다. 코르차크(1994)는 관용의 정신을 바탕으로 인종적 편견이 없는 새로운 세대를 길러야 한다고 믿었다. 폴란드인과 유대인 아이들이 함께하는 것을 기뻐하면서 그는 말했다. "우리는 모두 같은 땅의 아들인 형제입니다. 함께하지 않을 이유가 없지요"(p. 222).

민주주의와 계몽주의 정신 코르차크와 렘킨의 또 다른 공통점은 양육에 관한 인도주의적이고 열린 관점이다. 두 사람 모두 현대 진보 사상가들의 작품과 이상이 주도한 계몽주의와 민주주의 정신이 낳은 시대의 아들이라고 할 수 있다. 그들은 모두 바르샤바의 폴란드자유대학교에서 뛰어난 학자들과 함께 일했다. 렘킨은 형사학연구소에서 비교법을, 코르차크는 교육과 사회복지를 강의했다. 둘 다 모든 인간의 존엄성을 존중하고 고통받는 모든 사람과 연대해야 한다는 대학의 기본 원칙에서 큰 영향을 받았다.

또 다른 흥미로운 유사점은 타인과 소통하고 그들에게 신뢰감을 주며 공감하는 능력이다. 잘 알려진 바와 같이 코르차크가 어린이의 관점에서 현실을 인식하고 설명할 줄 알았다면, 렘킨은 억압받는 사람들과 자신을 동일시할 줄 알았다. 둘 다 매우 섬세했으며, 그래서 사람들이 그들을 '신경과민'이라고 했을지 모른다. 그들은 모든 형태의 자연을 소중히 여겼다. 렘킨(Freize, 2013)은 자서전에 다음과 같이 썼다. "그즈음 나는 동물과 새를 인간과 다르게 보지 않았다. …… 내가 생명을 구하고 있다는 확신은 나를 행복하게 했다"(p. 18).

마지막으로 중요한 점은, 두 사람 모두 훌륭한 유머 감각을 지닌 능숙한 배우로 전해진다는 사실이다. 그들은 유머를 삶과 일에서 유용한 도구로 활용했다. 코르차크의 많은 글과 라디오 프로그램, 기사 그리고 아이들과 함께한 일에는 유머가 녹아 있었다. 렘킨은 제노사이드협약을 주창할 때 자신의 유머 감각을 활용했다. 볼셰비키에게 감금되어 있을 때도 그는 연기력으로 생명을 구했다.

앞을 내다보는 능력과 교훈 ——

코르차크와 렘킨이 살면서 어떤 일을 겪었는지, 그들이 얼마나 많은 방식으로 그 일들을 예상했는지를 알고 나면 우리는 그들을 '예언자'라 일컬을 수밖에 없다. 1930년대에 코르차크는 세상에 경종을 울리려 노력했다. 그는 미치광이들이 세상을 지배한 뒤 인류가 재앙의 위기에 빠졌음을 보여주는 〈예언적인 경고Senate of Lunatics〉라는 희곡을 썼다. 1937년에 코르차크(2008)는 심각한 어조로 다음과 같이 말했다. "이 시대가 내뿜는 독은 매우 고통스러운 것이다. …… 악은 점점 커지고 있는데 나는 너무 무력하다. 전 세계에 일어날 화마를 가라앉힐 가능성은 없는 것일까"(p. 222).

끊임없는 예언자로 불리는 렘킨(2013) 역시 나치의 논리와 야만적 행태를 잘 알고 있었기에 다가올 미래를 몹시 불안해했다. 그는 뉘른베르크 재판Nuremberg Trial 이후 자서전에서 이러한 점을 분명히 밝혔다. "연합

군은 과거의 히틀러를 어떻게 처리할지는 결정했지만, 다가올 범죄를 예방하고 처벌하기 위해 …… 미래의 히틀러를 예상하는 것은 거부했다." 그는 "나치가 소수민족에게 전례 없는 막대한 피해를 입힐 잠재력이 있음을 파악할 수 있는 안목이 필요하다"(p. 118)고 지적했다.

미국에서 그는 제노사이드를 막기 위한 싸움을 이어갔다. 2차 세계대전이 벌어지는 동안 렘킨(2013)은 다음과 같이 썼다. "히틀러는 집권하기 훨씬 전에 자신의 의도를 선언한 역사상 몇 안 되는 정치가 중 한 명이다. 그럼에도 민주주의 국가의 정치인들은 그에 관해 읽지 않았고 믿지 않았다"(p. 76). 그는 제노사이드가 왜 그렇게 쉽게 일어날 수 있었는지 다음과 같이 설명했다. "왜냐하면 사람들은 그런 일이 일어나기 전까지는 그것을 믿고 싶어 하지 않기 때문이다"(p. 113). 또한 "학살의 실재는 자연에 반하고 논리에 반하며 삶 자체에 반하는 것이기 때문이다"(p. 52).

렘킨(2013)은 연합군이 왜 "이미 시작된 국가와 인종의 사형 집행"을 인지하는 것을 거부했는지 의아해했으며, 이를 "살인자의 침묵"(p. 117)이라고 일컬었다. 실제로 20세기와 21세기에 일어난 제노사이드는 사건이 벌어진 뒤에 부정되거나 억압되는 경우가 많았다. 사람들은 그것을 제노사이드라고 할 준비가 되어 있지 않았다.

최근 들어 우리는 위험한 경향이 증가하고 있다는 수많은 경고를 꾸준히 듣고 있다. 예를 들어 앤드루 나고르스키Andrew Nagorski(2012)는 단어의 의미에 주목해야 한다고 주장하면서, 극단주의자를 무시하는 것은 심각한 실수라고 경고한다. 이와 비슷하게 티머시 스나이더Timothy Snyder(2017)는 특정 기관을 통해 권력을 잡은 통치자들이 곧바로 그 기관을 바꾸거나 파괴할 수 있다는 사실을 사람들이 깨달아야 한다고 강조한다. 점점 더 많은 사람들이 파시즘의 위험성을 세계에 알리고 있다. 또한 민족주의와 불평등에 대처하는 중요한 방법으로서 대화를 요구하고 있다(예를 들면 Bauman, 2017; Levitsky & Ziblatt, 2018; Riemen, 2018).

결론 ———

코르차크와 렘킨은 인권에 관한 우리의 인식을 변화시키는 데 영향을 끼쳤다. 그들의 진보적인 전망이 국제적으로 제도화하고 법으로 성문화함으로써 개인뿐만 아니라 국가 집단에 대한 인도주의적 접근의 발전을 시도하는 다음 단계가 가능해졌다. 인권을 존중하지 않는 평화는 상상할 수 없다. 그러므로 코르차크와 렘킨이 만든 표준을 현대적인 표준과 메커니즘으로 실행하는 것이 우리의 역할이다.

이 두 영웅이 인권 개념을 도입하면서 했던 일을 요약함으로써 우리는 그들의 근본적인 역할을 인식할 수 있다. 그들의 기여는 여전히 인권 옹호자와 연구자에게 강한 영감을 준다. 그들은 자신의 삶과 본보기를 통해 타 문화를 향한 개방성과 평화 교육이 이 세계를 폭력과 전쟁에서 보호할 수 있음을 증명했다.

이러한 메시지는 민족주의와 외국인 혐오가 부활하는 오늘날 특별히 더 의미가 있다. 민족주의는 국가주권에 관한 극단적인 관념을 불러일으키고, 보편적 가치보다 초국가적 이익을 증진하려는 욕구를 촉발한다. 민족주의는 렘킨이 일생 동안 벌인 투쟁의 상대였다. 이와 비슷하게 코르차크(2018a)는 민족주의와 부모 양육에 관한 극단적인 이해에 꾸준히 맞섰다. 어떤 부모들은 "내 아이는 내 소유물이에요. 상관 마세요!"(p. 310)라고 말하곤 했다.

야누시 코르차크와 라파엘 렘킨이 제시한 개념과 연구는 특별한 평화 프로젝트라 볼 수 있다. 그들은 더 나은 사회를 만드는 기초를 다지려면 평화를 위한 법과 교육을 통해 젊은 세대에게 좋은 생활환경을 제공하고, 그들을 인도주의적이고 민주적이며 열린 마음을 지니게끔 기르는 방법밖에 없다고 확신했다.

9

오늘날 아동 참여와
코르차크의 영향

에바 야로시

지난 10년 동안 사회운동에 참여하고 자신에 관한 일을 스스로 결정하는 아동이 극적으로 늘어났다. 이는 여러 분야에서 연구 대상이 되었다. 일부 저자들은 여전히 '아동 참여children's participation'(Lansdowne, 2010; Thomas, 2002)라는 용어를 사용하지만, 어떤 저자들은 '행동하는 아동 시민권active citizenship of children'이라는 용어를 선호한다(Cockburn, 2013). 그렇지만 두 개념 모두 기본적으로 아동 주체성의 중요성을 나타낸다는 점에서 다르지 않다.

아동권리협약은 1989년 체결된 직후부터 의사 결정, 사회운동, 정치 참여 권리와 자기 목소리를 지닌 사회적 행위자로서 아동의 관점을 적극

• 이 장은《폴란드 교육연구학회지*Polish Journal of Educational Studies*》, vol. I(2018), pp. 33-50를 수정한 것이다.

적으로 홍보해왔다(Cockburn, 2013; Lansdowne, 2010). 오늘날 아동은 사회운동가이자 사회·정치적 결정에 관한 비평가, 성인과 동등한 파트너 그리고 아동 실태에 관한 연구자로 더 널리 인식되고 있으며 존중받고 있다(Coleman, 2010; Dahl, 2014; Wyness, 2012).

야누시 코르차크라는
뿌리로 거슬러 올라가기 ──

아동 시민권과 관련한 견해는 적어도 18세기까지 거슬러 올라간다. 칸트Kant, 헤겔Hegel, 루소Rousseau는 그들의 작품을 통해 아동을 어른과 동등한 실질적인 시민으로 대하는 관점을 옹호했다. 나중에 몬테소리Maria Montessori와 듀이도 아동 권리의 중요성을 다시금 강조했다(Milne, 2013). 일부 현대 연구자들은 아동의 참여 정도를 보여주는 신호를 분석하기 위한 사례에 집중하고 있다. 이를테면 수업시간 단축을 위한 시위나 학교에서의 체벌 금지를 위한 사회적 행동 사례가 보여주는 아동 활동 지표에 주목한다(Tisdall, 2015).

앞서 언급한 유명한 사상가나 실천가들과 별개로, 나는 야누시 코르차크가 아동 참여의 현대적 개념을 정초한 사람이라고 주장하려 한다. 그는 실제로 아동의 사회 참여 권리에 관한 전반적인 설명을 최초로 제공했다. 또한 아동 스스로 목소리를 내고 합리적인 선택을 할 수 있는 자유와 주체성 그리고 잠재력의 가치를 강조했다. 코르차크는 연령에 관계없이 아동을 완전한 시민으로 인정한 최초의 인물이었다(Cockburn, 2013; Krappmann, 2013; Milne, 2013).

후자의 관점에서 코르차크의 접근은 아동 시민권에 관한 현대적인 개념을 정립하는 데 많은 영향을 끼쳤다. 그는 자신의 경험을 통해 모든 아동이 태어날 때부터 부정할 수 없는 시민적 권리가 있다는 점을 보여주고 우리에게 상기시키기도 했다(Krappmann, 2013; Milne, 2015). 아동과 함께한 그의 연구는 오늘날 아동의 사회 참여와 교육적 맥락에서 진정한 민주주의를 구현한 최초의 실험으로 여겨진다(Milne, 2013).

코르차크에서 현대의 아동 참여까지 ──

아동 참여를 바라보는 코르차크의 관점은 문서에 잘 기록되어 있지만 사람들에게 많이 알려지지는 않았다. 이 절에서는 아동 참여에 관한 코르차크의 생각을 논의함으로써, 그러한 견해가 아동 권리를 둘러싼 현대적 이해에서 어떤 위치와 의미가 있는지 보여주려 한다.

아동의 주체성과 목소리에 대한 존중 코르차크에게 아동 주체성의 존중은 아동과 관계를 맺는 기초였으며, 아동의 말에 귀 기울이고 그들의 관점을 인정한다는 뜻이었다. 그는 합리적인 의견을 제시하고 건설적인 선택을 하며 책임 있는 결정을 내릴 수 있는 아동의 능력을 신뢰했다. 코르차크(1984)는 다음과 같이 썼다. "아동은 이성적인 존재다. 아동은 자기 삶에 관한 필요와 어려움, 장애물을 제대로 바라볼 줄 안다"(vol I, p. 76). 그러면서 코르차크는 "……아동은 …… 어른들이 다루는 진지한 문제들을 고민할 줄 안다"(vol. I, p. 128)고 설명하며 아동의 관점을 인정해야 한다고 요구했다.

아동 참여와 관련한 이러한 생각은 유엔 아동권리협약 12조에 가장 기초적인 방식으로 명시되어 있다.

당사국은 자기 의견을 형성할 능력을 갖춘 아동에게는 본인에게 영향을 미치는 모든 문제에 관해 자유롭게 의견을 표현할 권리를 보장하고, 아동의 나이와 성숙도에 따라 그 의견에 적절한 무게를 부여해야 한다.

코르차크에게 아동의 목소리를 존중하는 일은 아동을 인정해달라는 요구와 같았다. 그는 모든 "아동은 진지하게 대우받고 싶어 한다"는 점을 강조했다(1984, vol. I, p. 191). 현대 연구는 아동을 인정하는 것이 아동 발달에 결정적인 경험임을 보여주며 아동을 인정할 필요가 있음을 지지한다. 아동을 제대로 인정하지 않는 것은 그 아동 개인에게나 사회적 차원에서나 미래에 부정적인 결과를 초래한다(Graham, Fitzgerald, Smith, & Taylor, 2010).

삶의 보고자이자 조언자로서 아동 코르차크(1984)는 아동이 문제해결 과정에서 스스로 낸 목소리를 인지하는 것이 얼마나 중요한지를 이해한 선구자였다. 그는 아동 자신이야말로 자기 삶에 관한 최고 전문가라고 생각했다. 그는 아동을 대신해 이렇게 말했다. "만약 어른이 우리에게 물어본다면, 우리는 잘 조언해줄 수 있어요. 우리는 더 잘 알아요. 우리가 무엇 때문에 고통받는지 …… 우리 스스로에 관해서는 우리가 더 잘 알아요"(vol. III, p. 417).

최근 연구는 아동이 자신에게 영향을 미치는 다양한 문제를 탐구하고, 나아가 연구 협력자나 주도적인 연구자로 참여하게끔 독려할 필요가 있음을 강력히 뒷받침한다(Dahl, 2014; Hart, 1992). 사이버 공간을 포함한 다양한 미디어 형태를 활용하는 아동 저널리즘child journalism이 대표적인 사례다. 아동 저널리즘은 1926년부터 1939년까지 약 5만 부를 발행할 만큼 인기 있었던 코르차크의 《어린이 비평》에서 연원을 찾을 수 있다. 아마도 《어린이 비평》은 아동이 자기 이야기를 싣고 현안을 설명하며 다양한 사건을 보도한 세계 최초의 아동 신문일 것이다. 이러한 활동은 아동이 참여할 수 있는 대표적인 영역이다. 이를 바탕으로 아동은 비공식적이고 자연스러운 방법으로 사회적 삶을 발전시키고 이야기를 나누며 문화를 창조할 수 있다.

아동은 스스로를 다스릴 수 있다 코르차크(1984)는 자치를 진정으로 믿는 사람이었다. 그는 일상에서 자치를 실현할 수 있는 모든 기회를 찾아 자신의 책무를 다하려고 노력했다(vol. III, pp. 223-228). 나아가 그는 자기결정권을 촉구했다. 그의 고아원 아이들은 스스로 결정하고 스스로를 다스릴 수 있는 힘과 공간을 소유하고 있었다. 그들은 정말로 다양한 활동을 조직하고 어른의 통제나 검사 없이 그 활동에 참여했다.

아동이 계획하고 주도하는 자치권은 오늘날에도 아동 참여를 이해하는 핵심 요소다. 코르차크의 시각을 아동 참여를 분류하는 현대적인 방식과 비교해보면 많은 유사점을 발견할 수 있다. 그중 자치는 가장 자주 발견된다. 몇몇 사례를 살펴보자면, 하르트(Hart, 1992, p. 4)의 "아동이 주도하고 성인과 의사결정을 공유"하는 것으로 대표되는 고전적인 참여 사다리Ladder of Participation, 트레세더(Treseder, 1997)의 '아동 주도와 기획' 모델, 랜스다운(Lansdowne, 2005)의 '아동 주도 참여' 모델, 데이비스(Davis, 2009)의 매트릭스, 웡과 지머맨(Wong & Zimmerman, 2010)의 제안이 그 사례다. 그런데 가장 효율적인 아동 활동은 지역, 국가, 국제적인 수준의 자치적인 아동 조직에서 나타났다(Johnson, 2009). 여기서도 우리는 코르차크가 아동 단결과 함께 모든 이에게 동등한 권리를 제공하는 아동만의 국제적 연대를 요청했음을 확인할 수 있다.

시민 기술을 발달시키기 위한 방법으로서 참여와 자치 코르차크는 아동의 사회적 역량과 참여, 시민 기술이 훈련을 거쳐 발달할 수 있다고 믿었다. 코르차크는 아동이 시민 활동에 친숙해지게끔, 또한 어른의 직접적인 통솔 없이도 사회에 참여할 수 있게끔 특별한 장치들을 만들었다. 코르차크는 아동 의회, 또래 법정, 신문과 더불어 잘 알려지지 않은 많은 장치를 만들었다. 이러한 활동은 아동 스스로 수양하고 자제력을 기르며 협동심을 기르는 데 도움을 주었다. 또한 아동이 자기가 결정하고 행동한 결과를 예상하는 능력을 발달시키는 데도 보탬이 되었다.

현대의 교육 실천이 목표하는 이상은 코르차크가 꿈꾸었던 이상과 거의 다르지 않다. 오늘날 우리는 아동의 적극적인 참여를 모든 성공적인 시민교육의 중요한 목표이자 가치 있는 결과로 여긴다(Cockburn, 2013). 또한 아동의 적극적인 참여는 시민성과 사회적 성숙을 발달시키기는 전략과 방법으로 인식되고 있다. 그동안 이루어진 연구는 실제 활동에 참여하는 경험이 아동으로 하여금 가장 높은 수준의 시민 의식에 이르게 하는 매우 효과적인 방법이라는 사실을 보여준다(Levy, 2016).

아동은 이미 시민이다 "아동은 사람이 되어가는 존재가 아니라 이미 사람인 존재다"(Korczak, 1994, p. 226). 이 장의 첫머리에서 설명한 바와 같이, 코르차크는 모든 아동을 사회의 완전한 구성원으로 간주하고, 따라서 아동에게 어른과 비슷한 사회적 자격을 부여해야 한다고 생각했다. 코르차크의 관점에 따르면 모든 아동은 듣고 결정할 수 있을 뿐만 아니라 비판적 의견을 제공하고 정보를 구성, 공유하는 등 다양한 사회적 행동에 참여할 권리가 있다. 코르차크가 고아원에서 만든 작은 민주주의 모형은 그 구성원인 아동들에게 다양한 '시민적 장치'와 제도를 완전히 경험할 수 있게 했다.

이를 아동권리협약 12조~17조에 기술된 아동 권리와 비교해보면, 우리는 100여 년 전 코르차크가 아동에게 제공한 사회적 활동과 오늘날 아동 권리에 관한 관점 사이에서 많은 유사점을 발견할 수 있다. 예를 들어 17조에 따르면 "당사국은 아동이 특히 자신의 사회적·정신적·도덕적 복지와 신체적·정신적 건강의 향상에 도움이 되는 국내외 정보와 자료에 접근할 수 있게 보장해야 한다."

여기서 특히 주목할 점은 코르차크(1928)가 아동을 "주민, 시민이 될 사람이 아닌 …… 이미 주민이자 시민"(p. 2)이라고 실제 선언했다는 것이다. '시민citizen'과 '시민권citizenship'이라는 용어가 코르차크의 교육철학에서 중심적인 주제는 아니었는데도 그는 아동의 특별한 사회적 지위를 인정한 최초의 인물로 인정받고 있다. 이는 아동 참여와 관련하여 '아동 시민권' 또는 '행동하는 아동 시민권'이라는 용어가 꽤 인기 있는 오늘날의 담론에 반영되어 있다(Cockburn, 2013; Lister, 2007; Milne, 2008).

아동 참여 그리고 개인·집단으로서의 아동 참여 우리는 코르차크를 통해 아동의 사회 참여에 관한 이중적 관점을 이해할 수 있다. 그는 어느 아동에 관해 글을 쓰곤 했는데, 그 아이는 시민이자 공동체의 일원으로 묘사됐다. 그는 아이가 개인적인 세계를 꿈꾸고 창조하는 영역에서 스스로 결정을 내리고 존중받을 권리가 있다고 강조했다. 나아가 어른과 아동의 관계에 관한 코르차크의 언급은 그가 아동 참여와 관련된 집단적 감각을 어떻게 다루었는지 잘 보여준다. 코르차크는 아동을 사회적 집단으로 바라볼 것을 제안한다. 코르차크는 그의 고아원에서 어른과 함께 일하는 집단으로서 아동 공동체를 만들었다. 이런 환경에서 집단과 공동체의 구성원인 아동은 사회적 주체이자 성인 공동체의 파트너로 대우받았다.

개인과 집단이라는 두 차원에서의 참여는 아동 시민권에 관한 현대적 개념과 일맥상통한다(Cockburn, 2013; Hart, 2009; Lansdowne, 2010; Milne, 2013). 오늘날 관련 이론과 정치 문서에서 아동 참여의 집단적 측면은 공식적으로 표현된다(Liebel, 2008). 즉 아동은 사회적 삶과 시민 활동 그리고 모든 사회적·정치적 의사결정 과정에 참여할 권리가 있는 사회집단으로 다루어진다.

아동들은 배제된 사회 집단이다 코르차크는 당시 아동들이 놓여 있던 상황을 분석하면서, 이를 '사회적 배제'로 분류했다. 사실 이 문제는 세대 관계에 관한 코르차크의 주요 비판 대상이었다(Liebel, 2014). 코르차크 (1919)는 자신을 비롯한 유대인 집단이 겪은 사회적 차별과 아동의 사회적 상황을 비교하면서, "자기 안의 투쟁과 고민에 눈이 팔려 여성과 농민, 억압받는 계급과 민족을 보지 못했듯이, 오늘날 우리는 아동을 보지 못한다"(p. 71)고 지적했다. 코르차크는 아동의 사회적 배제를 용납하지 않았으며, 아동에 대한 '사회적 포용'을 회복하기 위해 모든 노력을 기울였다. 그는 아동에게 모든 정보에 접근할 권리를 제공하고 스스로 결정할 수 있게 하며 여러 사회적 행동에 참여하게 독려했다.

오늘날 우리는 아동이 여전히 사회적으로 배제된 집단임을 보여주는 상황을 목격하고 있다. 사회적 불평등과 차별이라는 관점에서 아동이 놓인 상황을 보여주는 출판물은 꾸준히 늘어나는 추세다. '꼰대주의 adultism'*를 비판하는 민주주의 이념을 기초로 한 이러한 접근은 아동 참여와 관련한 새로운 이론적·정치적 패러다임이 되고 있다(예를 들어 Liebel, 2014 참조).

아동과 성인의 평등, 파트너십, 협력 코르차크(1984)가 언급한 바와 같이 아동과 성인의 관계는 상호 존중과 평등에 기초해야 한다. "성숙과 미성숙을 나이에 따라 나누는 것은 타당하지 않다. '지금은 미성숙하다'거나 연령적 계층 같은 것은 없다"(vol. I, p. 79). "아동은 동등한 파트너다. 그들은 진지하게 대우받을 자격이 있다. 성인과 동등하게 아동도 친절함과 존중을 받을 권리가 있다"(vol. I, p. 77). 이어서 코르차크(1984)는 "경험이 부족하긴 하지만, 아동은 적어도 지적인 문제와 관련해 어른과 동등하다"(vol. I, p. 151)고 말한다. 그는 또한 성인과 아동의 삶을 **동등한 무게를 가진 주제로** 기술한다(vol. II, p. 284). 코르차크의 작품에 실린 이러한 글들은 아동과 성인을 평등하게 대할 것을 요구한 몇몇 예에 불과하다.

코르차크는 아동과 함께하면서 어른이 "아동'에게'가 아니라 아동'과'" 이야기한다면 얼마나 많은 것을 배울 수 있는지 깨달았다(1984, vol. I, p. 281). "폭압적인 질서, 엄격한 규율, 불신에서 비롯한 통제가 아니라 재치 있는 이해와 경험, 협동과 공존"(vol. I, p. 76)이라는 유명한 구절에서 볼 수 있듯이 코르차크는 성인과 아동 협력의 강력한 옹호자였다. 코르차크는 (집단으로서의) 아동과 성인의 관계를 서로의 권한이 미리 정해지지 않

• 자신이 나이가 더 많다는 이유로 아동에게 특권이나 권력을 행사하는 행위 — 옮긴이.

은 관계, 즉 상호 호혜적인 파트너 관계로 받아들였다. 아동과 성인이 동등한 파트너라는 인식은 코르차크가 고아원을 공존과 협력의 장소인 동시에 두 집단이 공동 관리하는 공동체로 운영하게끔 이끌었다. 오늘날 다수의 연구(Hart, 1992; Mereoiu, Abercrombie, & Murray, 2016)와 모든 사회 수준의 아동 참여를 설명하고 권장하는 정치 문서들은 평등·협력·파트너십이 아동 참여 개념을 설명하는 핵심이라는 점을 보여준다(예를 들면 Rec, 1864).

하르트(Hart, 2009)에 따르면 아동 참여란 "아동이 다른 아동 또는 어른과 함께 결정을 내리거나 활동을 계획하는 모든 사례"(p. 7)를 뜻한다. 오늘날 우리는 아동 참여에 관한 하르트(Hart, 2009)의 정의를 전적으로 신뢰한다. 우리는 집단 간 대화와 사회적인 학습의 촉진 그리고 아동과 성인이 함께 참여하는 세대 간 프로젝트의 장려가 아동 참여를 증가시켜 왔다고 생각한다(Percy-Smith & Thomas, 2010, pp. 3 - 4).

아동은 사회를 회복시킬 수 있다 야누시 코르차크는 아동이 존중받고 '미래 세계의 주인'으로 대우받는다면 세상이 더 나아지리라고 생각했다. 그는 이를 스스로 확신했을 뿐만 아니라 동시대인들에게 확신시키려 했다(p. 341). 그는 아동이 상황을 근본적으로 개선할 수 있다고 믿었다. 왜냐하면 "그들 안에 있는 미지의 사람이 미래의 희망이기 때문이다"(Korczak, 1984, vol. I, p. 76). 동시에 코르차크(1984)는 결과를 서두르지 않고 아동이 성장할 때까지 기다리다 "운전대를 잡아야" 한다고 생각했다. "아동은 내일이다. …… 그는 노동자, 시민, 사장이 될 것이다"(p. 75).

그는 아동을 한 사회의 더 나은 부분으로 보았다. 또한 민주주의와 정의에 대해 자연적 감각을 지닌 창조적 인간이자 충만한 에너지와 진정성을 지닌 존재로 보았다. 그런 까닭에 아동의 참여로 세상의 변혁이 시작될지도 모른다고 생각했다. 코르차크는 아동의 사회적 참여가 사회를 긍정적으로 자극하는 일종의 수혈이 될 수 있다고 여겼다. 이것은 낭만적인 꿈이 아니라 아동의 세계와 감정을 사실적으로 관찰한 결과였다.

오늘날 우리는 아동이 지역 환경을 바꾸고 이웃을 이끌고 교육하며, 결과적으로 공동체 전체를 변화시키는 수많은 예를 목격하면서 코르차크와 같은 믿음을 공유하게 되었다(Hart, 1992; Shier, 2010). 코르차크와 마찬가지로 우리는 국제 규모의 문제에 정기적으로 꾸준히 참여할 수 있는 아동의 권리를 보장함으로써 사회적인 삶의 질을 개선할 수 있다고 믿는다(Milne, 2013). 나아가 이러한 참여는 세상에 정의를 세우는 데 도움이 될 것이다. "아동이 내일의 인권 수호자가 될 것"이라는 이해를 바탕으로 아동은 "오늘날의 완전한 권리자"로 대우받을 수 있을 것이다(Santos Pais, 2016).

아동의 공적·정치적 참여 어떤 작가들은 코르차크가 지역적 또는 국가적 차원에서 광범위하게 이루어지는 아동의 참여를 지지하지 않았다고 주장한다. 예를 들어 크라프만(Krappman, 2013)은 코르차크가 아동 참여에 관한 공적인 수용을 긍정했다는 점은 인정하지만, 아동의 참여를 제도적 수준으로 제한했다고 주장한다. 코르차크가 아동을 폐쇄적인 환경 안에서 사회적 혁신가로 양육했을지라도, 더 넓은 사회의 부정적인 영향에서는 아동의 책임을 보호하기 위해 참여를 제한했다는 것이다.

이에 대해 연구한 결과 나는 코르차크(1984)가 아마 아동의 **정치 참여**를 고려했으리라고 결론지었다. 《어린이를 사랑하는 법》에서 그는 "아동 자치 정부로부터 세계 의회까지"를 언급한다(vol. I, p. 211), 이는 〈아동의 존중받을 권리Child's Right to Respect〉(1984)에 훨씬 명료하게 나타난다. "정치인과 입법자들의 노력은 소극적이며, 또 실수를 저지르는 일이 많다. 그들은 아동에 관해서 심의하고 결정한다. 하지만 누가 당사자인 아동에게 의견을 묻고 동의를 구하는가? 아동이 무슨 말을 할 수 있는가"?(vol.I, p.65).

오늘날 아동 참여는 지역 협력부터 대륙, 심지어 세계적인 규모에 이르기까지 다양한 사회 수준(Lansdowne, 2011)에서 장려되고 있으며, 다양한 형태(청소년·아동 의회, 청소년 회의, 청소년 위원회 등)로 촉진되고 있다. 아동 의사결정 기관을 만들고 그 기관에서 일하는 성인과 협력하게 함으로써 공공 영역에서 아동 참여를 발전시켜야 한다는 주장을 뒷받침하는 강력한 증거가 있다(예를 들면 Thomas, 2002). 이러한 종류의 협력은 아동이 사회에 소속되어 있고 사회적 주체로 수용되고 있으며, 사회적 참여자이자 자신이 소유한 시민적 권리를 행사하는 사람임을 증명하는 역할을 할 수 있다.

위와 같은 아이디어와 함께 우리는 공적인 시위와 휴업을 아동(Hart, 1992; Thomas, 2010)의 정치참여 영역으로 고려해야 한다. 또한 여기에는 사이버 공간에서 이루어지는 활동도 포함해야 한다. 현대 사회에서 아동과 청소년은 자율적인 행위자로서 (이를테면 투표, 시민단체 자원봉사, 정치시위, 그래피티 등을 통해) 정치에 참여할 기회를 제공받는다(Toots, Wallley, & Scosireva, 2014). 밀른(Milne, 2013)은 정치적 견해를 표현하는 모든 아동 활동은 정치 참여로 인식돼야 하며, 그 활동이 성인의 규칙과 부합하는지 여부와 사회에 미치는 실질적인 영향과는 무관해야 한다고 주장한다.

결론 ———

지금까지 논의한 바와 같이 아동 참여에 관한 현대적 개념은 아동과 아동의 사회적 지위, 여러 사회활동에 참여할 수 있는 아동의 능력에 관한 코르차크의 이해를 바탕으로 발전했다. 코르차크의 견해 가운데 일부는 아동 참여 개념에 관한 우리의 이해에 핵심으로 남아 있으며, 앞으로 백 년이 지나도 여전히 살아 있고 시의적절할 것이다.

아동과 성인의 협력과 파트너십에 관한 코르차크의 철학을 따르고, 아동에게 동등한 권리를 주는 사회로 개혁하며, 법에 근거한 아동 참여를 보장하기 위해 사회적 인식을 바꾸고, 아동을 정치적 행위자로 인정하기를 원한다면 사실 해야 할 일이 많다. 그중에서도 학교, 학교 외 기관, 지역사회와 국가에서의 아동 참여를 촉구하는 대화를 꾸준히 시도하는 일이 가장 빠를 수 있다. 이러한 대화는 아동 참여에 관한 중요한 질문에 답하고, 아동과 협력하여 그들의 문제를 다루는 데 도움이 될 것이다. 나는 코르차크가 이러한 생각에 주저 없이 찬성할 것이라고 마음속 깊이 확신한다.

10

인권 도서관

—조나탕 레비* 인터뷰

타티아나 치릴리나 스파디, 피터 C. 렌,
에이미 스팽글러

언제부터 그리고 어떻게 코르차크를 연구하기 시작했나요? 왜 코르차크의 아이디어를 활용하기로 결심했나요?

저는 교사 양성 전문가가 되기 위한 교육을 받았습니다. 런던의 교육기관에서 교육철학 석사과정을 밟았는데, 거기에서 피터스R.S. Peters 교수님이 강의 도중에 코르차크를 잠시 언급하셨죠. 그러나 제가 코르차크를 본격적으로 연구하기 시작한 것은 훨씬 나중이었어요.

경력 초기에 저는 인도주의적인 봉사활동 현장에서 일하기로 결심했습니다. 주로 세이브더칠드런Save the Children과 유니세프UNICEF에서 일하는 교사를 훈련하는 역할을 맡았어요. 덕분에 저는 아프가니스탄, 인도, 다

• Jonathan Levy: 프랑스 파리 출신의 교육학자. 국제코르차크협회 부회장을 맡고 있다.

르푸르를 돌아다니며 현장에서 일했죠. 그러다 아동의 삶과 학습방식에 관해 언제나 가장 중요한 질문이 하나 남는다는 사실을 깨달았어요. 굶주리거나 겁먹은 아동, 온갖 학대에 희생되거나 다른 만행을 목격한 아동에게 어떻게 수학이나 지리 따위를 가르칠 수 있느냐는 문제였습니다.

그래서 저는 지금 또는 앞으로 아동 권리라고 일컫는 것이 아동권리협약과 '배움의 자유'의 직접적인 연결을 뜻하며, 기본적으로 아동을 동정하는 것이 아니라 자유롭게 하는 것이라는 점을 명확히 인식하게 되었습니다.

아동의 기본권은 실제로 저에게 가장 근본적인 가치가 되었습니다. 이 문제에 관한 매우 정치적이고 법적인 담론과 제가 공부한 교육학 사이에 존재하는 큰 차이 때문에 자주 고민한 기억이 나는군요. 대부분의 교육자들은 아동 권리에 관한 교육학적 지식을 잘 몰랐고, 그래서 그런 지식을 별로 활용하지 않았죠. 이는 교사 교육에 관해 더 많은 연구물과 매뉴얼을 강박적으로 출판하게끔 저를 이끌었어요.

그 무렵 저는 특히 셀레스틴 프리넷Celestin Freinet, 오비드 드크롤리Ovide Decroly, 마리아 몬테소리, 존 듀이 같은 20세기 초 교육학자들을 다시 찾아보았어요. 학생 때는 그들의 사상을 깊이 이해하지 못했어요. 그러다 코르차크를 발견했습니다. 저는 그가 노력하고 이뤄낸 것들이 중요한 주제이며 우리가 따라야만 하는 방식임을 깨달았죠.

그의 작품에 감명받은 저는 더 늦기 전에 그의 가르침을 이어가야겠다고 생각했어요. 실제로 코르차크는 아동 권리에 기초한 교육 이론과 사상을 처음으로 펼쳤고, 그것이 아동과 성인 모두를 위한 진정한 방법으로 살아나게 했어요. 이러한 인식은 강한 열정으로 자라났고, 전문가들이 코르차크를 배우게끔 도울 필요가 있음을 깨달았어요. 그래서 저는 유니세프와 함께 실제 '아동 권리 교육학'이라고 일컬을 수 있는 연수 모듈을 개발하기 시작했어요.

저는 순수주의자가 아니며, 코르차크가 박물관의 유물이 되기를 원하지 않아요. 저는 오히려 그의 아이디어를 발전시켜 오늘날 교육자들에게 전해주고 싶어요. 그리고 코르차크도 자기 아이디어가 모든 연령대의 아동에게 적용되는 것을 보고 싶어 하리라고 생각합니다. 그래서 제 일은 코르차크에 관한 지나간 일보다는 그의 교육학을 오늘날 아동과 연관시키는 방법을 탐구하는 데 더 가깝습니다.

휴먼 라이브러리를 시작하도록 영감을 준 특별한 계기가 있나요? 실제로 휴먼 라이브러리는 무엇인가요?

휴먼 라이브러리를 시작할 수 있었던 것은 거의 CATS 프로그램Children as Actors for Transforming Society Program 덕분이에요.* 우리는 전문가들이 아동 참여 문제를 어려워한다는 데서 우리가 하고 싶은 일을 찾아냈어요. 사실 우리는 아동을 참여시킬 수 있는 적극적인 모델을 만들지 못했어요. 우리는 CATS라는 아이디어를 통해 어린이와 어른이 함께 참여하는 **능동적인 실험실**을 만들고자 했어요. 우리는 사람들이 실질적인 아동 참여를 이해하지 못하고 보지 못한다고 느꼈거든요. 그런데 원칙적으로 어린이가 적극적인 참여자가 되는 점에는 동의했지만, 그것을 어떻게 실행에 옮길지는 찾지 못했어요.

우리는 새로운 환경과 방법을 찾았죠. 소규모 집단을 만들어서 어린이와 성인이 함께 건축하고 디자인하고 작업할 수 있는 여러 활동을 찾아

• 자세한 내용은 https://www.caux.ch 참조.

냈어요. 그렇지만 300여 명의 대규모 집단에 대해서는 같은 성과를 낼 수 있는 활동이 부족했어요. 우리는 여러 방법을 탐색한 끝에 그중에서 '휴먼 라이브러리'를 실험하기로 결정했습니다. 아주 어린 아동과 다양한 연령대의 어른이 자기 이야기를 공개하고 함께 대화하도록 했죠. 그것은 정말 효과적이었어요. 우리는 다른 사람의 이야기를 듣길 좋아하죠. 그래서인지 모든 사람이 적극적으로 참여했어요. 저는 코르차크 역시 연극과 여러 미디어를 통해 사람들에게 이야기를 들려줌으로써 성인과 아동이 흥미로운 관계를 맺게 했다고 생각합니다.

간단히 말해, 휴먼 라이브러리는 이야깃거리가 있는 사람이 책이 되고, 대화가 독서가 되는 곳입니다. 휴먼 라이브러리의 자료실은 '살아 있는' 책들이 도서관처럼 준비돼 있고 '사서'는 독자가 가장 흥미 있는 이야기를 찾을 수 있게 도와주죠. '사람 책'은 자신의 이야기에 관심이 있는 작은 그룹의 '독자들'과 10분 동안 이야기를 나눈 뒤 약 15분 동안 질의응답이나 토론 시간을 마련합니다. 사람들이 여러 책을 '읽고' 방 안을 돌아다닐 수 있게 시간 제한을 두는 것이 매우 중요해요. 우리는 창조적인 변화 요인인 사람에게 초점을 맞추는 목표를 세웠습니다. 휴먼 라이브러리를 이용함으로써 참가자들은 아동 권리와 민주적인 참여의 삶을 풍부하게 경험하고 배울 수 있는 기회를 얻지요.

휴먼 라이브러리 아이디어는 어떻게 얻으셨나요?

저는 그저 기존에 있던 방법을 아동 권리 분야에 적용했을 뿐이에요. 저는 휴먼 라이브러리가 스칸디나비아나 캐나다에서 만들어졌다고 알고 있어요. 그곳에서 문화 간 만남을 목적으로 도서관에서 1~2주 동안 휴먼 라이브러리를 실시하죠. 운영 방식은 우리가 하는 방식 그대로예요. 다른 문화의 흥미로운 이야기를 공유할 수 있는 사람을 모으려고 그런 방식을 생각해낸 거죠. 이런 방식이 아니면 발견할 수 없는 그런 이야기들 말입니다. 책을 읽을 수 있는데, 그 책이 사람이라는 점이 핵심이죠. 그 뒤로 저는 이 방법을 제가 일하는 환경에 적용할 수 있을지 생각했어요. 특히 아동 권리라는 영역에서 세대 간 의사소통의 요소를 강조할 수 있을지, 이 과정이 우리에게 적합한지를 점검할 수 있을지도요. 그게 바로 제가 이 일에 기여한 바입니다. 휴먼 라이브러리는 우리가 활용한 여러 방법 중 하나일 뿐이에요.

교사가 교실에서 이 활동을 실시하려면 어떤 단계를 따라야 할까요?

교사의 휴먼 라이브러리 실행을 도우려면, 어린이가 성찰하고 자신감을 얻을 시간을 마련하는 것이 매우 중요해요. 어떤 어린이가 무슨 이야기를 다른 사람과 나누고 싶은지 고민한다는 것은, 그 어린이가 자존감과 자신감을 지녔다는 뜻이라고 생각합니다. 교사나 다른 어른이 원하는 대로 방향을 정한 뒤에 아이들이 이야기하게 하는 것이 아니라, 오히려 아이들이 스스로 원해서 이야기할 수 있게 기회를 주어야 한다는 뜻입니다. 이는 하나의 원칙이죠. 만약 여러분이 책이 되려면, 여러분은 자발적으로 원해야 합니다. 그래서 우리는 아이들에게 참여를 요구하는 대신에 "누가 참여하길 원하죠?"라고 묻습니다. 모든 사람이 책이 되기를 원하는 것도 아니고, 개인적인 이야기를 편안하게 공개할 수 있는 것도 아니니까요. 그래서 여러분은 자원자를 편안하게 하고 어린이에게 자신의 이야기를 발전시킬 시간을 주어야 합니다.

이때 어른이 아이를 교정하지도, 지시하지도 않을 것이라는 점을 이해시키는 과정이 매우 중요합니다. 이야기는 진실해야 해요. 어른은 아이에게 절차를 안내하고 아이 스스로 준비하게 도와야 하죠. 이것은 전혀 어렵지 않아요. 독자들에게 경청을 부탁하고 준비시키는 테크닉이 필요해요. 독자인 어린이들이 방해받지 않고 정말로 집중해서 들을 때, 말하는 아이는 스스로의 이야기를 온전히 설명할 수 있어요. 기본적인 말하기 규칙이 몇 가지 있지만, 그리 복잡하지는 않아요.

휴먼 라이브러리는 수업이나 학교 활동, 학부모 초청 행사를 통해서도 할 수 있어요. 또 원하는 규모에 따라 아주 다른 형태를 취할 수 있지요. 예를 들자면 우리는 300명과 함께 책을 만들었어요. 큰 방 하나마다 15~20권의 책이 있고, 사람들은 이리저리 움직이며 돌아다녔죠. 우리에게는 헌신적인 사서들과 어른들이 준비한 다양하고 많은 자료가 있었는데, 그중에는 6~7세 어린이들의 책도 있었죠. 그런 책은 글로 쓰기보다는 대부분 그리거나 색칠을 한 시각적인 것이었어요.

다양한 섹션과 주제에 관한 책을 고르고, 서로 다른 연령대의 어린이들이 발표하는 이상적인 공간이 떠오르나요? 그래서 다양한 책과 문제와 경험을 접할 수 있는 실제 도서관 말이에요.

휴먼 라이브러리를 CATS 콘퍼런스에서 활용할 때, 우리는 해마다 다른 주제를 정합니다. 그래서 사람들에게 콘퍼런스 주제에 관한 책을 만들어달라고 요청하죠. 학교에서는 아동 권리 옹호와 관련된 주제를 정할 수 있습니다. 다음과 같은 질문을 할 수 있겠죠. 학생은 프로젝트에 참여하나요? 사회의 어떤 점을 바꾸고 싶나요? 이렇게 하면 저마다 경험이 다른 어린이들을 활동에 참여시킬 수 있습니다. 처음 시작할 때 다음과 같은 유인물을 나눠줘요. 물론 주제는 다를 수 있습니다(그림 10.1 참조).

책은 우리를 움직이게 하는 힘이 있어요.
지금 살아 있는 책을 상상해보세요!

지속 가능한 지구별을 만들고 모두에게 더 공정하고 안전하며 정의로운
세상을 만드는 데 기여하는 어린이, 청소년, 어른에 관한 많은 이야기가
있습니다.
들려줄 이야기가 있나요?

휴먼 라이브러리에서 '사람 책'이 되어보세요.

'독자'에게 여러분이 '사람 책'임을 "보여주세요". 더 나은 지속 가능한
세상을 만들기 위해 세상을 변화시키는 어린이와 어른의 이야기를 듣고
싶어요. '독자'와 이야기를 공유하고 질문도 받아보세요.

다양한 '서고'
ㅇ 사람들 : 우리는 인권과 평등을 증진하기 위해 최선을 다해요.
ㅇ 지구 : 우리는 지구를 구하기 위해 일어서요.
ㅇ 연대 : 우리는 사람들 사이의 연대와 지원을 믿어요.
ㅇ 평화 : 우리는 평화를 촉진하고 이행하기 위해 적극적으로 활동해요.
ㅇ 번영 : 공동체를 발전시키기 위한 조치를 취해요.

두 권 이상의 '살아 있는 책'으로 그룹 참여도 가능합니다. 책의 주제와
진행 방식에 관한 자세한 내용은 부록 Ⅱ-3을 참조하세요.

그림 10.1

어린이는 몇 살부터 휴먼 라이브러리에 참여할 수 있나요? 그리고 어린이들의 연령대가 다양할 때는, 어떻게 '발달적으로 적절한' 정보 교환이 이루어지게 하나요?

앞서 말씀드렸듯이, 우리는 대여섯 살 정도의 어린아이들과도 함께 일했어요. 10대와 성인도 있었죠. 휴먼 라이브러리에는 매우 광범위한 연령대가 참여할 수 있어요. 어린아이들은 그림을 통해 자신의 이야기를 서술할 수도 있어요. 우리는 다양한 연령 수준에 걸맞은 접근 방식을 구상하는 것부터 일을 시작하죠.

어린이를 위한 기본 틀은 어린이에게 자신의 경험에서 무언가를 찾아 공유하게 하는 것입니다. 그것은 추상적인 개념이 아니에요. 어린이가 경험했거나 경험하고 싶거나 갈증을 느끼는 무엇이죠. 이것은 책의 성격에 관한 문제예요. 아이들이 참여하거나 바꾸고 싶은 것을 공유하고, 원하는 것을 말할 수 있어야 합니다. 전형적인 예로, 어린이들은 왕따 문제를 주제로 가해와 피해에 관한 경험을 이야기하고, 문제를 해결하기 위해 무엇을 할 수 있을지 토론해요.

질문을 받을 때, 이야기하는 사람이 답하기 불편하면 어떻게 하나요? 이에 대비해서 이야기하는 사람은 어떤 준비를 하나요? 참가자를 위한 지침이 있나요? 아니면 있어야 할까요?

솔직히 말하자면, 그것은 별문제가 되지 않아요. 우리는 폐쇄적인 상황에서 휴먼 라이브러리를 운영하지 않고, CATS 콘퍼런스가 이뤄지는 환경은 이런 점에서 매우 유리합니다. 어른은 아동 권리를 보호하는 일에 관여하고, 어린이들도 벌써 그 과정에 활동적으로 참여하고 있죠.

그래도 아동 보호 정책을 설명하는 편이 현명할 거예요. 이는 어린이가 다치지 않게 보호하고 어린이를 비난하지 않으며 우리와 공유하는 모든 어린이의 경험을 인정해야 한다는 것을 뜻합니다. 저는 이 모든 일이 아동 보호라는 원칙 아래 이루어져야 한다고 생각합니다. 이는 휴먼 라이브러리에만 해당되는 것이 아니에요. 아동의 안전을 지키기 위한 일반적인 정책으로서도 필요합니다.

미국 10대들과 휴먼 라이브러리를 진행하면서 이전에 실시했던 방법과 어떤 차이를 느꼈나요? 구체적으로 말씀해주시기 바랍니다.

흥미로운 질문이군요. 스위스에서 열린 CATS 콘퍼런스에서 우리는 50개 국적의 어린이들과 함께 미국 청소년을 만났습니다. 그중에는 작년에 총기 소지 반대 운동에 참여했던 청소년 몇 명이 있었어요. 그 중 한 명은 사실 휴먼 라이브러리의 사람 책이었어요. 그는 훌륭했어요. 제 생각에 그는 자기가 한 운동을 말하고 공개하는 일에 익숙해서 매우 자신감이 있었던 것 같아요. 저는 미국 10대들이 유럽인들보다 진실을 마주할 마음의 준비가 되어 있다고 생각해요. 아프리카나 아시아, 라틴아메리카 어린이들의 이야기는 드라마 같아요. 그들은 아동 결혼과 아동 노동 이야기를 했는데, 그중 몇몇은 부랑아나 다름없는 삶을 살았더군요. 폭력으로 얼룩진 삶에 관한 어린이의 이야기는 정말 충격적입니다.

2018년 시애틀에서 열린 코르차크 콘퍼런스의 휴먼 라이브러리 경험은 아주 흥미로웠습니다. 자기가 동성애자임을 커밍아웃한 한 젊은이와 트랜스젠더도 한 명 있었기 때문이죠. 이들의 이야기는 휴먼 라이브러리가 매우 영향력 있는 방법이라는 점을 다시 한번 증명해주었습니다. 미국 10대들은 훌륭했어요. 그들과 함께 일하는 것이 즐거웠죠. 저는 그들이 스스로의 경험에 대해 더 개인적인 경향이 있다는 사실을 알게 됐어요. 미국 10대들은 글로벌 캠페인 이야기는 많이 하지 않았어요. 사회를 좀 더 거시적으로 보는 반면 개인적인 경험에 집중했죠.

휴먼 라이브러리 활동이 인생에 어떤 영향을 주었나요?

저는 제 인생을 바꿀 정도로 휴먼라이브가 특별하다고 생각하지는 않습니다. 또한 저는 사람의 삶을 바꿀 만큼 효과적인 방법이 있다고 가정하고 싶지 않아요. 그렇지만 제 삶과 일에 몇 가지 변화가 있긴 했습니다. 휴먼 라이브러리를 통해 저는 아이들을 통제하려고 애쓰는 대신 아이들이 자신을 충분히 표현할 수 있는 공간을 마련해주었습니다. 또한 아이들과 함께 위험을 무릅썼고 아이들이 자유를 누리게 했지요. 이런 자유는 다양한 것들을 변형하여 사용하는 일과 연관됩니다.

코르차크의 아이디어에 기초해서 개발한 프로그램이 있나요? 어떤 점이 미국 교사들에게 도움이 될까요?

저는 교육 설계의 기초를 마련하기 위해 오랜 시간 노력해왔습니다. 그 기초는 무척 다양한데, 코르차크에게서 영감을 받은 두 가지 측면을 반영합니다. 첫째, 모든 어린이에게는 일관된 이야기가 필요합니다. 둘째, 중등교육이 일종의 조각이불처럼 발전해왔기 때문에 더 전체적인 접근이 필요합니다. 저는 미국에서도 마찬가지라고 믿어요.

제가 항상 발전시키려고 노력한 것은 모든 것을 함께 연결하는 챕터들로 이루어진 하나의 이야기예요. 그러나 이러한 이야기를 통해 우리가 제공하는 경험은 현실에서 매우 다양할 수 있습니다.

저는 오늘날 교육이 직면하고 있는 가장 큰 문제가 지루함과 흥미 감소라고 생각합니다. 경험이 다양할수록 더 많은 흥미가 생기기 때문에,

우리는 어린이들이 즐거워할 만한 것을 더 많이 개발합니다. 오직 코르차크만이 우리에게 아이디어를 주었다고 생각하지는 않아요. 듀이도 우리에게 많은 영향을 주었어요. 이 교육자들은 우리에게 정말이지 많은 영감을 주었어요. 저는 큰 집단에서 작은 집단으로, 개인적인 연습으로, 매우 장난스럽고 열정적인 순간으로, 또 매우 진지한 순간으로 변화하는 과정이 중요하다고 믿습니다. 게임, 시뮬레이션, 역할극 등도 매우 중요하고요.

아이들의 놀이는 언제나 혁신적이에요. 예를 들어 300명의 어린이와 어른이 있다고 합시다. 만약 여러분이 어린이의 삶을 탐구하고 싶다면, 매우 다양한 국적과 문화를 고려하여 시간대를 설계하는 편이 좋을 겁니다. 한번은 아동 권리를 주제로 선택한 적이 있어요. 각 발표장마다 다양한 어린이들을 배치할 수 있지만 사전에 미국, 인도, 짐바브웨 그리고 세계 여러 곳에서 아동 인권에 대한 접근이 어떻게 발전했는지 연구했죠. 그래서 그들을 대륙별로 하나로 묶거나 적절한 시간대를 설계할 수 있었어요. 그리고 나서 오늘날 아동 권리가 무엇을 뜻하는지 알아봤습니다. 이는 단지 하나의 예일 뿐이에요. 여러분도 아동 인권을 설명하는 강연보다는 어린이가 참여하는 활발한 연구를 기대할 것입니다. 이것이 저에게 중요한 요소예요.

가장 즉흥적이면서도 자발적인 순간들이 있습니다. 코르차크가 고아원에서 그랬듯이 연극부터 게임까지 아동을 위한 즉흥적인 순간을 잘 조합하는 것이 가장 중요합니다. 우리는 무언가 특별한 일을 하는 게 아닙니다. 단지 이 모든 것을 잘 조합할 뿐이죠.

말씀하신 아이디어는 교장[에이미 스팽글러]인 저로 하여금 어떻게 해야 학교

전체를 이 과정에 참여시킬 수 있을지 계속 생각하게 만드는군요. 학생과 교직원, 가족이 스토리텔러 또는 청취자로 참여한다면, 공동체 안의 어떤 주제든 이야기할 수 있겠어요. 지금까지 운영한 것 가운데 가장 규모가 큰 프로젝트는 무엇이었나요? 만약 아직 큰 학교공동체를 대상으로 운영해보지 않았다면 한번 해볼 의향이 있나요?

네, 물론 스토리텔링이 반드시 필요한 것은 아닙니다. 교사와 학부모가 어린이의 말에 귀 기울이게 하는 일은 정말 흥미롭습니다. 이것이 바로 휴먼 라이브러리의의 핵심이죠. 휴먼 라이브러리에 참여한 많은 부모들이 처음으로 자녀를 매우 깊게 이해하게 됐고, 이전에 알지 못한 것을 발견했다고 저에게 말했어요. 전통적으로 부모는 자녀의 말을 경청하거나 아이에게 함께 이야기 나눌 기회를 주지 않죠. 교사에 관해서 말하자면, 교사가 항상 학생의 머릿속을 볼 수 있거나 그들의 잠재력을 최대한 발휘하게 만들 수 있는 것은 아니에요. 그래서 교사는 이 방법을 매우 흥미로워해요. 활동을 마치고 이렇게 말하는 교사를 자주 만납니다. "와, 나는 우리 반에 (또는 우리 학교에) 놀라운 아이가 있는 것을 발견했어요."

휴먼 라이브러리를 단순한 수업이 아닌 더 넓은 학교 과정이나 공동체 활동으로 여기는 것은 매우 중요합니다. 일반적으로 휴먼 라이브러리는 이런 생각을 하게끔 만드는 많은 장점이 있죠. 그래서 휴먼 라이브러리는 실제 도서관에서 할 수도 있고, 도서관 같은 분위기를 만들어서 할 수도 있어요. 무척 재밌답니다.

학교에 다니는 동안 휴먼 라이브러리를 반복적으로 경험하는 것은 바람직하지 않습니다. 너무 자주 실시하면, 다른 것들과 마찬가지로 역동성과 참신함을 잃어버릴 테니까요. 제 생각에는 한 학기에 한 번, 일 년에 한 번 정도도 잦은 것 같아요.

공립학교에서 활용할 수 있는 코르차크의 다른 방법이 있을까요? 코르차크가 고아원이나 학교에서 보여준 삶과 접근방식에서 어떤 것을 권하고 싶습니까? 이를테면 내기라든가 말이죠.

솔직히 저는 코르차크가 했던 많은 일이 특정한 시간·장소·상황 아래에서 이루어졌다고 생각해요. 그래서 저는 예컨대 코르차크 고아원의 어린이 법정은 활용하지 않을 생각입니다. 저는 오히려 그가 아동 권리를 어떻게 제도적으로 종합했는지, 아동의 자유라든가 그 한계와 관련한 아동 보호 문제를 어떻게 진지하게 성찰했는지, 아동이 지닌 자유의 조건을 어떻게 탐색했는지, 아동이 성인을 포함한 모든 사람을 위한 보호 문제를 개선하는 데 어떻게 관여할 수 있었는지, 더 나은 환경을 만들기 위해 아동이 무엇을 제안할 수 있었는지 연구했죠.

참여와 함께 또 다른 중요한 문제가 있습니다. 바로 조건에 관한 문제입니다. 우리는 어린이에게 필요한 공간·시간·재료·활동을 제공해야 합니다. 어린이를 지나치게 보호해서도 안 되지만, 아이들이 안전을 느낄 수 있게 조치해야 하며 완전한 참여를 가능하게 하는 모든 것을 제공해야 합니다.

참여를 통해 어린이는 아동권리협약의 다른 모든 권리를 경험합니다. 저는 코르차크가 한 일들이 실제로 그의 경험을 바탕에 두고 있다고 믿어요. 그래서 우리는 그가 이 일에 필요한 모든 조건을 개발했다고 말할 수 있습니다. 우리는 코르차크가 남긴 유산 속에서 그 조건을 꾸준히 찾아내 여러 학교 환경과 현실에 적용합니다. 이는 그 자체로 진정한 민주주의의 발전을 위해 효과적일 뿐만 아니라 우리로 하여금 연구의 보람을 느끼게 합니다.

♥ 과제 ♥

- 코르차크는 아동 중심 교육학을 어떻게 바라볼까? 그를 진보적 개혁운동 추종자로 일컫는 것은 타당한가?

- 코르차크가 만든 아동 권리 목록을 작성하시오(Lifton, 2018, pp. 336-337 참조).

- 코르차크가 제안한 아동 권리와 유엔 아동권리협약(1989)의 아동 권리를 비교해보시오.

- 코르차크(1919)는《어린이를 사랑하는 법》에서 "자기 안의 투쟁과 고민에 눈이 팔려 여성과 농민, 억압받는 계급과 민족을 보지 못했듯이, 오늘날 우리는 아동을 보지 못한다"(p. 71)고 썼다. 사회적 배제에 관한 코르차크의 생각에 대해 자신의 의견을 기술하시오.

- 조나탕 레비 인터뷰를 읽은 다음, 휴먼 라이브러리에서 가능한 세션 주제를 선택하고 고등학생을 대상으로 활용하기 위한 계획을 세우시오.

3부

보살핌과 배려

행복하고 성공적인 삶의 기초를 다지기 위한
생애 초기의 지원

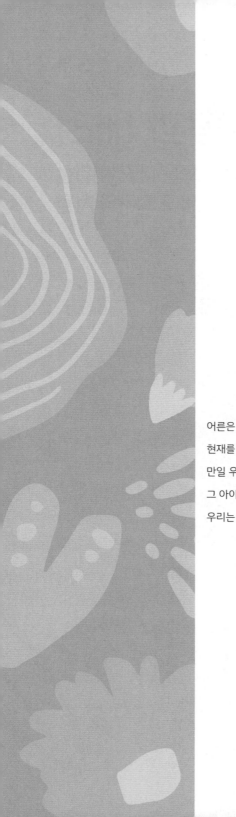

어른은 성장이라는 어려운 과제에 담긴 신비와 시행착오를 존중해야 한다.

현재를 위해, 여기 지금 here and now을 존중하라.

만일 우리가 어떤 아동이 느끼는 현재 삶에 대한 책임감을 무시한다면,

그 아이가 어떻게 내일을 살아갈 수 있겠는가?

우리는 모든 순간을 존중해야 한다.

아동의 기본적 요구와 아동 양육

앤절라 M. 커스, 다르샤 나바에즈,
메리 S. 타샤

살아 있는 모든 존재에게는 삶을 유지하고 잘 살기 위해 충족해야 하는 기본 요구들이 있다. 최근 이와 같은 인간의 기본적인 요구와 그것을 충족하는 것에 관한 연구가 급증하고 있다(예를 들어 Ciarochi, Kashdan, 2013). 그리고 이 가운데 많은 연구가 경제적 웰빙(Evans, 2017)에 초점을 맞춘다. 그런데 사실 경제적 웰빙보다 심리적·사회적 웰빙이 훨씬 더 본질적인 문제다.

성인의 기본적인 삶의 요구는 웰빙과 밀접한 관련이 있다. 노블과 동료들(Noble, Kurth, & Narvaez, 2018a)에 따르면 기초적인 심리사회적 요구가 충족되지 않으면 정신건강 측면에서 부정적인 결과가 예측된다. 나아가 기초적인 심리사회적 요구 충족은 잘 살고 있는지 체감하기 위해서도 필요하다. 이와 같은 연구 결과는 건강이 단순히 질병이 없는 상태가 아니라 신체적·정신적·사회적 웰빙을 포괄하는 상태라는 세계보건기구(1948)의 정의에도 부합한다(Vansteenkiste & Ryan, 2013).

아동은 나중에 성인이 되어 잘 살기 위해서뿐만 아니라 평생 학습자로 성장하기 위해 충족해야 할 많은 기본적 요구가 있다. 코르차크(1967b)는 아동의 요구를 충족하는 것이 왜 중요한지 다음과 같이 거듭 강조한다.

> 이 질문은 아동에게 어떻게 무엇을 요구하고 제안하며 금지할지에 관한 것이 아니다. 이 질문은 아동에게 무엇이 부족하고 과도한지, 어떤 요구가 있는지, 그것을 충족하기 위해 얼마나 노력할 수 있는지에 관한 것이다.(p. 33)

코르차크는 작은 몸짓 하나도 아동의 내면을 파악할 수 있는 중요한 신호라고 여겼다. 그래서 아동의 모든 행동 하나하나에 주의를 기울이게끔 교사들을 독려했다. "의사에게 열, 기침, 메스꺼움이 중요한 신호라면, 교사에게는 미소, 눈물, 붉게 달아오른 볼이 중요한 신호다. 아무리 작은 신호라도 무의미한 것은 없다"(1967b, p. 33).

코르차크(Korczak, 1967a)가 지적하듯이 어른은 아이의 요구를 심각하게 여기지 않으며, 아이를 진지하게 대하지 않는 경우가 많다. 왜냐하면 아이는 성공이나 행복을 성취하기 위해 아직 많은 세월을 기다려야 한다고 생각하기 때문이다. 어떤 어른은 "애들은 회복력이 좋지"라며 생애 초기의 결핍된 요구가 아이의 삶에 별다른 영향을 미치지 않으리라 생각한다.

코르차크(Lancy, 2014)는 이렇게 아동기의 중요성을 간과하는 태도를 본질적인 문제로 여겼다. 아동의 기본적인 요구를 무시하는 것은 비난받아야 마땅할 뿐만 아니라, 훗날 아동이 험난한 도전과 맞닥뜨리게 한다 (Sonkoff & Phillips, 2000). 결론적으로 우리는 가정에서도 교실에서도 아동의 요구가 무엇이며, 그러한 요구들이 아동의 웰빙과 어떻게 관련이 있는지 더 큰 관심을 기울일 필요가 있다. 코르차크(1967b, p. 34)는 "사실 교사는 아동의 요구에 관해 배운 적이 없다"면서 교육자들 간의 인식 차이를 지적한다. 그런 측면에서 이번 장의 목적은 아동의 기본적인 요구를 교육자에게 소개하는 것이다.

삶을 꽃피우는 아동

아동이 삶을 꽃피운다는 것, 즉 아동의 플러리시flourish는 코르차크의 가장 중요한 목표였을 뿐만 아니라 오늘날에도 절실한 목표다. 플러리시의 의미는 생리적·정서적·심리적·사회적·도덕적 건강을 비롯해 인간 삶의 다양한 측면을 전체적으로 아우른다(Gleason & Narvaez, 2014). 플러리시는 단순히 나쁜 결과를 초래하지 않거나 회피하는 것, 또는 홀로 생존하는 것이 아니라 좋은 결과를 의미한다.

삶을 꽃피우는 아동은 인지적으로 성숙할 뿐 아니라 사회 전체와 타인을 향한 공감과 관심을 보여준다. 또 그러한 아동은 도덕적 민감성이 발달하며, 도덕적 민감성이 필요한 상황에서 능동적으로 행동함으로써 다른 가치보다 도덕적 가치를 우선시하는 것을 배운다. 코르차크는 정신적 측면에서 삶을 꽃피우는 성인의 모습도 보여주는데, 그런 성인은 자율적으로 살면서도 강한 사회적 연결고리를 가지고 있다. 그러한 성인은 관심의 경계가 개인이 속한 공동체를 넘어 모든 인류와 생명체에 이른다. 어떻게 하면 어린이가 그런 발달 수준에 이르게 도울 수 있을까?

어린 시절의 기본적인 요구 충족은 특히 중요하다. 예컨대 아동기에 요구가 잘 충족된 성인이 더 나은 결과를 얻는다. 어린 시절 요구가 충족되지 않았다고 느끼는 성인은 건강 악화, 웰빙 감소, 우울증을 보고할 가능성이 높다(Noble, Kurth, & Narvaez, 2018b).

교육자는 학교 밖에서 필요한 요구를 적절하게 충족받지 못하는 아동을 마주하는 경우가 많다. 이 장에서 우리는 신경생물학적 요구와 핵심적인 사회적 동기에 관한 기본적인 요구 모델 두가지를 살펴보겠다. 나아가 교실에서 교사가 아동의 요구를 어떻게 충족해줄 수 있을지 논의할 것이다.

신경생물학적인 요구 ———

오늘날 아동은 문화적 환경 때문에 신경생물학적인 요구가 결핍된 채 학교에 다니는 경우가 많다. 그런데도 많은 교사들이 이런 아동을 어떻게 도울지 몰라 막막해한다. 아동의 결핍된 요구를 채워주고 부정적인 결과를 감소시키는 동시에 교사의 부담도 함께 줄이기 위한 구체적이고 실용적인 시스템과 방법이 필요하다. 이런 맥락에서 진화 둥지evolved nest에 관심을 기울일 필요가 있다.

인류는 진화 둥지라는 더 우선적이고 신경생물학적인 요구를 발달시켰다. 아동 상태의 인간은 완전히 발달하는 데 수십 년이 걸리는 몹시 미성숙한 존재다(Konner, 2005; Narvaez, 2019). 진화 둥지는 아동을 위한 발달 시스템이다. 표 11.1은 진화 둥지를 관리하기 위한 일반적인 목록이

인류의 진화 둥지
신생아가 편안함을 느끼게 하기 (예를 들어 산모와 아기를 분리하는 등 아기에게 고통을 주지 않기)
가능한 한 모유 많이 먹이기
긍정적인 사회 **분위기** 조성하기
아이의 요구에 **호응**함으로써 고통을 최소화해주기
긍정적이고 애정 어린 **스킨십**
아이의 요구에 잘 호응하는 다양한 성인(엄마 대행자Allomothers)이 함께 돌보는 '**마을**' 만들기
자기 주도적인 **놀이** - 여러 연령대의 놀이 친구와 함께 - 자연에서

표 11.1. 인류의 진화 둥지(진화한 발달 니치[•]) 구성 요소

다. 오늘날에는 아동이 지지받을 수 있는 둥지 안에서 보살핌을 받으며 자라지 않는 경우가 흔하다. 그래서 많은 아동이 스트레스와 걱정을 안고[**] 배울 준비가 되지 않은 채 학교와 지역사회 환경에 첫발을 내디딘다(Konner, 2005; Narvaez, 2019). 요구가 결핍된 채 입학하는 아동은 부가적인 양육이 필요하다. 이러한 아동의 신경생물학적 시스템은 양육의 부재 때문에 기능적인 면에서 문제가 있다.

생애 초기의 스트레스 대응과 그 밖의 생리학적 시스템은 어떤 사람이 일생 동안 어떻게 기능할지에 대한 매개변수를 결정한다. 그래서 생

• Niche, 벽감(壁龕): 서양 건축에서 조각품 등을 세워두기 위해 벽면을 오목하게 파서 만든 부분. 여기서는 발달을 위해 채워주어야 할 요구를 뜻한다 — 옮긴이.

•• 타티아나 치를리나 스파디에 따르면 "코르차크는 훈련된 의사로서 스트레스가 아이에게 어떤 영향을 끼치는지, 아이의 발달과 학습 능력에 어떤 영향을 주는지 잘 이해했다. 코르차크가 예비교사를 가르치는 방법은 기록에 잘 남아 있다. 코르차크가 엑스레이방에서 예비교사를 가르치는 장면 (바이다A. Wajda의 영화 〈코르차크〉, 약 10~12분)에 나타나는 전략은 유명하다. 코르차크는 어린 초등학생을 데려와서 스트레스 때문에 긴장한 아이의 실제 심장박동수 변화를 스크린에 보여주었다."

애 초기에 자주 또는 강하게 스트레스에 노출되면 몹시 해로울 수 있다(예를 들어 Lupien, McEwen, Gunnar, & Heim, 2009). 민감한 성장기에 겪는 지나친 스트레스는 조절장애, 위협에 대한 민감한 반응, 사회적 불신과 자기방어적 성향으로 이어진다(Narvaez, 2008; 2014). 위협에 대한 민감한 반응은 개방성을 낮추고 고차원적 사고를 방해하며 다른 사람과 잘 어울리고 학습하는 것을 어렵게 만든다. 이는 교육기관이나 지역사회 기관이 아동이 서로 협력하고 배울 **준비**를 할 수 있게 그들의 기본적인 요구에 주의를 기울여야 한다는 것을 뜻한다(Narvaez, 2018).

우리는 교육자가 이런 요구들을 어떻게 충족해줄 수 있을지 설명하고자 한다. 물론 출산과 모유 수유는 교육자가 충족할 수 없다. 그러나 진화 둥지의 나머지 요소들에는 교육자가 아동기 전체와 성인기에 이를 때까지 기여할 수 있다. 다음은 각 요소를 강조하는 교육적 접근법 사례.

호응 Responsivity 미국아동교육협회(NAEYC, 2009)가 개괄적으로 설명하는 교실의 구성 요소는 아동 교육에 관한 코르차크의 원칙에 부합한다. 미국아동교육협회도 아동 관찰과 아동에 관한 지식을 강조한다. 아동에 대한 관찰과 지식은 가정환경에서 아동의 친사회적 협력 능력을 길러주기 위해 호응을 활용하는 일반적인 형식이다(Eisenberg, 1995; Kochanska, 2002). 교실에서 아이들에게 호응하는 또 다른 방법은 아동의 학습과 발달 과정에서 나타나는 변화를 존중하는 것이다. 설령 그런 변화가 더뎌 보이더라도 말이다. 코르차크(1967a)는 "성장을 위한 분투의 신비와 부침을 존중하라"(p. 370)고 힘주어 말하며 이를 설명했다. 교육자는 학습과 발달이 신비로운 것이라는 사실을 먼저 인식함으로써 호응하는 법을 익힐 수 있다. 학습과 발달은 변화, 반짝임과 퇴색, 진보와 퇴보를 필요로 한다. 이를 인지할 때 교육자는 아동의 발달 과정을 더 잘 존중할 수 있으며, 호응하는 방식으로 유용하고 효과적인 지침을 제공할 수 있다.

스킨십Touch 애정 어린 스킨십(이를테면 안아주기, 서로 껴안기, 잡아주기, 업어주기)은 어린 아동의 안전한 애착 발달에 필수적인 구성 요소다 (Feldman & Eidelman, 2004). 애정 어린 스킨십은 또한 사회적 역량의 발달을 촉진한다(Narvaez, Panksepp, 2013). 애정에 대한 아동의 요구를 충족하기 위해 교사가 적절한 선에서 할 수 있는 일에는 무엇이 있을까? 어린 아동은 또래와 함께 집단 애착 활동을 통해 친근하게 인사하는 법과 같은 활동을 연습할 수 있다(McEvoy, Twardosz, & Bishop, 1990). 고학년 교실에서는 교실 문을 지날 때 개인적으로 다른 친구와 인사하게 함으로써 적절한 스킨십을 연습시킬 수 있다. 이런 활동을 통해 아동은 합의된 적절한 방식으로 다른 사람과 상호작용하는 법을 배울 수 있다.

사회 풍토 Social Climate 맥멀런 M. B. McMullen과 매코믹 K. McCormick (2016)은 아동과 아동이 믿고 느끼는 것을 존중하는 문화를 토대로 아동의 자존감을 발달시키는 것이 가능하다고 믿는다. 아동을 존중하는 표현은 아동이 자신은 존중받을 가치가 있는 사람이라고 의식하며 자라게 한다. 몬테소리 교실은 존중을 매우 강조한다(Montessori, 1966). 교사는 친근함에 초점을 맞춤으로써 교실에서의 관계적 웰빙을 증진할 수 있다. 긍정적인 사회 분위기 속에서 이루어지는 애정 어린 스킨십과 돌봄은 아동이 친근함을 느끼게 한다(McMullen & McCormick, 2016). 긍정적인 교실 분위기를 조성하기 위한 또 다른 방법은 코르차크 교육사상의 핵심 철학을 실천하는 것이다. 즉 무엇보다 먼저 아동을 이해하고, 그들의 세계로 들어가 존중하는 태도를 보여주는 것이다(Lewowicki, 1994). 교사는 교실 분위기를 이런 식으로 조성하고 여러 학생에게 서로 존중하는 방법을 가르침으로써 풍부한 사회적 지원 환경을 조성할 수 있다.

놀이[Play] 어린 시절의 놀이는 평범한 것이지만 학교교육이 보편화하면서 이제는 그렇지 않은 것이 되어버렸다. 아이들의 놀이시간은 충분치 않고 자꾸 줄고 있다. 지역사회 연계와 아동의 놀이, 창의성, 발견을 강조하는 레조 에밀리아[Reggio Emilia] • 접근은 아이들이 폭풍우 같은 특별한 현상을 관찰할 수 있도록 인근 지역을 탐험하게 한다(Gandini, 2012). 이 접근에서 교사는 아동이 서로 보호하고 돌보는 것에 대한 명확한 기대와 경계가 있는 놀이 환경을 조성하여 아이들이 거칠고 뒤죽박죽인 놀이를 안전하게 할 수 있는 효과적인 공간을 만든다(Huber, 2016). 사회적 놀이는 정서적인 자기 조절 발달을 돕고 사회적 공격성을 누그러뜨린다(Flanders & Herman, 2013). 초등학교에서는 쉬는 시간을 여러 차례 규칙적으로 제공함으로써 아이들의 학업 집중력을 향상한다(Rhea & Rivchun, 2018).

마을[Village] 교사의 중요한 역할 중 하나는 교사, 아동, 가족 등 돌봄 공동체의 모든 구성원이 서로 존중하고 소통하게 하는 것이다. 모든 의사소통의 목표는 상호 이해이며, 이러한 이해는 관련된 모든 사람의 웰빙에 기여한다. 아동 스스로가 마을의 일부다. 코르차크(1967a)는 "어린이는 인류, 국민, 주민, 시민의 큰 일부이며 꾸준한 동반자다. 이는 과거에

• 이탈리아 북부에 있는 레조넬에밀리아라는 작은 도시에서 부모와 지역사회 구성원 모두의 협력을 바탕으로 시작된 유아교육이다. 2차 세계대전 이후 수많은 전쟁고아를 돌보고 교육하는 발판이 된 레지오 에밀리아 교육은 우리나라 유아교육에도 많은 영향을 끼쳤다 ― 옮긴이.

도, 미래에도 그리고 현재에도 마찬가지다"(p. 336)라고 선언했다. 아동이 어떤 사람이 될지, 지역사회의 미래가 어떨지는 그 지역이 아동을 어떻게 지원하는지에 달려 있다. 교사는 모든 아동을 지원함으로써 아동 개개인뿐만 아니라 지역사회 전체를 도울 수 있다.

기본적인 요구 Basic Needs 몇 가지 기본적인 요구는 학교에서의 성취와 관련이 있다. 개인이 학습과 사회화에 전념하기 위해서는 이러한 요구가 충족되어야 하며, 그렇지 못할 경우 비행이나 부주의한 결과로 이어질 수 있다. 사회결정이론(Deci & Ryan, 1985)은 세 가지 기본적인 요구로 구성된다. 그것은 집단 내 **소속감**, 주어진 일을 완수해낼 수 있다는 **유능감**, 자신의 삶을 자기 것으로 느끼는 **자율성**이다. 여기에 다른 연구자들이 과업 수행에 필요한 자기통제력(Zimmerman, 2000), 의미 부여하기 또는 목적의식 갖기(Damon 외, 2003; Staub, 2003), 자기계발 기회 부여(Fiske, 2004) 같은 몇 가지 요구를 더 추가했다. 학생이 비협조적으로 행동할 때 교사는 대개 그 원인을 파악하려 한다. 학생의 잘못된 행동은 그 행동을 하는 순간에 학생의 어떤 기본적인 요구가 결핍됐는지 추적함으로써 원인을 파악할 수 있다(Watson & Ecken, 2018).

기본적인 요구를 설명하는 '핵심적인 사회적 동기'core social motives'라는 모델에 따르면, 개개인을 겨냥한 목표 유형은 행복·웰빙과 상관관계가 있다. 이는 BUCET, 즉 소속감Belonging·이해Understanding·통제Control·자기계발Enhancing self·신뢰감Trust(Fiske, 2004)을 포함한다. BUCET을 구성하는 요소들은 보통 사회경제적 지위와 무관한 웰빙, 즉 신체적·정신적 건강과 관련이 있다. 이는 심리사회학적 자원만으로도 건강에 기여할 수 있다는 사실을 보여준다(Matthews, Gallo, & Taylor, 2010; Noble, Kurth, & Narvaez, 2018a). 우리는 BUCET를 이론적 틀로 활용하여 기본적인 여러 요구를 면밀히 조사한 바 있다. 또한 교사가 어떻게 학생의 기본적인 여러 요구를 충족하게끔 도울 수 있는지 연구하였다.

소속감은 타인과 장기적이고 지지적인 관계를 형성하려는 요구를 포함하며, 신체적·정신적 건강뿐만 아니라 개인의 행복감을 증진한다(Baumister, 1991; Moak & Agrawal, 2010). 교사는 학생이 소속감을 느끼게 지원할 수 있다. 학생이 자신이 환영받고 있고, 교사들이 자신을 알고 있으며, 친구들에게 존중받는다고 느끼도록 하는 것이 그런 방법이다. 이렇게 교사가 학생을 돌보고 지원할 때, 학생은 더 잘 동기부여 되고 더 잘 성취할 수 있다(Klem & Conell, 2004; McNely, Nonnemaker, & Blum).

교실에서 모든 교육자는 아동 한 명 한 명과 안전한 관계를 맺기 위해 노력할 수 있다. 모든 개인은 자신의 삶을 **이해**하고 삶의 목적과 의미 그리고 일관성을 느끼고 싶어 한다. 이 모든 것은 웰빙, 장수와 관련이 있다(Fiske, 2004; Hill & Turiano, 2014). 오늘날 남아 있는 몇몇 토착 사회의 사례를 보면, 아동에게 목적의식을 인식하는 기회를 정기적으로 주었다는 것을 발견할 수 있다. 어떤 사람이 공동체 안에서 자신과 주변 세계를 이해하는 것은 핵심적인 마음자세가 발달하는 것이며, 정서지능과 직관이 통합되는 것을 뜻한다(Narvaez, 2019).

BUCET의 여러 특징은 교실 안에 응집된다. 예를 들어 아동발달프로젝트Child Development Project는 학생 발달을 다양한 방법으로 지원하는 배려 넘치는 학교와 교실 공동체를 연구하고 계발했다. 이 프로젝트는 조절과 자율성을 포함한다는 점이 중요하다. **조절**은 삶에서 일어나는 사건의 결과에 영향을 미칠 수 있는 능력을 반영한다. 이는 자율성(자신의 행동에 대한 자유)과 역량(타인과의 상호작용에서 느끼는 효능감, Deci & Ryan, 1985)에 관한 심리학적 개념과 밀접한 연관이 있으며, 더 건강하고 행복한 삶과도 관련이 있다(Taylor & Brown, 1988).

가정과 직장에서 통제력이 부족한 사람은 우울과 불안 증세가 나타날 위험이 높다(Griffin, Fuhrer, Stansfeld, & Marmot, 2002). 너무 많은 아동이 자신의 삶을 조절하고 있다는 느낌을 경험하지 못한 채 입학한다. 교사는 학교 환경 안에서 학생에게 행동과 실천을 조절할 수 있는 실제적인 기회를 줌으로써 이를 바로잡을 수 있다. 코르차크는 모든 아이들에게 저마다의 물건을 관리할 수 있는 자기만의 공간을 제공함으로써 이를 실천했다.

배려하는 교실 공동체는 학생들이 사회적 기술을 연습하고, 동료와 협력을 통해 성장할 수 있는 다양한 기회를 제공한다. 그러한 훈련은 자기 향상으로 이어진다. **자기 향상**은 자신의 가치에 자신감을 느끼고자 하는 바람(자존감)과 자기 향상 동기를 뜻한다(Fiske, 2004). 자존감은 신체적·정신적 건강과 관련이 있다. 청소년기의 자존감 결핍은 섭식장애와 자살 충동 같은 건강상 위험한 행동으로 이어진다(McGee & Williams, 2000). 자기가 속한 공동체에 대한 소속감과 사회적 유능감은 경험과 신뢰감을 얻게 한다. 신뢰감은 이 세계 전반을 호의적으로 인식하게 한다. 이와 같은 인식은 건강한 발달의 핵심 요소로, 더 나은 건강 상태, 장수, 낮은 우울증 발병률과 관련 있다(Kim, Chung, Perry, Kawachi, & Subramaniam, 2012).

결론 ───

교사는 어떻게 아동의 기본적인 요구를 충족하고 그들의 행복을 증진할 수 있을까? 나바에즈(2010)는 완전 학습, 배려 공동체, 분위기 유지라는 세 가지 다른 초점을 비교한다(자세한 논의는 23장 참조). 높은 성취를 촉진하는 **완전 학습이 이뤄지는 교실**에서 교사는 학생이 스스로 학습을 관리하고 깊이 있는 학습을 하게끔 돕는다. 또한 교사는 학생들의 흥미를 유지하고 다양한 학습 과정을 보여준다. 이러한 사례들은 교사 교육에서 모범적인 방법으로 소개된다.

배려하는 공동체 교실에서 학생들은 학급의 의사결정 과정에 참여하여 목소리를 내고 학급 일에 대한 책임을 공유한다. 교사는 급우 간의 상호작용과 대인관계 민감성을 촉진하면서 갈등을 공개적이고 공정하게 다룬다. 배려하는 공동체 교실은 학생들의 성취와 친사회적 행동에 필요한 지원을 제공한다(Battistich, 2008).

지속적 교실은 이와 같은 배려하는 공동체 교실 접근에서 한발 더 나아가 개인의 자아실현과 잠재력 발휘를 촉진함으로써 기본적인 요구를 충족한다. 이러한 교실은 전 지구적인 인식과 공동체 의식을 통해 윤리적 역량과 리더십 기술을 강조하며, 이를 바탕으로 우리가 어떤 사람이 되어야 하는지와 관련해 집단이 추구하는 더 큰 목적을 다룬다.

지속적 교실과 학교는 기본 요구를 충족하는 것부터 시작함으로써 학생이 효과적으로 자기계발을 할 수 있게 한다. 꾸준히 경험할 기회가 학생에게 열려 있게끔 교육자는 적극적으로 호응해야 하고, 양육자 같은 역할을 해야 하며, 학생의 요구와 개성을 염두에 두고 인정해야 한다. 처벌보다 훈육이 학생의 인격을 더 잘 발달시킬 수 있다(이러한 관계를 바탕으로 아동은 한 사람으로서 그리고 학생으로서 잘 자랄 수 있다, Narvaez, 2008).
교육자는 학생이 잠재력을 발휘하게 하는 학생 내면의 나침반을 신뢰하
고 좋은 삶을 향한 길을 돕는다.

어린이 공동체의 잠재력은 목적적이고 민주적인 참여를 의도적으로
안내할 때 형성되는데(Narvaez, 2011), 이 공동체에서 학생은 서로의 복
지를 돌본다(Power & Higgins-D'Alessandro, 2008). 아동은 가정과 교실
뿐 아니라 더 넓은 지역사회를 포함하는 관계에서 지원이 이루어질 때
발달한다. 가정과 지역사회, 기관들 사이의 아동 지원 네트워크를 다시
활성화하고 조정하는 것은 교육 자원 구축, 아동과 지역사회의 플러리시
라는 목표를 일치시킨다. 그럼으로써 코르차크의 이상과 일치하는 이상
적인 생태학적 지원 체계를 만드는 교육이 이뤄질 수 있다.

캐나다의
지역사회 소아과 의사 ^{CSP} 모델

—좋은 교육을 받을 아동 권리 존중하기

질 쥘리앵, 엘렌 (시오위) 트뤼델

들어가며 ──

아동의 성공적인 삶에 영향을 주는 많은 요인이 있다. 그러나 우리는 이러한 요인들이 부족한 환경에서 자란 아동도 성공적으로 학교생활을 할수 있다는 것을 경험을 통해 확인한 바 있다.•

그럼에도 교사는 학습 부진과 행동 문제가 있는 아동의 요구를 해결해야 하는 어려움에 직면한다. 특히 충분하지 않은 학교 전문가와 자원은 교사의 스트레스를 가중하고 소진 위험성을 높인다. 그 결과, 학생은

• 이 장은 러시아–미국 교육 포럼(rus-ameeduforum.com)의 특별호(the online journal Russian-American Education Forum, 9(3), 2017)에 게재된 질 쥘리앵 박사와 엘렌 트뤼델의 논문을 수정한 것이다.

교사의 새로 바뀐 방식에 적응해야 하는 경우가 많으며, 때때로 학년이 끝날 때까지 그래야 할 때도 있다.

학생이 학교에서 실패하는 것과 가족의 경제적 빈곤 사이에는 직접적인 관련이 있다. 경제적 빈곤은 긍정적인 자극 결핍, 사회적 배제, 유독한 환경, 폭력에 대한 노출, 지원 부족, 동기 상실과 비행으로 이어질 수 있다(Center on the Developing Child at Harvard University, 2011; Diamond, 2002). 이러한 문제 요인은 상당 부분 아동권리협약(1989)에 명시된 아동의 기본권 침해에 해당한다.

학교 실패라는 표현에서 알 수 있듯이 아동의 권리 침해는 학교 공간 안에 가능한 최상의 학습환경을 만드는 데 필요한 도구가 부족해서 생길 수 있다. 사실 취약계층 아동 가운데 상당수는 유치원 전까지 학교가 제공하는 유사한 도구를 활용할 기회가 없다. 취약계층 아동은 점점 더 의욕을 잃고 도움을 기다리다 학교를 그만두는 식으로 결국 실패한다. 문제는 이런 아동을 지원하기 위해 전문화한 자원과 서비스가 부족하다는 것이다. 또한 이런 현실은 요구에 적합한 교육을 받을 아동 권리가 소홀히 다루어지고 있음을 여실히 보여준다.

퀘벡뿐만 아니라 캐나다 전역에서 아동의 학교 중퇴율은 우려스러울 만큼 높다. 특히 열악한 지역에서 이 문제는 더욱 심각하다. 이런 지역의 비참할 정도로 낮은 졸업률은 전혀 놀랍지 않다. 퀘벡에서는 스무 번째 생일을 맞이하기 전까지 고등학교나 직업훈련을 이수하지 못하는 청년 인구가 30퍼센트에 이른다. 그리고 이 비율은 저소득층 가정에서 훨씬 더 높다(Institute de la statistique du Quebec, 2014).

몬트리올의 교사들도 비슷한 문제의식을 공유했다. 이에 1990년대 초 의료계와 초등학교, 지역사회 단체의 긴밀한 협력 속에 새로운 접근방식이 도입되었다. 바로 지역사회 소아과 의사Community Social Pediatrician(CSP) 시스템이다. CSP는 전 세계 전문가들이 협력하는 통합적 건강관리 계획으로, 가혹한 생활환경이 유발하는 유해한 스트레스 때문에 건강 상태가 위태로운 아동을 가까이에서 돕는다. 이런 아동은 복잡한 외상장애가 있는 경우가 많기 때문에 학교에서 긍정적인 경험을 할 수 있게 다양한 보살핌을 지원해야 한다.

CSP 캐나다 모델은 몬트리올에서 시작됐다. 이 모델은 아동에게 자기 삶에 직접적인 영향을 미치는 의사결정 과정 전체에 참여할 능력이 있다고 간주한다. 나이가 많든 적든 아동은 자신을 이해하는 일과 관련해 부모를 비롯한 직계가족과 함께 우선적인 역할을 한다. 이때 자신을 이해하는 일에는 자신에게 닥친 어려움, 자신의 행동, 세계적인 기준에서 볼 때 자기가 건강하다고 할 수 있는지 이해하는 것을 포함한다. 또한 CSP 모델에서 아동은 문제를 해결하기 위한 지속 가능한 방법을 찾는 토의에도 참여한다.

CSP 모델은 이 같은 방식으로 코르차크의 제안과 밀접하게 관련된 가치를 추구한다. 즉 아동은 사람이 되어가는 존재가 아니라 이미 사람인 존재라는 것이다. 아동의 존엄성은 아동이 스스로를 위해 취하는 모든 행동을 존중할 때 지켜질 수 있다. 아동 존중은 CSP 모델의 핵심적인 가치다.

CSP 모델에서 의료 서비스 제공자, 사회복지사, 변호사를 비롯한 여러 전문직 종사자들은 아동권리협약 전문을 읽고 교사와 한 팀이 되어 협력하도록 훈련받는다. 이는 결과적으로 아동의 권리와 플러리시에 대한 공동의 책임을 형성하게끔 촉진한다. 또한 이 전략은 가장 열악한 환경에 놓인 아동에게 양질의 교육을 제공하기 위한 포괄적이고 통합된 접근을 보장한다.

이 장에서는 CSP 모델이 지역사회 내에서 어떻게 장점을 응집하고 시너지 효과를 내며 교사와 의료 종사자 등이 아동과 학부모를 지원할 수 있는지 설명할 것이다. 먼저 수업 방해 문제로 의뢰받은 한 아동의 상황을 살펴보고자 한다. 그런 다음 CSP에서 교사가 하는 역할의 중요성을 검토한 뒤, 아동이 맞닥뜨린 어려움과 아동의 건강할 권리에 관해 학교와 다양한 기관이 어떻게 이해를 공유하고 협력하는지 설명할 것이다.

멜리나의 절박한 상황 ———

유해한 스트레스 누적과 외상으로 고통을 겪는 소외된 아동이 너무 많다. 합의에 기반한 일관성 있는 행동 계획을 따르는 협력 모델은 열악한 환경에서 흔히 발생하는 해로운 스트레스 증가를 줄일 수 있다. 협력 모델이 효과가 있다는 것은 발생할 수 있는 행동 문제를 이해하고 아동의 요구를 충족하기 위해 유용한 정보를 공유할 필요가 있음을 뜻한다.

멜리나를 도운 CSP 센터 사례는 이를 잘 보여준다. 열 살인 멜리나의 선생님은 멜리나가 수업 중에 보인 파괴적인 행동 때문에 CSP 센터에 의뢰했다. 멜리나는 이 동네를 낯설어하는 부모님과 함께 센터에 도착했다. 멜리나의 선생님과 상담가, 지역 보건소의 사회복지사도 함께 참여했다. 사회복지사는 이미 멜리나 가족을 돕고 있었다.

우리는 멜리나의 건강검진을 돕고 이야기를 나누기 위해 신선한 과일과 종이, 크레용을 준비해둔 탁자가 있는 방으로 그들을 안내했다. 방에는 아이들이 원하면 놀 수 있는 특별한 장소가 마련되어 있는데, 아이들은 이 공간에서 놀다가 회의 내용을 듣고 대답도 했다. 하지만 그날 멜리나는 다른 사람들과 함께 식탁에 앉기로 했다.•

환영 인사를 나눈 뒤 나는 사회복지사를 비롯해 함께 일하는 사람들을 소개했고, 멜리나에게는 우리에게 가족을 소개해줄 수 있는지 물었다. 멜리나는 기꺼이 가족을 소개했다. 우리는 또한 멜리나에게 왜 여기를 방문했는지도 물었다. 멜리나는 학교생활에 약간 문제가 있고 친구가 없다고 대답했다. 크레용을 보더니 멜리나는 종이가 있는지 물었다. 그러고는 그림을 그리다 고개를 들어 말했다. "저는 학교 다니는 게 좋아요. 그런데 문제가 있어요."

나는 우리 모두가 멜리나를 돕고 싶어 한다고 설명했다. 멜리나에게 다가가 무엇을 그리고 있는지 보았다. 멜리나는 아름다운 드레스를 그렸다. 미래에 패션 디자이너가 되고 싶다고 했다. 나는 멜리나에게 계속 그리라고 격려하면서 어른들과 함께 CSP 센터에 온 이유를 말해줄 수 있는지 물었다. 멜리나는 고개를 끄덕였다.

학교 선생님의 설명에 따르면 멜리나는 학습부진과 문제 행동을 해결하기 위해 특별반을 다니고 있었다. 3학년 때 멜리나의 공식적인 학교 성적은 1학년 수준과 비슷했다. 학습 동기가 부족한 것처럼 보일지 모르지만 멜리나는 학교를 무척 좋아한다고 덧붙였다.

멜리나는 자신에게 더 적합한 특별 수업을 받았지만, 수동적으로 저항하며 문제 행동을 나타내기 시작했다. 멜리나는 학교에 자주 결석했다. 출석하는 날에는 종종 동물 모양 봉제인형처럼 마음을 편안하게 해주는 물건을 집에서 가져오곤 했다. 멜리나는 다른 친구들과 잘 어울리지 못

• 멜리나 이야기는 쥘리앵 박사의 이야기를 인용한 것이다.

했고, 친구들이 거칠게 나올 때면 그들을 밀쳐내고는 어른들을 찾았다. 문제는 정규 수업에 편입했을 때 나타났다. 그 뒤로 멜리나는 계속해서 뒤처졌지만, 학업을 따라잡기 위해 다시 일 년을 다니는 것은 허락받지 못했다.

학교 관계자들은 멜리나가 겪는 어려움의 원인을 캐나다 이민과 관련된 트라우마, 공부를 규칙적으로 할 수 없는 환경에서 찾았다. 퀘벡으로 오기 전 전쟁으로 피폐해진 고향에서 멜리나는 폭력에 만성적으로 노출된 채 자랐다. 그러나 가족 중 어느 누구도 똑똑한 멜리나가 왜 학교에서 낙제하는지 이해하지 못했다.

멜리나의 어머니는 멜리나가 여섯 살 때 캐나다로 가족 이민을 왔다고 설명했다. 멜리나는 프랑스어를 배우는 동안 문화 적응을 위한 특별 통합 수업을 등록했는데, 프랑스어를 빨리 습득한 덕분에 이듬해에는 1학년 정규반에 들어가기로 결정됐다. 그 무렵 멜리나는 행복해 보였다. 사교적이었으며 말하는 것을 두려워하지도 않았다. 집안일을 잘 도왔고 여동생을 예뻐하며 돌보기도 했다.

그런데 어느 순간, 멜리나의 어머니는 딸이 가족에게 반항적으로 행동한다는 것을 알아차렸다. 멜리나는 수면장애와 우울증을 앓기 시작했고, 심지어 자살까지 생각했다. 우리는 멜리나에게 우리가 이 문제를 계속 의논해도 될지 동의를 구했고, 멜리나는 어머니의 말에 동의하며 고개를 끄덕였다. 멜리나는 어머니가 무슨 말을 하려는지 아는 듯이 보였다. 어머니는 이야기를 이어갔다. 멜리나는 그림 그리기를 멈추고 천천히 고개를 들어 어머니를 바라보았다. 멜리나는 열심히 듣고 있었지만, 눈은 연을 가지고 노는 아이들 모습이 그려진 스테인드글라스 창문을 바라보고 있었다.

회의를 통해 우리는 멜리나 가족이 트라우마를 불러일으킨 사건 때문에 고통받았다는 사실을 알게 되었다. 멜리나 가족이 캐나다에 도착한 지 얼마 지나지 않았을 때 멜리나가 이웃에게서 폭력을 당했던 것이다. 그 사건은 성폭행으로 짐작됐지만 멜리나는 침묵을 지켰다. 멜리나는 임상심리의와 대화를 나누기 시작했다.

나는 멜리나의 몸을 검진해도 될지 물었다. 동의한 멜리나는 의료 장비에 관해 물어봤다. 멜리나가 이야기를 계속하는 동안 나는 검진을 진행했다. 나는 멜리나가 건강하다고 말했지만, 멜리나는 방과 후에 자주 머리가 아프다고 호소했다. 멜리나는 할 말이 더 있고 좀 더 오래 머무르고 싶어 하는 것 같았다. 나는 잘했다고 칭찬하며 멜리나가 검사대에서 편히 내려올 수 있게 도와주었다. 멜리나는 미소를 지었고 만족하는 듯했다. 별다른 질문 없이 멜리나는 다시 그림을 그렸다.

멜리나가 검사를 받는 동안, 멜리나의 아버지는 사회복지사와 이야기를 나누었다. 그는 이민 오기 전에 엔지니어 훈련을 받았고 생계유지가 어렵지 않았다고 했다. 그러나 캐나다에서 그의 졸업장은 인정받지 못했다. 가족은 경제적으로 힘들었고 지역 문화에 적응하는 데도 어려움을 겪었다. 멜리나 아버지는 학교를 다닐 힘이 없기도 했고 가족을 부양해야 했기에 결국 암시장에서 일하게 되었다. 그는 수입이 거의 없었으며 사회적 혜택도 받지 못했다. 게다가 최근에는 정부가 그를 고용한 사장을 적발하여, 멜리나 가족은 추방당할 위험에 놓여 있었다!

건강검진 후 멜리나와 나는 이야기를 나누던 탁자로 돌아왔다. 나는 멜리나에게 책을 주며 몇 줄 읽어보라고 권했다. 멜리나는 그리던 부분을 서둘러 마무리하고 책을 훑어보더니 읽을 페이지를 선택했는데, 단어와 음절을 순서대로 읽기 어려워하는 것이 분명했다. 멜리나의 선생님은 멜리나가 실제로는 3학년이 아니라 1학년 수준임을 감안해야 한다고 했다. 또한 시험기간 동안 멜리나가 쉽게 산만해지는 것을 알게 됐다고 덧붙였다. 질문을 받았을 때 멜리나는 충분히 집중하지 못했다. 멜리나는 질문 전체를 이해하지 못하는 것이 분명했다. 그래서 이해할 수 없는 질문의 답을 찾느라 괴로워하다 이내 다른 것에 집중해버림으로써 자기가 모른다는 사실을 숨기려 했다.

이날 첫 만남 내내 멜리나는 대화에 참여하기 위해 관심을 보였다. 때때로 멜리나는 자기와 직접 관련이 있는 제안에 대해 자기 의견을 밝히고, 동의한다거나 반대한다는 의견을 큰 소리로 말하기도 했다. 멜리나는 우리가 내민 도움의 손길을 기꺼이 잡았다.

회의에 참석한 모든 사람들은 멜리나가 복잡하고 충격적인 개인사를 안고 있다는 사실을 분명히 알아차렸다. 너무 어린 나이에 목격한 극심한 폭력, 강제적이고 힘들었던 캐나다 이민, 어려운 생활환경, 가난과 고립 같은 유독한 스트레스에 자주 노출된 것 그리고 멜리나의 순결함을 무너뜨린 폭력……. 무엇보다도 멜리나는 자신의 새로운 고국에서 추방당할지 모른다는, 부당하지만 방어할 수 없는 상황을 경험하고 있었다. 45분이 흐른 뒤 우리는 모두 같은 이야기를 나누었다. 우리는 멜리나의 복잡한 정신적 충격이 언어와 이해에 영향을 주고 있으며, 정서적 어려움이 중요한 원인이 될 수 있다는 점을 이해했다. 멜리나는 훌륭한 잠재력을 지닌 듯이 보였지만 정신적 고통을 드러내며 대응하고 있었다. 그런 상황에서는 도저히 무언가를 배울 수 없었다.

우리는 멜리나의 필요에 초점을 맞추어 일반적인 행동 계획을 세웠다. CSP에서 수행하는 모든 조치는 아동권리협약을 전제로 이루어진다. 계속해서 보겠지만, CSP는 아동권리협약을 총체적인 관점에서 접근하며 더 발전시키고자 노력한다.

우리는 다음 책무에 동의했다.

○ 첫째, 멜리나의 잠재력 지지하기. 멜리나는 그림을 잘 그렸고, 패션과 음악에 흥미가 있었다(어머니에 따르면 멜리나는 노래를 아주 잘했다).

○ 역경을 딛고 성공하고자 하는 멜리나의 열정 격려하기.

○ 멜리나를 지원하는 집단을 통합해 새로운 환경에 적응시키기.

○ '큰 친구Big Friend'를 해줄 자원봉사자 찾기. '큰 친구'는 멜리나가 이웃과 도시에 더 잘 적응하게 도우며 가이드이자 멘토 역할을 한다.

○ 센터에서 제공하는 소녀들을 위한 자존감 워크숍, 파트너들이 제공하는 다른 활동에 멜리나를 참여시키기.

○ 멜리나의 가족을 지원해줄 수 있는 든든한 이웃 가족 찾기.

○ 신체적 문제가 있는지 확인하기.

○ 학교에서 두통이 잦고 독서에 문제가 있으므로, 그 원인일 수 있는 시력 문제 확인하기.

○ 과잉행동을 제외한 주의력결핍장애ADHD와 난독증 같은 학습장애가 있는지 확인하기.

○ 심리적·정서적 건강을 강화하기 위한 음악치료에 참여시키기. 음악치료사는 임상심리의와 상담교사가 처치를 한 다음 치료를 담당한다.

○ 교실 안팎에서 적응하는 방법을 가르쳐 멜리나에게 학업 동기를 부여하고 인내심 길러주기.

○ 가족이 생활환경을 개선하고 추방 위험에서 벗어나기 위해 가능한 모든 지원을 받을 수 있도록 사건을 변호-중재인에게 의뢰하기.

O 이 공동 프로젝트에 참여하는 모든 참가자가 정기적으로 소통하며, 후속 조치를 통해 멜리나가 성공을 경험하게 지원하기.

CSP 실천을 위해 중요한 열쇠는 처음 만날 때부터 아이와 부모의 꾸준한 참석과 참여를 확실하게 하는 것이다. 꾸준한 참석과 참여는 아동의 요구를 이해하는 데 필요한 중요한 정보를 공유할 수 있게 한다. 아동이 세계적 기준에 부합하는 건강 상태에 이르고, 학교생활을 성공적으로 할 수 있게 최선의 행동 계획을 함께 세우려면 이러한 정보가 중요하다. 또한 이 접근법은 연령에 관계없이 아동의 실질적인 참여를 토대로 하므로 아동의 이익을 중요시하며, 그들의 권리 존중을 보장한다.

이와 같은 협력을 통해 완성된 계획은 아동 평등을 위한 노력에서 핵심 역할을 하는 교사에게 특히 적절하다.

양질의 교육과 건강을 보장받을 아동의 권리 ——

CSP 모델에서 교사는 아동의 복지에 관심이 있는 '마을'의 적극적인 구성원으로 간주된다. 이러한 마을을 인정하는 것은 아동이 세계적인 수준을 기준으로 발달하게끔 지원하고 아동권리협약 전체를 이행하려는 모든 조치에 매우 중요하다.

수많은 국가 중에서 캐나다는 아동권리협약을 비준한 첫 번째(1991년) 국가다. 우리는 아동 권리를 심각하게 침해하는 수많은 사회문제를 끊임없이 목격해왔다. 심지어 교육 분야에서도 이러한 위반이 암암리에 발생

한다. 여기 세 가지 사례가 있다.

첫째, 아동권리협약은 아동 권리를 보호할 책임·권리·의무가 부모나 대가족, 현지 관습에 따라 형성된 확대가족 등에게 최초로 있다는 점을 인정한다(제5조). 사실 대부분의 사회는 아동권리협약 제5조가 명시한 역할을 부모와 가족에게 맡긴다. 물론 부모나 가족이 자녀의 발달을 위해 사회적으로 중요한 역할을 하지만, 그럼에도 부모나 가족 또한 적절한 도움을 필요로 한다. 이는 부모가 고군분투하게 내버려둬서는 안 되며, 필요할 때 도움을 주어야 하고, 그들에게 자녀를 양육할 능력이 없다고 함부로 판단해서는 안 된다는 것을 뜻한다.

그러나 우리의 교육 시스템은 부모를 논외로 하는 경우가 많으며 아동의 목소리는 거의 무시한다. 부모가 제공하는 정보를 존중하고 활용하는 것은 부모의 지지를 얻기 위한 전제다. 그런데도 부모는 핵심 이해당사자로서 참여하기보다는 미리 만들어진 중재안을 제안받는 경우가 많다.

학습부진의 근본적인 원인을 파악하지 못하면 더 심각한 문제로 이어질 수 있다. 즉 세계적 기준에 비추어 아동이 건강한지 제대로 파악하지 못한 채 아동에게 불필요한 서비스를 제공하고 약을 처방하는 결과를 초래할 수 있다.

두 번째 예는 학교에서 일어나는 괴롭힘이다. 아동은 자신의 신체적 고결함과 존엄성에 대한 권리가 있다. 그러나 보고에 따르면, 우리가 일하는 저소득 지역에서 적어도 아동 절반이 한 명 이상의 다른 아동에게 언어적·신체적 공격을 당한 경험이 있었다. 또한 피해자들은 학교 시스템 안의 성인에게 도움을 구했지만 아무도 듣거나 돕지 않았다고 했다.

아동은 반드시 학교가 안전하다고 느껴야 한다. 이는 아동 권리 침해가 발생하지 않을 때도 마찬가지다. 집단따돌림은 등하굣길이나 학교 안에서 자주 일어나기 때문에, 교사와 관리자는 이 문제와 관련한 아동의 불만을 해결하기 위해 진지하게 조치해야 한다. 집단따돌림 같은 폭력과 위협은 아동에게 심각한 문제를 야기할 수 있으며 우리 모두에게도 부정적인 영향을 끼친다(예를 들면 무기력이나 사회적 고립 또는 자살 시도 같은 심각한 결과를 초래할 수 있다).

마지막 사례는 교육예산 삭감에 관한 것이다. 이는 특히 시설 유지와 관리 소홀로 인한 아동과 교직원의 불안과 관계있다. 몇 해 전, CSP팀은 평균 이하 수준의 주택 환경 때문에 천식을 앓는 아동을 치료한 적이 있다. 가족의 생활환경을 개선하고자 집주인과 중재하는 등, 우리는 문제를 해결하기 위해 여러 조치를 취했다. 만약 잘 중재되지 않는 경우에는 문제를 신속히 해결하기 위해 피해 당사자와 짝을 이뤘다. 그러던 중 우리는 CSP 센터 근처의 세 초등학교에 다니는 아동들도 천식을 앓는 경우가 많다는 사실을 파악했다. 학교 건물들은 제대로 관리되지 않았으며, 많은 교사들 역시 호흡기 질환을 앓고 있었다. 우리는 거의 일 년에 걸쳐 학교관리자들과 여러 차례 만났다. 드디어 그들은 이 심각한 건강 문제를 해결하는 데 협조하기로 했다.

우선 임시 해결책으로 수백 명의 아이들을 이웃 학교로 옮겼다. 아이들은 스트레스를 받아 피곤해진 채 집으로 돌아왔다. 그 뒤 버스를 놓친 몇몇 학생은 꽤 자주 결석했다. 부모들은 그들을 집에서 먼 학교까지 데려다줄 여유가 없었다. 아이들 대부분은 집에 너무 늦게 도착했기 때문에 방과 후 프로그램에 참여할 수 없었다. 교사들도 CSP 클리닉에 참석할 수 없었다. 그러는 동안 아이들은 교육 서비스를 받지 못했다. 한 학교가 다시 문을 열 때까지는 7년이나 걸렸다. 나머지 두 학교는 내가 이 글을 쓰는 동안에도 여전히 문을 닫고 있다.

이 초등학교들이 문을 닫기 전까지 CSP 센터는 아동과 아동의 가족 가까이에 활발한 실천 공동체를 세우는 작업을 성공적으로 수행해왔다. 아이들은 등하굣길에 하루 두세 번 CSP 센터를 지나쳤다. 몇몇 아이들은 인사하러 들르기도 하고, 다른 아이들은 센터에서 뭐를 먹거나 잠시 쉬어가기도 했다. 교사, 학교관리자와 전문가들은 센터 직원과 규칙적으로 모여 아동의 웰빙을 논의했다. 이런 친근한 환경에서 학부모들은 자신의 걱정과 성취를 편안하게 이야기했다. 하지만 아이들이 떠나가면서 학부모의 요구를 맞추기가 어려워졌다.

학부모들은 출퇴근길에 매일 동네에서 마주치던 교사들과 연락이 끊겼다. 교직원과 학부모가 정보를 교환할 수 있던 규칙적인 만남이 어려워졌고 아이들의 무단결석도 늘었다. 이 문제를 예방하고 아동을 보호하기 위해 CSP팀이 할 수 있는 일이 없다는 점은 재앙이었다. 지역사회는 모든 아이에게 양질의 교육을 받을 자격이 있다는 점을 사실상 잊고 있었다. 그들이 제안한 해결책은 아이들의 권리와 존엄성을 무시하는 것이었다.

아동권리협약 전체를 보장하는 가장 좋은 방법은 신뢰 관계를 바탕으로 아동이 사는 지역에 '마을'을 재건하는 것이다. 이는 CSP 모델이 목표하는 바이다. 즉 뒤처진 모든 아동이 성공하는 데 필요한 모든 도구를 주변에서 얻을 수 있게 만드는 것이다. 이 모델은 법과 사회의학을 결합한 통합적 접근이라는 점에서 독창적이다. 또한 교육·환경·문화·사회 영역이 효과적으로 접목되게 한다. 무엇보다도 이 모델은 책임을 공유하게 하며, 아동의 건강을 우선하고, 아동 개개인에게 맞춘 성공적인 결과를 선호한다.

모든 아동이 양질의 교육을 받을 권리는 여러 단계를 함축한다. 성공적인 삶을 살기 위해 유아기에 양질의 자극은 필수 요소이며, 학령기에는 입학할 적절한 준비가 중요하고, 자라는 동안에는 보편적인 수준에서 자신을 지원하는 환경에 접근할 수 있어야 한다. 모든 학교는 수준 높은 교육자원과 효과적인 학습도구를 제공해야 한다. 이는 아동이 성공적인 삶을 살 권리를 존중하고 증진하기 위해 절대적으로 중요하다.

CSP팀과 교장선생님이 협력한 '학교 준비 프로그램'은 좋은 사례다. 이 프로그램은 몬트리올에 속한 두 저소득 지역사회에서 시행됐다. 목표는 학교에 갈 준비가 안 된 듯한 아이들을 선별하는 것이었다. 우리는 학교 시스템에서 네 살이라고 최초로 등록한 모든 아이들을 찾아 확인했다. 그리고 이 아이들을 이른바 '입학 준비 여름 캠프'에 무료로 참여하도록 초대했다. '입학 준비 여름 캠프'는 9월에 아이들이 입학할 학교에서 진행했다. 이 캠프를 통해 CSP팀은 언어, 사회화, 행동, 안전 애착, 운동, 동기, 편안함과 신뢰감 등 아동의 다양한 요구를 충족하기 위한 서비스를 제공했다. 우리는 아동의 어려움과 요구가 무엇인지 파악하기 위한 공동 평가를 수행하고, 준비도가 낮은 아동을 대상으로 구체적인 실행 계획을 마련했다. 또한 새 학년이 시작되기 전에 필요한 계획 시행 전략도 알려주었다.

개학 첫날, 우리는 해당 아동의 교사를 팀 파트너로 초대했다. 학년 내내 아동의 학습 진도를 주기적으로 확인하고, 아이의 성공을 보장하기 위한 시행 계획은 필요에 따라 조정했다. 이 프로그램은 최소 비용으로 많은 아동의 삶에 긍정적인 영향을 끼쳤다는 것을 입증했다.

결론적으로, 아동을 위한 '마을'을 구성하는 것은 정부가 개입하기 전에 아동을 돌볼 수 있는 더 자연스럽고 강력한 방법이다. 우리가 이해한 바로는 이것이 모든 아이를 위해 정의로운 사회를 건설하는 방법이다.

결론 ————

나는 지난 30년 동안 CSP와 함께 일한 경험을 통해 CSP 모델이 아동과 교사 모두에게 훌륭한 서비스라는 점을 확인했다. 캐나다 모델은 코르차크의 전략과 밀접한 관련이 있으며, 가장 취약한 아동의 교육적 성공을 보장하기 위한 혁신적인 의료적 접근이다. CSP 모델은 아동 권리가 교사, 의료 종사자, 청소년 보호사, 사회복지사, 변호사 그리고 공식 중재인을 포함한 모든 주요 이해 당사자의 협력을 토대로 어떻게 존중받을 수 있는지 보여준다.

CSP 클리닉에서는 아동이 학교, 의료, 사회 서비스, 지역사회 단체 등에서 일하는 전문가와 함께 동등한 파트너로 참여한다. 여기서 이들은 자기들이 아는 모든 정보를 이해하고 통합하기 위해 협력한다. 집단의 모든 구성원은 행동의 우선순위를 정할 때 합의를 지향한다. 이러한 합의를 바탕으로 아동은 교사와 다른 사람들의 도움을 받아 종합적인 진단과 필요한 서비스를 받는다. 즉 아동과 '함께' 그리고 아동을 '위해' 행동 계획을 공유하고 협력하며, 아동의 건강 상태를 세계적인 수준으로 개선하고, 모든 요구를 충족하며, 모든 권리가 존중받게 한다.

마지막으로, CSP 접근 방식은 교육 시스템 안의 모든 참여자를 확인하는 것이 매우 중요하다는 점을 보여준다. 모든 대상 아동이 모든 도구와 지원에 접근할 수 있는지 여부는 프로그램의 성패를 좌우한다. 따라서 교육 시스템 안의 모든 행위자(아동을 최우선으로 하는 행위자)를 확인하는 것이 매우 중요하다.

아동권리협약은 모든 아동이 세계적인 수준에 부합하는 건강 상태를 유지하게 돕는 전략 역할을 하기 때문에 숙지할 필요가 있다. 우리는 모든 아동이 자기만의 재능을 지니고 태어난다는 점을 기억해야 한다. '마을'에 속한 아동은 자기 재능을 계발하고 정의로운 사회에서 더 잘 살 수 있는 더 좋은 기회를 얻는다.

코르차크와
'발달에 적합한 실제'

힐렐 골먼

코르차크가 떠난 지 몇십 년이 지난 지금도 코르차크의 이상과 실천은 유아 양육과 교육 분야에서 주류를 차지한다. 이 장에서 우리는 이런 일이 어떻게 가능한지 탐구하려 한다. 미국아동교육협회는 '발달에 적합한 실제Developmentally Appropriate Practice'(이하 DAP)라는 아동 발달 접근법을 계발했다(NAEYC, 2009). 그런데 주목할 점은, DAP가 아동 전체를 고려한 아동 중심 정책과 그 실행에 관한 코르차크의 요구를 상당 부분 반영하고 있다는 사실이다.

코르차크의 업적과 DAP에서 권장하는 교육전략의 유사점과 차이점은 모두 살펴볼 가치가 있다. 먼저 유사점을 살펴보면, 코르차크와 DAP는 코메니우스·페스탈로치·프뢰벨·듀이·슈타이너·몬테소리 같은 저명한 교육자들이 규정한 진보적 교육원칙을 명료화했다. 이들은 아동의 기본적 인간성과 자율의 중요성, 아동 개개인의 고유한 발달 특성, 교육 과정의 모든 영역에서 아동 발달을 촉진하는 성인의 역할을 강조한 개척 자였다. 또한 코르차크와 DAP는 아동의 현재 발달 단계와 특징, 행동, 좋아하는 것과 싫어하는 것에 관한 이해가 최우선 과제가 되어야 한다고 주장하는 점에서도 비슷하다.

차이점을 살펴보자면, 코르차크는 바르샤바 고아원에서 7~15세 아동에 대한 관찰과 통찰, 프로그램, 활동을 바탕으로 글을 썼다. 이와 대조적으로 DAP는 주로 유치원에서 실행되는 교육과 학령 초기의 3~8세 아동에게 초점을 맞춘다. DAP는 반일제 또는 전일제 유아교육 프로그램에 참여하는 아동에게 모든 초점을 맞추고 있다. 반면 코르차크는 아동의 건강, 안전, 영양, 복지, 내재적 권리를 증진하기 위해 24시간 내내 모든 것을 아우르는 보살핌과 환경을 제공했다. 코르차크가 고민한 대상은 아동의 학교활동과 행동을 훨씬 뛰어넘었다. 그는 아침부터 밤까지 아이들의 건강과 복지를 고민했다. 코르차크에게 고아원은 언젠가 생길지 모를 '어린이 공화국'을 가까이 그린 곳이었다.

코르차크의 연구와 DAP는 분명 다른 면이 있다. 그렇지만 조금 더 면밀히 분석해보면 둘 사이에서 꽤 많은 유사점을 찾아낼 수 있다. 코르차크가 명확하게 강조한 아이디어 중에는 DAP에서 암묵적으로 표현되는 것이 많다. 이 장에서는 직접적으로 표현되지는 않았더라도 코르차크의 많은 가치와 실천이 DAP가 권장하는 실제에 강하게 반영됐다는 점을 보여주려고 한다.

이를 위해 먼저 코르차크의 작품에 원천을 두고 있으며 후에 야드바셈 Yad Vashem에서 확인된 다섯 가지 교육적 가치 목록을 살펴볼 것이다. 야드바셈은 예루살렘에 있는 세계적인 홀로코스트 교육 센터다. 우리는 야드바셈의 교육적 가치를 고려하면서 코르차크의 방침·실천과 DAP에서 찾을 수 있는 해당 구성 요소를 분석한 바 있다. 야드바셈의 교육적 가치 목록은 ① 아동 존중, ② 독립, ③ 민주주의와 자치, ④ 창작의 자유, ⑤ 게임과 놀이를 포함한다.

이러한 분류는 코르차크의 교육학 원리를 실천할 수 있는 다양한 방식을 요약해 보여주는 데 유용하다는 장점이 있다.

그러나 한계도 있다. 예를 들어 코르차크는 고아원 아이들의 신체적·사회적·정서적 발달 관찰을 강조했는데, 목록에는 이 점이 빠져 있다. 또한 코르차크의 작품에서는 이러한 가치들이 거듭 등장한다. 예컨대 코르차크는 아이들이 고아원 안에서 시민권을 지니기를 요구하고 자치를 위한 형식을 강조했는데, 여기서 코르차크의 '독립'이라는 가치는 '민주주의 그리고 자치'와 겹친다.

따라서 나는 코르차크의 연구와 DAP를 쉽게 비교할 수 있게 교육적 가치 목록을 다음과 같이 수정했다.

① 아동 존중
② 관찰의 중요성
③ 민주주의, 자치, 자기조절
④ 게임, 놀이, 창작의 자유

이 장에서 중요한 연구 방법은 문헌 분석으로, 코르차크가 남긴 글과 DAP에 관한 NAEYC의 안내서를 면밀히 분석하였다.

존중 ———

코르차크는 수많은 글을 통해 아동 존중이 얼마나 중요한지 강조한다. 이런 강조는 코르차크의 모든 작품에서 발견할 수 있다. 몇 가지 예를 들자면 다음과 같다.

[어른의 의무] 어른은 성장이라는 어려운 과제에 담긴 신비와 시행착오를 존중해야 한다. 현재를 위해, 여기 지금 here and now 을 존중하라. 만일 우리가 아동이 느끼는 자신의 현재 삶에 대한 책임감을 무시한다면, 그 아이가 어떻게 내일을 살아갈 수 있겠는가? 우리는 모든 순간을 존중해야 한다. 왜냐하면 매 순간은 지나가면 다시는 돌아오지 않기 때문이다.(Korczak, 2007, p. 30)

몇 년을 어린이 곁에서 일하면서 깨달은 바가 있다. 어린이는 존중과 신뢰 그리고 친절한 대접을 받을 자격이 있다는 것이다. 어린이는 온화함과 명랑한 웃음, 활기찬 시도와 놀라움으로 분위기를 밝게 만들며 삶을 즐긴다. 어린이의 마음은 순수하며 밝고 사랑스러운 기쁨으로 가득 차 있다. 어린이가 하는 일은 역동적이며 결실이 있고 아름답다.(Korczak, 2018a, p. 317)

여기서 중요한 것은 아동 존중을 향한 코르차크의 이 간절한 바람이 불가능한 목표이거나 진부한 표현이 아니었다는 점이다. 코르차크는 고아원의 모든 아이들을 존중했다. 또한 그들의 감정, 표현, 아이디어, 상상, 정의감을 존중하는 환경을 만들기 위한 다양한 프로그램과 활동을 시행했다. 고아원에는 아동을 존중하는 다양한 장치가 있었다. 고아원에서 아이들은 민주적으로 선출된 어린이로 구성된 어린이 의회 Children's Parliament 와 어린이 법원Children's Court을 통해 목소리를 낼 수 있었다. 어린이 의회와 법원에서 (코르차크를 포함한) 모든 어린이와 직원은 도전적인 행동 그리고 고아원의 규칙과 기대에 위반되는 행동을 정당화하는 사건에 맞설 수 있었다.

코르차크는 존중의 중요성을 다룬 여러 글을 썼지만, 사랑의 중요성을 표현하는 것도 쑥스러워하지 않았다. 사랑은 조건부 또는 특정한 행동이나 행동에 대한 보상으로 아이들과 공유할 수 있는 물건이 아니었다. 사랑은 고아원 안에서 이뤄지는 모든 대인관계의 핵심 요소였다. 요즘의 교육 철학과 실천은 사랑의 중요성을 거의 주목하지 않는다. 이는 20세기 후반 DAP 원칙이 '존중'을 어떻게 해석하는지 살펴보면 분명히 알 수 있다. DAP는 교실 환경을 둘러싼 논의를 통해 아동 존중의 중요성을 보여준다. 존중이 있는 교실에서 아동은 안전하다고 느끼고 보호받으며 의지할 수 있다.

DAP를 실행하는 사람은 반드시 아동의 사회적·문화적 맥락을 이해하려고 노력해야 한다. 아동의 사회적·문화적 맥락은 아동의 삶을 형성하는 가정과 공동체의 가치, 기대, 행동, 언어적 관습과 관련된다. 아동의 사회적·문화적 맥락을 이해할 때 교육자는 참여 아동과 가족이 학교 프로그램이나 학습 경험을 유의미하고 적절하다고 여기며 **존중**하는지 확인할 수 있다(나는 특히 존중이 중요하다고 생각한다). …… 무엇보다 우리는 **존중을 표현하는 방법**, 우리가 잘 아는 사람이나 방금 만난 사람과 상호작용하는 방법, 사적인 공간과 시간을 관리하는 방법, 옷을 입는 방법 등 수많은 태도, 행동 같은 행위에 관한 '규칙'에 초점을 맞춘다.(NAEYC, 2009, p. 10)

DAP에서 존중은 교사, 학생 그리고 학생의 가족이 맺은 사회적 계약의 일부다. 이는 DAP의 다음과 같은 진술을 통해 확인할 수 있다.

아동은 모든 종류의 차이를 인정하고 존중하며 개개인을 소중하게 여기는 법을 배운다. 공동체의 각 구성원은 서로 존중하며, 타인에게 학습과 복지에 도움이 되는 방식으로 행동하려는 책임감을 지닌다.(NAEYC, 2009, p. 17)

DAP는 아동에 대한 존중을 '발달에 적합한 실제'의 핵심 구성 요소로 강조한다(NAEYC, 2009). 이는 '아동은 전체로서' 의미가 있기 때문에, 즉 아동은 인간으로서 존재적 가치가 있기 때문에 구체적인 교육과정 영역을 넘어서는 가치를 지닌다는 DAP의 관점과 일치한다. DAP는 이 점을 매우 자세히 다룬다. DAP는 교실에서 아동의 자율성과 개성을 존중하는 예를 함축적이고 명시적으로 제시한다.

관찰 ———

에프런(Efron, 2005)은 다양한 글을 통해 코르차크가 고아원 아이들을 연구하는 방법으로 관찰을 얼마나 많이 활용했는지를 보여준다. 에프런과 동료들에 따르면 의사로서 코르차크는 아동과 청소년의 성장, 건강, 영양 그리고 사회정서적 발달의 모든 측면을 주의 깊게 관찰하기 위해 훈련했다. 그의 관찰은 세심했으며 아동별로 방대한 양을 기록했다.

동시에 그는 삶의 모든 측면에서 아동과 아동, 아동과 성인의 상호작용을 영리하게 관찰했다. 코르차크는 시간이 지남에 따라 다양한 상황에서 아동의 성장과 행동을 설명할 수 있었다. 그는 식사 시간, 허드렛일, 수면 시간, 어린이 의회, 어린이 신문, 단체 놀이, 특히 연극 놀이 등 실제 상호작용을 통해 변화하는 아동의 문제해결 능력을 기록했다. 에프런 (2005)은 코르차크의 관찰 방식과 성격을 다음과 같이 칭찬한다.

그의 관찰 노트에서 두드러진 또 다른 특징은 연구 과정에 대한 반성적이고 진실하며 자기비판적인 성찰이다. 그는 노트에 적힌 자기 글을 보면서 스스로의 의구심, 실수, 좌절을 드러낸다.(p. 151)

함마르베리(Hammarberg, 2009)는 코르차크의 관찰이 얼마나 중요하며 시의적절한지 다음과 같이 강조한다.

코르차크의 연구 중 오늘날에도 여전히 유효한 것은 아마 아동 관찰, 특히 메모를 기록하는 방식일 것이다. 이러한 기록에는 코르차크의 학제 간 접근 방식과 문학적 재능이 그대로 드러난다. 그는 인내심을 발휘하여 아동을 주의 깊게 관찰했다. 그리고 그 결과를 일반 연구 보고서와는 다른 방식으로 기술한다. 그는 아동이 놓인 상황과 그들이 존재하는 방식을 마치 인상파 화가 같은 문체로 정확하고 세밀하게 그려낸다.(p. 16)

DAP에 관한 NAEYC 안내서도 교사의 관찰과 기록을 크게 강조한다. 이 안내서에 따르면 모든 교육과정 영역과 아동 행동 관리에서 관찰은 아동에게 어떤 강점과 도전이 있는지를 온전히 파악하는 데 가장 좋은 방법이다. 또한 관찰은 교사의 의사결정과 피드백 절차에 중요한 활동이다. 관찰을 통해 교사는 아동의 발달 상황에 걸맞은 교과 목표를 설정할 가장 좋은 방법을 정할 수 있다. 관찰은 교사가 적절한 교실 활동과 학습 기회를 설계하고 구현하는 데 유용하다.

이처럼 지식이나 기술 또는 수행을 일회적으로 평가하기 위한 방식으로 교육자는 관찰을 가장 선호한다. DAP(NAEYC, 2009)는 다음과 같이 명시한다.

개별 아동의 사고에 관한 면밀한 관찰과 조사를 통해 알게 된 정보와 [아동 발달에 관한] 일반적인 지식은 해당 아동의 잠재적인 역량에 적절한 교육과정과 교수 경험을 설계하는 데 매우 중요하다. 이를 통해 아동은 도전적인 지식을 배우는 동시에 좌절하지 않을 수 있다.(p. 15)

민주주의, 독립, 자치, 자기조절 ──

코르차크는 '어린이 공화국'의 모델로서 고아원의 역할을 자주 기술했다. 그에 따르면 '어린이 공화국'의 아동 권리와 목소리는 공동체적인 삶을 위해 민주주의와 정의를 발전시킬 수 있다. 앞서 언급한 바와 같이 코르차크는 어린이 의회, 어린이 법원, 어린이 신문을 만듦으로써 모든 어린이가 참여할 수 있는 시스템을 만들었다. 하르트만(2009)은 코르차크의 말을 인용해 어린이 법원의 목적과 기능을 다음과 같이 설명한다.

서로 다른 이들이 함께 산다. …… 어린이 법원은 덩치 큰 사람이 작은 사람을 해치지 않게 하고, 어린 친구가 자기보다 나이 많은 사람을 방해하지 않게 하며, 영리한 사람이 덜 똑똑한 사람을 이용하거나 비웃지 않게 하고, 싸우기 좋아하는 사람이 다른 사람들을 괴롭히거나 놀리지 않게 하며, 에너지가 넘치는 사람이 마음 여린 사람에게 어리석은 장난을 하지 않게 감시한다. ……법원은 용서를 판결로 내릴 수 있다. 그렇지만 누군가가 부당하고 아주 나쁜 행동을 했다는 판결을 내릴 수도 있다.(p. 17)

코르차크는 아동 개인에게 행동 수정을 요구하기 위해서가 아니라 오히려 어린이 공화국을 관리하는 원칙 중 하나로 자기조절을 강조했다. 코르차크는 공동체에 대한 헌신이 고아원의 삶을 지배해야 한다고 믿었고, 이러한 믿음에 따라 행동했다. 고아원에서 아동은 개인적인 행동에 대한 기대, 기회, 한계를 인식해야 했다. 코르차크에게 자기조절은 아이들이 고아원 공동체에 기여하고 참여하는 구성원이 되기 위해 배워야 하는 필수 요소였다. 고아원에 아이가 새로 들어올 때면 아이들은 새로운 아이가 고아원 공동체의 기능, 구성원의 역할과 책임을 인식할 수 있도록 돕는 멘토로 임명되었다. 자기조절을 통해 아이들은 현재 자신이 어떤 사회적 책임이 있으며 어떤 기대를 받는지 이해할 수 있었다.

　"공동체의 각 구성원은 서로 존중하며, 타인에게 학습과 복지에 도움이 되는 방식으로 행동하려는 책임감을 지닌다"라는 DAP의 진술은 자기조절에 대한 코르차크의 생각을 어느 정도 반영한다(NAEYC, 2009, p. 17). 그렇지만 자기조절이라는 사회적 기술 학습의 중요성에 관한 DAP의 진술은 코르차크의 고아원과 다른 관점을 취한다. 즉 오늘날 DAP를 적용하는 유치원과 초등학교에서 자기조절은 자신이 속한 교실 전체의 복지에 관한 사회적 약속이라기보다는 개인적 과제이자 특성으로 여겨진다. 나아가 DAP 안내서에서 자기조절은 나중에 아동의 학업 경험에 도움을 줄 수 있는 중요한 발달 과제로 묘사된다. 예를 들면 독립성, 책임성, 자율성, 협동성 등 정서적·사회적 영역의 여러 요소는 아동이 입학했을 때 얼마나 잘 적응하고 저학년 시기를 얼마나 잘 지내는지 예측하게 한다. …… 더구나 어려운 환경에 있는 아동이 강한 자기조절력을 갖추게끔 돕는 것은 성공적인 학교생활을 준비하는 데 효과적인 것으로 입증되었다.(NAEYC, 2009, p. 7)

DAP는 또한 아동이 민주주의 사회에 능동적으로 참여하는 성인이 되도록 교육하는 일의 중요성을 논의한다.

유아교육 교사와 관리자는 미래의 시민을 양성하고 민주주의를 형성하는 중요한 역할을 한다. 매일 매 시간 그들은 우리 아이들에게 일관되고 따뜻하며 존중하는 관계를 만들어줌으로써 튼튼한 학습 토대를 세운다. 유아교육 전문가는 아동을 돌볼 때 여러 발달 영역과 이에 대한 아동 개개인의 요구에 주목함으로써 DAP를 적용한다. 이를 바탕으로 아동이 미래의 학습과 인생의 성공을 이른 시기에 준비할 수 있도록 가정 밖 학습 경험을 풍부하게 제공한다.(NAEYC, 2009, p. 23)

게임, 놀이, 창작의 자유 ——

코르차크는 놀이를 만들고 즐길 자유가 아동 존재와 표현에 필수적이라고 생각했다. 아동은 규칙이 있는 게임이든 역할극 놀이든 정형화할 수 없는 놀이든 모든 놀이를 만들고 즐길 자유가 있다. 그는 놀이를 통한 표현이 아동의 궁핍, 가난, 굶주림을 고려할 때 특히 중요하다고 보았다. 코르차크에 따르면 아이들은 자신의 희망, 꿈, 판타지, 창의성에 맞게 놀이를 시작하고 계속할 권리가 있다.

코르차크는 아동의 목소리를 존중했다. 그래서 아이들이 어린이 신문에 기사를 쓰게끔 독려했다. (아래에서 자세히 논의하겠지만) 역할극 놀이는 아이들이 두려움, 슬픔, 분노, 행복, 흥분, 기대의 목소리를 내게 하는 방법이었다. 코르차크는 실제 활동과 프로그램을 활용하여 아동을 존중하는 이상적인 모습을 보여주었다. 아주 당연하게도 아동은 존중받을 권리가 있다. 모든 아동에 대한 존중을 바탕으로 코르차크와 직원들은 안전하고 지지적인 환경을 만들었다.

여러 측면에서 보았을 때, 코르차크는 창의성의 중요성을 스스로 보여주는 본보기였다. 고아원은 아이들에게 꿈과 판타지, 더 나은 세상을 향한 소망을 탐험하고 표현할 수 있는 기회를 제공했다. 그런 세상에서 아이들은 자유로울 수 있었다. 아이들은 코르차크가 만든 이야기·소설·연극을 열심히 감상하거나, 혼자서 또는 소모임을 만들어 읽었다. 그의 아동 소설로는 《마치우시 왕 1세King Matt the First》(1923, 1986)와 《사막 섬의 마치우시 왕King Matt on a Desert Island》(1923, 2009)이 있다. 그는 어린이 신문인 《어린이 비평》의 기사를 아이들이 쓰도록 기회를 주고 격려했다.

코르차크와 DAP가 전적으로 동의하는 것이 있다. 모든 놀이는 어린이의 언어로 시작되어야 한다는 점이다. 아동은 놀이를 통해 현실 세계를 탐험하고 실험하며 자기만의 판타지와 소망을 표현한다. 놀이는 아동의 가장 기본적이고 대표적인 활동이다. 놀이를 통해 블록은 트럭이, 인형은 아기가, 막대기는 망치가 된다. 또한 DAP에 따르면 놀이는 학습에 중요한 기능을 한다. 놀이를 통해 자기조절을 배우기 때문이다. 놀이를 할 때 아동은 규칙이 허용하는 한에서 행동해야 한다. 실제로 규칙 준수에 대한 지각은 게임의 주요한 교육적 기능 중 하나다.

놀이는 아동의 자기조절을 발달시킬 뿐 아니라 언어, 인지, 사회적 역량과 역할, 타인과의 상호작용, 놀이 진행에 관한 계획 수립 능력을 발달시키는 중요한 수단이다. 아동은 신체 놀이, 사물유희, 가상놀이나 극놀이, 구성 놀이 그리고 규칙이 있는 게임과 같은 다양한 놀이를 한다. 인간을 포함한 모든 동물의 어린 시기에 관찰되는 놀이는 신체적·정신적·정서적·사회적으로 중요한 기능을 하며, 각각의 놀이에는 고유한 이점과 특징이 있다(NAEYC, 2009, p. 14).

DAP는 코르차크가 강조한 놀이의 또 다른 측면, 즉 극놀이를 명시적으로 진술한다. DAP에 따르면 아동은 극놀이를 통해 창의성을 발휘할 기회를 얻으며 인물, 줄거리 전개, 대상의 의미와 일치하도록 연기하기 위해 스스로 한계와 기대치를 정한다. DAP는 극놀이를 아동의 언어적·인지적·사회적·정서적·도덕적 발달에 도움을 주는 필수적인 요소로 여긴다. 이런 맥락에서 극놀이에 관한 DAP의 진술은 코르차크의 접근 방식에 크게 부합한다고 볼 수 있다.

결론 ────

코르차크와 DAP는 모든 형태의 놀이에 아주 큰 중요성을 부여한다. 놀이는 아이들에게 이 장 첫머리에서 언급한 야드바셈의 세 가지 교육적 가치의 원칙을 실현할 수 있는 기회를 준다. 코르차크와 DAP가 놀이를 크게 존중한 이유는 놀이가 아동의 꿈, 판타지, 상상력 그리고 창조 욕구를 표현하기 때문이다.

또한 코르차크와 DAP는 아이들의 자발적 놀이, 규칙이 있는 게임, 극놀이 관찰을 강조한다. 놀이에 대한 관찰 기록은 놀이를 지속하고 발전시키기 위해 아동이 사용하는 언어, 타인에 관한 사회적 지식, 타인과 협력하기 위한 발달적 기술을 보여주는 강력한 지표다. 자기조절은 놀이가 넘지 말아야 할 한계, 함께 놀이하는 친구의 권리를 인식하는 것이 얼마나 중요한지 이해하도록 돕기 때문에 중요하다. 이처럼 아동은 놀이라는 기회를 통해 자기조절의 중요성을 배울 수 있다.

DAP가 코르차크의 작품을 명시적으로 인용하지는 않았지만, 우리는 DAP의 안내문을 통해 코르차크가 제시한 많은 기본 원칙과 실행 방법을 찾을 수 있었다. 코르차크와 DAP를 비교해보면 경우에 따라 매우 비슷한 점을 발견할 수 있다. 이 연구의 여러 사례가 보여주듯이 DAP는 아동 교육, 복지, 옹호에 관한 코르차크의 접근법을 매우 잘 반영하고 있다.

우리는 아동 중심 진보 교육이 코르차크의 연구를 바탕으로 씨를 뿌리고 DAP에서 열매를 맺었다고 생각한다. 가장 중요한 유사점은 아마도 전체 아동의 건강, 교육, 발달, 복지의 모든 측면에 초점을 맞춘다는 점일 것이다. 코르차크와 DAP는 아동 존중, 아동 발달에 관해 주의 깊은 관찰, 의사결정권 부여, 여러 형태의 놀이에 대한 강한 지지라는 공통점을 분명 공유하고 있다. 서로 다른 시공간에 존재하는데도 코르차크와 DAP가 아동과 아동기에 관해 같은 믿음을 공유한다는 점은 놀라운 일이다.

14

유아의
탐험할 권리 존중하기

류보프 M. 클라리나

"세상이 바뀌고 있다 …… 물리적인 힘(완력)은 독점적인 지위와 가치를 잃어버렸다. 지식과 지성은 수준이 꽤 높아졌다"(pp. 23–24). 거의 한 세기 전에 야누시 코르차크(2009)가 관찰한 내용이다.

이러한 관찰은 요즘 상황에 더 적절하다. 기술과 직업의 급속한 변화 때문에 오늘날 우리는 아동이 성인이 되었을 때 어떤 지식과 기술이 필요할지 예측하기 어렵다. 이에 따라 아동의 지적 능력뿐만 아니라 호기심과 비판적 사고를 발달시키는 것이 현대 교육의 주요 목표가 되었다. 그중에서도 문제 상황을 공식화하고 분석하며, 가설을 제시하고 검증하며, 행동과 가능한 결과에 대해 숙고하는 것이 가장 중요한 기술에 해당

• 이 장에서 유아(preschooler)는 취학 전인 3~7세 아동을 뜻한다 — 옮긴이.

한다. 적절한 형식을 갖춘 이런 기술은 양심적인 결정을 내리고, 그러한 결정에 따라 행동하며, 잘 모르는 것에 대한 두려움을 극복하는 탄탄한 바탕이 된다.

주변 환경 탐색은 인간에게 자연스러운 과정이며, 특히 세상을 해석하고 이해하는 것을 배우는 어린아이에게는 더욱 그렇다. 아동이 되도록이면 일찌감치 탐험에 필요한 모든 도구를 갖추게 하는 것이 중요하다. 미지의 세계로 들어갈 때 아이는 수많은 퍼즐 조각과 불확실성에 맞닥뜨린다. 실제로 아이는 태어날 때부터 끊임없이 탐구하는 힘을 보여주며, 이는 성인이 될 때까지 아동을 생존하게 해준다.

그러나 어른들이 아동의 이런 행동을 늘 지지하는 것은 아니다. 코르차크(2009)는 "우리 어른들은 아이들의 활발함과 산만함, 무엇이든 잘 현혹되는 삶과 그런 삶의 신비함에 싫증을 낸다. 또한 아이들의 질문과 놀람을 지겨워한다. 그래서 아동이 발견과 실험에 흥미를 잃게 만드는 불행한 결과를 빚는 경우가 많다"(p. 30)며 이러한 현상에 문제의식을 지녔다. 교사와 학부모는 자기 재산뿐 아니라 자녀의 삶과 건강을 걱정하긴 하지만, 정작 아이들에게서 탐색의 기회와 발견의 기쁨을 빼앗는 경우가 많다. 그 결과 아동의 인지적 도전과 자주성은 크게 위축된다.

새로운 것을 배우고자 하는 욕망은 주변 세계와 자기 자신에 대한 이해를 깊게 한다. 결과적으로 아이는 자신의 행동이 영향을 미치는 범주와 미래에 어떠한 행동의 한계가 있을지 더 잘 이해할 수 있다. 이는 나아가 아이가 충만한 삶을 살고 자신의 개인적 자유와 창의성에 기뻐할 수 있게 해준다. 유아의 타고난 이해와 배우고자 하는 열망을 지지하는 것은 긍정적인 발달 경험의 토대를 마련하므로 무척 중요하다.

어른은 어떻게 아이가 꾸준히 성장하고 배우게끔 도울 수 있을까? 아이가 계속 활발하게 탐색하도록 인지능력을 발달시키는 조건은 무엇인가? 이 연구는 그러한 조건들을 확인하고 이를 구현하기 위한 방법을 제안하는 동시에, 유치원과 어린이집에서 성인과 아동 사이의 상호작용이 어떻게 가장 효과적으로 일어날 수 있는지 찾아보고자 한다. 현재 모스크바에 소재한 공동교육 복합단지의 유치원 교사들은 2017-18학년도부터 아동의 인지 활동을 자극하는 데 도움이 되는 몇 가지 교육학적 개입과 기법을 시행하고 있다(7개 유치원의 교사 40명이 750명 이상의 아동을 대상으로 시행). 나는 이를 소개하면서 아동의 인지 활동을 자극할 수 있는 교육학적 개입과 기법을 제안하려고 한다.

방법론적 · 이론적 기초 ──

이 프로젝트를 실제로 구현할 때 우리는 첫 단계부터 몇 가지 문제에 부딪혔다. 가장 큰 문제는 유치원 교사들의 태도였다. 많은 교사들이 아이들을 자기만의 관심과 의사가 없고 어른의 지시를 따를 줄만 아는 '순종적인 실행자'로 대하는 데 익숙해 있었다. 나는 교사들이 코르차크의 유산에 관한 연구에 참여하면 태도가 변할 것이라는 가설을 세웠다.

이 연구는 모든 아동에게 '지식 부족에 대한 존중'과 '배우려는 노력에 대한 존중' 같은 존중을 받을 자격이 있다는 코르차크의 주장에 기초한다(Korczak, 2009, p. 36). 부다페스트에 위치한 5세 미만 아동을 위한 로츠지Lóczy 고아원의 설립자 에미 피클러Emmi Pikler(1902~1984)도 이에 동의한다. 피클러는 헝가리의 소아과 의사이자 교육학자였다.

미취학 아동을 위한 피클러의 종합적인 교육 시스템 지침은 보살핌과 존중이라는 두 가지 개념에 기초한다. 피클러에 따르면 아동을 돌보는 동안 어른 사이의 친근한 상호작용과 어른이 아이의 요구에 반응하는 행동은 아동의 건강한 발달에 필수적인 요소다. 피클러는 어른이 아동을 마치 소망이나 욕구가 없는 존재처럼 대하고 아이를 대신해 모든 일을 결정하는 것을 강력히 반대했다(Pikler & Tardos, 2001). 피클러의 이런 생각은 오늘날 폭넓게 인정받고 있다. 캐나다의 연구자 이니드 엘리엇(Enid Elliot, 2007)은 자기 동료뿐 아니라 현대 서양 연구자와 실무자도 피클러의 견해에 크게 동의한다는 것을 보여준다.

활용을 위한 연구 범주 ———

우리의 제안은 심리적 발달에 대한 레프 비고츠키Lev Vygotsky의 문화적·역사적 이론과 세르게이 루빈시테인Sergey Rubinshteyn의 행위자 기반 행동agent-based activity에 이론적 토대를 둔다. 루빈시테인에 따르면 행위의 주체성은 중요한 인간의 특징으로, 환경과 자신을 변화시키는 능력으로 나타난다. 즉 행위의 주체로서 인간은 자기 삶의 주체, 즉 작가이자 주인이 된다(Rubinshteyn, 1997, pp. 83~86). 누군가의 의지를 실행하는 사람과 달리 주체적 행위자는 주어진 상황과 이용 가능한 자원(특정 성격과 관련된 자원 포함)에 대한 자신의 평가에 따라 자기 존재의 가치와 의미를 결정하고 목표를 설정한다.

  이 글은 '행위 주체성agency'의 구조적 구성 요소를 크게 행위자 **자신의 관점**과 그 결과로서의 행동이라는 두 범주로 나누어 살펴보려고 한다. **행위자 관점**은 결국 행위자의 핵심 가치와 관점을 바탕으로 하는 자기결정적인 **활동**으로 나타난다. **행위자의 관점**에서 **활동**은 설정한 목표를 실현하기 위한 모든 과정을 포괄하는 전체적인 구조다(자세한 내용은 Klarina, 2016 참조).

연구에 따르면 유아는 아직 자기 행동의 주체가 될 수 없다. 비고츠키의 이론에 따르면 미취학 아동의 교육과 발달을 이끄는 주체는 **사건과 관련된 유대감을 지닌 타인**이다. 나는 아동과 성인의 유대감은 서로를 돕거나 공동으로 창작 활동에 참여하며 서로 공감, 이해하고 서로의 권리·의무·관심·성향·특징을 존중함으로써 형성된다고 제안한다. 코르차크는 고아원 안에 이런 유대감을 조성하는 장인이었다. 중요한 사실은 모든 아동에게 유대관계를 맺을 신뢰할 만한 어른이 필요한 시기가 유아기라는 점이다. 그런 신뢰할 만한 어른은 아동 삶의 모든 측면과 그와 관련한 사건 그리고 아이의 내면세계와 미래에 진정한 관심을 쏟는다.

교육방법론적 관점에서 보면 유아가 인지 활동의 주체가 될 수 있는 조건을 설계하는 것이 중요하므로, 교사는 이런 조건 설정에 목표를 두고 활동을 설계해야 한다. 또한 인지적 탐구가 명확히 이루어지게 '사건과 관련한 아동과 성인 사이에 유대감'을 만드는 것이 중요하다.

이러한 유대감을 바탕으로 우리는 아동의 '지식 부족'과 지식을 향한 갈망을 존중할 수 있다. 뿐만 아니라 아동이 사물, 현상 또는 실재적인 측면에 관해 질문할 권리를 존중할 수 있다. 아이들의 걱정을 이해하려면 교육자는 그들의 질문을 세심하게 분석할 필요가 있다. 아이가 인지적 성격의 질문을 하는 이유는 **자기가 무엇을 알고 싶은지, 자기가 무엇을 흥미로워하는지** 이해하고 싶기 때문이다. 이러한 질문은 유아의 노력과 자기결정의 결과다. 아동은 적절한 질문 구조와 문구를 탐색함으로써 질문의 형태를 만든다.

교육 개입에 관한 지침 ——

전통적으로 러시아의 유치원과 어린이집에서는 통념에 토대를 둔 교육이 교사의 의무라고 여기는 경우가 많다. 이와 대조적으로 우리는 아동의 인지 지향적인 행동 발달 조건을 조성하려는 교사의 요구에 초점을 맞춘다. 이론과 실제가 보여주듯이 유아의 인지 지향적인 주체성 형성은 아동의 관심이 확대된 결과다. 이와 대조적으로 유아의 인지능력 발달 정도는 그들의 탐구 수단과 방법, 특히 탐구하는 과정의 숙달 정도를 살펴봄으로써 확인할 수 있다.

과제에 관한 아동의 인지적 구조화는 자연적으로 발달하는데, 교사는 아동의 질문을 분석함으로써 그들의 흥미뿐만 아니라 이런 인지적 구조화를 도울 수 있다. 유아는 성인의 도움을 받아 이런 활동에 몰입하면서 새로운 현실 개념을 구축하고, 탐구 활동 구조와 그에 상응하는 행동을 숙달하며, 인지에 필요한 모든 수단과 방법을 얻을 수 있다.[•]

비고츠키(1935)는 유아교육에 관한 전(全) 러시아 대회 연설에서 아동의 인지발달을 위한 환경을 조성하는 방법에 관해 자신의 기본 견해를 소개한 바 있다. 그에 따르면 "유아는 자신의 프로그램에 따라 학습하는 반면, 학령기 아동은 교사의 프로그램을 따른다. 취학 직전 유아는 교사가 제공하는 프로그램을 그들이 지닌 능력만큼만 배울 수 있다"(p. 26).

이에 대해 많은 사람들은 유아가 정말로 "자신의 프로그램에 따라" 배

• '인지적 수단'이라는 용어는 표준, 개념, 언어, 게임이나 동화 속 이야기 등의 '규칙'을 설명하기 위한 것이다. 이는 대상에 대한 관찰, 실험, 모델 개발과 적용, 논리적 추론(사물에 대한 분석, 비교, 분류 등)과 정보(수집, 검증, 분석, 해석)에 대한 '경험적 인지 방식'과 대조된다. 물론 교사는 해당 미취학 아동의 나이와 독특한 관심사, 발달 수준까지 고려해야 한다.

울 수 있는지, 그런 조건에서 발달이 가능한지 의구심을 품는다. 이러한 의구심에 대한 응답으로 비고츠키(1935)는 3세 이하의 아이에게 말하는 방법을 가르치는 상황을 묘사한 바 있다. 그는 "아이가 속한 발달 단계와 그 지속 기간은 어머니의 프로그램이 아니라 아이가 직접 경험하는 환경에서 무엇을 얻느냐에 따라 결정된다"(p. 21)고 강조한다.

피클러의 관찰과 실천은 유아가 자기 주변을 탐색하는 방법과 관련하여 이러한 측면을 더욱 잘 뒷받침한다. 예컨대 피클러는 유아가 인지적 진취성과 독립성을 기르게 하려면 그들이 자유롭게 행동할 수 있는 조건을 마련해야 한다고 설명한다. 왜냐하면 새로운 사물을 마주하는 경험은 만족을 열망하는 아동의 선천적인 호기심을 자극하기 때문이다. 교사와 부모는 아이에게 그들이 즉각적으로 경험하는 환경을 탐험하게 하는 동시에, 다양한 사물을 통해 그러한 경험이 풍부해지게 해야 한다(물론 안전이 보장되는 한에서).

행동할 수 있는 기회가 주어질 때 아이는 자신의 '프로그램'에 따라 바깥세상을 탐험한다. 아울러 아동은 이런저런 장애물을 이겨낼 수 있는 스스로의 능력을 탐구하며, 자기 신체와 공간적인 위치를 공부할 수 있는 기회를 얻는다. 다시 말해서 어린 아동은 자신이 발달하는 과정에 대해 자기만의 통찰력을 지니고 있다. 어른은 아이의 이러한 통찰력에 기초하여 아동이 가장 잘 발달할 수 있는 조건을 조성해야 한다.

나는 이런 견해가 지속성의 문제를 효과적으로 해결하기 때문에 유아의 인지발달 프로그램을 설계하는 데 매우 중요하다고 본다. 더욱이 이런 견해는 비고츠키의 주장과 부합한다. 비고츠키에 따르면 3~7세 어린이는 '신기함'을 추구하는 행위를 자신의 의도와 통합하기 어렵다. 그래서 3~7세 어린이는 새로운 것을 숙달하거나 그와 관련된 내면의 변화를 경험할 수 없다. 달리 말하면 새로운 것을 숙달하는 아이의 능력은 그렇게 하고 싶어 하는 아이의 욕구에 달려 있다. 원칙적으로 유아는 성인의 제안에 관심이 있을 때 그런 욕구를 나타낸다. 아동이 성인의 제안에 관심을 보일 때 성인의 '프로그램'(목적·목표·내용)은 아동의 '프로그램'이 될 수 있다. 그러지 않으면 아이는 자신에게 기대되는 활동을 모방하여 시연할 것이며(사실 마지못해 모방하는 경우가 많다), 결과적으로 진정한 학습이나 성장은 일어나지 않을 것이다.

결국 교사가 인지적인 주제를 유아에게 처음 가르치려고 한다면, 흥미를 느끼게 하는 것이 아주 중요하다. 우리가 교육과정을 조직하는 조건에 많은 관심을 기울이는 이유가 바로 이 때문이다. 첫 번째 필수 조건은 아동이 긍정적인 감정을 느끼게 하는 것이다. 이는 아이의 의구심을 인지적 흥미로 바꾸고, 정답을 찾기 위해 도전하게 하며, 진정한 발견의 기쁨을 느끼게 한다.

교육이 진행되는 과정은 교육적 상황educational situations(이하 ES)으로 이루어진 체계다. 교육적 상황은 미리 세워둔 계획에 따라 발생할 수 있지만 의도와 상관없이 생겨날 수도 있다. 원칙적으로 교육의 과정은 ES를 유도함으로써 시작된다. ES를 처음 유도할 때 교사는 주제에 대해 아동의 인지적 관심을 불러일으키고 아동과 함께 그 주제의 의미를 더 명료화한다. 이런 방식 때문에 ES는 아동의 흥미를 불러일으키고 인지적인 목표에 집중하게 한다.

아동은 어른의 도움을 받아 주제에 관해 이미 아는 것과 배워야 할 것을 발견하고, 가능한 해결책과 그것이 좋은 해결책인지 검증할 수 있는 방법에 관한 제안을 공유한다. 교사는 토론을 통해 아동이 인식한 바와 문제 해결 방법을 명료화한다. 그리고 나서 인지 지향적인 주체로서의 행위를 발달시키고 아동의 인지 활동을 이끌어낼 추가적인 행동을 계획한다. 마지막으로 교사는 주어진 상황에서 제공되는 필수적인 조건을 모두 명시한다.

그 뒤에 교사는 아동이 (독립적으로 또는 교사의 도움을 받아) 스스로 세운 가설을 검증하고 결과를 분석하며, 결론을 도출하고 주변을 탐색할 수 있도록 후속 계획을 세우는 또 다른 ES를 만든다. 이러한 교육적 상황의 뚜렷한 특징은 아동과 교사 사이의 협력관계이며, 이런 협력을 통해 의미 있는 결과를 낼 수 있다는 것이다. 아동은 자기 생각을 표현하고 탐구하며 일반화하고 결론을 내리는 등 가능한 한 독립적으로 행동할 수 있는 기회를 제공받는다.

교사는 아동이 건전한 세계관을 형성하고 발전시킬 수 있도록 다양한 삶의 영역에 걸쳐 통합적인 탐구를 설계한다. 인지적 과제 해결에 필요한 정보를 찾는 아동을 위해 교사는 게임, 신체 활동, 생산 활동, 사회화, 소설과 인문서적 소개, 책 삽화, 연극 공연, 만화, 비디오, 청각 자료 등을 많이 활용한다.

아동이 현실 세계에 관한 새로운 개념, 탐구 절차와 방법, 인지 방법을 습득하는 동안 교사는 창조적이고 수정 가능한 ES를 조직한다. 교사는 아동이 학습 게임과 역할놀이 등을 통해 예전과 비슷하지만 새로운 조건에서 습득한 인지 '도구'를 적용하게끔 동기를 부여한다. 마지막 단계에서 교사는 개선한 ES를 아동에게 제공한다.

이러한 ES는 성공한(또는 성공하지 못한) 방법과 문제해결 수단을 찾도록 사고하게 한다. 또한 (아동이 "어떤 점이 흥미롭거나/궁금하거나/생각할 거리를 만들었거나 즐거웠죠?"와 같은 질문에 답함으로써) 인지적 과정과 결과를 정서적인 면에서 성찰하게 이끈다. 아동은 성찰 과정에서 새로운 질문을 떠올리는 경우가 많다. 그리고 이런 숙고는 다시 새로운 계획과 해결책을 찾는 방법에 관한 토론으로 이어진다.

아동이 잘 발달하는 데 가장 중요한 조건 중 하나는 모든 아동에게 동일한 요구와 접근방식을 적용하는 것이다. 마찬가지로 아동의 부모와 협력적인 소통관계를 맺고, 협력의 가치와 의미를 공유하는 것도 중요하다. 교사와 부모는 '존중받을 권리가 있는 아동'이라는 개념에 특별히 주의를 기울여야 한다. 합의된 가치를 바탕으로 교사와 부모는 아동의 인지 발달에 기여하는 목적·목표·방법·조치를 함께 실행한다. 부모는 교육이 이루어지는 과정을 지원한다. 유치원이나 어린이집에서 시작하는 부모의 지원은 가정으로 이어져 지속된다. 부모는 이런 방식으로 교사의 제안과 자녀의 바람을 고려한다.

결론 ───

이 장에서 우리는 미취학 아동의 인지적 능력 발달을 위한 교육적 개입에 관해 간략하게 살펴보았다. 이 연구는 아직 완성되지 않았으며 지금도 진행 중이다. 그러나 연구 시작 단계부터 아동의 인지적 흥미를 이끌어냈다는 사실을 여러 차례 확인할 수 있었다. 이런 사실은 무엇보다 아동의 질문 횟수와 내용을 통해 명확하게 확인할 수 있다. 아동은 자신의 문제를 해결하는 데 더 열정적이고 독립적이었으며, 또한 탐구 과정에 성공적으로 참여했다. 해마다 열리는 '어린 학습자·탐험가 축제'(우즈나이키Uznayki와 우메이키Umeyki) 기간 동안 늘어난 참가자 수와 높아진 프로젝트의 수준은 우리 노력이 긍정적인 영향을 끼쳤다는 것을 보여준다.

지금까지 참여한 교육자들이 보여주는 결과는 우리가 제안한 교육학적 개입이 효과적임을 입증한다. 그들은 아동의 '지식 부족'과 실수할 권리를 존중하라는 코르차크의 요청을 유치원과 어린이집의 일상적인 활동에 통합했다. 모스크바 교육자들과 협업한 경험은 오늘날에도 야누시 코르차크와 에미 피클러의 유산을 더 구현할 필요가 있다는 점을 확인시켜준다.

15

어린이가
위험을 감수하는 법을
배워야 하는 이유

헬마 브라우어스

어릴 때 나는 친구들과 함께 밖에서 자주 놀았다. 우리는 숲속에 오두막을 지었다. 우리는 스스로를 호크*라고 불렀고, 우리 대장은 왕자 니오오^{Nee-O-O}였다. 그리고 우리는 데어데블스**라고 불리는 다른 무리 아이들과 계속 전쟁 놀이를 했다. 하루는 우리가 데어데블스의 오두막에 불을 지르는 바람에 한 여자애가 다쳤다. 조금밖에 다치지 않았지만 그 여자애의 어머니는 몹시 화를 냈다. 우리 부모님들도 마찬가지였다. 우리가 지나쳤다고 인정했는데도 말이다. 우리는 마지못해 사과했다. 그다음부터 우리의 놀이는 너무 어렵지 않은 상대와 평화를 위해 협상하는 것이 되었다. 우리는 그저 놀이를 했고, 그래

• Hawks: 매 또는 강경파, 사기꾼 — 옮긴이.
•• Dare Devils: 무모한 사람들 — 옮긴이.

서 무엇이든 놀이가 될 수 있었다.

— 옛 제자의 일기 중에서

나는 우리 집에서 몇 블록 가면 나오는 목재 야적장에서 친구들과 놀곤 했다. 우리는 나무둥치를 오르고, 수레를 타고 레일 위를 지나갈 수 있었는데, (우리가 시끄럽게 굴어서) 주인이 오면 나무 더미 뒤로 몸을 숨겼다. 하지만 주인아저씨는 절대 우릴 찾지 못했다!

— 옛 제자의 일기 중에서

어른들에게 어린 시절 가장 기억에 남는 놀이 경험을 말해달라고 하면 아마 이와 비슷한 이야기를 많이 들려줄 것이다. 이런 강렬하고 흥미로운 경험에는 몇 가지 공통적인 특징이 있다.

O 발생 가능한 위험을 경고하는 어른이 없다.
O 놀이와 관련된 마땅한 장난감이 없다.
O 놀이 상황에서 아이들이 흥분, 두려움, 위험을 느낀다.

분명 아이는 어른이 위험하다고 하는 흥분을 찾기를 좋아한다. 어른은 자기가 어릴 때 느꼈던 감정을 잊는다. 어쨌든 대부분의 아동은 어른들이 대개 너무 위험하다고 말하는 모든 상황에서 살아남는다. 특히 부모뿐 아니라 전문 교육자조차 자기 자녀에게 무슨 일이 일어날까 봐 전전긍긍하며 아이를 계속 주시한다. 아이가 혼자 어디로 가지 못하게 하고 아주 작은 위험을 초래하는 일이라도 발견하면 즉시 빼앗아버린다.

교육자로서 그리고 교사를 지도한 경험을 바탕으로 요즘의 문제, 즉 과잉보호 실태를 바라보는 내 관점은 다음과 같다.

- ○ 부모는 자녀가 스스로 탐색하고 경험하게끔 내버려두지 않고 끊임 없이 감시한다.
- ○ 아이는 상상력을 펼칠 수 있는 공간을 틀에 박힌 장난감에 빼앗기 고 과부하가 걸리곤 한다.
- ○ 성인(부모와 교육자)은 자녀나 학생뿐만 아니라 자기 삶에서도 발생 할 수 있는 위험을 없애고자 온갖 노력을 기울인다.

자녀의 삶에 길을 터주려고 늘 애쓰는 부모는 종종 헬리콥터 부모 또는 잔디 깎기 부모라고 불린다. 흥미롭게도 우리 중 많은 사람이 이런 부모 가 훌륭하고 책임감 있는 육아를 한다고 생각한다.

그러나 현실은 다르다. 그렇게 과잉보호를 받은 아동은 세상이 자신 의 행동에 어떻게 반응하는지 관찰하고, 위험에 어떻게 안전하게 대처 해야 하는지 경험할 수 있는 많은 기회를 놓친다. 지나치게 보호받는 아 동은 불안하고 두려워하며 우울해진다. 아동은 모험심이 강해야 하며, 위험하고 신나는 장난스러운 상황에 빠져야 한다. 결론적으로 말하자 면, 보호받지 못한 아동이 과잉보호를 받는 아동보다 사고를 덜 겪는다 (Brussoni, Brunelle, Pike, Sandseter, Herrington, Turner, Belair, Logan, Fuselli, & Bell, 2014).

자신의 죽음에 대한 권리

야누시 코르차크는 아동 기본권을 최초로 공식화한 사람이다. 유명한《대헌장 Magna Carta》(Korczak, 2018)에서 코르차크는 다음과 같이 말했다.

아이는 자기 자신이 될 권리가 있다.

부모는 자녀가 타고난 특성을 고려하지 않고 부모가 원하는 사람이 되기를 바란다. 학교는 학생에게 자신의 흥미와 열망을 따르게 하는 대신 표준적인 발달과 학습을 요구한다.

아이는 오늘에 대한 권리가 있다.

아이에게 중요한 것은 오늘이다. 아이는 오늘을 충분히 살아야 한다. 유년기는 성인기로 가기 위한 대기실이 아니다. 그런데도 어른은 아이에게 그들이 해야 할 일이 재미없고 지루하더라도 …… 미래에 중요해질 것이라고 말한다.

아이는 자신의 죽음에 대한 권리가 있다.

정작 코르차크는 어린 시절에 언제나 올바르게 행동하고 단정하게 지냈다. 또한 지저분한 거리 아이들과 노는 것을 허락받지 못했다. 그래서 코르차크는 '황금 우리'에 갇히는 고통을 겪었다. 그는 대부분의 아이가 그러듯 모험을 갈망했다. 그의 이런 경험은 위의 권리들을 급진적으로 옹호하고 타협을 거부하도록 영감을 불러일으켰다.(Lifton, 1988, pp. 13~19)

죽음에 대한 아동의 권리는 분명 골칫거리이긴 하다. 코르차크에게는 자녀가 없었기 때문에 우리는 그가 자녀의 소중함을 이해하지 못한다고 비난하기 쉽다. 그렇지만 오늘날 많은 교육자는 부모의 이런 공포가 불

필요한 과잉보호로 변질될 수 있다는 점을 깨닫고 있다. 과잉보호는 자녀의 복지뿐만 아니라 궁극적으로 안전을 희생하는 대가를 치른다.

넘어져서 다칠 수 있기 때문에 아이를 학교 운동장에서 뛰지 못하게 하거나, 안전을 위해 지역 시의회가 눈 덮인 언덕에서 썰매 타기를 금지하는 것을 본다면 코르차크는 분명 분개할 것이다.

이런 사례가 보여주듯이 아이가 가장 좋아하는 것을 금지하는 이유는 부모의 두려움뿐만 아니라 잘못될 경우에 대한 두려움 때문이다. 이렇게 위험을 피하는 태도는 코르차크가 살았던 시대와 비교해볼 때 분명 오늘날에 훨씬 더 나빠졌다.

과잉보호의 위험과 모험 역량의 필요성 ——

아이가 안전하게 자라기를 바라는 부모라면 발생 가능한 모든 위험을 피하기보다는 아이가 위험한 상황에 대처할 수 있게 도와야 한다. **모험 역량**, 위험이 어디에서 발생할 수 있는지 판단할 수 있는 **능력** 그리고 안전하고 책임감 있는 방법으로 위험에 대처하는 방법을 터득할 수 있어야 한다. 최근 연구에 따르면, 모험 역량이 발달한 아동은 위험에서 철저히 분리된 아동보다 위험 상황에서 더 책임감 있게 행동한다(Brussoni 외, 2014). 몇 년 전 툴리와 스피글러(Tully and Spiegler, 2011)는 아이가 해야 하는 적어도 50가지 위험한 일에 관한 책을 출판했다. 이런 주제를 다룬 이유는 아이가 다쳐야 하기 때문이 아니라 불, 칼, 가위 등을 다치지 않고 다루는 법을 배워야 하기 때문이다. 만약 우리가 아이에게 위험한 상황을 경험할 기회를 주지 않는다면 아이는 불, 칼, 가위 등을 다룰 때 훨씬 다치기 쉬울 것이다(Tully & Spiegler, 2011).

위험한 놀이가 아동의 자율성과 신체적·인지적·사회적 발달 그리고 정신 건강에 중요하다는 것을 점점 더 많은 연구들이 보여주고 있다. 나아가 위험한 놀이는 잘못된 행동과 학습 문제를 예방한다(Eichsteller & Holtoff, 2015).

세닝거(Senninger, 2000)에 따르면, 학습은 모든 것이 익숙하고 잘 알려진 안전 영역을 떠날 때, 또한 어떤 학습도 일어나지 못하게 만드는 공포 영역에서 벗어나 학습 영역으로 들어설 때 일어난다(그림 15.1 참조). 모든 학습 과정은 안전 영역을 벗어나 미지의 영역으로 들어가 탐구하는 요소를 포함한다. 아이히스텔러와 홀토프(Eichsteller and Holthoff, 2015)에 따르면, 모험 역량은 아동이 학습 영역을 탐색하고 공포 영역에 들어가는 것을 피할 수 있을 때 자연스럽게 발달한다. 공포 영역은 실제 외상이나 심각한 부상을 입힐 수 있으며, 심지어 죽음까지 야기하는 위험이 너무 큰 영역이다.

그림 15.1 학습 모델(Senninger, 2000)

아이히스텔러와 홀토프(2015)에 따르면, 모든 모험과 행동과 경험은 아동 발달에 깊은 영향을 미친다.

> 우리가 감수한 위험과 극복한 도전은 우리 내면을 풍요롭게 하고 정서적으로 긍정적인 영향을 주며 우리의 정체성을 형성한다. 또한 우리에게 숙달된 느낌, 자기 행동에 대한 책임감, 자신에게 일어나는 일을 스스로 통제할 수 있다는 짜릿한 느낌을 준다.(p. 12)

어린 시절을 유아차 안에서나 햇빛가리개 뒤 또는 자동차 뒷좌석에서 안전하게 보낸 아동은 이런 중요한 경험을 하지 못할 것이며, 자신의 정체성을 긍정적이고 적절한 방식으로 형성하지 못할 것이다. 자기 삶에 대한 일종의 통제권을 갖추지 못한 채 그저 주어진 대로 살고 있다는 느낌은 아동과 어른이 겪는 우울감의 원인이 된다(Chorpita & Barlow, 1998).

이는 우리가 아이의 모험심을 너무 많이 제한하지 말아야 하는 또 다른 이유를 보여준다. 피터 그레이(Peter Gray, 2015)의 연구 보고에 따르면 지난 50년 동안 미국 아동의 자유 놀이시간은 심각하게 줄었다. 이는 아주 어린 아동의 우울증과 불안감이 심각하게 증가한 시점과 일치한다. 그레이는 이 두 현상 사이에 인과적 관계가 있다고 가정한다. 그레이에 따르면 놀이시간의 부족은 모든 종류의 정신장애를 유발할 수 있다. 만약 우리가 이를 바꾸지 않는다면, 우리는 살아가는 데 필수적이며 사회적으로 적절한 방식으로 행동하고 어려운 상황에 대처하는 데 필요한 역량을 계발하지 못하는 세대를 낳고 말 것이다.

아동은 놀면서 자신의 신체적 능력과 행동의 한계를 발견한다. 아이들은 거듭 시도하고 때때로 실패하거나 심지어 뼈가 부러지기도 하지만, 이것이 아이가 배우는 방법이다. 아이가 더 심각하게 다쳤을 때조차도 코르차크는 계속 …… 괜찮다고 말하곤 했다. 비록 죽음에 이르더라도 말이다. …… 왜냐하면 코르차크가 말했듯이, "어린이는 당신의 소유물이 아니기"(1986, p. 22) 때문이다.

그레이(2015)는 진화적 관점으로 놀이를 바라보면서, 놀이는 "아동이 살아남고 잘 살기 위해 무엇을 배워야 하는지 …… 아는 자연스럽고 확실한 방법"(p. 139)이라고 말한다. 그레이(2015)는 스스로 선택하고 자기 주도적이며 "목적보다 수단이 동기를 부여하는"(p. 142) 상상적인 놀이를 설명한다. 어른이 지도하는 게임이나 놀이, 스포츠는 분명 자유로운 놀이가 아동의 발달과 학습에 주는 만큼 많은 혜택을 줄 수 없다.

모험 역량은 어떻게 발달시키는가? ──

그렇다면 우리는 아이를 도전적인 상황에 내버려두고 누가 살아남는지 지켜봐야 할까? 물론 그렇지 않다. 특히 아주 어린 아동이 어떤 일의 원인과 결과를 생각하는 법을 배우고 행동의 결과를 예측하려면 어른의 도움이 필요하다.

그렇지만 "밖은 위험하니까 여기 있어"라고 말할 때의 태도와 "밀물 때가 되는데, 물이 빠르게 불어나기 때문에 이 모래섬은 금세 물속으로 사라질 거야. 그러니 주의할 필요가 있단다"라고 말하는 태도 사이에는 아주 큰 차이가 있다. 다시 말해, 어른들은 대개 자기가 느낀 공포를 표현하거나 아이에게 특정한 위험 상황에 어떻게 대처해야 하는지 가르친다.

그림 15.2 모험 역량의 요소(Eichsteller & Holthoff, 2015, p. 19)

그러나 분명한 사실은, 위험을 피하기보다는 위험한 상황을 예측하거나 실수를 반성하는 법을 배우는 편이 낫다는 것이다.

모험 역량 계발은 "잠재적인 위험을 인식하고 정확하게 평가할 수 있는 능력을 강화하는 것"을 뜻한다. 또한 "안전을 강화하고 집중적인 조치를 통해 자신의 결정을 실행에 옮기는 능력"도 포함한다(Eichsteller & Holthoff, 2015, p. 18). 아이히스텔러와 홀토프(2015)는 모험 역량 발달을 위해 필수적인 네 가지 요소를 다음과 같이 구분한다(그림 15.2 참조).

① **지각 역량** 잠재적 위험 인식하기. 예를 들면 썩은 나뭇가지나 미끄러운 바위 위를 올라갈 때 발생할 수 있는 위험 분별하기.

② **평가 역량** 관련된 위험 수준 평가하기. 예를 들면 수영하기에는 물살이 너무 세지 않은지 예상하기.

③ **의사결정 역량** 안전성을 평가해 행동을 결정하기. 예를 들면 친구

들이 시켜서가 아니라 스스로 안전한지 가늠한 뒤에 높은 곳에서 뛰어내리기.

④ **행동 역량** 위험한 상황에서 성공적으로 행동하기. 예를 들면 어려운 트랙에서 자전거를 타기 위해 신체적 기술을 활용하고 정신을 집중하기.(pp. 18~19)

이 모델은 교육자에게 아동의 역량 수준을 평가하고 아동을 지원하고 발달시키는 방법을 배울 수 있는 지침을 제공한다.

모험 역량을 자극하는 교육자의 역할 아동에게 모험 역량을 계발하는 과정을 알려주는 것은 성인이 자신이 아닌 아동의 관점에서 생각할 때에만 가능하다. 두려운 감정이 우리 행동을 결정해서는 안 된다. 그보다는 현재와 미래에 발생 가능한 위험에 대처할 수 있는 아동의 능력에 관심을 기울여야 한다.

예컨대 열 살 소년이 얕은 도랑 위에 얇은 널빤지를 놓고 있는 모습을 본다고 하자. 아이는 그 널빤지를 도랑을 건널 다리로 사용하려고 한다. 우리는 어떻게 반응해야 할까? 여기서 어른이 어떻게 반응해야 할지는 아이의 모험 역량 수준, 널빤지 같은 재료에 관한 아이의 경험, 상황의 특징에 따라 달라진다.

우리는 그 소년이 자기 체중 때문에 판이 부서질 정도로 얇다는 사실을 얼마나 이해하는지 알 필요가 있다(**지각 역량**). 아이는 판자가 부서질 경우 직면할 수 있는 위험을 예상할 수 있을까? 도랑에 빠진다면 물은 얼마나 깊을지 고려할까(**평가 역량**)? 결정을 내릴 때 그 결정이 소년 자신과 다른 사람의 안전에 어떤 영향을 줄지 주의를 기울일까(**결정 역량**)? 소년은 판자가 휠 때 당황할까 아니면 침착할까, 결국 소년은 이 좁은 널빤지위를 민첩하게 걸을 수 있을까(**행동 역량**)?

역량과 상황 등 아동에 관한 모든 지식은 우리가 어떻게 반응해야 할지 알려줄 것이다. 또한 어른은 자기 존재만으로도 아이의 책임감을 빼앗을 수 있다는 점을 인지해야 한다. 어른이 있을 때 아이는 스스로 생각하기를 멈추고 어른의 판단에 의지하고 싶어질 수 있다. 그러므로 아이가 충분한 모험 역량을 갖추었다면, 어른은 현명한 경고를 할 수 있을지라도 자제하고 개입하지 않는 편이 낫다.

우리는 최선의 교육적 조치를 찾아내기 위해 아동 내부의 위험을 모두 고려해야 한다. 모험 역량은 아동이 적극적으로 관여하여 자신의 역량과 상황을 판단하고 평가할 때에만 발휘된다. 선행 연구들은 아동이 불필요한 위험은 대개 피한다는 사실을 일관성 있게 보여준다. 성인에게 가장 어려운 것은 아동을 신뢰하는 일이다.

모험 놀이터 오늘날 유럽 대부분의 도시에는 아이들이 자유롭고 독립적으로 놀 수 있는 장소가 부족하다. 이 장의 도입부에 인용한 글은 내가 가르쳤던 대학생들의 어린 시절 이야기다. 그들은 어른의 감독 없이 놀 수 있는 시골에서 자라났다.

아이들에게 모험 놀이터를 제공해야 한다고 생각하는 부모와 교육 전문가가 많다는 사실은 좋은 소식이다. 특히 교통수단이 점령한 도시에서 모험 놀이터 제공은 아동이 적절한 양의 위험과 적절한 수준의 도전을 경험할 수 있는 상황을 만들어주는 것을 가리킨다.

우리는 이런 놀이터를 베를린, 뉴욕, 암스테르담 등 전 세계 대도시에서 찾을 수 있다. 이런 놀이터에는 뗏목을 띄울 수 있는 연못, 도랑을 건너는 다리 그리고 나무집이 있다. 또한 아이들은 나무에 올라가 밧줄과 그네를 타고 모닥불을 피우며 나뭇가지를 잘라 오두막을 지을 수 있다.

틀에 박히지 않은 자연적인 재료를 갖고 노는 것은 아이들에게 진정한 기쁨을 안겨준다. 자유롭고 위험한 이런 놀이는 아이의 가장 기본적인 필요를 충족해준다. 그런데도 부모는 더러워지거나 무슨 일이 생길까 봐 모험적인 놀이를 할 기회를 주지 않는다. 그렇게 아이의 어린 시절을 빼앗고 있다. 그렇다면 그건 잘못이 아닌가!

💗 과제 💗

- 《코르차크의 교육 요소 Korczak's Educational Factors》(1967)에서 발췌한 다음의 글을 논평하시오.

    "아이에게 어떻게 그리고 무엇을 요구하느냐, 무엇을 하게 하고 금지하느냐의 문제가 아니라 무엇이 부족하고 과도하며, 아이가 무엇을 원하고 자신을 위해 얼마나 최선을 다할 수 있느냐의 문제다"(p. 33).

- 아동의 기본적인 요구를 어떻게 돌봄 공동체를 통해 충족할 수 있을까? 코르차크가 고아원에서 실천한 예를 들어 설명하시오.

- 지역사회 소아과 의사 CSP 모델에 관해 요약하시오. 또한 이 모델이 아동 권리에 관한 코르차크의 개념과 어떤 관련이 있는지, 왜 그렇게 생각하는지 설명하시오.

- 발달에 적합한 실제 DAP(NAEYC, 2009)와 코르차크의 아동 발달에 관한 접근방식을 비교한 다음, DAP가 코르차크의 아이디어에 근거한다고 생각하는 이유를 (예시와 함께) 설명하시오.

4부

존중과 영감

학교에서 대학으로

코르차크는 교사의 감성적인 사랑과 교육적인 사랑을 구분한다.
아이를 감성적으로 사랑하는 교사는 아동을 미화해서 본다.
반면 아이를 교육적으로 사랑하는 교사는 아동의 세계를
"사소한 것이 아니라 의미 있는 것으로 바라보고,
아동을 순수한 존재가 아니라 한 인간"으로 인식한다.
교사는 아이의 자기실현 권리를 받아들이는 것과
자기실현을 위해 연습할 수 있는 환경을 조성해주는 것 사이에서
균형을 찾을 필요가 있다.

16

자아, 타인, 공동체에 대한 책임

—코르차크 교육 비전의 실제적 의미

사라 에프랏 에프런

한나 아렌트(Hannah Arendt, 1993)는 과거에서 온 보물을 찾기 위한 연구를 진주조개잡이의 다이빙에 비유한다. "부와 신비를 캐내려는 진주조개잡이는 진주와 산호를 바다 깊은 곳에서 수면 밖으로 가져오기 위해 …… 바다 밑까지 내려간다"(p. 205). 진주에 비유할 수 있는 "생각의 조각(p. 206)"은 현재를 새롭고 신선한 눈으로 볼 수 있게 해준다. 그리고 그런 "진주" 같은 사람이 바로 야누시 코르차크이다. 그의 죽음과 삶은 역사의 안개 속에서 빛나는 도덕적 선언으로 남아 있다.

이 장에서는 코르차크의 장기적인 안목과 교육 비전을 살펴보고, 그것이 현재의 담론과 어떤 관련이 있는지 검토하려 한다. 이를 바탕으로 "교육자가 실천을 포기하지 않고 활력을 되찾게 고무하는" 패러다임 변화와 변혁을 요청하고자 한다(Alexander, 2003, p. 386). 좀 더 정확히 말해서, 우리는 책임감이라는 렌즈를 통해 코르차크의 관점과 생각과 행동을 탐구할 것이다. 여기서 책임은 아이에 대한 교육자의 책임 그리고 자기 자신, 타인, 공동체에 대한 아동의 책임을 뜻한다.

아동을 위한 교육자의 책임 ———

케임브리지 사전에 따르면 **책임**이라는 단어는 누구를 대신해 의무를 지거나 누구의 권위를 대신 지녀야 한다는 뜻이다. 여기서 중요한 점은 **내가 스스로** 책임져야 할 의무이다. 그러나 책임의 어원은 이와 다른 의미가 있다. 책임responsibility은 호응하는 능력이자 호응을 뜻하는 라틴어 동사 레스포데레respodere에서 유래한다. 레스포데레는 관심의 초점을 자기 자신에게서 자신이 호응하는 사람에게로 이동한다. 초점의 이동은 자신의 이익과 목표 대신 타인의 필요, 어려움, 꿈, 희망에 집중하는 능력을 요구한다.

이러한 반응 능력은 부버(Buber, 1965)의 나-너I-thou 관계, 나딩스(Noddings, 2014)의 사상 또는 아이리스 머독(Iris Murdoch, 1970)의 '무아(無我)unselfing'를 떠올리게 한다. 코르차크가 생각하기에 아이에게 호응하는 교육자의 능력은 모든 아이가 복잡하고 독특하며 모순과 신비로 가득하다는 인식에서 출발한다. "정확하게 100개의 다른 심장이 같은 교복을 입고 뛰고 있다. 저마다 다른 어려움, 일, 관심 그리고 걱정거리가 있다"(Korczak, 1967a, p. 208).

완벽하게는 아닐지라도 모든 아동은 자기다워질 권리가 있다. 또한 자신의 독특한 성격, 신념, 관심사를 존중받을 권리가 있다. 코르차크(1962)

는 "생각하기 싫어하는 바보만이 다른 점을 보고 실망하고, 다양성을 보고 화낸다"(p. 41)라고 단언했다. 질적 풍요를 추구하는 교육자의 책임은 개인 간에 존재하는 차이를 존중하고 이에 적절하게 호응하는 데 있다.

아동에게 중심을 두는 이런 호응 능력response-ability은 아동을 낭만적이거나 순진하게 대하라는 뜻이 아니다. 코르차크(1967a)는 교사의 감성적인 사랑과 교육적인 사랑을 구분한다. 아이를 감성적으로 사랑하는 교사는 아동을 미화해서 본다. 반면 아이를 교육적으로 사랑하는 교사는 아동의 세계를 "사소한 것이 아니라 의미 있는 것으로 바라보고, 아동을 순수한 존재가 아니라 한 인간"(p. 254)으로 인식한다. 교사는 아이의 자기실현 권리를 받아들이는 것과 자기실현을 위해 연습할 수 있는 환경을 조성해주는 것 사이에서 균형을 찾을 필요가 있다.

더구나 호응 능력과 교육적 사랑이 항상 관용적인 것은 아니다. 호응 능력과 교육적 사랑에는 전제가 있다. 교육적 노력이 성공을 거두기 위해서는 우선 질서와 법이 지켜져야 한다는 전제다. 어떤 바람직한 기준에 대한 안내 없이 학생에게 주는 자유는 "…… 지루한 노예를 폭군으로 만들고, [아이의] 의지력을 약하게 만들거나 독살할 것이다"(Korczak, 1967a, p. 135). 코르차크의 관점에서 볼 때, 오늘날 학교의 규칙과 규정은 교사의 권위를 세워주지 않고 아동만 지지한다는 점에서 문제가 있다 (Efron, 2008). 교육자가 아동의 진정한 필요와 요구를 파악하지 못할 경우, 애초에 아동을 보호하기 위해 설계된 훈육 시스템은 교사와 학생 사이에 비효율적인 장벽을 만들 수 있다(Korczak, 1967a).

나아가 교육적 사랑은 교사가 세운 목표를 강요하는 것을 뜻하지 않는다. 교육적 사랑은 교육자가 미래에 대한 아동의 시각을 열린 눈으로 바라보기를 요구한다. 코르차크의 시각에서 본다면, 틀에 박힌 교사의 가치체계를 따르라고 아이를 구슬리는 것은 큰 실수다(Shner, 2012에서 재인용). 코르차크는 그러한 시도는 효과가 없거나 오히려 폐해가 더 크다고 주장한다. 자발적인 의지보다는 권위적인 어른을 기쁘게 하려는 의도로 행동하는 아이는 대개 위선적이며 스스로 괴로워지는 결과를 초래한다. 그런 아이의 "실체가 드러날 때, 교사뿐만 아니라 아이도 틀림없이 상처를 받을 것이다"(Korczak, 1992, p. 172). 호응할 줄 아는 교사는 아이에게 "너를 사람으로 만들겠다!"라고 단호하게 선언하기보다는, 참을성 있게 말을 걸며 "너는 스스로 어떤 사람이 되고 싶니?"라고 묻는다(Korczak, 1967a, p. 154).

코르차크(2001)가 제시하는 교육적 접근방식은 아동을 성장 주체로 인식하며, 학생이 무언가를 선택해야 하는 상황에서 교육자 자신의 의지를 강요하지 않고 학생이 스스로 선택하게 한다. 코르차크에 따르면 그러한 선택은 책임을 수반한다. 교사가 방향을 바꿀 수는 있지만, 결국 삶의 도전에 직면하고 어떤 사람이 될지 결정하는 것은 학습자의 몫이다. 아동은 벌이 두려워서 옳은 행동을 선택하는 것이 아니라 현명하고 윤리적으로 행동하도록 격려받아야 한다(Lewin, 1997). 코르차크(1967a)에 따르면 그러한 교육자는 "아동에게 강요하지 않고 자유롭게 행동할 수 있는 환경을 마련해주며, 끌지 않고 밀어주며, 짓밟지 않고 모양 지으며, 지시하지 않고 지도하며, 요구하지 않고 요청한다"(p. 196).

어린이 공화국에서 코르차크는 개인이자 민주 공동체의 구성원으로서 학생의 자아실현을 촉진하는 사회적 교육 환경을 만들었다. 코르차크에게 교육자의 호응 능력이란 아동이 자신과 타인 그리고 자신이 속한 공동체를 책임질 수 있는 능력을 향상하는 교육 경험을 촉진하는 능력을 뜻했다. 다음 절에서는 이런 목표에 도달하기 위한 고아원의 실행 틀과

과정, 전략을 살펴볼 것이다.

자신에 대한 책임 ──

코르차크(1992)에게 아동은 자기의 약점을 극복하기 위한 노력을 스스로 계획하고 통제할 권리가 있으며, 스스로 발전하기 위해 노력하고, 때로는 그런 노력이 실패하기도 하는 존재이다. 아이는 자기의 노력과 성공뿐 아니라 '좌절과 눈물'도 존중받을 자격이 있다(p. 176). 코르차크의 목표는 고아원 아이들의 윤리적 · 비윤리적 결정과 행동이 그들 스스로의 일이라는 점을 이해시키는 것이었다. 동시에 코르차크 자신과 다른 교사들이 항상 곁에 있다는 것을 아이들이 알아주기를 바랐다. 코르차크는 자기주도적이고 자율적인 아동을 기르기 위해 아동에 관한 지식, 믿음직한 관계, 자기계발을 강화하는 전략, 용서하고 인내하는 환경이 필요하다고 보았다.

아동에 관한 지식 ──

아동은 삶의 경험과 특수한 가족, 사회문화적 배경을 바탕으로 사회적 · 정서적 · 윤리적 정체성을 발달시킨다. 아이가 스스로 책임질 수 있게 돕는 것은 아이가 누구인지, 어떤 사람이 될 수 있는지 아는 것에서 시작된다. 코르차크는 아이마다 다른 고유한 특성과 복잡성을 이해하기 위한 세 가지 질문을 교육자에게 안내한다. 아이의 과거는 어땠는가? 아이의 현재는 어떠한가? 그리고 그 아이는 자신의 미래를 어떻게 바라보는가?

나는 아이에게 입맞춤할 때 아이를 곁눈질로 보고 생각하며 질문을 던진다. 너는 누구인가? 나에게 이렇게 멋진 비밀인 너는 누구인가? 너는 나에게 어떤 의미인가? 내가 무엇을 도울 수 있는지 깊이 생각하며 입맞춤한다. 천문학자가 별에 입맞춤할 때 나는 아이에게 입맞춤한다. 누구이며, 누구였으며, 누군가가 될 별에 입맞춤을 한다.(Korczak, 1992, pp. 183-184)

대화를 통한 신뢰 관계 구축 ───

어른은 아동에 관한 지식을 바탕으로 아동이 자주적으로 자라게 도울 수 있다. 코르차크는 아동에 관한 지식을 얻는 가장 좋은 방법은 아이의 이야기를 듣는 것이라고 생각했다. 어른이 아이보다 더 많은 정보를 알고 경험이 더 많을지 모르지만, 아이는 자신에 관해 훨씬 더 많은 것을 알고 있다. 아이는 자신이 무엇을 생각하고 느끼며 두려워하는지를 교사가 이해할 수 있는 것보다 훨씬 잘 안다(Korczak, 1967a).

아동에 관한 지식은 대화로 신뢰 관계를 구축함으로써 얻을 수 있다. "교육에서 관계는 일종의 순수한 대화"라 여긴 부버(Buber, 1965)와 마찬가지로, 코르차크(1992)는 아이와 함께 나누는 대화의 힘을 믿었다. 아이와 대화할 때 교사는 자신이 경청한다는 것을 아이에게 확인시켜줌으로써, 아이를 가르치고 지원할 수 있는 더 좋은 방법을 찾을 수 있다. 이런 대화에는 "나이에 따른 위계질서도 없고, 더 높거나 낮은 고통이나 기쁨, 희망이나 실망도 없다"(p. 179).

고아원에서 코르차크와 직원들은 아이들이 아무 제약 없이 개인적으로 대화할 수 있게 독려했다. 코르차크는 대화하고 싶은 모든 아이들을 위해 일주일에 한 번, 방문을 열었다. 코르차크(1992)는 아이와 대화하는 "그 시간만큼은 성숙함의 측면에서 두 존재를 대등하게" 여겼으며, "나와 아이의 얽힘"(p. 179) 속에 있었다. 또한 코르차크는 고아원 내부 기관에 건의함을 설치해 아이들이 문제, 불만, 두려움, 소망을 적은 메모와 편지를 넣을 수 있게 했다. 코르차크는 쪽지를 읽고 서면으로 답하거나 직접 대화를 나누기 위해 아이를 초대했다(Cohen, 1994; Eden, 2000).

더불어 아이의 신뢰를 얻기란 쉬운 일이 아니라는 것을 잘 알기 때문에 코르차크는 교사들에게 아이가 억지로 감정을 표현하거나 비밀을 털어놓도록 강요하지 말라고 조언했다. 학생의 신뢰는 교육자가 권위적인 지위에서 얻은 통제권을 포기하고, 아이와 같은 눈높이에서 "아이에게 말하는 것이 아니라 아이와 함께 이야기를 나누어야" 비로소 얻을 수 있다(Korczak, 1967a, p. 345). 이런 대화를 바탕으로 아이는 교사가 자신의 개성을 존중하며 자신의 생각·감정·소망·걱정·좌절·의구심에 귀 기울인다고 느낀다.

아동의 자기계발 ──

코르차크에게 아동과 교육자의 신뢰 관계는 아이의 도덕적·사회적·정서적 발달의 토대였다. 그렇지만 아이가 그렇게 성공적으로 성장할 수 있는지는 결국 자기 행동에 책임을 지려는 아이의 의지에 달려 있다. 코르차크는 그런 의지가 자기 인식과 사명감에서 나온다고 믿었다. 코르차크는 투표와 내기라는 두 가지 주요 전략을 사용했는데, 이 전략은 아이가 장애물을 인식하고 자기 행동이 사회적 환경에 미치는 영향을 깨닫게 했다. 또한 자기 행동을 개선하는 동시에 행동의 주체로서 감각을 키울 수 있게 도왔다.

투표 아이들은 투표를 통해 아이들은 사회적 문제와 동료들이 자신의 행동을 어떻게 인식하는지를 예리하게 인지할 수 있었다. 해마다 주어지는 기준에 근거를 둔 비밀 조사를 통해 아이들은 어린이 공화국의 각 구성원이 공동체 구성원들이 기여한 바에 관한 자신의 생각을 표현했다. 아이는 투표 결과를 토대로 공동체가 어린이 공동체의 '시민'으로서 자신의 장점과 단점을 어떻게 인식하는지 알 수 있었다. 어떤 연구자(예컨대 Dror, 1998)는 이런 조사가 아이들에게 부담감을 줄 수 있었다고 비판하지만, 또 다른 연구자는 투표 결과가 아이의 반사회적 성향을 어느 정도 완화하고 극복하려는 의지를 길러주었다고 본다(예를 들면 Eden, 2000).

내기 스스로 건 내기를 통해 자기 행동을 규제하게 한 것은 아이들이 자기계발에 책임을 지게끔 한 또 다른 효과적인 전략이었다. 코르차크 앞에서 아이들은 자신의 문제 중 일부를 극복하기 위한 방법으로 내기를 한다. 아이들은 개인적으로 모여서 잘못된 행동이나 습관을 고치기 위해 자발적으로 돈을 걸었다. 고치고 싶은 잘못된 행동이나 발전시키고 싶은 기술을 내기 대상으로 선택함으로써 아이는 자기가 누구이고 어떤 사람이 되고 싶은지 성찰했다. 코르차크는 내기, 위반 횟수, 목표 달성 내용을 기록했다. 이런 내기는 싸움, 욕설, 부정행위, 절도 같은 다양한 쟁점을 두고 이루어졌다. 사생활을 보호받고 싶어 하는 아이들은 극복하고자 하는 행동의 내용과 내기 주제를 꼭 밝히지 않아도 됐다.

아이들이 항상 약속을 지킬 수 있었던 것은 아니다. 약속을 지키기 힘들 때 아이들은 내면의 어려움을 솔직히 털어놓았다. "저도 지키고 싶었어요. 지켜야 하는 것은 알았지만 제겐 너무 어려웠어요"(Korczak, 1967a, p. 196). 실패를 인정하면 아이는 새로운 내기에 도전할 수 있다. 이와 같은 좌절과 내면적인 투쟁의 순간은 아이와 교사를 더욱 가까워지게 했다. 아이를 향한 어른의 신뢰와 함부로 판단하지 않는 태도는 아이 스스로 잘못된 행동을 개선할 동기를 유지하는 데 매우 중요한 역할을 했다(더 자세한 내용은 제24장 참조).

인내하고 용서하는 분위기 ──

코르차크(1967b)는 아이가 "힘들고 실망하며 충격을 받을" 수밖에 없기 때문에 결코 자기계발 과정을 재촉하지 않았다. "아이가 자기만의 방법과 수단을 찾게 하라. 아이가 자기만의 작은 승리를 경험함으로써 기쁨을 느끼게 하라. 나는 내 기숙학교가 주는 다정한 분위기 속에서 아이들을 지원한다"(p. 532).

내면의 악마와 씨름하는 학생을 대할 때 코르차크는 수용, 인내, 용서로 태도를 구분했다. 고아원 아이들은 자신들이 있는 그대로 받아들여진다는 것을 알고 있었다. 그렇지만 꾸준히 노력하면 언젠가 개선할 수 있는 기회가 주어지리라는 상호적인 기대도 있었다(Silverman, 2017). 코르차크(1967a)가 아이와 나눈 다음 대화에서 이러한 태도의 본질이 잘 드러난다.

"성질이 급하구나." 나는 한 소년에게 말한다. "좋아, 누군가를 때려야 한다면 때리되 너무 세게 때리면 안 돼. 때려야 한다면 화를 내도 좋아. 그렇지만 하루에 한 번만이야." 그러면서 코르차크는 덧붙였다. "하루에 한 번만이라고 나와 약속한 거다. 이게 내 교육방식이란다."(p. 148)

이처럼 코르차크는 학생 개개인이 누구인지 알고 존중함으로써 그리고 꾸준한 대화로써 아이가 어려운 일이나 개인적인 문제를 스스로 극복하고 행동을 개선하게 도왔다. 코르차크는 아이의 고군분투에 공감하는 한편으로 교사가 직면했던 도전도 인정했다. 교사는 인내심을 품고 힘겨운 싸움을 해야 했다. 아이가 움츠러드는 순간에도 계속 아이를 격려하고 또 아이를 비판하거나 비난하지 않으려면, 아이에 대한 믿음과 자기계발 과정에 대한 신뢰가 필요했다.

타인에 대한 책임 ──

코르차크가 만든 프로그램은 신뢰 관계를 형성하고 용서하는 분위기를 조성하며 아이들이 스스로를 계발할 수 있는 체계적인 과정이었다. 이런 프로그램을 통해서 아이는 자기 행동에 책임지는 태도를 기를 수 있었다. 또한 대부분의 아이들이 자기 행동을 규제하고 사회적 또는 정서적 어려움을 극복할 수 있었다. 그러나 몇몇 아이는 자꾸 문제를 일으켰으며, 스스로의 힘으로 고아원의 사회적 요구에 적응할 수 없다는 것을 보여주었다. 그런 아이를 위해 코르차크는 강력한 교육 혁신, 즉 교차 연령 또래 멘토링 프로그램을 도입했다.

교차 연령 또래 멘토링 이 프로그램의 목표는 아이들이 서로에게 책임감을 느끼는 것이다. 이런 책임은 아동인 멘토가 또래의 사회적 도전에 반응하고 도움을 주기 위해 스스로 책임져야 한다는 것을 뜻한다.

교차 연령 또래 멘토링 프로그램은 다른 누구보다도 아이들이 서로를 더 잘 이해한다는 코르차크(1992)의 믿음에 바탕을 둔다. "의사 할아버지는 우리 방식을 이해하지 못해요. 우리 일에 대한 통찰력도 없죠"(p. 83). 이런 말을 예로 들면서 코르차크는 어른인 자신이 아이들을 자주 오해하고 오판하며 과소평가한다고 슬픈 목소리로 단언했다.

슐로모 나델의 회고에 따르면, 의사 할아버지는 "아이가 자기 주변에 쌓아놓은 장벽을 무너뜨리는 유일한 방법"이 아이와 "친한 동반자, 형 또는 누나"와 연결하는 것이라고 믿었다(Lipiner, 2015, p. 14에서 재인용). 일단 "형 또는 누나"를 믿으면 아이는 마음을 열고 형이나 누나, 언니, 오빠에게 속마음을 털어놓았다. 멘토는 개인적인 신뢰를 바탕으로 아이에게 영향을 주었으며, 그것은 교사가 주는 영향보다 더 강하고 의미 있는 경우가 많았다(Eden, 2000).

(고아원 내 기관에 관한 설명에 따르면) 어린이 공화국에서 멘토나 보호자는 고아원의 일과와 규칙에 적응하는 데 어려움을 겪는 또래를 돕고 지원한다(Cohen, 1994; Eden, 2000). 멘토는 고아원에 사는 노련한 주민이자 제도적 문화와 일상을 익숙하고 편안하게 여기는 아이였다. 멘토는 자원해야 맡을 수 있었지만, 임명 여부는 어린이 의회의 회의에서 다른 아이들의 승인을 거쳐 결정되었다. 멘토링은 3개월 동안 이어졌고, 두 당사자가 요구하면 3개월 더 연장할 수 있었다(Lipiner, 2015). 멘토와 멘티는 정기적으로 만나 대화하거나, 두 사람 사이의 긴밀한 관계를 형성하는 다른 구조적인 활동에 참여했다(Eden, 2000).

멘토는 자신의 경험을 일기에 기록하고 멘티와 함께했던 활동을 돌아보았다. 또한 갈등이나 예상치 못한 사건 또는 명확히 알기 어려운 일을 적고 순간의 통찰을 나누며 관련된 질문을 제기하였다. 3개월이 지나면 아이들이 멘토링 경험을 요약하고 어떤 발전이 있었는지 되돌아보며 평가하는 보고서를 작성하게 했다. 코르차크와 스테파니아 빌친스카는 일기를 읽고 멘토들이 제기한 문제들에 답을 달아주었다(Dror, 1998). 가장 취약한 아동의 사회성을 발달시키는 과정에 참여함으로써 교육자 자신도 또래 멘토링 프로그램에서 혜택을 받았다(Eden, 2000).

새로운 어린이를 위한 교차 연령 또래 멘토링 코르차크의 보살핌을 받았던 대부분의 아이들은 저소득 가정 출신이었으며, 고아원에 오기 전 심각하게 방치된 상태를 경험했다. 많은 아이들이 행동장애(Dror, 1998; Lipiner, 2015)가 있었고 사회적 기술이 부족했으며 다른 사람에게 의존적이었다. 이는 아이들이 고아원에 효과적으로 적응하는 데 아주 큰 방해 요인이 되었다.

멘토가 된 아이는 새로 들어온 아이에게 교육 환경과 고아원의 규칙과 일상을 소개했다. 또한 다른 아이들의 언어적·신체적 공격에서 보호하고 정보를 알려주는 역할을 했다. 다시 말해 이 베테랑 멘토는 신참자가 과도기를 편안하게 지낼 수 있게 했으며, 다른 동료나 교사들과 관계를 맺는 데 도움을 주었다. 나델은 그의 멘토였던 펠렉Felek과의 만남을 이렇게 기억했다.

처음 만난 날부터 나는 펠렉을 신뢰했어요. …… 그때 일곱 살이었던 제 삶은 고통으로 가득했어요. 제가 고아원에 막 도착했을 때, 펠렉은 저에게 식당을 안내하고 아이들이 자는 거대한 홀에 있는 제 침대를 보여주었어요. 또 고아원에 있는 많은 방을 함께 둘러보고 저의 새로운 임무를 설명해줬어요.(Lipiner, 2015, pp. 2-3)

사회적 문제가 있는 아이들을 위한 교차 연령 또래 멘토링 나이 많은 멘토의 도움이 필요한 또 다른 학생 집단은 어린이 공동체의 일원이 되기 위한 사회적 기술이 부족한 어린아이들이었다. 이런 아이들은 자신과 환경 사이에 '보이지 않는 벽'(Lipiner, 2015, p. 9)을 세웠고 친구를 사귀는 데 어려움을 겪거나 공동체의 규칙에 적응하지 못했다. 그 결과 매년 열리는 투표에서 친구들에게 사회적으로 낮은 평가를 받거나 규정을 어겼다는 이유로 어린이 법원에서 처벌을 선고받았다. 이런 규정들은 사회적 기술이 부족한 아이를 고아원에서 추방당하는 위험에 빠뜨리기도 했다(Dror, 1998).

그들의 행동에 대한 분명한 반대와 '법원의 선고'는 사회적 기술이 부족한 아이들의 소외감과 공격적인 감정을 증폭하고 부정적인 감정과 사회적 악순환을 일으켰다. 그러나 그런 외로움을 느끼는 날에도 아이는 적어도 한 사람, 바로 멘토가 자기 곁에 있다고 느꼈다. 멘토는 아이가 바람직한 사회적 기술을 습득할 수 있는 발판이 되어주었다. 이런 도움 덕분에 아이들은 대부분 자기 행동을 수정하고 사회적 지위를 높일 수 있었다.

코르차크의 고아원에서 교육받은 학생들을 인터뷰한 아다 하게리-포즈난스키(Ada Hageri-Poznansky, 1982)는 학생들에 대한 고아원 보호자의 지원, 지도, 보호 수준을 나타낸 바 있다. 예를 들어 이스라엘 징만Israel Zyngman은 계속 나쁜 짓을 저질러 마침내 고아원에서 추방될 위기에 놓였다. 징만은 운 좋게도 자기를 보호해줄 멘토를 만났다고 회상했다. "형은 저를 데리고 다니겠다고 했어요. 그 뒤 석 달 동안 저는 그 시험을 견뎌냈 죠"(Zyngman, 1976; Eden, 2000, p. 222에서 재인용).

어린이 공화국 학생과 교육자는 교차 연령 멘토링이 고아원의 사회생 활에 도움을 준다고 느꼈다(Eden, 2000). 멘토링 프로그램은 서로의 안녕 에 대한 아이들의 책임을 강조했다. 아이들은 새로운 학생이 맞닥뜨리는 도전을 모른 체할 수 없었고 사회적 기술이 덜 발달한 아이에게 무관심 할 수 없었다. 또래 멘토링 프로그램은 가족 같은 공동체 의식을 강화했 으며, 나이 많은 형제는 어린 형제가 자신감을 얻고 타고난 강점을 발휘 해 타인을 신뢰하게끔 도움을 주었다. 이와 동시에, 더 어리고 힘들어하 는 멘티는 강한 자기계발 동기를 얻었으며 공동체가 자신을 아낀다는 것 을 깨달았다.

공동체의 책임 ─────

고아원에서 코르차크가 계발한 세 번째 책임 차원은 공동체 내부 기관에 대한 아이들의 책임이었다. 일상적인 자치 경험은 아이들에게 필요한 기 술과 동기를 발달시켰다. 코르차크(1967a)는 "아동은 집단을 이루어 살 수 있는 모든 권리를 지녔고 …… 노력을 통해 자기 개념에 부합하도록 스스로를 형성한다"(p. 403)고 확신했다. 그는 이런 신념을 바탕으로 자 치를 발전시켰다.

아동 자치란 어린이 공화국을 통치·운영하는 데 참여하고 수많은 과 제의 해결책을 찾으며 또래 재판처럼 공동체 생활을 구성하는 광범위한 조직적 책임을 조정하는 것을 뜻했다. "아동 스스로의 노력을 통해" 자기 삶을 건설하는 데 적극적으로 참여한 경험은 아동의 "개념에 부합했다"(1967a, p. 402). 그리고 아이들이 개성과 차이를 인정하고 존중하면서 조화롭게 살 수 있는 복잡성과 가능성을 가르쳤다.

자치의 책임 ———

자치의 목적은 고아원에 혼돈을 초래할 수 있는 무제한의 자유를 주는 것이 아니었다. 오히려 코르차크(1967a)가 확신한 것은 토론에 참여함으로써 자신과 관련된 문제를 직접 결정할 아이들의 권리였다. 코르차크는 이런 권리가 "반박할 수 없는 아동의 권리"로, "자기 생각을 말하고 그에 대한 논의와 판단에 적극 참여할" 권리라고 선언한다(p. 129). 중요한 것은 교사의 지식·기술·경험과 아이들 스스로 집단생활에 참여할 권리 사이의 사려 깊은 균형이다.

어린이 공화국에서 성인과 학생은 공동체 업무를 운영하는 책임을 나누어 졌다. 민주적 심의를 거쳐 공동으로 결정한 명확한 규정과 규칙은 두 집단에 동등하게 의무를 지우고 공동체의 사회적·도덕적 규범의 기초가 되었다(Efron, 2008; Silverman, 2017). 코르차크(1992)의 설명에 따르면 책임의 공유는 실용적인 전략이다. 왜냐하면 "전문가의 참여 없이 우리는 성공할 수 없고, 그 전문가가 바로 아동이기 때문이다"(p. 174).

고아원에 있던 자치조직 기구들은 아이들을 위해서라기보다는 아이들과 **함께** 코르차크가 만든 것이었다. 학생들에게는 자기만의 어린이 법원, 의회, 위원회, 신문이 있었다. 각 기관에는 투표권이 없는 교사가 고문으로 임명되었다.

어린이 법원 자신을 '헌법적인'(2018, p. 244) 교육자로 본 코르차크는 또래에게 판결을 내릴 수 있는 어린이 법원이 공론장을 제공하는 학교 자치 인프라의 기둥이라고 인식했다(Engel, 2008). 어린이 법원의 가장 우선적인 목표는 아동 개개인을 보호하는 것이었다.

> 그러나 법원은 조용한 아이가 공격적이고 뻔뻔한 아이에게 해를 입지 않도록 보호해야 한다. 법원은 약자가 강자에게 고통받지 않게 보호해야 한다. 법원은 양심적이고 성실한 아이가 부주의하고 게으른 아이에게 휘둘리지 않게 보호해야 한다. 법원은 질서가 유지되어야 하는 곳임을 분명히 해야 한다. 선하고 온순하며 양심적인 아이에게는 혼란이 가장 해롭다.(Korczak, 2018, p. 208)

법원은 코르차크(2018)가 아이들이 배웠으면 한 여러 가치를 구체화한 곳이다. "법원은 그 자체로 정의가 아니다. 오히려 정의를 위해 노력하는 곳이 되어야 한다. 법원은 그 자체로 진실이 아니라 진실을 열망해야 한다"(p. 208). 법원의 판결은 갈등을 인도적이고 정의로우며 사려 깊은 방법으로 해결하는 법을 아이들에게 가르치는 것을 목표로 했다. 이를 통해 상처를 입은 아이와 상처를 입힌 아이 모두에게 민감성을 길러주었다. 나델은 코르차크 고아원에서 겪은 일을 회상하며 코르차크가 법원을 만든 이유를 추측했다. 나델에 따르면 코르차크는 아이들이 "사회적 판단을 받아들이고 자기와 대립하는 일반적인 복지 개념을 이해하며 사회적인 규범에 따라 행동할 수 있다고 믿었기 때문"(Lipiner, 2015, p. 11)에 법원을 만들었다.

또래 학생들은 민주적인 방식으로 학생 다섯 명을 선출하여 어린이 법원을 구성했다. 스테파니아 빌친스카는 투표할 권리가 없었지만 모든 재판에 출석했다. 그는 아이들에게 조언을 했지만 아이들이 그 조언을 꼭 들을 필요는 없었다. 나델에 따르면 코르차크는 돌아가며 판사직을 맡는 것을 매우 중요시했다. 왜냐하면 모든 아이들이 판사, 원고, 피고의 관점을 경험하기를 바랐기 때문이다(Lipiner, 2015).

법원의 판결은 코르차크(2018)가 작성한 명료하고 상세한 법전인 〈규약codex〉과 "누가 나쁜 짓을 하면 용서하는 것이 최선"(p. 208)이라는 원칙적인 선언에 근거를 두었다. 《어린이를 사랑하는 법》(2018, pp. 214-238)에 기술된 법률 규칙을 보면, 법원의 목표가 처벌보다는 교육에 있다는 점이 분명하게 드러난다. 판결 대부분은 "자기 인식과 자기계발의 관점에서 명확하게"(Berding, 2018, p. 434) 요약되고 공표됐다. 법원은 아이가 위반한 상황을 알 수 있도록 경고·조언·설명을 하고 도움을 주었으며, 일단 판결을 받으면 어떻게 개선할 수 있는지 인내심 있게 조언했다(Efron, 2008; Silverman, 2017).

코르차크는 아이들이 어린이 법원에서 판사 일을 경험함으로써 공동체 생활에 필요한 질서 있고 정의로우며 윤리적인 가치를 배울 수 있다고 믿었다. 어린이 판사는 판사라는 역할에 부여된 책임을 깨달았다. 즉 이성을 따르고 배워야 하며, 정보에 근거하여 윤리적 결정을 내려야 한다는 것이다. 판사 역할을 경험하는 것은 또한 용서의 중요성을 이해하게 했다. 피고뿐 아니라 원고도 합당하고 공정한 절차를 따라야 한다는 것을 배웠다. 그런 절차는 아이들이 정의와 타인의 권리에 대한 존중을 꾸준히 가치 있게 여기도록 했다. 나델에 따르면 어린이 법원은 고아원 내부에 폭력과 무질서를 조장할 수 있는 사건을 상당수 줄이는 역할을 했다(Lipiner, 2015).

어린이 의회 ──

어린이 의회는 최고 자치기구였으며 어린이 공화국 내에서 입법권을 행
사했다. 아이들은 일 년에 한 번 의회 대표 20명을 선출했다(Korczak,
1967a). 투표는 모든 아이들이 할 수 있었지만, 대의원은 부정직한 행동으
로 재판에 회부된 적이 없는 학생들 중에서 선출되었다. 그렇지만 내기
와 멘토링을 통해 스스로를 개선한 뒤에는 다시 대의원에 지원할 수 있
었다. 그래서 대의원 선출 제도는 문제가 있는 아동의 사회적 행동을 수
정하고 개선하는 동기를 부여하는 방법이기도 했다(Korczak, 1967a).

공동체 전체 회의가 열리기 전에 코르차크는 그랜드 홀에서 의회를
소집하고 주재했다. 총회에서 논의한 주제는 교육, 사회, 윤리적 문제에
관한 것이었다. 대표단은 어린이 법원이 제정한 법률을 통과시키거나 거
부 또는 수정했다(Cohen, 1994). 의회 의원들은 연간 일정을 조정하고 휴
일을 비롯해 고아원 생활의 다른 행사를 결정했다. 의회는 신입생 입학
과 퇴학 관련 결의안 검토에도 관여했다. 또한 위에서 말한 바와 같이 총
회에서는 사회적으로 어려움을 겪는 아이가 멘토 활동에 참여할 수 있게
끔 경험이 많은 아동을 선출했다(Cohen, 1994; Dror, 1998; Eichsteller,
2009; Engel, 2008).

코르차크(1967a)는 어린이 의회 의원들이 공정하고 효과적이며 생산
적인 회의를 운영하기를 기대했다. 그는 모임의 가치가 "공동체의 집단
적 양심을 이끌고 공동 책임 의식을 높이며 바람직한 영향을 주는"(p.

403) 능력에 있다고 보았다. 일찍이 수준 낮은 총회를 보고 실망한 경험이 있기 때문에 코르차크는 "말의 과잉"(p. 403)이 초래하는 비효과적인 논의를 경고했다. 그런 논의는 의미 없고 하찮은 결정으로 이어졌다. 코르차크(1967a)는 이렇게 강조했다. "어떤 결과를 얻고자 선거를 치르고 투표하는 것만큼 쓸모없는 코미디는 없다. …… 회의는 효율적이어야 한다. 우리는 왜곡이나 억압 없이 아이들의 발언을 있는 그대로 주의 깊게 들어야 한다"(pp. 401 – 403).

비효율적인 회의를 막기 위해 어린이 의회 의원들은 독립적으로 생각하고, 해야 할 일에 관한 그들의 의견을 표현하도록 장려받았다. 비판을 금지하지 않았고 아이들의 탐구적인 질문을 덮어버리지 않았다. 반대로, 아이들의 자율성과 비판적 사고, 계획은 독려하고 강화했다.

코르차크는 실제적인 쟁점과 그 결과에 관한 민주적인 토론, 의사결정의 가치를 인식하는 것을 중요한 과제로 여겼고, 의회는 공개 회의를 통해 이를 가르쳤다. 아이들은 공동체 안에서 사회적 화합을 공고히 하는 책임을 맡아 자신의 능력에 대해 자신감을 얻었다. 또한 공정하고 민주적이며 정의로운 사회 건설에 적극 참여하는 것이 얼마나 중요한지도 인식했다.

세 가지 형태의 책임에 대한 헌신은 아이들이 개인·대인관계·집단 차원에서 자기계발 목표를 설정하게끔 장려했다. 우선 스스로에 대한 책임은 아이들이 행동 결과를 인식하고 문제를 극복하며 바람직한 목표를 세우고 성취할 수 있는 능력을 강화해주었다. 서로에 대한 책임은 주변 사람의 요구에 귀 기울이고 민감하게 반응하는 능력을 강화해주었다. 공동체에 대한 책임은 집단 전체의 복지를 고려하고 민주적이며 윤리적인 공동체 건설에 적극 참여하도록 의무감을 느끼게 했다.

통찰과 성찰 ——

지난 세기 전반 폴란드의 교육환경이 권위주의적이었다는 점을 고려하면, 코르차크라는 인물은 독특하다. 대부분의 아동이 침묵하고 억압받던 시기에 코르차크의 고아원은 사랑과 존중에 대한 헌신을 보여준 예외적인 기관이었다. 코르차크는 30년이 넘는 기간 동안 질서 있고 실용적인 환경 속에 자신의 아이디어를 구현함으로써 대안적인 교육 전망을 발전시켰다.

코르차크는 아이를 있는 그대로 받아들였다. 아이 내면에서 일어나는 악마와의 투쟁을 존중했으며, 참을성 있게 그리고 정중하게 (그러나 끈질기게) 아이가 성장하고 자기 삶을 책임질 수 있도록 도와주었다. 인종적 증오와 폭력이 끊임없이 번지는 가혹한 정치적·사회적 현실 속에서도, 어린이의 집 졸업생들은 강한 정체성과 안전한 정서적·사회적 기반, 효과성에 대한 감각 그리고 진실·공정성·정의를 지향하는 삶을 끊임없이 탐구하는 능력을 발달시켰다.

코르차크가 제시한 선구적인 아이디어와 실천은 독단적인 이론 도식이 아니라 다년간의 경험을 통해 얻은(Efron, 2005; 2008) 개인적인 실천 지식이었다(Clandinin & Connelly, 1996). 코르차크에게 이론의 실천은 "교사 스스로의 지식, 열정, 신념 그리고 행동해야 하는 특정한 상황"이라는 맥락에서 자신의 이론을 꾸준히 발전시키는 출발점 역할을 했다(Korczak, 1978, p. 305).

이런 이유에서 코르차크는 조직적인 이론을 만들지 않았으며, 미래의 교육자를 위한 로드맵이 될 수 있는데도 자기가 실행한 바를 가지고 사람들을 설득하지 않았다. 코르차크는 학습자 내면에 자신과 타인, 정의

롭고 민주적인 공동체에 대한 책임감을 심어주었는데, 아마도 그는 교육적 사랑은 이런 방식으로 강조되어야 한다는 것을 보여주고자 노력한 듯하다. 코르차크의 교육적 실천은 학교와 교실 생활에 적용할 수 있는 모델이 될 수 있다. 왜냐하면 학생의 자율성, 자기계발, 서로 배려하는 관계 그리고 적극적인 참여는 학교와 교실에서 지식을 얻는 것 못지않게 중요하기 때문이다.

혁신적이고 비현실적이며 유토피아적이고 심지어 '미래'적인, 당시 그가 꾸린 교육 공동체는 코르차크가 선구적으로 개발한 프로그램·방법·전략의 원천이었다. 최근 교육자들은 다시 코르차크를 '발견'하고 있다. 그들은 자기 조절 전략, 교차 연령 또래 멘토링, 학생과 교사 사이의 신뢰관계, 아이들의 사회적·정서적 웰빙에 대한 강조 같은 코르차크의 방법을 유망하고 독창적인 혁신으로서 제안하고 있다. 그러나 아이들이 학교 운영이나 또래 재판에 참여하는 것은 여전히 비현실적이고 먼 '미래'로 여겨진다.

코르차크는 여러모로 상상력이 풍부한 선각자였다. 참신한 시각과 담대한 자세로 현재를 바라보기 위해서 캐낸 코르차크라는 진주는 "많은 것을 지녔지만 동시에 …… 낯선" 사람으로 보일지도 모른다(Arendt, 1993, p. 205). '아이의 영혼'에 관한 코르차크의 깊은 이해와 도덕적 정의감은 오늘날 우리에게 영감을 불러일으킨다. 우리는 학생들이 개인으로서, 동료로서, 공동체의 적극적인 구성원으로서 자기계발에 책임감을 지니게끔 도와야 한다.

코르차크의 도덕교육 사상과 실천

─강요하지 않고 영감을 불러일으키기

마르크 실베르만

들어가며 ──

도덕교육에 관한 코르차크의 비전과 실천은 아동의 자유로운 발달과 도덕적 발달을 효과적으로 통합한 흔치 않은 사례이다. 그 결과 아동은 정의, 정직, 배려, 협력, 연민에 바탕을 둔 대인관계와 사회적 관계를 형성할 수 있다. 코르차크의 도덕교육은 일반적이지 않다. 왜냐하면 '아동의 자유로운 발달'에 궁극적인 목표를 두는 철학자와 교육자는 도덕적 성장과 발달을 목표로 설정하는 데 확고하게 반대하기 때문이다. 그래서 코르차크의 도덕교육 사상과 실천은 이례적인 일이다.

　일관적인 '자유 발달free development' 이론은 개인의 꾸준한 성장 이외의 다른 교육목표를 두지 않는다. 자유 발달 이론에서 아동은 가장 의미 있는 '교과'이다. 이에 따라 아동을 교육과정의 단단한 핵심으로, 사회나 문화를 부드러운 핵심으로 설정한다. 학생은 성장과 자기실현을 위해 사회적·문화적 규범을 적용하고 형성하고 통제한다(Lamm, 1976).

도덕 발달 이론은 일관되게 무엇이 '좋은 삶'을 구성하는지에 대한 명확한 비전을 제시하고 이 비전을 구현하고자 시도함으로써 인간을 생물학적 존재에서 인간으로 변화시킨다. 여기서 도덕 개념과 윤리적인 행동 방식은 교육과정의 '단단한 핵심hard core'이 되고, 학생은 '부드러운 핵심soft core'으로 간주된다. 도덕적 성장 목표는 학생을 지도하고 형성하며 통제한다(Lamm, 1976).

그렇다면 코르차크는 위에서 말한 교육 이론 모델들을 어떻게 효과적으로 통합했는가? 그리고 모델 사이에 존재하는 갈등을 어떻게 해결했는가?

우선, 코르차크는 이 두 가지 교육 개념이 변증법적 관계에 있다고 보았다. 코르차크의 글과 고아원 졸업생들의 증언 등 수집할 수 있는 모든 자료를 검토한 결과, 아동의 자유로운 발달에 관한 코르차크의 생각은 다음 두 가지 기본 원칙에 기초한다고 가정할 수 있다.

○ 아이를 사랑하고 존중하라. 아이가 사는 방법을 결정할 자유를 충분히 주어라. 그 자유가 교육자의 안내에 따른 것일지라도 말이다.
○ 아이에게 설교, 포상, 보상, 협박 또는 실제적인 신체적 또는 심리적 처벌 행위와 같은 모든 형태의 지배, 강압적 조작 또는 설교를 삼가라.(Kohn, 1997)

나아가 코르차크는 다음 네 가지 지침을 준수할 때 아동이 발달한다고 본 듯하다.

- ○ '좋은 삶'에 대한 전망을 세우고, 아이가 그것을 실현할 수 있게 교육하라.
- ○ 근본주의, 광신주의, 잔인한 무관용 또는 감정주의와 도덕적 상대주의에 대하여 인식론적 겸손함과 비판을 설파하라.
- ○ '연민을 통한 개선'을 실천하라. '연민을 통한 개선'은 도덕교육의 한계를 인정하면서도 도덕교육을 통해 아동의 도덕적 성장이 얼마만큼 가능한지를 보여준다.
- ○ 아이에 **관해서는** 아이 **없이** 아무것도 하지 말라. 대인관계와 사회적 관계에서 배려와 정의를 조합할 수 있는 심의 민주주의적 방식을 개발해 제공하라.

네 가지 지침을 실행하는 방법 ———

1. 아동의 자유로운 발달
아동 권리 — 아이를 진정으로 존중하고 사랑하기
코르차크는 비밀을 지킬 권리, 개인 소지품을 가질 권리, 사랑받을 권리 그리고 인간으로서 완전히 존중받을 권리를 포함한 아동 권리를 옹호한 선각자였다. 코르차크는 이와 같은 아동 권리에 세 가지 권리를 더 추가한다. 바로 (오늘에 충실하게 그리고 지금 나이에 걸맞게) 현재를 살 권리, 자기 스스로일 권리 그리고 자신의 죽음을 책임질 권리다. 자신의 죽음을 책임질 권리는 이를테면 "위험을 무릅쓰고 세계를 탐험하며 새롭고 도전적인 상황을 발견하는 데 필요한 '호응 능력'을 인정하는 것"(Wolins, 1967, pp. 123-124)을 뜻한다.

헌법 교육과 '헌법' 교육자

어린이 법원은 코르차크가 아동의 실제적인 권리를 옹호하기 위해 얼마나 애썼는지를 보여주는 매우 강력한 증거이다. 법원에 그토록 많은 노력과 시간을 투자한 동기와 목표를 되새기면서, 코르차크는 '헌법' 교육자가 되고자 하는 열망을 다음과 같이 표현했다.

> 내가 법원에 지나치게 많이 투자했다면, 이는 법원이 해방의 핵심이고 헌법을 준수하는 길이며 〈아동권리선언〉의 엄중한 권위를 높일 것이라고 믿기 때문이다. …… 아동에게는 항의할 권리가 없다. 우리는 폭정을 끝내야 한다(Wolins, 1967, p. 312). …… 나는 이러한 몇몇 사례들이 내가 '합헌적인' 교육자로 새롭게 거듭나도록 훈련받는 일의 핵심이었다고 단언한다. 아이들을 좋아하거나 사랑한다는 이유로 아이들을 학대하지 않는 게 아니라, 교육자의 무법성·고의·횡포에 맞서 아이들을 보호하는 확실한 제도가 있기 때문에 학대하지 않는 교육자 말이다.(Wolins, 1967, p. 351)

그런 교육 시스템이 있을 때 교육자는 아동을 신체적·지적·사회적·정서적·윤리적 성장 과정을 겪는 한 인간으로 바라보며, 어른과 동등한 권리를 부여하고 옹호하며 돌보기 위해 노력한다. 또한 그런 교육 시스템은 학생에게 자신의 바람과 변덕을 강요하지 않고 학생을 교묘한 방식으로 다루지 않는 교육자를 양성한다. 어린이 법원은 모든 아동의 독특한 본성을 존중하려 한 코르차크 교육 연구의 확고한 철학적 기초를 보여준다.

다음은 어린이 법원의 정서적·윤리적 차원의 사례를 보여준다.

한 교사가 아이들의 주머니와 서랍에 있는 내용물에 코를 대고 있다. 사진, 엽서, 끈 조각, 꼬리표, 조약돌, 천 조각, 구슬, 상자 등 모든 것의 작은 부분 각각에는 …… 깊은 이야기가 함께 담겨 있는 경우가 많다. 바다로 여행하는 꿈이 담긴 작은 조개껍데기 …… 깨진 지 오래됐지만 어릴 때 잃어버린 사랑을 일깨워주는 유일한 물건인 인형의 눈 ……. 이를 이해할 수 없던 어떤 교사는 잔혹하게도 아동을 비웃으며 주머니가 찢어졌다고 화내고 서랍에 틀어박더니 …… 자기를 화나게 만든 그 모든 것을 쓰레기와 함께 화로에 던져버렸다. 그것은 거대한 권력남용이자 야만적인 범죄였다. (Wolins, 1967, p. 30)

위의 인용문은 코르차크가 아동의 삶을 구성하는 모든 측면에 많은 관심을 기울였다는 것을 보여준다. 또한 세세한 것들을 대하는 긍정적이고 과학적인 태도뿐만 아니라 은유적인 상상력을 보여준다(예컨대 "바다로 여행하는 꿈이 담긴 작은 조개껍데기"처럼). 상상력은 코르차크로 하여금 아이들의 물건이 어떤 감정적인 의미와 관계를 맺는지 이해할 수 있게 해주었다. 코르차크의 많은 동료들은 아이의 감정과 행동, 경험을 읽어내고 모든 생명에 존중을 표현하는 그의 능력에 감탄했다.

2. 아동 도덕교육
'좋은 삶'에 대한 코르차크의 비전
코르차크는 어떤 교육 프로젝트를 착수하는 데는 궁극적 목표를 명료하게 하는 것이 가장 중요하다고 보았다. 따라서 '좋은 삶'에 관한 이해는 교육의 필수 요건이라고 할 수 있다. 코르차크는 그가 보살피는 아이들이 어떻게 하면 자기 삶에서 이런 비전을 내면화하고 분투하게끔 격려할 수 있을지 연구했다.

다음은 코르차크의 '좋음' 또는 '좋은 삶'이라는 개념을 구성하는 주요 원칙이다.

○ 인간에게는 자기 자신과 세상을 발전시킬 수 있는 능력이 있다는 믿음
○ 식물, 동물, 인간 등 모든 생물을 존중하는 태도
○ 자신의 능력과 약점을 인식하고, 약점을 긍정적으로 변화시킬 수 있는 자각 능력의 발달
○ 인간의 삶을 개선하기 위한 생산적이고 창조적이며 충실하고 철저한 연구
○ 대인관계와 사회적 민감성, 특히 불의에 대한 민감성 발달. 자신과 사회에 해악이 되는 것을 분별할 수 있는 성찰적인 비판 능력과 개선할 수 있는 점을 고치기 위한 적극적인 윤리적 배려의 성숙
○ 대화 · 협력 · 정의 · 연민에 기초한 인간관계와 사회적 유대 관계 구축, 유지(Cohen, 1994 참조)

코르차크가 고아원 게시판에 정기적으로 올린 아이들의 칭찬할 만한 개인적 · 사회적 행동 목록을 보면 코르차크가 말한 '좋음'이 실제로 무엇을 뜻하는지 더욱 쉽게 이해할 수 있다. 목록에는 질서를 지키고, 책임을 지고, 공익을 증진하고, 동료를 보살피고, 친절하게 행동하고, 도덕적 만족감을 제공하고, 물질적인 도움을 주고, 정직하게 행동하는 것 등이 있다(Frost, 1983).

인식론적 겸손함과 근본주의와 도덕적 상대주의에 대한 반대

코르차크는 '아동의 자유로운 발달' 접근 옹호자들이 느끼는 두려움을 완전히 이해하고 어느 정도 공감했다. 자유 발달 옹호자들은 모든 것이 **방향성**에 **함몰**된 전체주의, 근본주의, 광신주의 등이 초래할 수 있는 해악의 함정에 빠질 것을 두려워했다. 아이제이아 벌린 경Sir Isaiah Berlin(1969)은 이렇게 말했다.

> 학살한 사람들을 위대한 역사적 이상이라는 제단 위에 제물로 올린 책임은 그 무엇보다 독단적인 신념에 있다. …… 그런 신념은 과거나 미래 어딘가에, 신의 계시나 어떤 사상에, 또는 역사나 과학 이론에, 아니면 그냥 어떤 사상가의 마음속에 최종적인 해결책이 있다는 믿음이다. 이런 오래된 신앙은 인간이 믿어온 모든 긍정적 가치가 결국은 조화로워야 하며 상호 의존적이어야 한다는 확신에 근거한다.(p. 167)

'자유 발달' 옹호자의 관점에서 볼 때, 아동 개인의 꾸준한 성장 이외에 다른 최종적인 교육목표를 설정하는 것은 아동이 자기실현을 위해 스스로 선택할 자유를 가로막는다.

코르차크는 이런 문제점에 대처하기 위한 방법으로 헌법 교육과 '인식론적인 겸손함'을 가르쳤다. 코르차크는 '좋은 삶'에 대한 비전을 세우고 실천하도록 교육했다. 동시에, 자기가 생각하는 선의 개념은 항상 선에 가까운 것일 뿐, 선 그 자체는 아니라는 점을 기억하게 했다.

반대로 해석하자면, 코르차크는 '아동의 자유로운 발달' 접근 옹호자가 내놓을 비판에 대비하여 도덕적 비전의 중요성을 강조했다고 볼 수 있다. '아동의 자유로운 발달' 접근은 감정주의, 도덕적 상대주의 그리고

'흘러가는 대로 내버려두면 된다'라는 식의 사고가 초래할 수 있는 함정에 빠질 가능성이 있다. 도덕적 나침반이 없으면 방향을 잃고 혼란에 빠진다. **방향이 없는 것**은 **방향이 너무 뚜렷한 것** 못지않게 해악이며, 역설적으로 사람들을 대담한 교조적 방향으로 이끄는 경우가 많다(MacIntyre, 1984).

'연민을 통한 개선' — 도덕적 성장의 가능성과 도덕교육의 한계

코르차크는 또한 '아동의 자유로운 발달' 접근법이 지닌 인간 본성에 관한 낙관적인 시각을 문제 삼았다. 인간 본성에 관한 낙관적 시각은 '아동의 자유로운 발달' 접근법에서 또 다른 핵심 역할을 하는 원칙이다. 이 접근법의 아버지라고 할 수 있는 루소(Rousseau, 2001)는 《에밀Émile》 첫머리를 "하느님은 만물을 선하게 만들었지만, 사람이 간섭하면서 악이 된다"(p. 5)라는 주장으로 시작한다. 코르차크는 이 문장이 "모든 현대 유전 과학에 모순된다"면서 루소의 전제를 단호하게 비판한다. 또한 그는 서머힐Summerhill을 기획한 설립자 알렉산더 닐Alexander S. Neill도 비판했다(Wolins, 1967, p. 201).

코르차크는 인간에게는 악이 존재하며, 그 악은 두 가지 주요 원천에서 나온다고 확신했다. 하나는 유전적으로 타고난 부정적인 충동으로, 그중 일부는 완전히 통제될 수 없는 것이다. 다른 하나는 부정적인 대인 관계다. 코르차크는 교육자가 아동을 감상적인 관점으로 대하는 태도를 자제해야 한다고 경고한다.

아이는 마음이 선하고, 아이의 자신감은 꺾기 쉽다고 생각하며, 아이는 순수하고 다정하고 열린 마음을 지닌 작은 영혼의 세계라고 생각하는, 달콤한 환상을 품은 교사는 교직을 시작하자마자 실망하게 될 것이다. …… 어른과 마찬가지로 아이들 사이에도 악한 아이가 있다. …… 자작나무는 자작나무로, 떡갈나무는 떡갈나무로, 엉겅퀴는 엉겅퀴로 자란다. 나는 잠든 영혼을 일깨울 수 있을지 모르지만 아무것도 창조할 수 없다.(Wolins, 1967, pp. 246 - 247)

코르차크는 인간 본성에 악이 내재하며, 그런 악을 완전히 제거할 수 없다는 점을 인정했다. 그러면서 코르차크는 교육에 관해 가장 결정적인 문제를 제기한다. 그것은 선을 향한 아동의 의지를 어떻게 강화하고 발전시키며, 악에서 멀어지게 할 더욱 구조적이고 건설적인 방법이 무엇이냐는 것이다.

코르차크는 인간의 매우 다른 두 측면에 효과적으로 대응해야 한다고 보았다. 한 측면은 건설적인 노력으로 인간의 의지를 변화시켜 삶을 향상할 가능성이 있다는 것이고, 다른 한 측면은 부정적인 유전자와 사회적 압력에 따른 관행 때문에 그 가능성에 한계가 있다는 것이다. 매우 어렵긴 하지만 코르차크는 인간의 이런 두 측면에 대응하는 교육적 접근과 교육학을 발전시켰다. 나는 이를 '연민을 통한 개선compassionate amelioration'이라 이름 붙였다. 연민을 통한 개선은 다음 사항을 포함한다.

○ 이해하기 어려운 행동을 하는 아이라면, 현재 경험과 관련해 아이 스스로 표현하는 대로 바라보기
○ 부정적인 행동과 특성에 관용적이고 참을성 있는 태도를 보임으로써 아이의 현재 자아를 존중하기
○ 효과적인 교육의 바탕인 신뢰 관계를 형성해 교육적인 면에서 아이를 용서하고 존중하기
○ 아이에게 자기와 자기가 속한 사회를 개선하기 위해 도전할 기회

를 주기

○ 아이가 자아와 사회적 향상에 필요한 도구와 기술을 습득하고 연습하게끔 지원하기

'호응 능력'(책임)은 훌륭한 교사의 특징이다. 그런 교사는 현실 세계, 자신의 바람 그리고 실존하는 자신의 의무 사이에서 벌어지는 투쟁에 비판적·윤리적 관심을 기울인다. 나아가 배려적 관심을 통해서 발전한 연민을 보여주며 응답하는 능력이 있다. 그 뒤 코르차크는 '코르차크식 시스템Korczakian system'이라고 불린 교육 실행, 방법, 프레임워크가 서로 연관된 망을 구축하고 실행해 고아원 공동체 안에 '연민을 통한 개선'이 실행되는 사회적 분위기를 만들었다.

20여 개의 프레임워크와 활동은 어린이 의회와 법원, 도제식 훈련, 차등적인 시민적 지위, 윤리적 성장 선서, 수행 과제, 소모임 활동, 상점 제도 등을 포함한다(Silverman, 2017, pp. 143–151). 이런 프레임워크와 활동은 각각 독립적으로 그리고 서로의 관계를 강조하는 배려 윤리와 합리성을 중심으로 하는 인지적 윤리를 통합했다. 이와 같은 교육과정을 토대로 고아원 공동체 구성원들은 서로 관계를 맺을 수 있었다. 그렇지만 코르차크의 관점에서 가장 중요한 것은 어린이 법원과 헌법 그리고 절차 자체였다(Silverman, 2017).

대인관계와 사회적 관계에서 배려와 정의를 통합하도록 고무한
숙의와 민주적 방법

《헌법Constitution》은 코르차크가 어린이 법원 절차를 만들기 위해 활용한 중요한 근거였다. 《헌법》은 코르차크가 직접 편찬한 법전으로, 어린이 법원 절차의 구성과 내용에 관한 제안이 담겨 있다. 또한 어린이 법원의

절차는 그 자체로 코르차크의 교육적 방식을 실행하는 역할을 했다. 고아원의 모든 아동과 교사는 자기를 불쾌하게 만든 학생이나 교사를 고소할 수 있었다.

판사는 코르차크가 직접 집필한 이 법전에 근거하여 사건을 판결했다. 이 법전에 포함된 109개의 내규는 잘못을 실질적으로 규정하는 대신, 원고가 제기한 잘못에 대해 가해자의 책임 범위를 평가하는 지침 구실을 했다. 이 내규 가운데 앞의 99개는 피고를 '용서'할 수 있는 이유에 관한 것들로, 한 항목당 한 개씩 1부터 99까지 번호를 매겼다. 반면, 마지막 10개에는 100단위로 번호를 붙여(예를 들면 제100조, 제200조, 제300조 …… 제1000조) 피고가 자기 행동에 무거운 책임을 느끼게 했다.

법전은 이처럼 세심한 언어를 사용해 죄의 심각성을 드러냈으며 고아원 공동체 안에 잘못을 공표했다. 내규 중 가장 책임이 무거운 조항은 제900조와 제1000조이다. 제900조는 피고가 반사회적 행동을 개선하지 않으면 곧 추방당할 것이라는 경고이고, 제1000조는 고아원에서 추방한다는 조항이다. 제1000조가 있지만, 피고에게는 제900조에 따라 구제받을 수 있는 마지막 기회가 있다. 피고는 고아원 공동체에서 좀 더 노련한 구성원을 택하여 자기계발에 도움을 받을 수 있는 기회를 얻는다. 또한 추방당한 사람은 석 달 뒤에 고아원에 재입소를 신청할 수 있다(단, 현재 노력 중인 자기 혁신에 관한 일화나 경험적 증거를 보여줄 수 있어야 한다.)

코르차크는 일부러 마지막 열 개의 유죄판결 조항보다 피고에 대한 처벌을 제한하는 내규를 훨씬 많이 만들었을 것이다. 아이를 처벌하려 하는 태도보다 아이의 비행에 대해 인내심을 갖고 납득할 만한 정당한 이유를 찾는 쪽이 교육적으로 훨씬 건전하고 건설적이다. 계속 인내하는 것은 꽤 많은 참을성과 관용을 요구한다. 이에 견주어 벌을 주기 위한 용도로 법전을 활용하는 것은 훨씬 쉽긴 하지만 상황을 더 나빠지게 할 뿐이다. 《헌법》 서문을 자세히 읽어보면 코르차크와 고아원 교사들이 채택한 민주적 방식을 더 잘 이해할 수 있다. 그들은 대화야말로 민주적 방식이라고 생각했다.

대인관계와 사회적 관계에서 아동이 배려와 정의를 통합적으로 고려하고 실천하는 데 도움이 되는 세 가지 방법을 아래와 같이 정의해보고자 한다. 이 방법들은 중요하고 또 서로 연관이 있다.

① 한 인간으로서 아동에게 진정 어린 존중을 표하고, 끊임없이 문제를 일으키는 아이를 향해 교육적으로 용서하는 태도 보이기

법전은 무슨 죄를 졌든 사람을 용서하는 것이 최선이라는 말을 두 번 반복한다. 이런 반복은 함의하는 바가 있다. 즉 코르차크는 용서가 도덕교육을 위한 구성 요건이라고 보았다. 용서는 일반 사람들 그리고 특히 아동과 도덕교육적인 활동을 함께하는 데 필요한 전제였다. 효과적인 도덕교육은 아동의 타고난 약점을 인내하고 존중하는 것에서 시작한다.

아동을 깊이 존중하고 배려하는 것은 그들의 잘못을 용서할 수 있는 방법을 알려준다. 왜냐하면 존중과 배려는 선행을 감소시키거나 악행을 증가시키는 많은 상황과 원인을 우리가 연민하는 태도로써 이해하게 만들기 때문이다. 이러한 관용은 특별한 호의가 아니라, 아이에게 주어진 현재를 존중하는 윤리적 의무로 여겨진다. 아이들이 현재 저마다 지니고 있는 인격에 문제가 있다고 고발하는 것은 아이를 향한 존중이 부족함을 보여줄 뿐만 아니라 아이를 좌절하게 만들고, 행동의 문제적 측면을 다시 고려할 가능성까지 제거해버린다. 분노 가득한 비난은 아이가 자기 변화의 문으로 들어갈 수 있는 가능성을 막아버리는 반면, 교육적 용서

는 아이의 마음을 풀고 활짝 열어준다.

② 아동에게 자신과 자신의 사회적 측면을 혁신적으로 바꿀 수 있는 다
양한 기회를 제공하기

본질적으로 코르차크의 교육적 용서는 아동이 제멋대로 잘못을 저질러
도 괜찮다는 뜻이 아니다. 미래에 아이가 나쁜 행동을 반복할 상황이 생
겼을 때 그런 상황을 물리치리라는 희망을 품음으로써 우리는 아이의 나
쁜 행동을 받아들일 수 있다. 코르차크의 교육체계는 자신과 자신의 사
회적 측면을 혁신적으로 바꿀 수 있는 기회를 풍부하게 '제공한다'. 이는
아동에 대한 코르차크의 희망을 명확히 보여준다. 그는 아동 스스로 비
윤리적인 방식을 고칠 수 있게끔 '호응 능력'을 계발하기를 바랐다. 그리
고 이러한 희망은 개인과 대인관계를 혁신적으로 바꿀 수 있는 기회에
기초한다. 다음은 코르차크가 아동을 위해 마련한 기회의 사례이다.

○ 윤리적 성장을 건 내기
○ 고아원 퇴소 3개월 뒤에 재입소 허용
○ 사회적 협력 강화를 통한 시민적 지위 향상
○ 특정 유형의 업무에 대한 유능성 향상 그리고 업무 과제와 책임 범
  위 확대

코르차크는 고아원에서 자신의 시민적 지위를 높이고 싶어 하는 어느
아동에게 다음과 같이 이야기하는데, 이는 고아원의 교육적 분위기를 함
축적으로 보여준다.

만약 착하게 행동할 의지와 지성, 적절한 자질을 충분히 갖췄다면 너는 우리 공동체에서 완전한 권리를 얻을 거야. 하지만 그런 권리는 노력 없이 얻을 수 없단다. 노력 없이는 열매도 없지. 햇살이 내리쬐는 운동장, 놀이터, 시골의 여름, 동화, 우유에 적신 케이크도 없단다. 네가 정말로, 진심으로, 이 조건들을 즐기고 싶어 한다는 사실을 증명하지 않는다면 하루도 벌받지 않는 날이 없을 거야. 보상은 노력에 따라 결정된단다.(Cohen, 1994, p. 102)

③ 단순한 배려just-caring가 아닌 정의로운 배려Just caring

《헌법》서문의 마지막 두 구절은 코르차크의 도덕교육 개념에서 중요한 세 번째이자 마지막 실천을 보여준다. 코르차크는 정의와 진실을 추구하는 것이 어린이 법원의 존재 이유라고 명확히 기술한다. 이 구절과 그 앞의 구절은 코르차크가 도덕교육을 어떻게 정의하는지 보여준다. 그에 따르면 대인관계와 더 넓은 사회적 관계는 단순히 관계에 기초한 배려가 아니라 정의로운 관계에 대한 배려와 관심에 바탕을 두어야 한다.

이 세 번째 실천은 아이들이 서로 배려하게끔 북돋울 뿐만 아니라 정의나 공정성에 바탕을 두고 배려하는 관계를 형성하게 돕는 역할을 했다. 결과적으로, 교육적인 용서는 미래에 잘못을 고치리라는 희망뿐 아니라 정의에 대한 고려까지 포함하는 개념이다.

코르차크의 실천은 힘세고 짓궂으며 무책임한 아이들이 더 강해지고, 힘없고 성실하며 책임감 있는 아이들이 더 약해지는 불공정한 사회풍토가 확산하는 것을 권장하거나 용인하지 않았다. 결국 아동의 삶의 방식을 바꾸기 위한 코르차크의 실천은 아이들이 호혜성, 노력과 결과, 투자와 성과라는 합리적 윤리 원칙을 배우고 내면화하는 데 도움을 주었다. 아동 참여와 아동 참여를 위한 사회적 제도 그리고 그 안에서 구체화한 정의,

공정성, 합리성, 진실을 향한 관심과 헌신은 스스로에 대한 아이의 지식 탐구를 촉진했다. 또한 이성적 사고와 비판적 성찰, 판단력뿐 아니라 배려, 선행, 연민을 바탕으로 도덕적 추론을 발달시키고 익히게 도왔다.

결론 ──

코르차크의 교육 개념에는 중요한 점 두 가지가 있다. 하나는 모든 아동이 고유한 개인으로서 발달한다는 사실에 대한 존중과 배려이다. 다른 하나는 타인과 세상, 아동 개인의 관계가 연민과 정의에 기초해야 한다는 바람이다.

그는 서로 영향을 주며 강압적이지 않은 두 가지 방법을 활용했다.

○ 코르차크는 자신을 포함하여 '월급을 받는' 상담가인 스테파니아 빌친스카와 함께 교육 담당 직원 역할을 했다. 코르차크와 빌친스카, 고아원 아동의 관계는 연민 어린 태도로 서로의 발전을 돕는 모델에 기초하는 동시에 그런 모델의 본보기가 됐다.

○ 서로의 발전을 돕는 사회적 분위기 조성과 공동체 형성에 바탕을 두고 교육 실천 네트워크를 구성했다. 역으로, 교육 실천 네트워크는 서로의 발전을 돕는 사회적 분위기와 공동체를 만들었다. 교직원과 아이들을 비롯한 고아원 공동체의 모든 구성원은 이와 같이 연민 어린 태도로 서로의 발전을 도움으로써 자신뿐 아니라 다른 사람을 교육하는 일에 꾸준히 참여했다.

코르차크가 설계하고 시행한 전체 교육 프로젝트는 인본주의적인 도덕교육 모델을 개발한 시도였다. 코르차크는 권위적이고 강압적인 교육 방식에 의존하지 않으면서 아동의 권리를 존중하고 도덕적 발달을 장려하며 촉진하는, 대화적이고 협력적인 방법을 제공했다. 코르차크는 20세기의 훌륭한 인문주의 도덕교육자로 인정받아야 한다.

교육기관 재제도화에 관한 야누시 코르차크와 존 듀이의 유사점

좁 W.A. 버딩

들어가며 ———

20세기의 가장 중요한 교육자로 꼽을 수 있는 야누시 코르차크(1878~1942)와 존 듀이(1859~1952)의 삶과 직업은 얼핏 공통점이 없어 보인다. 심지어 막연하게 비슷한 점조차 없는 듯하다. 그러나 '눈에 보이는 것' 이상의 무언가가 있다. 이 장에서는 이 두 교육학자의 연구를 살펴봄으로써 그들의 고유한 교육학적 '시각'을 함께 검토해보고자 한다.•

첫째로, 유년기의 지위를 바라보는 코르차크와 듀이의 생각은 명확하

• 나는 학교 같은 기관에서 보호·복지와 관련하여 아동을 돌보는 전문가로 일하는 사람을 언급할 때 '교육자(pedagogues)'와 '교육학적인(pedagogical)'이라는 용어를 사용하는 것을 선호한다.

게 닮았다. 코르차크와 듀이는 유년기가 단지 성인기를 향한 통로가 아니라고 여겼다. 그들은 한 개인의 삶에서 비교적 자율성이 두드러지는 단계가 유년기라고 보았다.

둘째로, 코르차크와 듀이는 모두 실험적인 접근법을 토대로 아동의 현실과 교육을 교육학적으로 해석했다. 과학적 연구의 타당성을 인정하면서도 두 사람은 학생에 대한 교사의 관찰이 매우 중요하다고 강조했다. 코르차크와 듀이는 교육자가 실제 세계와 상호작용을 하면서 '진짜' 아동을 다루고 있다는 점을 명심하게 했다.

셋째로, 코르차크와 듀이는 교육이 실재하는 기존 현상을 단순히 강화하는 것이 아니라 새로운 현실을 구성한다는 점을 보여주었다. 이때 그들은 교육에 대한 '객관주의적' 접근법을 거부한다. 아동은 의미 있는 활동에 참여함으로써 스스로를 교육하는 경우가 많다. 여기서 '참여'라는 개념은 중요한 의미가 있다.

마지막으로, 두 사람 모두 교육 실천에 깊이 관여했다. 코르차크는 바르샤바 고아원(1912~1942)에서, 듀이는 일리노이주 시카고에 있는 연구소(1896~1904)에서 교육 실천에 깊이 관여했다. 코르차크의 고아원과 듀이의 연구소는 그 자체로 획기적인 교육기관이었다. 나는 코르차크와 듀이가 수행한 연구의 본질적인 목적이 새로운 형태의 제도적 공동체를 만드는 데 있다고 생각한다. 코르차크의 고아원과 듀이의 연구소에서 매우 결정적인 요소 가운데 하나는 일상적으로 이루어지는 아동과 청소년의 참여였다. 또한 참여는 아동과 청소년이 외부와 열린 소통 창구를 유지하게 만드는 역할을 했다.

다만 내가 가장 궁금한 것은 코르차크와 듀이가 제안하고 예로 든 이른바 교육의 '재(再)제도화'를 바탕으로 오늘날 제도화한 우리 삶의 문제를 해결할 수 있는 방법을 찾을 수 있는가 하는 점이다. 물론 사회와 기관을 인간화하는 과제는 지금도 여전히 중요하다. 이는 우리가 코르차크와 듀이의 교육학적 아이디어와 실천을 탐색해야 하는 이유이기도 하다.

따라서 나는 지적인 것에 대한 관심 부족, 낮은 동기 부여, 중도 탈락 등과 같은 현재의 교육문제에 코르차크와 듀이의 사상과 실천을 적용할 수 있는지 가늠해보고자 한다. 코르차크나 듀이의 아이디어를 오늘날 완전히 실행하는 것은 분명 불가능하고 비합리적일 수 있다(예를 들면 Boisvert, 1998; Berding, 1999; Tanner, 1997). 그럼에도 코르차크와 듀이의 연구는 여전히 우리에게 많은 시사점을 던져준다.

이번 장에서는 코르차크와 듀이의 이론과 실천을 발전시킨 사회문화적 맥락을 살펴볼 것이다. 그중에서도 코르차크의 사례를 더 자세히 살펴보려고 한다. 또한 코르차크와 듀이의 '교육적 인류학'과 아동 또는 아동기에 관한 그들의 관점을 재구성해볼 것이다. 마지막으로, "바르샤바 고아원과 실험학교의 '제도화한 참여'는 우리에게 어떤 시사점을 주는가?"라는 질문을 던져보고자 한다.

야누시 코르차크 ──

코르차크가 전 생애에 걸쳐 쌓은 업적의 독특한 면은 아동의 권리를 위한 '(코르차크 자신의 용어를 사용한다면) 집착'이 모든 것을 포괄한다는 점이다. 1919년 코르차크는 아동 권리에 관한 법전인 일명 《자유대헌장·Magna Carta Libertatis》을 공표했다. 코르차크는 교사와 어른들이 만드는 부정의에 맞서 아동의 소외된 사회적 지위를 높이기 위해 싸웠다. 분명 학문적이지는 않은 코르차크의 교육학은 아동의 권리를 보호하고 강자에게서 약자를 보호하는 일에 관한 모든 것을 다룬다.

코르차크는 여러 고아원에서 자신의 공동체 생활에 관한 이상을 실천했으며, 《어린이를 사랑하는 법》(Korczak, 1967/1919) 같은 책을 통해 그 유명한 어린이 법원을 묘사했다. 스위스의 유명한 교육학자 요한 페스탈로치(1746~1827)에게 많은 영향을 받은 코르차크는 '폴란드의 페스탈로치'라고까지 불렸다. 코르차크의 고아원이 짧은 기간(1932~1934) 동안 자체적으로 학교를 운영할 때, 페스탈로치가 세운 활동 원칙과 학생의 책임 항목은 큰 역할을 했다.

소아과는 19세기의 마지막 몇십 년 사이에 등장한 의학의 새로운 분야로, 코르차크의 교육학 연구에 경험적 핵심을 정의해주었다. 코르차크는 파리와 베를린에서 공부했다. 그 후 30년 동안 코르차크는 고아원에서 교육자이자 소아과 의사로 학생들을 열심히 관찰하고, 그들의 성장과 발달에 관해 많은 자료를 모았다. 불행히도 이 모든 자료는 전쟁으로 소실돼버렸다. 또한 코르차크는 1904년부터 1908년까지 바르샤바 인근 여름 휴가 캠프에서 견습 교사로 일했는데, 이 경험이 코르차크의 교육 사상을 발전시키는 데 큰 영향을 주었다. 캠프 경험은 아이에게 이야기하는 것이 아니라 아이와 대화하는 것이 얼마나 중요한지 가르쳐주었다(Korczak, 1967/1919).

1942년 8월, 코르차크 어린이 공화국의 역사는 비극적인 마지막 장으로 접어들었다. 이 순간 코르차크는 "순교자가 되어가고 있었다"(Chiel, 1975). 코르차크의 사상은 1950, 60년대에 처음에는 독일로, 나중에는 전 세계로 퍼져갔다. 그런 자료들은 전기(傳記)와 교육에 관한 글 그리고 불행하게도 코르차크를 미화하고 찬양하는 비사실적인 글 등 수많은 2차 문서들까지 포함했다.

존 듀이 ──

듀이는 철학자, 교육자, 민주적 학교교육의 옹호자로서 긴 생애 동안 많은 선구적인 논문과 책을 저술했다. 그의 대표적인 저서로는《학교와 사회The School and Society》(1899),《민주주의와 교육Democracy and Education》(1916),《경험과 교육Experience and Education》(1938) 등이 있다. 듀이는 이 저술 대부분을 시카고대의 실험학교(초등학교) 경험에 바탕을 두고 집필했다.

　듀이는 학생의 일상생활과 밀접한 교육 내용을 구성하려고 노력했다. 이에 그는 당시 주류였던 교육 시스템을 거부하고 학습에 대한 새로운 접근 방식을 도입했다. 즉 경험에 바탕을 둔 활기찬 학교 환경에서 실천과 문제 해결을 통해 학습이 이루어지게 했다. 이 '새로운' 교육의 화두는 소통, 대화, 구성, 창의성이었다(Berding, 2015; Dewey, 1899; 1902). 듀이가 추진한 교육의 출발점은 말로만 외치는 '결집된 문화'가 아니라 역동적이고 활기찬 실재였다(Berding, 2015; Dewey, 1899; 1902). 그는 학교와 비공식적인 학습 사이에 존재하는 강한 연관성을 믿었고, 아동의 경험에 연속성이 있어야 한다고 요구했다(Dewey, 1916; MW9).

　1920년대 초에 미국의 일부 학교는 극단적인 '아동 중심' 관행을 따르고 있었다. 듀이는 이런 관행에 거리를 두었는데도 그의 옹호자들은 듀

- *The Collected Works of John Dewey, 1882-1953,* ed. by Jo Ann Boydston, Carbondale and Edwardsville: Southern Illinois University Press, LW 14:311.

이의 '진보주의'를 아동 중심주의와 동일시했다. 듀이가 그 무렵 미국 교육에 큰 영향력을 행사하던 신교육협회 New Education Fellowship의 주요 대변인이었기 때문이다. 그래서 듀이가 아동 중심주의에 동의했는지를 둘러싼 논쟁이 벌어졌지만(Berding, 1999), 듀이의 주요 관심사는 아동, 교육 내용(과목 문제), 아동과 사회 사이의 관계 설정이었다.

듀이는 일생 동안 그의 아이디어에 대한 열광적인 환영부터 완전한 반대에 이르기까지 다양한 감정적 반응을 경험했다. 1920, 30년대 미국인들은 듀이를 이를테면 '국가적 예언자'로 여겼다. 그래서 1950년대 후반 미국의 교육이 갈피를 잡지 못할 때, 사람들은 학교의 후진성을 모두 듀이 탓으로 돌렸다. 그러나 오늘날 미국과 유럽은 실용주의와 그것이 학교 관행에 미치는 영향에 새로이 관심을 쏟아야 하는 요구에 직면했다. 듀이에 관한 최근 연구는 대부분 학교와 보건 기관, 청년 노동의 새로운 형태, 공동체 삶을 둘러싼 논의를 시도하고 있다. 그리고 이를 바탕으로 참여라는 개념을 강조하고 있다(De Winter, 1997).

아동의 개념 ——

아동에 관한 코르차크와 듀이의 인류학적 견해에는 주목할 만한 유사성이 있다. 두 사람 모두 아동기가 성인기라는 '실제 삶'으로 가기 위한 통로일 뿐이라는 개념을 비판한다. 《어린이를 사랑하는 법》에서 코르차크(1967/1919)는 아이의 현재와 아이가 현재를 살아갈 권리를 옹호했다. 그는 미래에 대한 페티시즘에 반대하며 다음과 같이 주장한다.

우리는 죽음이 우리에게서 아이를 빼앗을까 봐 두려워 아이의 삶을 빼앗아
버렸다. 아이가 죽기를 원하지 않는 우리의 바람 때문에 아이는 살지 못할 수
있다. 무기력하고 부도덕한 기대 속에서 자라난 우리는 매혹적인 미래를 향
해 끊임없이 달려가고 있다. …… 우리는 오늘의 아름다움을 추구하기를 거
부한다.(p. 132)

아이가 행복해하고 슬퍼하고 놀라고 화내고 몰두하게 만드는 모든 것이 내
일을 위해서라는 이유로 무시된다.(p. 134)

성인 주인공이 마법처럼 다시 어린이로 변하는 이야기를 다룬 소설《내
가 다시 아이가 된다면》(Korczak, 1992a/1925)에서 코르차크는 다음과 같
이 공표한다.

어른들은 어린이를 미래에 사람이 될 존재로 여긴다. 그래서 마치 그들이
아직은 존재하지 않는 듯이 사람이 되어가는 것이 중요하다고 여긴다. 그렇
지만 실제로 우리는 모두 살아가고 느끼며 고통받는다. 어린 시절 우리는 정
말로 삶을 살지 않았는가? 도대체 무슨 이유로 기다리라고 하는가? 성인기도
노인이 되기 위한 준비기인가?(p. 155)

코르차크(1967/1919)의 말대로 아동은 빈 그릇으로 태어나지 않는다.

진실성, 단정함, 근면성, 정직, 솔직함이라는 전통을 가르칠 수 있을지는 모
르지만 나는 어떤 아이든 그들 자신이 아닌 다른 아이로는 만들 수 없을 것이
다. 자작나무는 자작나무가, 참나무는 참나무가, 엉겅퀴는 엉겅퀴가 될 것이

다. 나는 영혼 속에 잠자고 있는 것을 깨울 수는 있을지 모르지만 아무것도 창
조할 수 없다.(p. 309)

코르차크의 관점에서 볼 때, 인간 존재를 기계로 찍어내듯 억지로 만드
는 것은 가능하지 않다. 아동기는 이상적인 성년을 준비하기 위해 생겨
난 시기가 아니다. 아동기는 그 자체로 독립적인 의미가 있다. 아동은 삶
을 통해 자기만의 길을 찾고자 탐색하고 조사하며 실험한다. 교육자는
아동의 호기심과 무지를 존중해야 한다. 또한 코르차크(1992b/1929)가
말하듯 "키우기 어려운 과제의 미스터리와 굴곡"(p. 178)을 존중해야 한
다. 코르차크에 따르면 성장은 어느 누구도 아이를 **위해** 대신할 수 없는
과정이다. 교육자는 아이를 위해 대신 산다는 생각을 버려야 한다. 또한
모든 가능한 악과 위험에서 아이를 보호하려고 해서도 안 된다. 다시 말
해 교육자는 아이가 자신만의 경험을 하게끔 허용해야 한다.

마찬가지로, 듀이는 아동기와 성인기를 **비교**하는 데 기초한 개념이 아
동기의 본질적 가치를 부정하게 만든다고 말한다. 이런 생각을 바탕으로
듀이는 아이가 아직 알 수 없거나 할 수 없는 것을 강조한다(Dewey, 1916;
MW9). 듀이가 볼 때 아동의 "긍정적인 힘, 즉 성장력"(p. 41)은 아동이 미
성숙하기 때문에 생겨난다. **성장**(프뢰벨의 '발달'에 해당)은 모든 생명의 특
성이다. 아동은 이 힘을 최대한 발휘하며 살아간다. 아동은 세상이 자신
에게 의존하기를 수동적으로 기다리지 않는다.

우리는 아이와 어른 모두에게서 삶의 에너지를 발견할 수 있다. 그들
모두 "성장하고자 한다"(p. 47). 따라서 성인기는 성장 과정이 멈추는 최종
적인 시기가 아니다. 성인도 늘 새로운 경험을 한다. 그러므로 아이와 어
른의 차이는 성장이 있고 없고가 아니라 "서로 다른 조건에 적합한 성장

모드"(p. 47) 때문에 발생한다. 듀이(1899)에 따르면 성장 과정의 바탕에는 유전적으로 물려받은 네 개의 '본능' 또는 '충동', 즉 사회적 충동, 구조적 충동, 탐구하려는 충동 그리고 표현하려는 충동이 있다(p. 30).

결론적으로, 코르차크와 듀이 모두에게 교육은 무엇보다도 삶의 과정이자 함께 살아가는 과정이었다. 아이가 미래에 대비할 수 있는 유일한 방법은 이용할 수 있는 모든 가능성과 경험을 최적으로 사용하는 것이다 (Dewey, 1916; MW9, p. 61). 코르차크와 듀이 두 사람은 모두 고유한 속도와 역동성을 지닌 유년기의 독특함에 진정한 관심과 참여를 나타낸 교육자였다.

교육학적 원칙 ───

코르차크와 듀이가 살던 시기에는 아동을 세상이 자기한테 관심을 두기를 기다리는 수동적인 모습으로 그리는 시각이 지배적이었다. 코르차크와 듀이는 아동의 그런 이미지를 거부했다.

코르차크(1967/1919)는 영아와 유아의 삶과 그 사이에 존재하는 기질, 지성, 유머, 경험 그리고 영아와 유아가 세상을 만나는 방법의 차이를 상세히 묘사한다. 의사가 된 코르차크는 교육자에게 아이와 적극적인 관계를 맺을 것을 촉구했다. 또한 '관계'를 개념화하여 전통적인 의료 **연구** 영역에 포함했다(1967/1919, pp. 101-102). 교육 연구자로서 코르차크는 교육자의 순수한 관찰과 성찰에 의존하지 않는 모든 교육적 판단을 없애는 것을 자신의 '사명'으로 여겼다. 교육자에게 연구자 역할을 부과하는 것은 너무 많은 짐이 될 수 있다. 그래서 코르차크를 순진한 경험주의자로 바라볼지 모르겠지만, 이는 사실과 거리가 멀다. 코르차크가 무엇보다 먼저 인정한 사실은 '고된' 경험에서는 행동에 관한 처방을 이끌어낼 수 없다는 것이었다.

> 의학을 통해서 나는 흩어진 단서와 모순된 증상을 힘들게 모아 하나의 이미지로 만들어내고 진단하는 기술을 배웠다. 그럼에도 나는 자연법칙의 숭고함을 예리하게 인식할 줄 알고 천재적인 탐구 정신을 지닌 미지의 한 아이와 대면하게 된다.(Korczak, 1967/1919, p. 319)

듀이에게 교육은 아동 발달의 원동력이 아니다. 교육은 아동이 실제로 무엇에 관심을 기울일지를 결정하면서부터 시작된다. 아동의 관심은 교육자가 발달의 방향을 명확히 그릴 수 있게 돕는다. 교육자는 언제 어디서나 자극을 주고 교정하며 지도하고 이끌 수 있다. 이 때문에 아이의 행동을 관찰하는 것이 가장 중요하다. 아이를 관찰하면서 교육자도 아이가 완벽하고 순진하다는 이상적인 이미지에서 벗어날 수 있다. 이상적인 이미지 속 아동에게는 물건을 떨어뜨리고 줍는 일상의 '삶과 투쟁'이 존재하지 않는 듯이 보인다. 반대로 듀이는 교육과정의 잠재적인 약점과 불확실성을 강조한다.

코르차크와 듀이에게 교육적 실천의 필수 요소는 아이에게 믿음과 신뢰를 주고 고유한 개성을 존중하며 개인의 성장과 발달에 발맞추는 것이었다. 두 사람은 아이의 학습능력에 관해 다른 점을 강조했다. 듀이에게는 아이의 경험과 유기적인 연결을 맺는 것, 인류의 축적된 경험이 중요했다. 아이는 참여를 통해 어른과 협력함으로써 문화적으로 풍요로워질 수 있다. 코르차크는 이보다 한 걸음 더 나아갔다. 그는 아동의 요구에 대해 급진적이었다. 또한 권리에 대해 아동이 다시 공표하게 하고, 그들이 주체적으로 운영하는 사법체계 안에서 이런 권리를 법제화했다. 코르차크의 이런 실천은 기존 사회가 대부분 아이들에게 적합하지 않다는 명백한 비판이었다.

교육 연구자로서 코르차크가 벌인 투쟁은 본질적으로 사회적이고 정치적이었다. 동시에 **호모 라팍스**homo rapax•가 계속 승리하는 것처럼 보이는 사회에 반기를 드는 행동이었다. 요약하자면, 듀이가 아동에 **관해** 많은 것을 알려준 사람이라면, 코르차크는 분명 아동을 **위한** 선택을 한 사람이었다.

교육 연구 장소로서 학교와 고아원 ──

코르차크와 듀이는 삶을 유기적으로 조직한 공동체의 실현을 꿈꾸었으며, 이런 이상을 실험적인 방법으로 실천했다. 그리고 이를 제도화하기 위한 과정을 매우 구체적인 방향으로 제시했다. 고아원과 실험실 학교는 이상적인 교육학 실험장이었다. 고아원과 실험실 학교에서 아동은 여러 방식으로, 그렇지만 명확하게 연결된 방식으로 참여했다. 아동은 '제도화한 참여'를 보장받고 정당성을 부여받았다.

이를테면 코르차크의 고아원은 헌법에 근거한 어린이 자치 공화국이었다.••위반사항은 처벌받을 수 있으며, 이 경우 법원은 하나 이상의 조

• 욕심 많은 인간, 강탈하는 인간 ─ 옮긴이.
•• 더 자세한 내용은 16장과 17장 참조.

항을 고려했다. 예컨대 제200조는 "너[피고]의 잘못을 인정한다. 아쉽지만 어쩔 수 없다. 누구나 잘못할 수 있지만, 다시는 반복하지 않기를 바란다"(Korczak, 1967/1919, p. 410)이다. 제400조는 다음과 같다. "잘못이 중대하다. …… 너는 몹시 나쁜 행동을 했다"(p. 411). 그러면서 "죄와 불명예를 씻기 위한 최후의 수단과 노력이자 마지막 경고다"(Korczak, 1967/1919, p. 410)라고 진술한다.

법적으로 이렇게 접근하는 목적은 다양했다. 약 200명이나 되는 고아원 공동체의 질서를 유지하고 교육자와 학생이 의무를 다하는지 감독하며 모든 구성원과 그들의 건강을 잘 돌보고 개인 소지품을 잘 관리하게 돕는 등 여러 목적이 있었다. 코르차크(1967/1919)는 오랜 경험과 고민 끝에 이렇게 아동과 함께 살며 일하는 방식을 택했다. 그는 이를 주저 없이 인정했다. 또한 결점과 단점이 있다는 사실도 인정했다. 그럼에도 코르차크는 그의 법적 교육철학이 공동체를 세우기 위해 필요한 시도라고 여겼으며, 또한 법적 교육철학에 근거한 공동체 실현이 가능하다고 보았다. 이런 공동체에서는 약한 아이가 힘센 아이나 교육자의 독단 때문에 희생되지 않는다.

코르차크의 고아원에는 법원 말고도 다른 참여 형태가 존재했다. 바로 어린이들로 구성된 의회이다. 학생과 교직원은 서로에게 편지를 썼다. 바빠서 아동에게 바로 답장할 시간이 없을 때 코르차크는 아이의 편지를 읽었다고 확인해주는 메모를 적어 우체통에 넣고, 나중에 답장을 쓰거나 직접 답을 해주었다. 코르차크는 아동이 즉각적인 요구를 미루고 어느 정도 거리 두는 법을 배워야 한다고 느꼈다. 새로운 학생에게는 멘토를 배정했는데, 멘토는 그런 방법을 알고 있는 조금 더 나이 많은 아이였다. 또한 코르차크는 많은 시간을 축제와 연극에 할애했다.

코르차크 자신을 포함해 아동과 직원은 필요한 모든 일을 공동으로 책임졌다. 코르차크(1967/1919)는 교육자라면 **누구라도** 냄새나는 기저귀를 빨거나 화장실을 청소할 준비를 해야 한다고 계속 말했다. 그는 자기가 관찰한 바에 따르면 거들먹거릴 만한 직업은 없다면서 솔선수범했다.

코르차크는 아이들과 함께 최초의 아동 신문인《어린이 비평》을 만들었다. 이 신문은 폴란드 전역에 어린이 통신원들로 구성된 네트워크를 두고 있었는데, 그들은 자신의 메시지를 전화와 우편으로 전송했다. 편집자들은 노력에 대한 보상을 받았다. 때때로 코르차크는 편집자 아이들에게 아이스크림을 주거나 함께 영화관에 갈 기회를 주었다. 코르차크는 가치 없는 아동노동에는 반대했지만, 아이들이 진지하게 임무를 수행할 경우 대가를 지급한다는 원칙을 지지했다. 즉 코르차크는 참여가 모든 면에서 함께 살아가기 위한 공유된 책임이라고 보았다.

듀이는 그 시기의 지배적인 정책에 항의했다. 아이들이 가만히 앉아서 선생님 말을 듣기를 강요한다는 것이었다. 그는 당시 교육이 아이들에게 수동성을 강조한다는 사실을 간파했다. 또한 아이들이 배우는 주제가 그들의 일상 경험과 심리적 연관성이 없다는 점도 깨달았다. 주류 정책과 반대로 듀이는 그의 학교를 상호 의존적인 개인으로 이루어진 공동체로 보았다. 앞서 언급했듯이 정규 교육은 관행적이고 충동적으로 시작되었다. 지식은 개인과 사회 사이의 상호작용을 바탕으로 생성된다(Dewey, 1899; MW1). 모든 충동은 인류가 몇 세기에 걸쳐 사회역사적으로 발전한 과정 또는 결과와 연관이 있다. 이 관점에서 듀이는 교육의 근본적인 문제, 즉 교육에서 심리적·사회적 요소를 어떻게 '조정'할지를 해결하기 위해 노력했다(Dewey, 1895; EW5).

듀이는 실험학교에서 이른바 **일거리**, 예컨대 집 짓기, 요리, 바느질이나 재단처럼 인간의 필수적인 활동을 아우르며 서로 연관된 교과주제 전체를 가르쳤다(Tanner, 1997). 아동의 취학 전 생활과 가족, 지역사회 연계 경험과 연관된 이런 활동은 아동이 그런 경험을 바탕으로 구조와 체계를 발전시키게끔 도왔다. 공식적인 학교 과목 간의 경계가 이런 구조와 체계를 발전시키는 데 어느 정도 역할을 했다. 교육 내용은 학교가 '정화한' 세계를 (다시) 표현한 것(Dewey, 1916; MW9, p. 20)으로 아동의 관심과 요구에 대한 응답을 나타냈다. 학생의 활동 참여는 교육과정의 목표인 동시에 가장 중요한 교육수단이었다.

교육 재제도화에 관한 토론 ———

오늘날 교육, 돌봄, 청소년 노동은 제도화라는 엄격한 과정을 거쳐 실시된다. 코르차크와 듀이의 비판은 현대화, 공식화, 관료화의 과정을 정확하게 겨냥한다. 나는 코르차크와 듀이가 연구한 가장 큰 목적이 교육을 다시 제도화하기 위해서라고 본다. 코르차크와 듀이는 제도 폐지보다는 제도를 구성하는 요소와 교육 관행을 철저히 포괄적으로 개정하는 데 관심을 두었다.

코르차크는 고아들을 위해 양육과 교육의 질을 향상했다. 또한 양육과 교육의 질을 그 시기의 관행과는 매우 다른, 좀 더 인간적인 수준으로 끌어올렸다. 그는 아이들에게 책임을 맡기고 통제권을 주었으며 법전에 근거하여 정의와 불의의 문제에 관한 결정을 내리게 했다. 그렇게 함으로써 코르차크는 균형을 맞추거나 적어도 교육자의 처지에서 독단을 줄이려고 했다. 아동의 권리는 인정받았지만 동시에 제한적이기도 했다. 코르차크의 교육철학은 '작은 아이디어 하나'로 자유와 제한을 모두 만들어낸다. 예를 들어 고아원 법이 보호 기능을 할 수 있는 이유는 한 사람이 다른 사람을 희생하여 살아가는 것을 금지했기 때문이다. 고아원이 '공화국'을 뜻했다는 점에서 코르차크의 교육학적 작업은 '정치적' 성격을 띠기도 한다. 다시 말해 코르차크의 고아원은 일반적인 선이나 공공의 이익이 가장 중요한 장소이다(Berding, 2017).

듀이가 보기에 학교교육은 일상생활과 너무 분리되어 있었다. 또한 공동체에서 이루어지는 발견, 발명, 자발적 학습 형태와도 너무 거리가 있었다. 그는 형식주의적이고 생산 지향적인 학교교육을 매섭게 비판했다. 교육 대중화 이후 많은 아동이 학교 교육과정에 참여하면서부터 교육의 제도화는 공장을 모델로 한 학습에서 더 많은 영향을 받게 되었다.

듀이에게 학교는 공동체 생활의 한 형태로, 주로 의미를 생성하는 곳이다. 이에 근거하여 듀이는 하나의 차별화한 교육 패러다임을 제시한다. 학교에서 핵심은 사람과 공동체 구성원들의 참여 사이에 일어나는 사회적 상호작용이다. 학교교육은 여기에서 파생된 기능이다. 듀이는 기관을 인간화하려면 개인과 사회의 조율이 중요하다는 점을 강조했다. 이런 기관은 공동체적인 삶을 보여주는 한 형태이며, 참여자를 억압하는 대신에 해방한다.

결론 ──

지금까지 코르차크와 듀이 사이의 많은 유사점을 살펴보았다. 그들의 유사점은 오늘날 많은 교육적 논쟁거리와 관련이 있다. 중요한 것은 시간적으로 현대에 뿌리를 둔 교육기관이 문제를 어떻게 극복하고, 참여를 바탕으로 새로운 변화를 향해 발걸음을 내딛느냐이다. 코르차크와 듀이는 소통, 사회 건설, 참여에서 얻은 귀중한 통찰을 제공한다. 나는 이러한 통찰이 바로 두 교육자를 잇는 가장 가까운 연결지점이라고 생각한다.

교육학적 실험을 통해 이론적이고 실용적인 교훈이 많이 도출될 수 있다. 그런 실험은 교육의 질을 높이는 데 도움을 줄 수 있는 수업과 제안, 아이디어를 발견하게 한다. 참여 개념은 공교육 환경의 많은 부분을 지배하는 객관주의와 수동성을 완화할 수 있다.

우리는 코르차크와 듀이에게서 학교에서 구술주의*와 지성주의를 극복하고, 형식적인 학습과 자발적인 학습을 연결하며, 아동 발달을 위해 시공간을 제공하는 법을 배울 수 있다. 또한 우리는 학생을 억지로 시험 장소에 끌고 다니는 행동을 그만둘 수도 있다. 그러나 중요한 문제는 교육철학을 통해 우리 스스로 간절히 원하는 교육기관의 재제도화를 효과적으로 다룰 수 있느냐는 점이다. 이러한 문제를 대하는 코르차크와 듀이의 이해는 독창적이다. 코르차크와 듀이는 교육기관의 재제도화 문제를 '정의로운' 교육학이 다루어야 할 문제로 보았다. 그러나 동시에 그들은 교육학 연구만으로는 복잡한 사회정치적 문제를 해결할 수 없다는 점을 이해했다.

• 구술주의(verbalism) : 고전을 통해서 언어에 관한 교양을 배우게 하자는 운동 ― 옮긴이.

연극 〈우체국〉과
코르차크의 가르침

슐로미 도론

1942년 7월 18일 오후 4시 30분, 고아원 연회장에서 야누시 코르차크 (1878-1942)는 바르샤바 게토 주민들을 위해 연극 〈우체국〉(1912)을 공연했다. 인도의 유명한 철학자이자 작가, 시인인 라빈드라나트 타고르 (1861-1941)는 희곡 〈우체국〉을 써서 사랑, 존경, 신뢰를 찬양했다. 이 장에서는 이 연극의 내용을 간략히 살펴보고 오늘날 교육자들에게 어떤 함의가 있는지 찾아보고자 한다.

타고르와 코르차크 ──

동년배인 타고르와 코르차크는 비슷한 점이 매우 많다. 그렇지만 둘이 실제로 만난 적은 없다. 타고르와 코르차크 모두 인생에서 고난을 겪었고 그들의 보살핌을 받은 아이들의 고통을 언급했으며 교육에 헌신했다. 코르차크가 바르샤바에 고아원을 설립하고 관리할 때, 타고르는 봄베이에 학교와 고아원을 설립하고 운영했다. 코르차크는 고아원을 세 번이나 옮겨야 했고 게토에서 파멸을 경험했다. 타고르는 가난과 빈곤 때문에 아이들이 치르는 끔찍한 희생을 목격했다.

두 사람 모두 유명한 아동 작가이자 라디오 진행자였으며 철학, 교육 심리, 아동 발달에 관한 책을 저술했다. 나치 정권은 처음에는 이들의 책을 공공에 공개하는 것만 금지하다가 나중에는 인도, 이스라엘, 영국, 네덜란드, 폴란드, 러시아에서 교육과 연구를 위해 활용하는 것마저 금지했다. 오늘날 코르차크의 유산은 폴란드어로 쓴 책 16권에 남아 있으며, 영어 작품으로도 많이 번역되었다. 타고르의 사상도 영어로 번역됐으며 (예를 들면 2005; 2006), 특히 타고르가 노벨문학상을 받은 뒤에 널리 알려졌다(1913).

연극, 연극의 선택, 기술[記述] ———

코르차크는 타고르에게 동질감을 느꼈다. 어린이를 대하는 타고르의 태도는 확실히 코르차크에게 영향을 끼쳤다. 코르차크는 "인도 철학자의 사상이 조화로운 화음을 누른"(Regev, 1995, p. 220) 듯한 종합적인 깨달음을 느꼈다.

코르차크가 〈우체국〉을 선택한 이유를 더 알아보기 위해 나는 젊은 시절 코르차크 고아원에서 근무했던 요나 보트지안Yona Botzian을 찾았다. 그는 다음과 같이 설명했다.

> 타고르의 작품은 학교 교과과정에서 가장 유명한 부분이었어요. …… 〈우체국〉은 교육제도의 연속선상에서 꽤 자연스럽게 다룰 수 있었어요. 배경도 비슷해서 타고르의 언어를 이해하기 쉬웠고요. …… 코르차크와 타고르는 게토가 세워지기 전부터 여러모로 닮은 점이 있었죠. 그들은 교육자이자 사상가이며 성스럽다는 점에서 서로 닮았어요! 우리 상황은 더 나빠졌어요. 우리는 죽음이 코앞에 다가왔다는 것을 알았어요. …… 코르차크와 타고르를 향한 우리의 사랑과 존경은 더 강해졌어요.(1999년 12월 개인적인 인터뷰)

1933년, 나치 선전부 장관 괴벨스^{Goebbels}는 독일 검열부를 세우고 자유, 평화, 평등에 대한 요구가 담긴 타고르의 책을 가장 먼저 금지했다. 〈우체국〉은 죽어가는 소년의 고통과 다른 사람들과의 만남이 얼마나 중요한지 보여주는 희곡이다. 이 희곡에서 아이를 치료하기 위해 중요한 것은 아이와 사람들의 만남이다. 해석하자면 '순수한' 아리아인 아이는 자신의 존재에서 '기생충' 같은 유대인을 제거하면 구원받으리라 여겨진다. 그러나 연극 끝에 이르러 아이는 죽는다. 나치는 이런 종류의 메시지를 분명 용납할 수 없었다.

그 무렵 교사들은 대학에서 대부분 타고르를 공부했다. 그래서 교사들에게 타고르는 꽤 잘 알려진 작가였다. 코르차크는 관객들이 타고르의 희곡을 친근하게 여기고 희곡에 담긴 메시지를 잘 찾아내리라는 점을 알고 있었다. 이처럼 교훈을 자연스럽게 전달하거나 사람들을 계몽하는 것이 코르차크의 특징적인 면이다. 그는 유명한 인물이나 노래, 서사, 공연 작품의 등장인물을 아이 또는 어른과 연결함으로써 메시지를 잘 전할 수 있다고 믿었다.

〈우체국〉은 심각한 병에 걸린 입양 소년을 다룬 이야기이다. 병이 진행되는 와중에 소년은 창밖으로 지나가는 사람들을 보고 그들을 대화에 끌어들인다. 연극에는 소년 아마르, 양아버지 마다브, 소년의 할아버지 가페르, 꽃집 소녀 슈다, 사악한 의사, 훌륭한 어의(御醫) 이렇게 여섯 명의 주인공이 등장한다. 이 밖에 조연 6명이 등장하는 이 연극은 총 2막으로 구성되어 있다.

1막에서는 타고르가 침대에 누워 있는 아마르를 소개한다. 양아버지가 아마르의 할아버지에게 아마르의 병을 알린다. 놀란 할아버지는 의사가 방문하기만을 기다린다. 의사는 아마르에게 침대에서 휴식하라는 처방을 하는데, 이는 창문을 멀리해서 '해로운' 태양에 자신을 노출시키지 말라는 뜻이었다. 그러나 심심한 소년은 창가로 가서 우유장수를 만나 그가 가보았던 곳과 만났던 사람들 이야기를 나눈다.

그러자 파수꾼이 와서 아마르에게 조용히 해달라고 부탁한다. 그는 아마르에게 모든 사람이 끝내 향할 다음 세상 이야기를 들려준다. 또한 길 건너편 우체국에 관해서도 알려준다. 파수꾼은 왕이 아이들에게 편지를 자주 보낸다고 했다. 이 순간부터 아마르는 그를 나아지게 해줄 왕의 편지를 기다리며 살아간다. 파수꾼은 아마르에게 우체부가 하는 일도 설명한다. 그에 따르면, 우체부는 어떤 날씨에도 먼 거리를 걸어 자기 책임을 완수하는 믿음직한 사람이라고 했다. 파수꾼은 이튿날 아침에 돌아오겠다고 약속하고 떠난다.

2막에서 아마르는 병세가 나빠진다. 아마르는 환상, 상상, 현실이 뒤섞이는 대화를 이어간다. 아마르와 창 밑에서 계속 마주쳤던 주변 인물들이 등장한다. 아마르는 시장과 이야기를 나눈다. 시장은 우체국에서 받은 편지의 중요성을 아마르에게 설명하고, 정보를 왕의 정보 담당 신하에게 전달할 것을 약속한다. 그 뒤에 꽃집 소녀 슈다가 도착한다. 해야 할 일이 급했던 슈다는 다음 날 돌아오겠다고 약속한다. 그러고 나서 아마르는 거리에서 놀고 있는 소년들 한 무리를 만난다. 소년들은 아마르에게 자기들의 놀이를 설명해준다. 아마르는 왕이 보낸 편지에 관해서 그리고 편지가 어떻게 전달되는지 묻는다. 소년들은 아마르의 질문에 답한 뒤 돌아오겠다는 약속을 남기고 떠난다.

극의 결말 부분에서 아마르는 창문 가까이 가게 해달라고 부탁하지만 할아버지는 위험할 것이라고 설명한다. 아마르는 여전히 침대에 누워 꿈속으로 빠져들면서 할아버지와 아버지에게 기대하는 편지가 도착하지 않는 이유를 묻는다. 그들은 편지가 올 것이라며 아마르를 안심시킨다. 때마침 왕의 신하가 편지를 들고 나타난다. 왕이 보낸 어의는 이전 의사와 달리 창문을 열어두고 햇볕을 쬐라고 권한다. 아픈 아이에게는 햇볕이 유일한 치료법이기 때문이라고 했다. 아마르는 잠이 든다. 꽃집 소녀 슈다가 도착했을 때도 아마르는 여전히 자고 있다. 슈다는 아마르 가까이로 가도 되는지 허락을 구한 다음, 아마르의 귀에 속삭인다. 여느 사람들과 달리 자신은 돌아오겠다는 약속을 지켰다고. 연극은 아마르가 잠드는 것(죽음)으로 끝난다.

연극의 흔적 ———

이 연극과 관련해 남아 있는 직접적인 기록은 별로 없다. 홀로코스트 이후 연극을 본 사람들의 증언 기록과 1939년부터 1942년까지 코르차크가 보관했던 일기 《게토에서 보낸 시간들Ghetto Years》에 등장하는 짧은 구절 다섯 개 정도가 있을 뿐이다. 1942년 7월 18일, 코르차크는 자신의 일기(1980/1942)에 다음과 같이 쓴다.

> 어제 공연한 연극, 타고르의 〈우체국〉. 감상, 악수, 미소, 대화에 참여하려는 따뜻한 관객들. …… 어제 공연한 아이들이 오늘 배역을 계속 이어간다면 어떻게 될까? 이즈히크는 자기가 수도자라고 상상할 것이다. 어린 하임은 정말 의사처럼 굴지 모른다. 시장인 아다크는 왕처럼 굴었을지도 모른다. 나는 수요일 기숙학교의 대화 주제를 이런 '착각' 그리고 인간 삶에서 착각이 하는 역할로 정했을 것이다.(p. 191)

1942년 8월 1일, 코르차크는 일기에 다음과 같은 내용을 덧붙인다. "에스테르카스Esterkass(트레블링카에서 살해당한 연극 기획자이자 교육자)는 즐겁거나 쉽게 살기를 원하지 않는다. 그는 아름다운 삶을 꿈꾼다. …… 만약 그가 지금 여기에 돌아오지 않는다면, 우리는 나중에 다른 어디에서 그를 만날 것이다"(p. 209).

코르차크에게 길들여지지 않은 인도, 꿈, 상상, 꽃, 색 그리고 먼 세계를 여행하고 싶어 하는 모든 아이들의 소망은 전부 중요했다. 코르차크는 모든 아동과 성인이 지닌 존중받을 권리와 존중할 의무 같은 특정한 가치의 신성함을 믿었다. 그러나 불행하게도 이러한 권리와 의무가 게토에는 존재하지 않았으며, 너무나 멀리 떨어진 인도에만 존재했다.

〈우체국〉에 관한 코르차크의 분석 ———

코르차크는 그의 아이들과 공동체 전체에 교육적 메시지를 전달할 수 있는 유일한 방법이 공적인 행사를 벌이는 것이라고 깨달았다. 그래서 유월절과 하누카 같은 공휴일이 시작되기 전에 교육적 메시지를 전달할 수 있는 장치를 만들었다. 게토의 모든 사람들은 이 기간 동안 고아원을 방문하는 것이 얼마나 뜻깊은 일인지 알고 있었다. 사람들은 일 년 동안 열릴 연극과 연주회를 위한 준비를 관람했다.

병든 소년의 창문 아래를 지나가는 일련의 꿈. 그 꿈에 접근하는 것이 금지된 아마르. 이는 코르차크가 게토에 갇힌 죄목과 관련해 스스로에게 보내는 메시지와 매우 비슷했다. 즉 그는 아이들에게 두려움 없이 품위 있게 죽는 법을 가르치고자 했다. 이는 게토 공동체 전체에 보내는 메시지이기도 했다. 관객은 극중 아이의 죽음이 사실상 자신의 운명을 상징한다는 사실을 깨닫고 충격을 받았다. 〈우체국〉은 아프고 지친 아이들이 극중 인물을 연기하며 그들이 보지 못한 마법의 섬, 꽃, 우편물 등 자유에 대한 꿈을 소개하는 섬뜩한 이벤트이다. 더구나 배우 못지않게 관객들의 처지 또한 가엾다.

코르차크는 현명하게 죽음이 다가온다는 것을 내다보았고 아이들의 죽음이 임박한 것을 알았다. 그는 또한 그와 비슷한 운명이 자신과 게토 그리고 어쩌면 유대인 전체를 기다린다는 것을 깨달았다(Silverman, 2017). 코르차크는 죽음을 예상하며 이런 식으로 연극 형태의 의례적인 메커니즘을 구상함으로써 운명의 불확실성을 다루기로 했다.

〈우체국〉에는 사랑, 존경, 신뢰에 대한 집단적 이해가 반영되어 있다. 병든 소년을 입양한 마다브는 코르차크와 비슷하다. 아마르는 게토의 병든 아이들을 상징한다. 창문이나 햇빛에 접근하는 것을 금지하는 의사는 태양과 자유 대신에 굶주림과 죽음을 불러온 나치를 형상화한다. 우유 장수는 아마도 코르차크의 세계에서 사라진 백색과 순수를 상징할 것이 다. 방황하는 소년들은 나치 때문에 부모를 잃은 고아들이고, 왕의 의사 는 구원과 치유를 상징한다. 마지막으로 창문 자체는 자유와 구속 사이 의 통로를 뜻하는데, 이것이 게토의 현실이었다. 이 연극에서 등장인물 들은 게토의 일상적 현실과 평행한 삶을 산다. 즉 코르차크는 아픈 아이 의 세계와 그 아이의 권리에서 이야기가 시작되는 연극을 택했다.

교육자를 위한 가르침 ──

첫째, 코르차크는 현대를 정신 나간 세계로 날카롭게 풍자한다. 그에 따 르면 현대는 가치관이 왜곡되고 결여됐으며 사회적·도덕적 횡포 때문 에 스스로 목을 매 질식하고 있다. 이런 세상에서는 어려울지라도 아이 는 타인을 어떻게 사랑하고 존중하며 신뢰하는지 배워야 한다. 이는 현 실과 상상, 삶과 죽음, 선과 악, 허용과 금지를 결합하는 환상, 의례, 공연 을 통해 더 잘 이루어질 수 있었다. 레비스트로스(Levi-Strauss, 1974)에 따 르면, 이러한 이분법은 삶의 경험과 아이의 세계에 남아 있는 평온함과 행복을 요약한다. 우리는 이를 연극 〈우체국〉에서 볼 수 있다.

둘째, 신의 공간과 신이 사라진 인간의 공간이 있다. 인간의 악과 비도 덕적 행위 때문에 코르차크가 사라진 공간은 바르샤바 게토의 소름 끼치 는 현실을 반영하는 세계이다. 〈우체국〉은 어른들의 행위 때문에 신이 떠나버린다는 것을 특징으로 한다. 스스로를 파괴하는 정신 나간 세상에 자기가 있다는 사실을 발견할 때 죽음은 유일한 구원이 된다. 코르차크는 그들의 마지막 여정을 준비하기 위해 애썼다.

셋째, 교육적·민주적 메시지를 전달하는 체계가 있다. 연극에서 우리는 인권을 위한 투쟁, 특히 아동 권리를 위한 투쟁을 발견할 수 있다. 광기와 죽음에 관한 모티프와 별개로, 코르차크는 진정한 민주주의에 관한 교훈을 명확히 전달하려고 했다. 의회 개혁, 새로운 헌법, 존중받을 권리와 존중할 의무는 일생 동안 코르차크가 아이와 어른 세대에게 똑같이 물려주기를 바랐던 대표적인 교육 모티프이다. 코르차크의 이러한 교육 모티프는 그의 다른 여러 연극에서도 발견할 수 있다(Efron, 2005).

마지막으로, 극장은 현존하고 잠재적인 갈등에 반응할 수 있는 구조 역할을 했다. 의식과 상징, 공적인 행사와 연극은 문화적으로 발전한 과정에서 인류가 선택한 일련의 표현이다.

코르차크는 모든 면에서 작가이자 교육자였다. 코르차크가 교육에 기여한 바의 중요성을 강조한 쿨라비에츠(Kulawiec, 1989)는 20세기 전반에 코르차크가 발전시킨 다음과 같은 교육학 개념이 타고르와 여러모로 비슷하다고 언급한다. 그것은 아동도 인간 존재라는 원칙과 평등주의, 나와 타인을 향한 개방성, 고통을 겪는 사람들에게 공감하는 태도, 모든 아동과 성인이 지닌 존중받을 권리(신의 모습을 본떠 태어나고 그 모습을 지켜온 모든 사람을 존중할 의무) 그리고 일에 대한 책임과 평화를 향한 열망 같은 개념들이다(Shalauddin, Hoque, & Bhuiyan, 2017).

이러한 개념은 교육자의 삶에서 여전히 핵심적인 요소이다. 지금 우리는 포스트 모더니즘적이고 복잡한 사회과학적 접근법을 적용한 교육 시스템을 전 세계에서 목격하고 있다. 코르차크의 유산은 과거의 것이지만 분명 오늘날 교육인류학과 공존할 수 있다. 코르차크는 신뢰, 용서, 선,

악과 같은 주제에 관해 자세한 설명을 제공해준다.

　신뢰와 믿음은 악에 대항하는 도구가 될 수 있다. 신뢰와 믿음은 우리가 이어가고 발전시킬 수 있는 선이다. 이러한 선을 버리는 것은 때때로 너무 어렵지 않은가? 대부분의 교육자보다 이해와 인내심이 오래도록 살지 않는가(Brendtro & Hinders, 1990, p. 237)?

　코르차크는 연극 공연장 주변에 공공 행사를 기획함으로써 자기 주변의 보통 사람들과 교육자, 특히 청중에게 명확한 메시지를 전달하고자 했다. 코르차크는 이를 통해 사랑받고 존중받으며 살아갈 아동의 권리를 요구했다.

20

절망에서 일어서는 법

─ 야누시 코르차크가 전하는 말

크리스틴 파포

방탄 십 대 Bulletproof Teen

할 수만 있다면, 달려

달릴 수 없다면, 숨어

둘 다 할 수 없다면, 싸워

너를 구하기 위한 싸움이 아니야

다음 교실, 다음 복도에 있는 사람을 구하기 위해서야

다음 장소로 가는 발걸음을 멈추도록

몇 초만 시간을 벌어주면 돼

난 어려. 십 대이고

난 방탄조끼지

오락거리

다른 사람들을 위한 싸울 기회

혼란스러운 희망

난 피와 살이 있지만

케블라[•] 섬유와 직물이 필요해

최소한의 어린 소녀와 소년들

최소한의 대학 지원자들

최소한의 우등생들

최소한의 교사와 코치들

최소한의 인명피해와

최소한의 아동 사망이 필요해

그렇지만, 헌법^{••}은 아니야.

헌법은 최소한의 희생이 필요하다는 걸 누굴 위해서도 허락하지 않아.

헌법은 살아 있어.

하지만 나도 살아 있을까?

— 케이티 하우드Katie Houde, 페이스북 포스트, 2018

나는 오늘날 청년들이 겪고 있는 괴로움을 정의해보려 했다. 그런데 보스턴의 10대 케이티 하우드의 짧은 시 한 편이 내가 찾은 모든 것보다 더 많은 것을 설명했다. 대량 총기난사 사건이 우리 아이들이 직면한 유일한 위협은 아니다. 현재 세계의 청년들은 테러, 기후, 경제, 슈퍼세균 문제들과 마주하고 있다. 9·11 이후 테러 위협뿐 아니라 변덕스러운 날씨

- 방탄복에 쓰이는 강한 합성섬유 — 옮긴이.
- 수정헌법 2조: 잘 규율된 민병대는 자유로운 주(state)의 안보에 필수적이므로, 무기를 소지하고 휴대할 수 있는 인민의 권리를 침해해서는 안 된다 — 옮긴이.

와 그로 인한 자연재해, 경제 상승과 급락이라는 불안정성, 어떤 의약품으로도 치료할 수 없는 슈퍼세균까지, 청년들의 마음속에는 일종의 종말론 내러티브가 존재한다. 교사이자 부모로서 이런 불안과 고뇌를 들을 때마다 청춘의 영혼에 대한 내 걱정은 깊어간다.

청장년 사이에서 불안과 우울이 늘고 있지만, 우리는 그들의 싸움이 휴대폰과 비디오 게임 중독이 증가한 결과라 탓하며 책임을 전가하는 경우가 많다. 나는 휴대폰과 게임 관련 기술의 발달에 따른 현 추세를 불안하게 바라보지만, 이런 추세가 문제의 원인이라기보다는 증상이라고 생각한다. 문제의 근본적인 원인은 청년들이 종말에 대한 현실적 두려움을 품은 시대에 살고 있다는 것이다. 청년들의 마음속에는 인류가 초래한 종말에 대한 두려움과 미래에 대한 깊은 절망감이 존재한다.

메타적인 이야기를 바꿀 수는 없지만, 대학 사무총장으로서 나는 청장년이 존경받을 수 있는 학습공동체를 만들고자 노력하고 있다. 내 소망은 그러한 공동체를 통해 어린이들이 점점 도전적으로 변해가는 세계 환경에 윤리적으로 참여할 수 있는 수단을 제공하는 것이다. 그와 같은 공동체 모델을 찾는 과정에서 눈에 띈 것이 바로 야누시 코르차크의 고아원이었다. 결국 코르차크는 살해당했지만 그의 유산은 세계적인 것이 되어 남아 있다. 홀로코스트에서 살아남은 고아 중 한 명은 이렇게 썼다.

우리는 코르차크가 세상을 구원하기 위해 태어났다고 말하곤 했다. 코르차크의 특별한 점은 아이의 영혼에 닿을 수 있는 방법을 알고 있었다는 것이다. 그는 영혼을 꿰뚫었다. 고아원에서 보낸 시간은 내 삶을 형성했다. 코르차크는 늘 우리에게 다른 사람을 믿으라고, 사람이 선하다는 것을 믿으라고 했다. …… 전쟁이 일어났을 때 나는 너무 굶주려서 뭐든 할 수 있는 상황이었지만,

그렇게 하지 않았다. 코르차크의 가르침이 내 곁에 남아 있었기 때문이다.(Korczak, 1999, p.xix)

코르차크의 많은 아이들이 한결같이 증언하는 것이 있다. 코르차크는 아이들의 정신을 절망과 다툼에서 희망과 연민으로 근본적으로 변화시키는 환경을 조성했다는 것이다. 내 바람은 코르차크의 글을 성찰함으로써 어린이와 청소년을 위한 좀 더 배려적인 공동체를 만들고, 오늘날 전 세계에서 청소년들이 겪고 있는 정서적 고통이 줄어들게 하는 것이다.

배경 ———

미국대학건강협회 the American College Health Association 는 2008년부터 현재까지 해마다 3만 명 이상의 학생들을 대상으로 국립대학건강평가조사를 실시하고 있다. 그런데 정신적 고통의 증가 추세가 심상치 않다. 왜 이런 추세가 나타나는지를 두고는 여러 가지 분석이 있다. 헌트와 아이젠버그(Hunt & Eisenberg, 2010)는 정신적 고통에 대한 청년들의 인식 정도가 증가했기 때문에 요즘 청년들의 정신건강이 나빠졌다는 오해가 생겼다고 해석한다. 실제로 미국대학건강협회의 조사 결과를 보면 자신이 정신적 고통을 겪고 있다고 응답한 학생들이 늘었다는 사실을 알 수 있다(표 20.1 참조).

다른 심리학자들은 정신적 불안이 증가한 근본 원인으로 기술과 소셜 미디어, 육아와 가족, 교육 시스템의 변화를 지적한다(Henriques, 2014). 이런 변화가 오늘날 청년들의 정신건강 문제를 복잡하게 만든다는 것이다. 곰곰이 생각해보면 이러한 관점은 웬만큼 수긍할 만한 측면이 있다.

	2008	2013	2018	10년간 퍼센트 증가분
절망감	47.0%	44.7%	53.4%	+6.4
고독	59.7%	56.5%	62.8%	+3.1
우울	63.7%	59.5%	68.7%	+5.0
과잉 불안	49.1%	51.0%	63.4%	+14.3
극심한 우울로 인한 기능 장애	30.6%	30.9%	41.9%	+11.3
자살 고려	6.4%	7.5%	12.1%	+5.7

표 20.1 (미국대학건강협회, 2008, 2013, 2018)

그러나 정신적 불안이 증가하는 현상은 부분적으로 사회적 조건에 대한 반응으로, 21세기의 사회적 조건에 그 근본 원인이 있다.

9·11 사태는 국내외적으로 새로운 서사를 예고한다. 유일한 초강대국은 너무나 약했다. 그리하여 미국의 정신은 변화했으며, 그러한 변화는 전 세계적으로 영향을 미쳤다. 테러 공격은 세계의 중심지 여기저기에 파급력을 발휘했다. 과거 사람들의 의식 속에 잠들어 있던 새로운 차원의 공포가 드러났다. 9·11 사태가 일어나고 10년 뒤 세계 경제시장은 붕괴했으며 환경 재앙에 대한 예측은 점점 더 들어맞고 있다. 미국 내에서는 총기 폭력과 대규모 총격 사건이 유례없는 규모로 벌어졌다. 아이들과의 소통이 증가하리라고 안심시키던 스마트폰은 우리 아이들이 온종일 최신 재난을 배우는 통로가 됐다. 그래서 우리는 기술과 관련하여 우리의 안전이 얼마나 취약한지 깨닫게 되었다.

이처럼 미국의 취약성은 국가적이고 세계적인 수준에서 드러났으며 우리의 청년들에게 엄청난 영향을 주고 있다. 나는 냉전시대에 핵전쟁 모의 훈련을 보며 두려움에 떨었다는 동료들 얘기를 많이 들었다. 그러나 현재 청년들이 느끼는 위협의 본질은 집단적 불안과 절망감을 새로운 차원으로 끌어 올린다.

최근에 나는 한 무리의 청년들과 대화하다 놀란 적이 있다. 그들 대부분은 자기가 살았던 시기에 세계적 재앙을 초래한 중요한 사건이 있었다고 믿었다. 《멋진 신세계Brave New World》와 《1984》는 더 이상 대중에게 보내는 경고가 아니다. 오히려 주류는 이 책들이 그리는 세계가 곧 출현하리라 보고 있다. 《멋진 신세계》와 《1984》가 그리는 미래가 실제가 될 가능성이 높다는 청년들의 확신은 핵무기, 바이오 테러, 슈퍼 바이러스, 환경 파괴 등을 포함한 수많은 위협에 관한 지식에 기반한다. 교육자로서 우리는 청년들이 스스로를 무서운 세상의 무기력한 존재로 바라보지 않게끔 도와야 한다. 범지구적으로 펼쳐지는 드라마에서 어떻게 하면 청년들이 긍정적인 결말을 맺을 수 있도록 도울 수 있을까?

어린이 또는 인간 이해하기 ──

코르차크는 아이들과 함께 일하면서 20세기 초의 아동 중심 교육학과는 다른 방식으로 광범위한 분야의 글을 썼다. 코르차크에 대해 "영혼을 꿰뚫었다"(1999)고 한 옛 고아의 증언은 아이의 감정, 사고, 발달을 깊이 이해할 수 있었던 그의 능력을 보여준다(p. xix). 예전에 나는 초등학생과 함께 지낼 수 있는 일을 했다. 그런데 일자리를 대학교로 옮기면서 나는 청년과 성인도 완전한 인간으로 성장하려고 노력하는 '일'에 분투한다는 것을 알게 되었다.

나는 아이들이 스스로를 꽃피울 수 있는 학습환경을 만들기 위해 교육자가 충분히 이해해야 하는 네 가지 상태가 있다고 제안한다(Poppo, 2006). 그것은 취약성 인정, 고유성 발견, 공동체 소속, 의미 부여라는 네 가지 상태이다. 중요한 점은 이러한 상태를 학생들과 함께 이해해야 한다는 것이다. 그래야 학생들이 절망에서 일어나 주체적인 행위자가 되는 환경을 만들 수 있다. 고등교육 기관으로 옮긴 뒤에 내가 이곳에서 익힌 경험은 학생과 함께 이해하는 것의 중요성을 확신시켜준다.

연약함 인정하기 교육자로서 내가 가장 좋아한 코르차크 이야기 중 하나는 코르차크가 제자들을 엑스레이 실험실로 초대한 일화이다. 코르차크는 고아원의 어린아이를 엑스레이 실험실로 데려왔다. 아이는 시끄러운 장비가 있는 어두운 방 안에서 겁을 먹은 채 낯선 사람들 앞에 서 있었다. 코르차크는 엑스레이 기계 뒤에 아이를 세웠다. 교사가 되려고 훈련받는 그의 제자들은 놀라운 속도로 뛰는 아이의 심장을 지켜보았다. 코르차크(1999)는 학생들에게 말했다. "이 장면을 절대 잊지 마세요. 아이가 벌 받기를 두려워할 때는 말할 나위도 없고, 앞에서 어른이 화내는 모습을 볼 때 얼마나 심장이 두근거리는지 절대 잊지 말기를 바랍니다"(p. 153). 이 경험은 공감과 연민을 이끌어내기 위한 것이었다. 교육자로서 우리의 일은 학생들이 어떻게 생각하고 느끼는지 이해하려고 노력하는 데서 시작된다.

《내가 다시 아이가 된다면》(1992)을 비롯한 작품에서 코르차크는 아이의 작은 신체, 상대적 약점, 연약함을 설명하며 예리한 통찰력을 보여준다. 교육자로서 우리는 아이를 다루기 힘들 때 느끼는 좌절감에 초점을 맞추는 경우가 많다. 어른이 자신의 좌절감을 큰 소리와 위협, 심지어 폭력으로 전달할 때 아이가 얼마나 두려워할지 이해하는 경우는 별로 없다. 그것도 나이가 많고, 힘이 세며, 어쩌면 몸집이 아이의 몇 배나 되는 사람이 말이다. 이런 경험이 아동에게는 특히 무섭겠지만, 성인인 나도 그런 연약한 감정을 공유하고 있다고 확신한다. 따라서 학생과 교류할 때 교육자는 학생의 이런 연약함에 특히 신경 써야 한다. 연약한 마음을 감당하기란 어려운 일이며 스스로를 지치게 하는 경우가 많다. 그러나 아이의 연약함에 어떻게 반응하는지는 오늘날 무엇보다 중요하다. 학생은 교육기관에서 안전함을 느낄 때 비로소 스스로를 이해하게 된다. 이는 학생이 지역사회와 전 세계의 취약계층을 온정적으로 대하게 하는 최소한의 발판이 된다.

고유성의 발견 "뒤처진 아이가 없게 하라No Child Left Behind"는 시대의 가장 괴로운 결과 중 하나는 시험이다. 시험은 학생이 자기의 독특한 재능을 발견할 수 있는 다양한 경험의 기회를 제한한다. 뿐만 아니라 경제적 불확실성 때문에 대학생은 자신의 열정과 내면을 진정으로 이해하기 위한 지적·경험적 탐구보다는 오직 취직에만 집중하는 경우가 많다.

코르차크는 발견의 기간을 통해 아이들 한 명 한 명과 관계를 만들어 나갔다. 그는 "모든 인간존재는 행복과 진실의 불꽃이 피어나게 할 수 있는 부싯돌을 가지고 있다. 성장은 인간의 과제이다. 우리는 첫 숨을 쉬기 전에 우리 안의 새싹부터 돋아나게끔 힘을 불어넣어야 한다"(Korczak, 1967, p. 150)고 했다. 코르차크가 아동을 연구한 이유는 아이들 한 명 한 명이 세상에 안겨주는 가치를 진정으로 믿었기 때문이다. 코르차크는 아이들의 개성을 꽃피울 수 있는 환경을 마련하는 것이 교육자에게 얼마나 어려운 일인지 알았지만, 그런 어려움 속에서도 그렇게 해야 할 필요성을 인식했다. 다른 교육기관을 묘사한 코르차크의 글을 토대로 볼 때, 분명 당대에는 이러한 인식 변화가 거의 없었던 듯하다. 그는 다음과 같이 썼다.

현대의 교육사상은 아이를 더 편하게 다루려고 노력하며, 결과적으로 아이의 의지와 자유를 구성하는 모든 것을 더 잠재우고 억누르고 파괴하려고 시도한다. 아동의 의지와 자유는 자신의 영혼을 조율하고 요구와 의도를 품게 하는 원동력이다. 그런 아이는 품행이 단정하고 순종적이며 착하고 다루기 쉽지만, 내면은 게으르고 성장이 정체되어 있을 수 있다는 사실을 사람들은 전혀 고려하지 않는다.(Korczak, 1999, p. 126)

게으르고 성장이 정체된 아이의 좋은 점이라고는 아이가 어른의 지시에 순종하기 때문에 편하다는 것밖에 없다. 그런 곳에서 아이들은 지적 탐구와 아름다움을 잃는다. 최악의 경우, 카리스마 있는 리더의 악이 선을 집어삼켜버리는 것을 허용할 수 있다. 또한 로봇처럼 훈련받은 사람들이 합법적일지는 몰라도 분명 윤리적이지 않은 잔혹행위에 복종하도록 공포와 증오를 전파할 수 있다. 코르차크는 인간의 잠재력을 믿었다. 그는 아이와 함께 지적 탐구에 참여하는 것이 교육자가 할 일이라고 보았다.

진정한 자아의식과 자신만이 세상에 기여할 수 있다는 점을 제대로 이해하지 못하는 아이는 움츠러들고 의기소침해질 수 있다. 만약 다른 사람들이 자신을 규정하고 단지 숫자나 도구, 물건으로 인식한다면 인간 공동체는 위험에 빠질 것이다. 자신의 독특함을 발견하는 것은 다른 사람의 고유성에 관한 탐구로 이어질 수 있다. 이는 도덕적 행위, 동정심, 어쩌면 희망까지도 고무한다. 희망이 없는 청춘은 우리가 상상할 수 있는 가장 큰 비극이다.

공동체에 소속되기 선행 연구(Poppo, 2006)는 글로벌 경제에서 경쟁하고 승리하는 것을 가르치는 교육이 근시안적이며 문제가 있다는 사실을 보여준다. "오늘날 가장 큰 교육 과제는 글로벌 경제에서 성공하고 이기는 것이 아니라 글로벌 공동체에서 함께 살아가는 것"(p. 33)이다. 이런 주장을 담은 논문을 발표한 지 10년이 지난 지금, 나는 학생들에게 개인주의적이고 경쟁적이며 민족주의적인 것보다 협동적인 팀워크에 생산적으로 참여하는 방법을 가르쳐야 한다고 확신한다. 코르차크는 교육을 통해 모든 아동이 건강한 공동체 건설에 참여하게 한 선구자였다. 건강한 공동체는 아이들 사이에 폭력을 허용하지 않으며 훈육을 강화하기 위한 수단으로 활용하지 않는다. 아이들은 이기심을 극복하고 아집에서 벗어남으로써 더 큰 공동체에 긍정적으로 기여할 존재로 대우받았다.

코르차크는 적절한 기회가 주어진다면 아이들 대부분이 나쁜 행동을 수정하리라고 믿었다. 즉 자기 행동이 다른 사람에게 어떻게 악영향을 미치는지 바라보고 지역사회에서 성장할 기회를 얻을 때 나쁜 행동을 바로잡을 수 있다고 믿었다.

코르차크는 이렇게 썼다. "정치인과 입법자는 아동에 대한 규칙을 만들고 결정을 내린다. 하지만 그런 규칙은 효과가 없을 때가 많다. 그렇다고 해서 아이에게 의견이나 동의를 구하는 어른이 있을까? 그런 순진한 존재에게서 어떤 조언이나 승인을 받을 어른이 있을까?"(Korczak, 1999, p. 142). 정치인, 입법자, 교육자가 계속해서 같은 실수를 저지르는 동안 코르차크는 아이를 행위의 주체로 보았다. 또한 아이들이 서로에게 책임을 묻고, 어른의 지도 아래 자신과 더불어 서로를 돌보는 환경을 조성해 주었다. 코르차크는 건강하고 배려하는 공동체에서 함께 살아갈 수 있는 인간의 능력을 보여주었다.

불행하게도 오늘날 많은 청년들에게 공동체는 낯선 개념이 되었다. 그러나 공동체에서 사는 법을 배우는 것은 그들 개인과 우리라는 집단의 존속을 위해 절대적으로 중요하다. 코르차크는 아이들이 고아원을 공동으로 운영하고 집단적·개인적 도전을 해결하게 함으로써 함께 번영하는 것을 가르쳤다.

의미 부여하기 우리 모두가 참여하는 마지막 과정은 의미 부여하기이다. 틸리히(1957)가《믿음의 역동성Dynamics of Faith》에서 언급했듯이, 많은 사람에게 의미 부여하기는 가장 광범위한 맥락의 믿음을 포함한다. 믿음은 세계관을 정의하고 행동을 안내하는 '궁극적인 관심'(p. 1)이다. 세계관은 세계가 어떤 모습이며 어떻게 기능하는지를 이해하는 것이다. 오늘날 청년들이 지닌 세계관의 특징은 희망이 없고 절망으로 가득 차 있다는 것이다. 이 같은 박탈의 시대를 살아가는 청년들에게 코르차크(1999)는 분명 낯선 사람이 아니다.

> 삶 자체가 동화 속 같아서 믿을 만하고 친근하며 행복한 아이도 있겠지만, 아주 어린 시절부터 가난·학대·방치·무관심이라는 어두운 말을 가르치는 세상에서 스스로를 망가뜨리며 자라난 아이도 많다. 그런 아이는 화를 잘 내며 남을 믿지 못하고 안으로 침잠하고 잘 분개하는데, 이는 그 아이가 악하기 때문이 아니다.(p. 143)

코르차크는 고통과 절망에 가득 찬 아이들과 함께 지냈다. 그는 자신의 연구가 아동이 세상을 보고 세상에 참여하는 방식을 변화시킨다고 여겼다. 그의 고아원에서 아이들은 보호받았다. 나아가 아이들은 가치 있는 한 개인으로서 연민 어린 공동체의 구성원이 되리라는 요구를 받았다. 이런 경험은 혁신적이었다.

아동을 대하는 코르차크의 다른 관점은 나에게 오늘날 청년들을 변화시킬 수 있다는 희망을 품게 한다. 체념과 절망으로 가득 찬 청년들의 세계관은 행위의 주체로서 연민의 관점을 담은 것으로 변화할 수 있다. 고아원 졸업생들을 위한 연설을 준비하면서 코르차크(1999)는 이렇게 썼다.

나는 여러분에게 신을 보여줄 수 없습니다. 여러분은 묵묵히 신을 찾아야 합니다. 용서 없는 사랑은 없으며 용서는 모든 사람이 스스로 배워야 하는 것이기 때문에, 나는 여러분에게 사랑을 억지로 배우게 할 수도 없습니다. 나는 오직 한 가지, 진실하고 정의로운 삶을 갈망하는 더 나은 삶을 살도록 가르칠 수 있습니다. 진실되고 정의로운 삶은 지금은 아니더라도 내일은 존재할지 모릅니다. 어쩌면 이러한 기대가 여러분을 하느님과 조국 그리고 사랑으로 이끌지도 모르겠습니다.(p. 144)

삶의 의미는 종교적 믿음을 통해서만 얻을 수 있는 것이 아니다. 코르차크가 가장 강조한 삶의 의미는 더 나은 삶, 즉 진실과 정의를 갈망하는 데 있다. 코르차크는 종교, 국가, 인종 등이 만들어낸 분열에 얽매이지 않고 보편적인 기대로 아이들을 이끌었다. 보편적 기대는 무엇보다 세상이 우리에게 어떻게 행동하라고 요구하는지 말해주며, 행동을 안내하는 의미를 제공한다. 이를 통해 코르차크는 아이들에게 행위의 주체가 되라고 촉구했다. 코르차크의 이런 말들은 나를 사로잡는다.

우리는 답이 없고 분노할 일이 많은 시대를 살아가며 삶의 의미를 찾는 세대와 마주하고 있다. 코르차크는 봉사, 인간관계, 공동체를 통해 청년들이 삶의 의미를 찾을 수 있게 도왔다. 우리는 인간이 얻은 지식의 한계를 배우면서 가치 있는 지혜를 깨달을 수 있다. 그 지혜는 정의를 실현하는 데는 연민만으로도 충분하다는 것이다. 우리는 더 큰 선을 위해 끊임없이 행동하는 것만으로도 충분하다는 것을 아이들에게 그리고 서로에게 가르칠 수 있다. 삶의 가장 큰 의미는 더욱 윤리적이고 배려하며 정의로운 세상을 만들기 위해 노력하겠다는 의지에 있다.

행위의 주체로 발달하기 ────

자신이 직면한 문제의 크기와 무게가 너무 버겁게 느껴질 때, 결과에 영향을 줄 수 있는 자신의 능력에 한계를 느낄 때, 우리는 절망하고 괴로워한다. 케이티 하우드의 시는 비극이다. 그가 할 수 있는 최선은 위기의 순간에 다른 학생을 구할 행동을 함으로써 다른 학생이 살해당할 시간을 지연시키는 것뿐이다. 아이가 자라날 권리보다 총기 소유 권리를 우선하는 나라에서 하우드의 삶은 소모돼버리기 쉽다. 우리는 자기 삶의 가치가 총을 소유할 권리보다 못한 세상에서 살아야 하는 아이들의 절망을 이해할 수 있다. 절망 속에서 길을 잃은 아이들은 자신이 행위의 주체라고 주장하지 않는다.

내 희망은 우리의 젊은 세대가 소속감을 되찾는 것이다. 이는 분명 어려운 일이다. 그러나 코르차크는 아이들이 소속감을 느끼게 하는 것을 중대한 임무로 여겼다. 그는 아이들이 자신의 능력을 이해하게 도왔을 뿐만 아니라, 아이들이 꿈꾸는 더 나은 세계의 모델이 될 수 있는 환경을 조성해주었다. 아이들은 고아원의 기능과 운영의 모든 측면에 관여하는 환경에서 자라날 수 있었다.

코르차크는 아이들의 연약함과 독특한 본성을 이해했다. 또한 아이들이 공동체에서 사는 법을 배우고 스스로 의미를 찾고 열정을 키워나가야 할 필요성이 있다고 인식했다. 그리하여 코르차크는 아이들이 공동체에서 사는 법을 배우고 스스로 의미를 찾고 열정을 키워나갈 수 있는 공동체를 만들었으며, 그 결과 전인교육에 대한 청사진을 만들었다. 고아원을 졸업할 무렵이 되면, 아이들은 다른 사람을 희생양으로 삼지 않고 세상의 도전에 맞설 수 있는 사람으로 성장했다.

코르차크는 교육자들에게 출발점을 제공한다. 그곳에서 우리는 학생을 이해하고 자라게 할 수 있다. 또한 우리 자신이 아이들을 더 선하고 훌륭한 사람으로 성장하게 도와주는 역할 모델이자 행위자임을 깨달을 수 있다. 청년들이 선을 강력히 지지하기를 바라는 우리의 헌신을 토대로 학생들은 행위의 주체로서 자기를 발견할 수 있다.

첫머리에 인용한 시에서 케이티 하우드는 행위의 주체였다. 하우드는 학교 총격사건에서 다른 친구를 보호하기 위해 행동할 주체를 자신의 일부로 여기고 있었다. 주체로서 하우드가 보여준 행위의 더 큰 부분은 자신이 침묵하지 않을 것이라는 점을 주위 어른들을 향해 알렸다는 데 있다. 하우드는 권력을 향해 진실을 외쳤다. 미국 헌법은 현 시대를 이해하는 바탕 위에 만들어진 것이 아니며, 총기를 소유하고 사용하는 정신이 상자의 권리를 그의 삶보다 중요한 것으로 상정하고 있다는 진실을 말이다. 이러한 주체적 행위를 통해 하우드는 젊은 세대 희망의 등불로 떠올랐다.

내 희망은 젊은 세대가 고장 난 세계에서 행위의 주체로서 해법을 찾는 것이다. 여기에 그런 사례가 있다. 어린이들이 정부를 상대로 고소를 진행하고 있다. 정부가 기후변화에 대처하는 데 실패했기 때문이다. 파크랜드 학생들은 총기 규제에 압력을 행사하고 있다. 아이들은 이 어려운 세상에서 우리를 일으켜 세워줄 의미를 찾고 있다.

교사로서 우리는 학생들에게 필요한 교실을 만들어줄 수 있다. 그곳에서 학생들은 기능적 공동체에서 살아낼 힘을 발견할 수 있으며, 더 큰 선을 위해 그러한 기능적 공동체를 뛰어넘을 수 있다. 선을 위해 행동하는 것은 의미 있는 일이다. 의미는 절망을 밀어내며, 절망이 후퇴한 자리에는 빛이 스며들 수 있다. 우리의 청년들은 더 나은 내일을 위해 밝은 곳에서 일할 자격이 있다.

21

'시를 발견하다' 프로젝트 개발자 줄리 스콧 인터뷰

타티아나 치를리나 스파디, 피터 C. 렌, 에이미 스팽글러

코르차크를 어떻게 알게 됐나요? 코르차크의 아이디어를 활용하기로 결정한 이유는 무엇인가요?

저는 폴란드를 여행하면서 코르차크를 알게 되었습니다. 1998년에 홀로코스트와 유대인 레지스탕스Holocaust and Jewish Resistance 교사교육 프로그램에 참여했거든요. 저는 바르샤바에 있는 에마누엘 링겔블룸 유대인 역사연구소Emanuel Ringelblum Jewish Historical Institute에서 우연히 코르차크의 이름을 발견했어요. 그리고 트레블링카의 기념비와 바르샤바에 있는 다른 기념물에서도 그의 이름을 발견했죠.

그렇지만 가장 의미 있는 만남은 이스라엘 게토 용사의 집Ghetto Fighters' House 박물관 안에 있는 '어린이들의 야누시 코르차크Janusz Korczak of the Children' 전시장에서였습니다(온라인 출처 참조). 저는 진심으로 코르차크에

게 빠져들었어요. 저는 아이들을 어떻게 대해야 하는지에 관한 제 생각이 코르차크의 생각과 매우 비슷하다는 것을 깨달았어요. 그래서 저는 처음에는 《존경하는 코르차크Homage to Korczak》(1989)를, 그다음에는 베티진 리프턴의 《아이들의 왕》(1988)을 읽었죠. 그리고 코르차크에 대해 가르치기로 결심했습니다.

홀로코스트 교육에 관한 관심은 1994년 여름, 워싱턴 D.C.에 있는 홀로코스트 박물관을 방문하면서 시작되었습니다(온라인 출처 참조). …… 물론 저는 아우슈비츠Auschwitz와 다하우Dachau 이야기를 들어본 적이 있어요. 오해하지는 마세요. 저는 역사를 부전공했고 한동안 사회를 가르쳤지만, 홀로코스트를 깊이 연구한 적은 없었습니다. 학교로 돌아온 저는 교장선생님에게 홀로코스트에 관한 선택 교과를 설치할 수 있는지 물어봤습니다. 이렇게 해서 저는 코르차크에 관해 배우기 시작했어요.

이 복잡한 역사를 가르치려고 준비하면서 전문성을 아주 엄격하게 발전시키려고 노력했어요. 그 첫해에 홀로코스트 생존자이자 우리 지역 주민인 에바 라스만이 제 교실을 방문했어요. 그는 자신의 이야기를 들려주었습니다. 그때 저는 처음으로 홀로코스트 생존자의 이야기를 직접 들었어요. 그의 이야기는 저뿐만 아니라 학생 모두에게 역사를 살아나게 했어요. …… 이런 식으로 저는 1998년에 폴란드와 이스라엘을 방문하는 프로그램을 찾게 되었죠. …… 그 뒤로 더 많이 공부하고 경험도 쌓았습니다.

'시를 발견하다' 프로젝트를 개발한 구체적인 계기가 있습니까?

네. 2010년에 대학생을 대상으로 실시한 공감에 관한 조사에 따르면 1970, 80년대 이후 대학생들의 공감 능력은 40퍼센트나 계속 줄어들었습니다. 저는 공감이 모든 사람에게 중요하지만, 특히 젊은이들에게 중요한 자질이라고 생각합니다. 그래서 이 문제는 저를 정말 많이 괴롭혔지요. 저는 제 수업에서 항상 공감을 중요하게 다뤘습니다. 그런데 코르차크를 가르치면서 학생들에게서 더 많은 공감을 이끌어낼 수 있다는 것을 깨달았습니다. 학생들은 고아들과 삶을 함께한 코르차크를 기리는 대화를 나눌 때 정말로 크게 공감했습니다.

그해에 미국코르차크협회US Korczak Association(온라인 출처 참조)의 마리올라 스트럴버그Mariola Strahlberg 회장에게서 연락을 받았습니다. 그는 코르차크를 가르치는 교사를 수소문하던 중이었죠. 저는 스트럴버그한테서 아이디어를 얻었고, 그는 제 아이디어를 좋아했어요. 저는 이미 '시를 발견하다' 프로젝트를 운영한 경험이 있기 때문에 1·2차 사료(史料)를 어떻게 활용하는지 가르치는 것이 낯설지 않았습니다. 그렇게 시작되었죠.

'시를 발견하다'를 어떻게 운영하는지 설명해주시겠어요? 교육과정의 일부로 운영하나요? 그렇다면 어떤 연령을 대상으로 얼마 동안 실시하나요?

저는 보통 중학교 2학년을 대상으로 이 프로젝트를 실시하지만, 모든 중등 학생을 대상으로 실시할 수 있습니다.

'시를 발견하다'는 1차 또는 2차 사료에서 발췌한 내용을 활용해 시를 짓습니다. 학생들은 자기가 활용하고 싶은 단어와 구절을 찾습니다. 대부분 코르차크와 관련되거나 코르차크가 사용한 단어들을 찾습니다. 저는 코르차크와 고아들에 관한 그림책이라든가 《어린이를 사랑하는 법》 등 다양한 출처에서 발췌한 자료를 모아왔습니다. 또한 학생들에게 강조를 위한 반복법도 가르치죠. 우리가 야누시 코르차크의 삶과 작품을 기리는 주제를 공부할 계획이라는 것도 미리 알려줍니다.

수업은 이렇게 진행합니다. 먼저 과거의 예시(부록 1 참조)를 제시합니다. 그리고 문서 카메라를 이용해 자료집에서 인상적인 단어와 구절을 어떻게 발췌하는지 보여주고 가르칩니다. 학생들에게는 안내문도 나눠 줍니다. 저는 체크리스트로 확인해가며 이 안내문을 매우 주의 깊게 살펴봅니다(부록 1 참조). 다음으로 우리는 브레인스토밍을 하고 이야기 주제를 조명합니다. 그런 다음 방향을 잡고, 시에서 반복되는 표현을 사용하는 것을 두고 다시 이야기합니다. 그리고 학생들에게 삽화를 그리거나 삽화의 윤곽을 그리게 합니다. 학생들이 전부 그림을 잘 그릴 수 있는 것도 아니고, 시를 쓰기도 전에 그림에 매달리는 것도 좋지 않죠. 그래서 저는 삽화의 윤곽을 따라 그리는 것도 허용합니다. 우리는 2주에 걸쳐 작품을 만듭니다. 저는 모든 학생이 그린 대강의 초안을 미리 확인합니다. 그리고 프로젝트 내내 학생들의 작업 상황을 점검합니다.

선생님도 시를 쓰나요?

저도 시를 씁니다. 제가 쓴 시 몇 편에는 학생들이 삽화를 그려주었어요. 제 교실에 걸려 있죠. '시를 발견하다' 수업을 할 때면 저는 대개 책을 꺼내서 문서 카메라 아래에 내려놓습니다. 그리고 본문에 줄을 긋고 시를 지어 시범을 보여줍니다. …… 2005년 폴란드에 있을 때 저는 코르차크에 관한 시를 하나 썼어요. 사실 두 차례 여행에서 저는 제 경험을 기억하려고 줄곧 일기를 썼어요. 2005년 7월 14일 목요일에 쓴 에세이와 코르차크를 다룬 첫 번째 시를 학생들과 공유하기로 마음먹었죠.

트레블링카는 제게 특별한 곳입니다. 개인적으로 제 영웅인 야누시 코르차크를 만났기 때문입니다. 1998년 폴란드 트레블링카에서 그를 처음으로 만났죠. 코르차크는 1942년 8월에 트레블링카에서 사망했습니다. 목숨을 구할 기회가 많았는데도 말이죠. 저는 제가 코르차크와 같은 처지였다면 과연 어떻게 했을지 늘 궁금합니다. 내가 그렇게 죽을 수도 있었을까, 아니면 내 살덩이를 구했을까? 저는 다만 제가 용감하고 고귀한 일을 했기를 바랄 수 있을 뿐이라고 생각합니다. 오늘 저는 야누시 코르차크를 제가 어떻게 생각하는지 시로 적습니다. 별로 훌륭하지는 않지만, 제 진심을 담았어요. ……

나의 영웅 코르차크

코르차크,
당신은 나의 영웅.
나는 겨우 7년 전에 당신을 만났습니다.,
그러나 당신은 나의 영웅입니다.
사심 없는 영혼이 얼마 남지 않은
이기적인 세상에서,
당신의 기억은 나를 부르고, 나에게 도전하는 신호입니다.
그리고 당신은 나의 영웅입니다.

내가 당신의 용기와 힘을 지녔더라면.
내가 당신의 헌신과 사랑을 본보기로 삼았더라면,
단지 그랬더라면……

그러나 당신은 언제나 나의 영웅으로 남을 겁니다.

솔선수범하던 당신은 심지어 죽음까지 솔선수범했지요.

트레블링카에서 나는 당신을 다시 만났습니다.
그리고 저는 당신의 일부가
트레블링카에 저와 함께 있기를 바랍니다.

당신을 7년 전에 만났습니다.
당신을 애도하기 위해 다시,
그 기억을 또는 당신의 선함을 기리고자 트레블링카로 돌아왔습니다.
그대는 나의 영웅입니다.
코르차크.

다른 동료 선생님도 '시를 발견하다' 프로젝트에 참여하나요? 행정적 지원도 있었나요?

홀로코스트와 '시를 발견하다' 프로젝트를 가르칠 때 제가 멘토로 삼았던 동료 두 명이 있습니다. 한 선생님은 고등학교로 옮겼고, 다른 선생님은 여전히 교육과정 안에서 이 프로젝트를 가르치고 있어요. 저는 '시를 발견하다' 프로젝트와 홀로코스트를 가르칠 때 언제나 행정적으로 든든한 지원을 받았어요. 교육청은 학기 중에도 제가 회의에 참석할 수 있게 허락해주었죠. 저는 우리 학교가 속한 지역에 '시를 발견하다' 프로젝트의 긍정적인 효과가 알려진 덕분에 이런 지원을 받았다고 알고 있습니다.

학생과 학부모의 태도는 어떻습니까?

저는 '시를 발견하다' 프로젝트나 홀로코스트와 관련하여 학생, 학부모, 직원, 관리자들에게서 어떠한 압력도 받은 적이 없습니다. 30년 넘게 국어 교사로 재직한 저는 이 지역에서 제법 긍정적으로 평가받고 있어요. 제가 가르치는 교육과정은 존중과 존경을 받죠. 많은 학생들이 홀로코스트를 주제로 한 단원 이야기를 들어본 적이 있는 손위 형제자매를 우리 교실로 데려옵니다. 그들은 우리가 하는 공부를 재밌어 했습니다.

제게는 몹시 예민한 학생들이 있어서, 만약 제가 그들을 화나게 만들 수 있다는 생각이 들면 매우 조심해야 했어요. 저는 학부모-교사 간담회 때 학부모들이 의견을 나누게 했는데, 그 피드백은 아주 긍정적이었습니다. 어떤 학부모는 학생이 해야 할 말에 관해서 듣자 큰 거부감을 드러냈습니다. 하지만 단원이 마무리됐을 때 그 학부모는 학생들이 배운 내용을 공유할 수 있다는 점에 기뻐했죠.

학년이 끝날 무렵, 코르차크 시 프로젝트를 완성한 학생들은 코르차크 그리고 역사와 아주 긴밀하게 연결되었습니다. 학생들은 프로젝트에 완전히 참여했고, 그들 자신과 감정을 오롯이 표현해도 괜찮다고 느꼈어요. 그 결과 완성된 작품들은 매우 감동적이고 진심이 담겨 있었습니다. '시를 발견하다' 프로젝트를 진행하면서 학생들은 자신들이 의미 있는 무언가를 쓸 수 있다는 것을 깨달았습니다.

저는 제 학생들과 강하고 꾸준한 관계를 이어갑니다. 몇몇 학생은 학교로 돌아와서 저와 함께 교육 실습을 마쳤죠. 그런데 어떤 만남이든 저를 다시 만난 학생들의 맨 처음 질문은 거의 언제나 "선생님, 여전히 홀로코스트를 가르치세요?"입니다. 학생들은 홀로코스트를 공부한 경험이 중학생 때의 유일한 기억이라고 말하곤 합니다. 홀로코스트에 관한 기억은 좀 혼란스러웠지만, 다른 건 몰라도 학생들이 그 수업만큼은 기억했습니다. 최근에는 뉴욕에 있는 사회정의센터Center for Social Justice(온라인 출처 참조)에서 페이스북을 운영하는 옛 제자가 그 일을 하도록 격려해주어 고맙다는 내용의 메시지를 제게 보냈습니다.

워싱턴 D.C. 홀로코스트박물관에서 받은 연수 덕택에 저는 학생들이 겁먹거나 정신적인 충격을 받지 않는 방식으로 코르차크와 고아들에 관해 가르치고 이야기합니다. 저는 학생들에게 홀로코스트 사진을 보여주는 것이 가치 있다고 생각하지 않아요. 학생들은 벌써 많은 관심을 기울이고 있어요. 구글에서 검색해보니까요.

하지만 저는 학생들에게 주의하라고 경고합니다. 만약 나중에라도 그런 사진에 관해 이야기를 나누어야 할 필요가 있다면, 제게 알려야 한다고 지도합니다. 단지 시체 더미 속 희생자가 아닌 인간으로 보여주기 위해 저는 먼저 홀로코스트 이전 그들의 삶부터 가르칩니다. 학생들에게 가족 파티, 바비큐 모임, 친구들과 어울리는 사진이나 바닷가 또는 축구장(그리고 다른 스포츠 경기장)에서 노는 사진을 보내달라고 부탁해요. 그리고 그 사진들을 홀로코스트 이전 유대인 가족의 사진과 매치해 보여주면서 70년이 넘는 세월이 지난 지금 우리와 크게 다르지 않다는 점을 깨닫게 합니다.

이런 방식으로 학생들은 옛사람들의 희망과 꿈과 연결되고, 그들이 오늘을 살아가는 사람들과 같은 인간이다는 사실을 깨닫습니다. 다시 말하지만, 저는 조심스럽습니다. 홀로코스트박물관에는 시뮬레이션을 사용하지 말라는 지침이 있습니다. 왜냐하면 홀로코스트의 포로 처지가 돼서 걷기를 재현하는 것은 불가능하니까요.

이러한 활동을 수업에 적용하려면 어떻게 해야 하나요? 교사와 참여하는 학생을 위해 개발한 어떤 지침이 있나요?

지침에는 모두 링크가 달려 있어요(부록 1 참조). 야누시 코르차크만 따로 가르칠 수는 없습니다. 맥락에 맞게 가르쳐야 하니까요. 만약 이런 활동에 관심을 둔 교사가 있다면, 제 생각에 그런 교사는 이미 어떤 식으로든 홀로코스트에 대해 가르치고 있을 겁니다. 제게 중요한 일은 처음으로 코르차크를 가르치려는 동료 교사의 멘토가 되는 것이죠.

저는 주요 출처와 일기 그리고 과거에 찍은 개인 여행 사진을 사용해 저만의 커리큘럼을 만들었습니다. 제가 만든 모든 것을 공유하자는 게 저의 철학이에요. 저는 파워포인트와 문서 카메라를 사용합니다. 홀로코스트 이전, 나치의 힘이 약하던 시절 유대인의 삶에서 시작하여 홀로코스트를 주제별, 연대별로 가르칩니다. 그리고 홀로코스트 영웅들에 대한 교훈으로 끝맺습니다. 소수이지만 밝게 빛났던 그 유럽인들은 유대인(인구의 1퍼센트 미만), 유대인 저항군(반란군과 유격대), '하얀 장미'(나치에 저항한 독일 대학생들)를 기꺼이 숨겨주거나 구했습니다. 그리고 야누시 코르차크에 관한 마지막 수업을 마칩니다. 저는 제 학생들이 이 끔찍한 대량학살의 가해자들이 아니라 영웅들의 이름을 기억하기를 바랍니다.

저는 히틀러를 가르치는 데 많은 시간을 할애하지 않습니다. 그보다는 학생들이 공감할 수 있는 내용(예를 들면 나치가 선전에 이용한 히틀러 청소년 프로그램)을 주로 보여줍니다. 〈하일 히틀러, 히틀러 청년의 고백Heil Hitler: Confessions of a Hitler Youth〉(Holch, 1991) 같은 비디오를 보여주긴 하지만, 저는 학생들의 마음이 나치즘이라는 수렁에 빠지는 것을 원치 않습니다. 저는 학생들에게 다른 집단, 즉 협력자, 가해자, 방관자 그리고 피해자들에 관해 가르칩니다. 저는 이런 교육과정을 메모와 문서에 시각적인 형식으로 작성해 다른 교사들과 공유합니다. 만약 이런 교육과정을 가르치는 것을 동료 교사가 불편해한다면 저는 그 단원을 둘러싼 여러 견해도 알려줍니다.

주차장Parking Lot 활동은 제가 동료 교사들에게 추천하는 활동입니다. 이 활동에서 학생들은 포스트잇에 질문할 수 있습니다. 만약 동료 교사가 대답할 수 없는 질문이 있다면, 제가 대신 대답해준답니다. 학생들은 수업시간에 하기 불편한 질문을 적을 수 있는 선택권이 있습니다. 그렇지만 학생들은 대부분 대화를 선호하며, 우리는 깊이 있는 대화를 하는 데 뛰어납니다. 홀로코스트를 다루는 단원을 가르치기에 앞서 학부모에게 이메일을 보내긴 합니다. 그러나 제 교육과정을 가르치는 데 허락을 구할 필요는 없다고 생각합니다. 그래서 교육과정을 허락해달라고 요청하는 편지를 보내지는 않습니다. 때때로 학부모가 참관하는 날이 있는데, 그런 날에는 보통 홀로코스트 생존자가 시애틀에서 방문하지요.

시는 어떻게 전시하나요?

수업시간에 학생들이 시를 발표하기도 하지만, 순전히 자발적으로만 그렇게 합니다. 작년에 학생들은 제가 콘퍼런스 발표를 준비한다는 것을 알았어요. 그때 저를 위해 많은 학생들이 자원해서 자신의 시 낭송을 녹음했어요. 또는 학교 복도에 시를 전시해 공유하기도 합니다. 이때 모든 작품을 전시하죠.

'시를 발견하다' 프로젝트에 참여한 뒤에 학생들은 어떤 점이 달라졌나요?

대답하기 어려운 질문이군요. 왜냐하면 관찰을 해야 대답할 수 있는데, 홀로코스트 관련 단원은 학생들이 고등학교로 진학하기 직전 학기에 가르치거든요. 가끔 졸업생들이 찾아오면 저는 그들과 함께 시간을 보냅니다. 농구나 배구 경기 그리고 다른 지역 행사에서 함께 어울리기도 하고요. 지금 당장, 프로젝트 기간이나 프로젝트가 끝난 후에 제가 가장 많이 발견하는 것은 학생들이 자기 일에 자부심을 느낀다는 점입니다.

교실에서 실시하는 프로젝트라면 무엇이든 저는 큰 기대를 걸고 있습니다. 학생들은 그들의 최종 완성작이 이른바 '작품이라고 할 만한 것'이어야 한다는 점을 알고 있습니다. 시민윤리나 홀로코스트와 관련한 단원을 오랫동안 가르치면서 제가 깨달은 점 가운데 하나는, 학생들이 저에게 이와 관련한 상황을 알려주리라는 것입니다. 누가 버스에서 다른 학생을 괴롭히거나 복도에서 무슨 일이 일어났다든지 할 때 말이죠. 학생들은 자신이 괴롭힘을 막기 위해 개입했다고 설명합니다. 그것이 옳은 일이니까요.

수업 첫날부터 저는 코르차크에 관해 가르칩니다. 홀로코스트 관련 단원을 마칠 때까지 학생들은 코르차크라는 이름을 정말 여러 번 듣습니다. 제가 학생들에게 내주는 마지막 과제는 가장 인상 깊고 잊지 못할 두세 가지 주제를 놓고 글을 쓰는 것입니다. 저는 열에 아홉은 코르차크에 관해 쓰겠지, 이렇게 말하곤 합니다. 우리 지역에 중학교가 두 군데 있을 때, 고등학교 역사 선생님과 영어 선생님들은 어떤 학생이 어느 중학교를 졸업했는지 정확히 알아맞힐 수 있었습니다. 홀로코스트에 관한 한, 제 수업을 들은 학생들은 다른 중학교 학생들과 달랐으니까요. 우리 학교 학생들은 홀로코스트에 대해 지식과 관심 면에서 두드러지지요. 옛 제자 중 두 명은 베스 샬롬Beth Shalom 사원이 후원하는 글쓰기·미술대회에서 입상한 적도 있어요.

이 프로젝트를 이끌면서 선생님의 삶에 어떤 변화가 있었나요?

저는 코르차크의 실천을 적용해왔습니다. 코르차크는 저에게 역사적 영웅입니다. 코르차크의 실천을 활용한 경험은 분명 제가 전문성을 발달시킬 수 있는 문을 열어주었습니다. 저는 미국코르차크협회와 더 가까워졌어요. 코르차크협회 홈페이지는 제 학생들의 시와 삽화를 소개하고 있어요. 저는 코르차크 가르치기를 주제로 하는 콘퍼런스에 참석해 동료들과 이런 작업을 공유합니다. 저는 교실에서 제가 하는 일을 끊임없이 평가해요.

본래 저는 새로운 무언가가 필요해서 이 프로젝트를 시작했죠. 저는 홀로코스트 단원을 매듭지을 의미 있는 마무리가 필요했습니다. 야누시 코르차크와 고아들 이야기는 학생들의 마음을 아프게 합니다. 학생들에게 코르차크를 다룬 그림책《영웅과 홀로코스트 — 야누시 코르차크와 그의 아이들 이야기A Hero and the Holocaust: The Story of Janusz Korczak and His Children》(Adler, 2002),《야누시 코르차크 — 어린이 권리 조약의 아버지The Champion of Children: The Story of Janusz Korczak》)(Bogacki, 2009)를 읽어줄 때 저는 가끔 목이 메고 눈물이 나서 멈춰야만 하죠. 저는 '시를 발견하다' 프로젝트의 강조점을 그의 죽음이 아닌 다른 것으로 바꾸고 싶었습니다. 왜냐하면 학생들은 코르차크의 죽음에 집중하는 경향이 있으니까요. 그래서 코르차크의 삶과 업적을 기리는 프로젝트를 진행했는데, 이런 수업은 학생들이 쓴 시의 분위기와 내용을 바꿔놓았어요.

중학교 2학년은 이런 프로젝트를 실시하기에 완벽한 학년이에요. 저는 제 학생들을 마치 다 자란 청년처럼 대합니다. 학생들은 또래가 겪을 수 있는 사회정의, 옳고 그름, 공정성 문제에 아주 큰 흥미를 보입니다. 고등학생은 자기들이 모든 것을 안다고 믿기 시작해요. 때때로 교사보다 훨씬 더 말이죠. 반면 중학생은 수업 내용을 완전히 자기 것으로 만들기 때문에 아름답고 완벽한 연령대입니다. 학생들은 자기가 시에서 강조해 사용한 문구를 놓고 토론하고, 자기가 쓴 시 이야기를 하며, 서로의 시를 읽고 제안도 하는 등 전체 수업에 집중합니다. 수업에 참여하는 동안은 정말 몰입합니다. 그래서 '시를 발견하다' 프로젝트는 관리자가 여러분의 교실에 와서 관찰했으면 하는 그런 수업을 보여주지요.

마지막으로, 저는 학생들이 이 프로젝트를 통해 완성하는 작품에 큰 자부심을 느낍니다. 학생들이 쓴 의미 있는 시들이 이 프로젝트를 매우 보람차게 만들죠. 사실 일부 학생은 시에 별로 관심이 없어요. 하지만 그런 학생들도 코르차크와 그의 이야기에 이끌려 시를 쓰게 됩니다.

'시를 발견하다' 프로젝트를 실시하는 단원에 참여함으로써 학생들이 얻기를 바라는 가장 중요한 사회정서적 발달 목표는 무엇인가요?

요약하자면, 다음과 같은 여러 목표가 있습니다.

○ 학생들이 공감을 느끼는 것입니다. 홀로코스트 단원을 가르칠 때 저는 아동과 10대(그리고 그들의 가족)에 초점을 맞춥니다. 코르차크와 고아들에 관해 배움으로써 학생들은 홀로코스트의 역사를 더 가까이 느끼게 됩니다. 사회적 인식 역시 또 다른 사회정서적 목표입니다. 저는 제 학생들이 사람들의 차이점을 인정할 줄 아는 능력을 배운 뒤에 제 교실을 떠나면 좋겠어요. 시민권 운동, 홀로코스트, 야누시 코르차크를 공부함으로써 학생들이 가능한 한 '타인의 처지'에서 생각해볼 수 있기를 바랍니다.

○ 책임 있는 의사결정을 할 수 있는 것도 목표입니다. 저는 학생들이

타인에 대한 존중, 인식 그리고 자신의 행동이 다른 사람에게 어떤 영향을 끼칠 수 있는지에 대한 관심을 키우게 가르칩니다. 이를 통해 책임 있는 의사결정을 할 수 있는 능력을 쌓도록 돕습니다. '시를 발견하다' 프로젝트에 참여한 학생들은 더 많은 사회적 책임감을 기를 수 있습니다. 또한 타인(학교, 지역사회 그리고 그 이상의)의 행복을 염두에 두면서 자신의 행복과 균형을 맞추기 시작할 것입니다.

○ 저는 학생들이 믿을 만한 어른과 의미 있는 관계를 맺는 데에도 힘쓰기를 바랍니다. 우리 학교는 빈곤율이 높으며, 어른과 어떤 종류의 신뢰관계도 맺지 못한 학생들이 있습니다. 그렇지만 '시를 발견하다' 프로젝트를 마무리하는 4~5월 무렵이면 제 교실은 한 가족처럼 신뢰관계를 형성한답니다.

저는 단순히 코르차크를 가르치는 게 아닙니다. 저는 제 교실에서 아이들이 어떻게 대우받아야 하는지 보여주고자 코르차크의 아이디어를 활용합니다. 말하자면 저는 코르차크처럼 삽니다! 저는 제 제자들이 아이들을 정말로 이해하고 진정으로 사랑하며 죽음에 직면했을 때도 떠나지 않는 누군가를 역사 속에서 만났으면 합니다. 야누시 코르차크는 젊은 세대에게 아주 매력적인 사람입니다. 제 학생들은 단순히 사실에 관한 정보가 아니라 명예롭고 존경받는 역사적 인물을 진정으로 배웁니다. 이는 코르차크의 삶, 작품, 희생을 기리는 시와 그림을 담은 학생들의 작품을 보면 실감할 수 있습니다.

온라인 자료 출처 ———

- 사회정의센터The Center for Social Justice

  https://www.centreforsocialjustice.org.uk

- 인간성을 위한 홀로코스트 센터Holocaust Center for Humanity

  https://www.holocaustcenterseattle.org

- 미국코르차크협회Janusz Korczak Association of the USA

  http://korczakusa.com

- 아이들의 야누시 코르차크 전시Janusz Korczak of the Children exhibit

  https://www.gfh.org.il/eng/Exhibitions/188/Janusz_Korczak_
  of_the_Children

- 유대인 라이트하우스 기금The Jewish Foundation for the Righteous

  https://jfr.org

- 미국 홀로코스트 추모박물관The United States Holocaust Memorial Museum

  https://www.ushmm.org

22

교실에서 만나는 이레나 센들러와 야누시 코르차크

틸라 J. 마지오

이레나 센들러Irena Sendler는 누구인가(Mazzeo, 2016)? 그는 무엇을 말하려고 야누시 코르차크의 업적에 관한 책을 저술했는가? 폴란드식으로는 이레나 센들레로브Irena Sendlerow(1910-2008)인 그는 사회복지사였다. 센들러는 1930년대에 폴란드자유대학교에서 통찰력 있는 교육학과 교수이자 활동가인 헬레나 라들린스카Helena Radlinska 교수 밑에서 수학하였다. 2차 세계대전과 바르샤바 점령 기간 동안에 센들러는 지인들과 힘을 모아 2500명 이상의 유대인 어린이를 구해냈다.

센들러는 아이들을 질병과 죽음에서 구하기 위해, 궁극적으로는 아이들이 폴란드의 나치 수용소로 이송되는 것을 막기 위해 애썼다. 그는 어린아이들을 게토에서 몰래 빼내기 위해 아이들이 유대인이 아닌 새로운 신분을 얻게 하자고 부모들을 설득했다. 센들러는 아이들의 실명을 기록한 비밀 목록을 만들었으며, 전쟁이 끝나면 부모가 양부모 가정이나 고아원에 있는 아이들을 찾을 수 있게 하겠다고 약속했다. 그때 센들러와 동료들은 아이들의 부모 중 90퍼센트 이상이 사망하리라는 것을 몰랐다. 그들 대부분은 트레블링카에 있는 죽음의 캠프에서 사망했다.

그러나 이레나와 동료들이 만든 목록은 이런저런 형태로 오래도록 남았다. 이 목록에는 전쟁, 생존한 아동 난민들의 가족, 유대인 정체성에 관한 기록이 남아 있다. 운이 좋은 소수의 아이들은 이 목록을 통해 친척을 찾았다. 교육자라면 연극 〈병 속의 삶 Life in a Jar〉(1999) 때문에 센들러의 이야기를 알지도 모르겠다. 어린 중학생들이 만든 이 연극은 센들러의 이야기를 다룬 것으로 유명하다. 그 어린 중학생들은 1990년대에 이레나 센들러를 인터뷰하고 그의 이야기를 연극으로 만들어 미국 언론의 주목을 받았다.

이레나 센들러와 관련하여 홀로코스트 역사가들이 가장 주목하는 점은 1942년 8월 아침에 그가 코르차크와 함께 있었다는 사실이다. 코르차크 박사와 그의 고아원 동료 교사들은 200명에 가까운 아이들과 함께 총구 앞에서 죽음의 트레블링카로 향하는 화물차에 타기 위해 조용히 걸었다.

행진의 마지막 순간을 목격한 나훔 렘바 Nachum Remba는 그 광경을 이렇게 묘사했다. "내가 살아 있는 한 결코 잊을 수 없을 겁니다. 그 행진은 기차를 타기 위한 것이 아니었어요. 살인에 대한 무언의 항의였죠. …… 그것은 인류가 한 번도 본 적 없는 행진이었습니다"(Lifton, 1988, p. 345). 이레나 센들러은 이렇게 기억한다. "1942년 8월 그날, 거리에서 그 비극적인 퍼레이드를 보았습니다. 그 순수한 아이들은 코르차크의 긍정적인 말을 들으며 고분고분 죽음을 향해 행진했지요. 그때 저를 비롯한 모든 목격자는 어째서 우리의 마음이 아프지 않았는지 이해할 수 없었습니다"(Janusz Korczak Association of Canada, 2018). 그 200명의 아이들 중 30명은 이레나 센들러와 동료들이 이미 한 번 구해준 아이들이었다. 그는 구조한 아이들을 코르차크 박사에게 데려다주었다. 그 뒤 센들러는 고아원을 정기적으로 방문했고, 특히 아이들이 만든 아마추어 연극 공연의 단골손님이 되었다.

이레나 센들러와 야누시 코르차크는 전쟁이 일어나기 전부터 알고 지냈다. 바르샤바 게토가 세워지기 전부터 센들러와 코르차크는 개인적인 친분으로 또는 일 때문에 만났다. 센들러의 비밀 전시 조직에 속한 다른 여성들은 대부분 야누시 코르차크에게 배운 경험이 있는 학생들이었다. 그들은 '의사 할아버지'를 멘토이자 친구로 여겼다. 코르차크의 글과 가르침, 교육학, 사회정의, 아동의 권리 보장 그리고 교육 환경에서 연극과 역할극을 활용하는 법은 그들의 일에 많은 도움을 주었다. 이레나 센들러의 조직은 아동과 성인을 모두 포함했다. 센들러와 그의 조직에 관한 이야기는 특히 중학교 수준의 교육과정과 수업에서 야누시 코르차크의 유산을 활용하는 도움을 줄 수 있다. 이 짧은 장(章)의 목적은 그 방법을 제안하는 것이다.

이번 장에서는 세 가지 주제에 초점을 맞추어 최근의 논쟁거리, 교육과정 성취 기준, 역사의 날National History Day• 대회와 관련하여 센들러와 코르차크의 업적을 어떻게 활용할 수 있는지 살펴볼 것이다. 역사의 날 대회는 해마다 개최되는데, 이 대회를 통해 센들러의 업적이 북미에서 대중적으로 알려졌다.

• 더 자세한 내용은 www.nhd.org 참조.

시민교육과 역사 속의 난민 문제 ——

초기에 센들러는 빈곤 가정과 난민을 돕는 데 관심을 기울였다. 1940년 10월 바르샤바에 게토가 건설되면서 게토 안에는 도시 안팎에서 추방당한 난민들로 구성된 대규모 공동체가 생겼다. 본래 바르샤바에 살던 가족들에게 게토의 환경은 열악했지만, 폴란드의 다른 지역에서 온 사람들에게는 더 가혹했다. 그들은 먼 길을 이동한 탓에 쇠약해져 있었다. 그래서 센들러가 맨 처음 시도한 일은 바르샤바에 와서 고아가 된 아이들을 구하는 것이었다. 센들러는 아이들을 게토 밖으로 몰래 탈출시켜 위탁 양육을 했다. 10대가 안 된 아이들은 센들러 조직에서 배달원 역할을 맡았고, 10대는 주로 하수구를 통해 아이들을 안내하는 일을 했다.

북미와 유럽 전역에 걸쳐 난민 문제는 주요 논쟁거리다. 난민 문제는 주로 분쟁과 기후변화, 경제 붕괴 때문에 발생한다. 캐나다와 미국의 국가교육협회와 유엔난민고등위원회United Nations High Commission on Refugees••는 독립적인 기구로, 모두 난민 지위에 관한 교육과정을 만들기 위해 우수한 자원을 제공하고 있다.

코르차크의 업적과 유산은 교육자들에게 낯설지 모른다. 특히 1928년에 발표된 코르차크의 교육학 논문인《아동의 존중받을 권리》(Korczak, 2009)가 유엔아동권리협약 작성을 고무하고 구체화하는 데 큰 역할을 했다는 점은 잘 알려지지 않았다(Walther, 2003). 〈아동권리선언〉(1959)을 발전시킨 유엔아동권리협약(1989)은 전 세계 여러 나라에서 비준되었다.

•• 더 자세한 내용은 미국교육협회 홈페이지 http://www.nea.org; 유엔 난민고등위원회 홈페이지 https://www.unhcr.org/teaching-about-refugees.html 참조.

아동 권리에 관한 코르차크의 생각은 어린이 신문인《어린이 비평》을 통해 형성되었다.《어린이 비평》은 고아원 아이들의 배움에 필수 요소였다. 아이들은 1926년부터 1939년까지 이 신문을 펴냈다. 신문의 핵심은 아동을 위한 글은 아동이 써야 하며, 실질적이고 중요한 문제에 관해 아동이 글을 쓸 수 있다는 믿음이었다.

마지막으로, 코르차크의 일기《게토에서 보낸 시간들》(1939년 5월~1942년 8월)에는 코르차크가 난민 위기를 개인적으로 어떻게 생각했는지가 드러나 있다. 교사는 이런 생각을 게토를 담은 사진과 함께 수업에 선택적으로 적용할 수 있다.

다음은 교육자가 활용할 수 있는 방법이다.

○ 〈아동권리선언〉에 나오는 10가지 원칙을 난민 관련 단원의 수업 내용과 학습 자료로 활용한다.
○ 오늘날 난민 문제를 다루는 단원과 홀로코스트, 대량 학살의 역사에 관한 단원을 연계한다.
○ 이런 단원을 다룰 때 학생들이《어린이 비평》과 같은 학습도구를 활용하게 한다.
○ 학생들이 편지, 일기, 사진 같은 개인적인 자료를 스토리텔링과 학습에 활용하게 돕는다.

어린이 의회와 어린이 법원 ─────

멘토, 활동가, 학교 이사로서 코르차크가 가장 확고하게 유지한 교육적 신념 가운데 하나는 고아원이 아동 중심적인 곳인 동시에 되도록이면 아동이 이끄는 곳이 되어야 한다는 점이었다. 이러한 신념은 코르차크가 이레나 센들러와 동료를 비롯한 사회사업가 세대에게 물려준 원칙이었다. 바르샤바 게토에서 코르차크는 아이들을 위험에서 구하기 위해 다른 아이들을 보냈다. 이 위험한 구출작전을 지켜본 센들러는 놀라지 않았다. 아동이 중심인 곳은 아동이 이끌어야 한다는 코르차크의 믿음은 어린이 의회와 어린이 법원을 통해 실행되었다.

아동이 젊은 시민으로서 민주주의 제도에 일찍부터 참여하는 것은 입헌공화국을 건설하는 데 중요하다. 성인의 시민적 권위 아래 살던 아동이 열여덟 살이 됐다고 해서 하루아침에 완전한 정치적 참여자가 될 수는 없다. 코르차크는 아동이 어느 날 갑자기 준비된 시민이 되리라는 기대는 합리적이지 않다고 생각했다.

아동 참여 모델과 관련하여 코르차크의 유산은 여전히 큰 의미가 있다. 우리는 어린이 의회와 관련해 더 많은 것을 논의해야 한다. 코르차크의 원칙을 적용한 가장 현대적인 사례는 스코틀랜드의 어린이 의회에서 찾을 수 있다. 최근 스코틀랜드는 투표 연령을 16세로 낮추었다.[*] 아동 참여 모델은 최근 오스트레일리아에서 시범적 학교 프로그램으로 채택되기도 했다[**].

• 더 자세한 내용은 https://www.childrensparliament.org.uk 참조.
•• 더 자세한 내용은 https://www.liverpool.nsw.gov.au/community 참조.

참정권 논쟁과 관련해서는 미국의 많은 도시들이 투표 연령을 16세로, 연방의 투표 연령을 18세로 낮췄다. 또한 브라질, 몰타, 스코틀랜드, 오스트레일리아를 비롯한 많은 나라들이 투표 연령을 낮추거나 미성년자가 참정권을 가질 수 있게 법안 개정을 적극적으로 논의하고 있다는 사실에도 주목할 필요가 있다. 지금까지 투표 연령을 16세 미만으로 낮춘 국가는 없지만, 영국에서는 6세 이하 어린이를 대상으로 투표권을 요구하는 목소리도 일부 있었다(acast, 2018; Weaver, 2018).

교육자는 다음과 같은 방법을 고려할 수 있다.

o 어린이 의회 교육 프로그램을 시범적으로 실시하고 있는 영국·오스트레일리아의 학교와 교류하기
o 여성 참정권과 시민권 역사를 다루는 단원을 가르칠 때 청소년 참정권 운동에 대해서도 논의하기
o 시민적·민주적 과정과 학급운영 관련 단원에서 어린이 의회와 어린이 법원에 관해, 나아가 이에 참여하는 전략과 방법을 가르치기
o 교육과정의 내용을 아동이 주체적 행위자로 발달할 수 있게 구성하기

역할놀이와 연극 ———

역할놀이와 공연의 가치는 코르차크 교육학에서 배울 수 있는 중요한 가치 가운데 하나다. 고아원 아이들은 역할놀이와 공연을 통해 시민 활동가로 성장할 수 있었다. 아이들의 배역은 자기 삶의 경험 속에서 주체적

행위자와 새로운 역할을 발달시키는 수단이었다. 또한 역할놀이와 공연은 어린이 의회, 어린이 법원과 밀접한 관련을 맺으며 실행되었다.

이 책의 앞부분에서 언급했듯이, 코르차크는《마치우시 왕 1세》(2004)를 포함한 여러 아동 도서를 저술했다.《마치우시 왕 1세》는 왕이 되어 자신의 공화국을 개혁하고 전쟁을 끝내고자 하는 어린 소년의 이야기다. 이 밖에도 속편인《어린 왕 마치우시Little King Matty》와《사막 섬The Desert Island》(1990) 그리고《마법사 카이텍》(2012)이 있다.

몇몇 학교가 희곡 〈병 속의 삶〉을 공연하고 있다. 이 희곡의 집필에는 캔자스 중고등학교 학생들이 참여했다. 그 학생들은 〈병 속의 삶〉을 공연함으로써 몇 해 전에 이레나 센들러의 이야기를 북미에 대중적으로 알리는 데 크게 공헌했다. 하지만 공연을 하는 데는 꽤 많은 비용이 필요한데, 예산이 부족하다 보니 교육자는 코르차크의 저술을 학생 참여를 이끌고 연극을 만들기 위한 텍스트 정도로 여길지도 모르겠다.

코르차크의 책 속에 담긴 여러 주제는 분명 학생에게 매력적이다. 권력이 있는 어린이와 어린이 통치자, 어른에게나 있을 만한 마법 같은 권력을 쥔 어린이 이야기는 학생들의 마음을 움직인다. 그러나 이보다 더 중요한 것은 코르차크의 저술이 역사와 문학 수업을 융합할 수 있는 훌륭한 플랫폼을 제공한다는 사실이다. 코르차크의 책을 통해 학생들은 구체적인 맥락에서 시민윤리를 공부하고 홀로코스트와 난민 이동의 역사를 배울 수 있다. 또한 코르차크의 이야기는 교실 공연을 위해 쉽게 각색할 수 있다.

다음은 교육자들이 활용할 수 있는 방법이다.

○ 코르차크의 동화를 독서 연계 수업에서 다루기

○ 역사의 날 프로젝트에 참여한다면, 학생들에게 코르차크의 저술이
　나 아동 권리를 다룬 공연 또는 기록을 참고하도록 제안하기

　코르차크의 유산은 아동에게 힘을 불어넣고 민주적인 체계와 세계에
참여할 수 있는 풍부한 기회를 제공한다.

💜 과제 💜

• 코르차크와 듀이의 교육학적 접근에서 발견할 수 있는 가장 큰 유사점은 무엇인가?

• 학생에게 자신과 타인에 대한 책임감을 가르치기 위한 방법을 코르차크의 아이디어를 바탕으로 제시하시오.

• 교사 개인의 **감성적인 사랑**과 교육자의 **교육적인 사랑**은 어떻게 다른가? 코르차크의 글을 인용하여 설명하시오.

• 코르차크의 도덕교육 이론을 오늘날 학교교육에 실천적으로 적용할 수 있는 방법은 무엇인가? 예를 들어 설명하시오.

• 교직에 관한 코르차크의 아래 진술(2018)을 읽고 자신의 생각을 서술하시오.

"우리는 기적을 행하는 사람이 아니며 사기꾼이 되고 싶지 않다. 우리는 완벽한 아이에 대한 위선적인 갈망을 버린다"《코르차크 선집: 어린이를 사랑하는 법 외》[Chicago: Vallentine Mitchell, p. 329]).

- 코르차크의 유산은 오늘날 청년들이 주체적 행위자로서 자신의 모습을 회복하는 데 어떻게 기여할 수 있을까? 또한 코르차크의 유산은 어른 세대가 청년들에게 귀 기울이고 그들을 존중하도록 어떻게 도울 수 있을까? 젊은 세대가 교실에서 코르차크의 유산을 활용하도록 교사는 어떻게 도울 수 있을지 서술하시오.

5부

교육의 변화와 놀이

코르차크에게 배우는 다양한 교육 실천

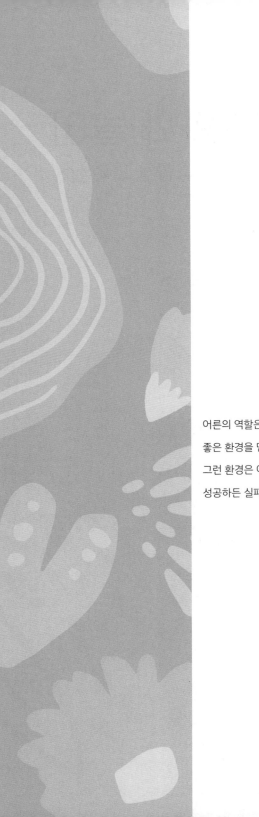

어른의 역할은 아동을 통제하거나 바로잡는 것이 아니라
좋은 환경을 만들어주는 것이다.
그런 환경은 아이가 갈등에 관해 토론할 용기를 내게 하며,
성공하든 실패하든 노력의 결과를 정직하게 말할 수 있게 한다.

어린이를 위한
덕 virtue 교육

토니아 보크, 다르샤 나바에즈,
랠프 싱, 메리 S. 타샤

인간은 공동체적인 삶을 통해 배우는 존재이다. 실제로 생물학적 인간은 사회적 경험을 통해 형성된다. 태어나서 적절한 사랑과 보살핌을 경험한 사람은 친사회적이고 협력적인 성격을 형성한다. 그러나 생애 초기에 적절한 돌봄을 받지 못한 사람은 다양한 형태의 조절장애를 경험한다. 안타깝게도 많은 아동이 생애 초기에 요구되는 적절한 돌봄을 받지 못한다. 이에 따라 불안과 스트레스를 안고 배울 준비가 안 된 채 입학하는 아동이 많다. 적절한 돌봄이 부족하면 아동의 지적 발달뿐 아니라 사회정서적·도덕적 발달에도 악영향을 끼친다.

이 장에서는 야누시 코르차크의 교육철학을 적용 또는 활용하여 아동이 미래를 제대로 준비할 수 없는 원인을 논의하고, 교실의 구조화를 통해 도덕적 인간을 육성하는 방법을 살펴보고자 한다. 또한 교육자가 학생의 요구 문제를 어떻게 해결할 수 있는지 탐구하고자 한다.

산업화한 아동

오늘날 우리는 어린 아동에게 필요한 따뜻한 보살핌을 구성하는 요소가 무엇인지 알게 되었다. 또한 그런 따뜻한 보살핌이 신경생물학적 발달 측면에서 얼마나 중요한지도 안다(Narvaez, 2014). 생애 초기 6년 동안 인간은 매우 빠른 속도로 발달하는데, 이 시기의 아동은 특히 타인의 보살핌을 받는 경험이 필요하다. 또한 우리는 어린 아동의 두뇌가 정상적으로 발달하려면 특정한 경험이 필요하다는 사실을 그 어느 때보다도 잘 인식하고 있다.

인류는 어린 아동의 요구를 충족하기 위한 양육 시스템을 진화시켜왔다. **진화 둥지**라고 부를 수 있는 이러한 시스템은 태아기의 안정적인 경험, 아이의 고통을 완화하려는 여러 친밀한 성인 양육자의 반응, 빈번하고 긍정적인 접촉, 양육자 곁에서 이루어지는 수면, 여러 해에 걸친 모유 수유, 다양한 연령대의 아이들과 함께하는 주도적인 자유놀이, 긍정적인 사회적 환경, 어머니와 아동에 대한 지원을 구성요소로 포함한다(Hewlett & Lamb, 2005; Narvaez, 2018).

그런데 오늘날 부실해진 진화 둥지는 인간의 잠재력에 해로운 영향을 끼치고 있다(Narvaez, 2014). 어린 아동들이 어린이집에 정기적으로 남겨지는 탓에 신경생물학적 발달에 뿌리를 둔 안전 애착을 비롯한 주요 발달이 방해받는 것이다(Carter et al., 2005). 게다가 어린 아동의 신체와 뇌 발달에 해로운 돌봄 기술을 사용하는 부모도 많다. 모유를 먹이는 스트레스에서 벗어나기 위한 인공수유가 그런 해로운 기술의 대표적인 사례다. 가족의 '품안에' 안겨 있어야 하는 아기의 혼을 쏙 빼놓는 기계와 전자 장치도 해로운 돌봄 기술에 해당한다.

이런 세태는 아동이 최적의 발달 경로를 따르지 못하게 한다. 나아가 아동에게 불안감, 낮은 자존감, 불신, 요구가 충족되지 못하고 상처 입은 채로 사는 데서 오는 자기중심주의를 가르친다(Narvaez, 2014). 코르차크(1967a)는 요구가 충족되지 못해 상처 입은 아동을 관찰하고 연구하는 데 많은 시간을 보냈다. 코르차크는 잠재된 고통을 안고 살아가는 상처 입은 아동이 너무 많으며, 이런 고통이 다음 세대에 대물림될 수도 있다는 점을 진단하고 괴로워했다(p. 8).

> 나이가 10살도 채 안 된 아이들이 있다. 잠재적 고통, 불만, 분노, 반항 ……
> 경솔하고 자극적인 행동으로 [그런 고통, 불만, 분노, 반항을 표출한다.] ……
> 그들은 여러 세대에 걸쳐 물려받은 짐을 지고 있다. 어쩌면 그 짐은 그 아이
> 한 명만이 아니라 몇 세기 동안 아이들이 짊어질 울먹임이다.

코르차크가 아동의 내면과 고통을 예리하게 인식한 것은 그가 (폴란드어로) **비호바브차** wychowawca 로서 일했기 때문이다. 비호바브차는 평생 동안 아동을 이해하고 돌보며 보살피고 아동에게 필요한 것을 제공하는 데 헌신하는 특별한 유형의 교사나 교육자를 말한다. 코르차크는 비호바브차를 천직으로 여기고 교육학이나 지도의 한계를 뛰어넘어 일했다. 코르차크는 아이의 신체적·사회적·도덕적 발달을 책임짐으로써 자신의 직업적 역할을 수행했다(Korczak, 1967b; Lewowicki, 1994).

부모가 아닌 교육자와 보호자가 아동의 부적응적인 신경생물학적 시

스템을 회복시키려면 무엇을 할 수 있을까? 부모가 아닌 교육자와 보호자는 아동의 중요한 뇌 기능을 회복시키고 기본적인 요구를 충족하는 **지속적인** 환경을 제공할 수 있다(Narvaez, 2010). 그리고 평온함을 유지하고 사회에서 즐거움을 느끼며 공동체적 상상력을 기르기 위한 절차와 기술을 습득하게 함으로써 신경생물학적 지원을 꾸준히 이어갈 수 있다. 학생은 스스로를 평온하게 만들고 자기조절을 강화하는 방법을 배울 수 있다. 또한 연령이 다른 타인과 함께하는 자기주도적인 놀이나 협력적인 예술 창작활동 등을 통해 **사회적인 두뇌** 영역과 사회적인 삶의 즐거움을 **연계**하는 것을 배웠다. 교육자와 양육자는 **공동체적 상상력**을 키우는 데 도움을 줄 수 있다. 아동은 공동체적인 상상력을 통해 타인의 복지를 고려하고, 긍정적인 집단 그리고 집단 바깥의 인간과 자연 세계에 대해 애착을 형성할 수 있다.

교육자는 교사의 특권을 활용해 아동에게 지속적인 영향을 주는 환경을 만들고 아동의 사회적 두뇌 발달을 촉진하며 공동체적 상상력을 확장할 수 있다. 코르차크(1967c)는 교사에게 이런 힘이 있다고 굳게 믿었다. 왜냐하면 "교사의 말 한 마디 한 마디가 백 명의 마음속에 전달되며, 교사의 모든 걸음을 백 쌍의 눈이 지켜본다"(p.61)는 것을 자각했기 때문이다.

코르차크는 자신의 천직에 어떤 힘이 있는지 알고 교육 기술을 꾸준히 향상하고자 자기 성찰을 훈련했다. 이를 위해 코르차크는 인내를 강조했다. 교실의 모든 아이들이 코르차크의 지도를 무시할 때조차 코르차크는 언젠가 자신의 가르침이 효과적이었다는 사실을 증명할 아이들이 나타나리라고 믿었다.

도덕적 인격 발달의 필요성, RAVES 모델 ──

생애 초기의 결핍 문제를 해결하는 가장 현명한 방법은 결핍을 채워주는 것이라고 생각하기 쉽다. 그러나 생애 초기 결핍을 채워주는 것은 이제야 출발점에 서게 하는 데 지나지 않는다. 우리가 도덕적 인격 발달을 목표로 한다면 우리는 아직 해야 할 일이 많다. 오늘날 우리가 놓치고 있는 것은 비단 건강, 웰빙, 사회성을 길러주는 초기 경험만이 아니다. 요즘 아이들은 대부분 도덕적 인격 발달을 강조하는 사회활동과 일상에 몰두하지 않는다. 몇 세대 전만 해도 아이들은 지역사회 이웃들에게서 도덕성 발달에 필요한 지도와 안내를 세심하게 받았다. 그러나 지금 아이들은 그렇지 못하다.

교육기관은 아동의 삶에서 빠질 수 없는 장소이다. 따라서 교육기관은 도덕성을 발달시키는 역할을 충실히 해야 한다. 교육기관은 가정에서보다 좀 더 체계적으로 도덕교육과 인격교육을 실시할 수 있다(Narvaez, 2006; 2007). 코르차크는 지식만으로는 불충분하며, 사랑은 아동의 번영을 위한 효과적인 수단이 되지 못한다고 거듭 지적했다(Korczak, 1967a). 그러므로 교육기관은 훌륭한 이론을 바탕으로 아이들이 도덕과 인격 발달에 필요한 기술을 익힐 수 있는 효과적인 모델을 계발해야 한다.

이를 위해 우리는 연구 기반 접근 방식인 RAVES 모델을 제안한다. RAVES는 학문을 가르치는 동시에 도덕적 인격을 기를 수 있는 지침을 제공하는 모델이다. RAVES 모델의 목표는 지능지수[IQ]뿐만 아니라 도덕지수[MQ]를 발달시키는 것으로, 학생이 지적이고 도덕적으로 민감한 성인으로 성장하게 돕는 것이다. RAVES 모델은 윤리적인 인격 형성에 바탕을 둔 윤리적 행동에 대해 높은 기대를 안고 시작한다. 또한 이러한 목표

개념	정의
관계	애착, 긍정적 사회 풍토, 기본적 요구 충족, 지원적인 마을공동체
도제적 훈련 환경	모델링과 안내
바람직한 본보기	이야기, 역할 모델, 도덕적 행동에 대한 기대
윤리적 기술 발달	민감성, 판단, 초점, 행위
자기 저자의식	독립성과 자율성

표 23.1 도덕적 인격 발달을 위한 RAVES 모델

에 도달할 수 있게 지역사회가 수준 높은 지원을 제공하도록 설계되었다. RAVES는 관계^{Relationships}, 도제식 훈련^{Apprenticeship}, 바람직한 본보기^{Virtuous models}, 윤리적 기술 발달^{Ethical skill development}, 자기 저자의식^{Self-authorship}을 뜻한다(표 23.1 참조).

관계^{Relationship} 안정적인 애착관계는 좋은 삶의 기초이다(Carter 외, 2005). 안정적인 애착관계를 맺은 아동은 언어적·비언어적·정서적·인지적 일관성을 보인다. 나아가 정서적 존재를 통해 구축된 사회적 신뢰와 상호 의존성을 지니는 특징이 있다.

RAVES 모델은 두 가지 측면에서 배려적인 관계를 형성하게 한다. 첫 번째는 학생과 교육자 사이에 배려적 관계를 맺는 것이다. 배려는 교육자가 아동의 요구에 맞추고 아동의 문화와 선호를 존중하는 것을 뜻한다. 정서적인 존재로서 아동에게는 그 순간과 연관된 타인과 **함께 있는** 경험이 필요하다. 코르차크는 존중하는 관계의 도덕적 모범이었다. 그의 교육철학은 교사가 학생보다 위도 아래도 아닌 평등한 위치에 있어야 한

• 이 연구는 저자들이 모두 미네소타대학에 재직할 때 USDE OERI Grant #R215V980001의 허가를 받아 시작되었다. 교육목표 설정 지침과 활동 자료 안내는 https://cee.nd.edu/curriculum/ 참조.

다고 제안한다(Boschki, 2005).

부모는 대개 자녀가 더 나은 모습으로 발전하기를 바라는데(Korczak, 1967d), 코르차크는 부모의 이런 바람이 자신을 독특한 존재로 발달시키는 아동의 본질적인 권리를 침해할 가능성이 있다고 보았다. 그는 아동을 어른으로 발전하는 존재로 보지 않았으며, 어린 시절을 어른의 삶을 위한 준비 단계로 보지 않았다. 오히려 코르차크는 한 인간으로서의 아이와 유년기라는 시간을 모두 깊이 존중하고 어른들의 공동체로부터 보호해야 할 필요성을 보여주었다(Reiter, Asgad, & Sachs, 1990; Sheridan & Samuelsson, 2001). 코르차크는 어른이 자기 삶에 집중하느라 아동을 한 인간으로 보지 못한다는 것을 우리에게 상기시킨다. 코르차크는 아동을 대하는 이런 관점을 여성·농민 등 억압된 집단의 권리를 인정하지 않았던 역사적 시점들과 연관시킨다(Korczak, 1967b).

아동은 자신의 인간성에 대한 깊은 존중을 경험함으로써 자기만의 고유한 개성을 형성할 수 있다. 배려자로서 성인은 상대방에게 공감하기 위해 자신에게서 한 발짝 떨어져 생각한다. 그리고 상대방의 이야기를 적극적으로 경청하고 신뢰감을 길러주는 호혜적인 소통을 발전시킨다(Noddings, 2002). 일부 학생은 배려를 이해하는 데 시간이 더 오래 걸릴 수 있다(Watson & Ecken, 2018). 배려가 필요와 선호에 따라 소비되는 세상에서 **소중한 존재가 되는** 경험은 중요하다. 아동은 소중한 존재가 되는 경험을 바탕으로 남을 용서할 준비를 할 수 있으며 고유한 영혼을 일깨우고 '최선의 자아'를 불러일으킬 수 있다. 또한 자신에게 **호응**하며 **놀이를 함께 즐길 수 있는** 관계를 충분히 형성함으로써 천진난만한 자발성과 긍정적인 유머감각을 기를 수 있다.

배려 관계를 형성할 때 두 번째로 고려해야 할 측면은 꾸준한 배려 관계 공동체를 만드는 것이다. 지속적인 공동체를 건설하려고 할 때 교육자는 무엇에 주의를 기울여야 하는가? 아동 발달 프로젝트The Child Development Project(Battistich, 2008)는 다음과 같은 여러 구성 요소를 제안한다.

① **학생의 동기 함양** 교육자는 긍정적인 학생 간 상호작용을 장려할 뿐만 아니라 (자기 지향, 자아효능감, 자기조절 능력을 기르게 함으로써) 발달적으로 적절한 자율성을 허용하고 학생에게 동기를 부여하는 환경을 조성할 수 있다.
② **공동체 의식 함양** 연대감, 다양성, (통합·공동선·유대감을 강조하는) 통일성, 신뢰감(이를테면 학급 이야기나 '우리들의 이야기' 만들기를 통해 형성시킬 수 있다), 리더십을 길러 유대감이 있는 분위기를 조성할 수 있다.
③ **인간의 잠재력 함양** 교육자는 창의력을 기르고 발달적 훈육(자기 통제와 사회적 연계를 위한 기술 구축)을 활용하며 학생을 지원하는 물리적 구조(미적 환경 촉진)를 만들어 학생에게서 최선을 이끌어낼 수 있다.
④ **민주적 조직 세우기** 교육자는 개방적인 거버넌스, 소통 채널, 공동체를 구성해 민주주의 제도를 마련할 수 있다.

도제식 훈련 Apprenticeship RAVES 모델은 모델링과 지도가 잘 일어나는 도제적인 환경을 조성한다. RAVES 모델에 따라 설계한 '미네소타 공동체 목소리와 인격교육 프로젝트The Minnesota Community Voices and Character Education project'(Narvaez, Bock, Endicott, and Lies, 2004)는 **초보자에서 숙련자 단계까지** 4단계로 나누어 윤리적 기술을 가르치는 방법을 제시한다.

특정 분야의 전문지식을 계발하려면 몇 년이 걸리기 때문에, 학생이 그런 전문지식을 습득할 수 있게 교실 수업을 설계해야 한다. RAVES 모델을 사용하는 교육자는 대개 학생의 발달적 준비 범위에 있는 내용을 포함하여 한 번에 두 단계 이상의 내용을 적용한다.

1단계는 매력적인 여러 가지 활동 참여 기회에 초점을 맞추며 (윤리적 기술의 적용) 사례를 배운다. 이 과정을 거쳐 학생은 **확인 지식**identification knowledge•을 습득하고, 각 영역의 여러 유형을 인식할 수 있게 된다. 각 영역(윤리적 민감성·판단·초점·행동의 네 가지 윤리적 기술 발달 영역)의 구성요소에 대한 학생의 지각과 인식은 점진적으로 발달한다.

2단계는 사실과 기술에 초점을 맞춘다. 교사는 **정교한 지식**elaboration knowledge을 가르치기 위해 학생이 각 영역의 기본 개념에 집중할 수 있게 한다. 정교한 지식을 습득함으로써 학생은 윤리적 기술이 작동하는 방식과 다른 지식과의 연관성을 점차 잘 이해하게 된다. 각각의 윤리적 기술은 하위 기술에 대한 집중과 훈련을 거쳐 습득되며, 동기부여를 통해 점진적으로 발전한다.

3단계에서 학생은 절차를 연습한다. 교사는 학생이 최선의 문제 해결 방법을 이해할 수 있게끔 모든 영역에 포함된 기술과 아이디어를 활용한다. 이를 통해 학생은 역량을 발달시키고, 궁극적으로 **계획 지식**planning knowledge을 얻는다.

4단계는 지식과 절차를 통합하는 단계이다. 학생은 다양한 맥락에서 기술을 통합하고 적용하며, 복잡한 영역의 문제를 해결하는 절차와 방법을 학습한다. 이를 통해 학생은 점진적으로 **실행 지식**execution knowledge을

• 자신의 경험과 연결하여 개념을 확인함으로써 습득하는 지식 — 옮긴이.

습득한다.

바람직한 본보기 Virtuous models　목적이 무엇이든 우리에게는 모두 공동체
가 필요한 이유에 관한 설명을 함축하는 사례, 이야기, 지침이 필요하다.
도덕적으로 여겨지는 삶은 아이가 몰입하는 문화를 통해 전수된다. 이야
기는 우리의 믿음을 형성하고 행동을 안내하며 행동에 역할 모델을 제공
하는 강력한 요소이다. 아이는 우리가 들려주는 이야기를 통해 자기가
어떤 사람이 될 수 있고 되어야 하는지를 배운다(MacIntyre, 1981). 우리
가 아이를 어떻게 대하는지는 아이가 내면화하는 이야기가 된다.

　도덕적인 행동을 이끌어내는 이야기는 어떤 이야기인가? 어른은 공동
체의 이야기를 아이에게 전수할 수 있다. 아이의 인격 발달은 아이 스스
로 추구하는 활동과 상상력을 어떻게 활용하느냐에 달려 있다. 이때 어
른은 아이가 '발달 중'이라는 점을 이해하는 것이 중요하다.

　'지혜로운 사상가 네트워크Wisdom Thinkers Network'•의《우리의 길을 밝혀
주는 이야기Stories to Light Our Way》(Singh, 2010)는 여러 문화에 등장하는 긍
정적인 이야기 모음집이다. 이 이야기책은 사회정서학습(SEL; Elias &
Berkowitz, 2016)뿐만 아니라 학문적 성취 기준에도 부합하며, 아동의 도
덕적 인격 발달을 안내한다. 코르차크 같은 지혜로운 사상가에 관한 이
야기는 윤리적 기술과 관련된 도덕적 모범을 제시해준다.

　이 책의 이야기 중〈수지맞는 거래The Real Bargain〉는 어떤 구루••의 삶을
그리고 있다. 이 이야기에는 시장에서 거래를 잘 성사시켜 장사꾼으로서

• http://www.wisdomthinkers.org 참조.
•• 구루(guru): 힌두교·불교·시크교를 비롯한 종교에서 스승을 일컫는 말로, 자아를 터득한 신성한
　교육자를 뜻한다 ― 옮긴이.

자기의 실력을 아버지에게 증명하려는 어린 나나크가 등장한다. 그는 가난한 사람에게 베푸는 것이 더 나은 '흥정'이라고 생각한다. 그래서 나나크는 자기가 번 돈을 모두 가난한 사람을 먹이고 입히는 데 쓰기로 한다. 이 선택은 분명 나나크의 아버지와 사회가 생각하는 흥정과 이상 또는 윤리적 접근과 갈등을 빚는 것이었다. 그런데 오늘날 구르드와라(시크교 사원)에서는 출신배경과 상관없이 모든 사람이 음식을 나눠 먹을 수 있게 무료 식사를 제공한다. 이는 가난한 사람들을 위해 나선 나나크의 선택이 '승리'했음을 보여주는 증거이다. 이런 식으로 〈수지맞는 거래〉 이야기는 우리를 포용적 공동체, 빈곤, 우리의 사회적 책임 또는 사회정의에 관한 논의로 이끈다. 교육자들은 음식이나 물품을 나누는 봉사학습 프로젝트라든가 낭독 극장, 수학 게임 등의 여러 방법과 융합하여 이런 이야기들을 가르쳐왔다.

RAVES 모델은 아동이 공동체에 몰입하는 것을 강조한다. 이를 통해 아동이 특정한 기술이나 미덕의 중요성에 대해 **듣고** 미덕을 타인과 함께 능동적으로 경험하는 것을 **연습**하며 덕행에서 **즐거움을 찾게** 한다. 교육자는 다음과 같은 여러 가지 방법으로 미덕이 학생의 삶과 연결되게끔 도울 수 있다.

① 지역사회의 요구와 연계하기
② 세계적인 이슈에 관해 토의함으로써 범지구적인 인식 증진하기
③ 범지구적인 시민성 기술(세계에 대한 사회정치적·생태학적 이해 등) 향상하기
④ 플러리시 함양하기: 주도적이며 목적이 있는 삶을 발전시키고 그 과정에서 학생이 속한 공동체의 플러리시를 돕기

윤리적 전문성(기술) 발달 Ethical expertise(skill) development 윤리적 기술은 정규 교육과정과 특별 교육과정에서 가르칠 수 있다(Anderson, Narvaez, Bock, Endicott, & Lies, 2004; Narvaez et al., 2004). 각 개인은 상술한 도제적 환경에서 기초부터 전문적인 수준까지 교육받아 스스로 이러한 기술을 활용하는 저자로 발달한다(다음 내용 참조). 윤리적 기술을 가르치기 위해 교육자는 그런 기술을 사용하는 본보기가 되어야 한다. 또한 윤리적 기술 사용을 강조하며 윤리적 기술에 관해 학생과 토론해야 한다.

RAVES 모델은 다양한 윤리적 기술을 포함한다. 〈표 23.2〉에 나온 '윤리적 민감성, 윤리적 판단, 윤리적 초점, 윤리적 행동'이라는 네 가지 영역은 24개가 넘는 중요한 하위 기술을 포함한다(Narvaez et al., 2004). 일부 기술은 여러 영역에 적합할 수 있다.

윤리적 민감성	윤리적 추론
· 정서적 표현 이해하기 · 타인의 관점 취하기 · 타인과 관계 형성하기 · 다양성에 반응하기 · 사회적 편견 통제하기 · 상황 해석하기 · 원만하게 소통하기	· 윤리적 문제 이해하기 · 규범을 활용하여 판단 기준 확인하기 · 비판적으로 추론하기 · 윤리적으로 추론하기 · 결과 이해하기 · 과정과 결과 성찰하기 · 극복하기와 회복탄력성
윤리적 초점	**윤리적 행위**
· 타인 존중하기 · 양심 기르기 · 타인 돕기 · 공동체 구성원 되기 · 삶의 의미 발견하기 · 전통과 관습 소중히 여기기 · 윤리적 정체성과 진정성 발달시키기	· 갈등과 문제 해결하기 · 존중하며 주장하기 · 리더로서 솔선수범하기 · 결정을 실천할 계획 세우기 · 담력 기르기 · 인내하기 · 열심히 노력하기

표 23.2 광범위한 네 가지 윤리적 기술 영역과 구체적인 하위 기술

윤리적 민감성(Narvaez & Endicott, 2009) 영역에 포함된 기술은 윤리적 의사결정이나 행위와 연관된 단서를 포착하고, 누가 관련되어 있고 어떤 조치를 취할 수 있으며 어떤 결과가 뒤따를 수 있는지 상황을 해석하는 것과 관련된다. 윤리적 민감성 기술은 윤리적 상황에 관한 정보를 획득·정리·해석하고 자신을 적절하게 표현하는 네 가지 주요 기술의 발달을 돕는다. '정보'는 인식된 사건과 관계 그리고 그에 관한 배경지식을 나타낸다. 또한 기억에 바탕을 두고 형성된 태도도 보여준다(예컨대 LeDoux, 1996). 학생들은 롤모델을 관찰하고 따라 하며 자신의 경험과 수행을 되새기면서 공감과 연민 같은 표현적 기술을 발달시킬 수 있다.

윤리적 판단(Narvaez & Bock, 2009) 영역은 상황에 따라 가능한 행동을 추론하는 기술과 가장 윤리적인 행동이 무엇일지 판단하는 기술을 포함한다. 윤리적인 판단은 의사결정 과정의 중요한 부분이다. 올바른 결정을 내리거나 문제를 효과적으로 해결하려면 모든 의사결정 과정을 진행할 수 있는 기본적인 인지능력이 필요하다. 이러한 기본 인지능력은 윤리적 문제가 무엇인지 이해하고 상황에 따라 어떤 윤리적 규범을 적용할 수 있는지 알며, 추론을 거쳐 최선의 결정을 내리고 이를 실행할 방법을 계획하는 것을 포함한다.

윤리적 초점 또는 동기부여(Narvaez & Lies, 2009) 영역은 다른 목표와 필요보다 윤리적 행동을 우선순위에 두는 특정 태도나 습관을 포함한다. 윤리적 정체성에 이끌리지 않는 개인은 타인에게 해를 끼치는 행동을 할 가능성이 높다. 마찬가지로, 행동을 취할 때 염두에 둔 윤리적 목표가 없으면 자신이나 타인에게 해를 끼치는 방식으로 행동할 수 있다. 윤리적 초점은 타인을 존중하고 책임감 있게 행동하며 긍정적인 정체성을 발전시키는 법을 배울 때 길러진다.

윤리적 행동(Narvaez, 2009) 영역은 윤리적인 행동을 실천으로 옮기는 것이 어려울 때도 규범에 따라 윤리적으로 행동하는 방법을 이해하는 기술을 포함한다. 윤리적 행동기술은 ① 갈등 해결, 협상, 리더십 발휘, 소신 갖기, 기본적인 대화 기술 같은 대인관계 기술과 ② 솔선수범, 용기, 인내력, 노력 같은 개인 기술을 모두 포함한다. 학생은 이런 기술을 훈련함으로써 자신이 확인한 윤리적 활동을 끝까지 수행할 수 있다. 그러나 이런 기술의 많은 부분 또는 전부가 부족한 사람은 윤리적으로 행동하려는 동기가 얼마나 많든지 간에 윤리적으로 행동하는 데 어려움을 겪을 수 있다.

자기 저자의식 Self-authorship 교육자는 삶의 과제에 대한 학생 스스로의 저자의식과 자기조절 기술을 발달시킬 수 있다. 도덕적 기술과 관련해서 자율성은 특히 중요하다(Narvaez, 2011). 도덕적 자기 저자의식 능력은 도덕적 자기 관찰(예를 들면, 나는 모든 측면을 고려하고 결정을 내리는가?)과 도덕적 자기조절(예를 들면, 다른 도움 없이 스스로 도덕적으로 행동할 수 있는가?) 같은 기술을 포함한다.

이 개념을 코르차크에게 적용해본다면, 아동의 자기 저자의식은 코르차크의 교육학적 방법에서 핵심 신조였다. 그는 아이 한 명 한 명의 자유의지를 존중하고 아이가 자기 행동을 반성하게 함으로써 자신과 주변 사람들에 대한 인식을 높이게 했다(Korczak, 1967d). 코르차크가 아이들의 저자의식을 기르기 위해 사용한 전략적 방법 가운데 하나는 독립적 법률을 둔 어린이 정부를 만드는 것이었다. 아이들은 이런 민주적 시스템을 경험함으로써 스스로의 삶을 써가고 주변 공동체를 형성하며 자기 관찰과 성찰 기술을 실천할 수 있었다.

이를테면 특정 행동방식이 제대로 작동하지 않을 때, 자기 관찰을 잘하는 사람은 전략을 바꿀 수 있다. 도덕적인 개인은 자기 행동과 선택을 관리할 수 있을 만큼 자율적이어야 한다. 일단 개발된 덕목은 적절한 친구, 활동, 환경을 선택해서 유지해야 한다(Aristotle, 1988).

자기조절은 기술 발달의 핵심이다. 자기조절은 후속적인 지도가 이루어질 수 있도록 학생을 준비시키는 것과 관련되어야 한다. 교사는 독립적으로 행동하는 능력을 길러주고 학생에게 필요한 것을 지원함으로써 학생을 준비시킬 수 있다.

결론 ——

우리는 아동의 도덕성을 의도적으로 발달시키기 위한 학교교육 틀을 세우고자 RAVES 모델을 개발했다. RAVES 모델의 전반적인 목표는 민주주의 사회에 참여할 수 있는 기술을 갖춘 잘 기능하는 공동체 구성원을 기르는 것이다. RAVES는 따뜻하고 우호적인 관계에서 출발한다. 교육자는 도제식 모델을 따른 멘토링으로 학생에게 도덕적 사례를 제시하고 윤리적 기술을 가르치며 저자의식을 배우게 돕는다. RAVES는 미국의 아동을 염두에 두고 만들어졌기 때문에, 오늘날 학교 밖에서 충족되지 않는 수많은 아동의 기본 요구를 충족하는 것을 목표로 한다. 다른 나라에서는 교실 밖 모델을 이루는 요소들을 더 잘 제공할지도 모르겠다.

RAVES는 지도를 위한 매뉴얼이나 교육과정이 아니다. 교육자는 이 모델을 일상적인 학교 일과에 적용할 수 있게끔 정규 교육과정을 수정해야 한다. '미네소타 공동체 목소리와 인격교육 프로젝트'는 교육자와 지역사회 구성원으로 구성된 팀에 RAVES를 제안했으며, 팀은 지역적 요구에서 어떤 측면을 채택하고 적용할지를 결정하였다. 이런 방식 때문에 함께할 교사를 모으고 참여시키는 데 오랜 시간이 걸렸지만, 모델을 구현한 각각의 결과는 고유한 것이었다. 그 효과를 측정한 결과, (적용 기간 동안 학교 전체 프로젝트로서) RAVES 모델을 충실하게 구현한 학교는 통제집단보다 큰 효과를 나타냈다(Narvaez 외, 2004).

RAVES 모델과 마찬가지로 코르차크의 교육학은 아동에 대한 이해, 아동의 세계에 대한 몰입, 무엇보다도 모든 아동을 동등하게 대하는 존중과 사랑을 기초에 두었다(Lewowicki, 1994). 코르차크는 자신의 시대적·문화적 방식으로 RAVES 모델을 구현한 도덕적 본보기였다. 코르차크의 교육학과 RAVES 모델 사이에 존재하는 수많은 유사점은 모든 아동의 존엄성을 존중하라는 보편적인 요구, 즉 '윤리적 명령'을 향한다(Korczak, 1978, p. 6). 교사는 아동 존중을 실천하기 위해 헌신적으로 노력해서 학생이 학습을 할 수 있게 준비시키고 그들과 함께 교실을 만들어나갈 수 있다. 그리고 아동은 야누시 코르차크가 보여준 지혜를 바라보며 사회적·정서적·도덕적 지능을 발달시킬 수 있을 것이다.

아동의 자기효용감을
기르기 위한 방법,
내기와 엽서

보이치에흐 라소타

새로운 접근 ──

1899년, 코르차크(1983)는 이렇게 썼다. "어린이들은 미래가 아니라 지금, 현재에 있다. …… 우리는 그들의 마음에 말할 수 있고 그들은 대답할 것이다. 그들의 마음에 말하면, 그들은 우리를 느낄 것이다"(p. 31). 몇 년 뒤, 2차 세계대전이 일어나기 전날, 40여 년을 아동과 함께 보낸 코르차크(1939)는 되풀이해서 강조했다. "결론적으로, 어린이는 우리와 마찬가지로 가치 있는 사람이다"(p. 5).

•• 필자는 데니스 그롤무스(Denise Grollmus) 박사에게 감사의 뜻을 전했다. 그롤무스 박사는 이 장을 작성하고 편집하는 데 도움을 주었다.

코르차크와 그의 동료들은 '어린이도 가치 있는 사람'이라는 개념을 진지하게 받아들였다. 그들은 이런 개념을 인식하며 일상 업무를 수행했다. 아동을 가치 있는 인간으로 여기는 태도는 모든 사람을 동등하게 대우하고 폭력 사용을 금지하는 기관을 조직하는 일로 이어졌다. 그 시기에 아동을 훈육하는 지배적인 방식은 폭력이었다.

폭력 사용을 금지하는 기관을 조직한 뒤에는 다음과 같은 질문을 던졌다. 갈등, 소유, 참여, 안전, 청결, 나쁜 습관과 관련된 문제들을 어떻게 하면 폭력 없이 효과적으로 해결할 수 있을까? 이에 대한 답으로 코르차크는 아동과 성인의 인권에 기초한 독특한 방법을 도입했다. 이러한 방법 중 내기와 엽서는 점차 시험적인 실행에서 벗어나 발전했다. 코르차크는 규칙이나 조항부터 만들지 않았다. 그는 문제가 생겨날 때마다 관찰하고 도전했다.

자기의 나쁜 습관을 알아차린 아이들은 그 습관을 고치려고 고군분투했는데, 내기는 아이들의 이런 요구를 해결하기 위한 방법으로 발전했다. 또한 또래와 교사들에게서 감사와 인정을 받고 싶어 하는 아이들이 있었다. 엽서는 그런 아이들이 개인적 성공을 공개적으로 인정받는 기회를 제공해주었다.

나는 이 장에서 (고아들의 집 Orphans' Home과 우리의 집 Our Home에서 활발하게 사용된) 내기와 엽서의 구체적인 방법을 살펴보고자 한다. 내기와 엽서를 활용한 교육방법은 코르차크 교육의 핵심을 반영하며, 나아가 아동이 자기와 관련된 기술(자신감/자기조절/자기 인식)과 협력 기술(협력/공동책임/상생) 사이에서 균형을 잡게 해준다.

내기

코르차크 고아원에 사는 아이들은 싸움, 거짓말, 욕, 개인 위생. 불성실 등 나쁜 습관을 없애는 것을 목표로 하는 멘토 모임에 일주일에 한 번 초대받았다. 내기는 나쁜 습관을 고치기 위해 주로 사용된 방법이었다. 내기는 단순한 단어이지만, 코르차크 고아원에서는 내기의 의미가 더 복잡하고 정교했다. 여기 그 예시가 있다.

한 소년이 욕을 끊으려고 고군분투한다. 그러다 소년에게 도움을 주려는 어른을 만난다. 소년과 어른은 다음과 같은 대화를 나눈다.

어른 무슨 내기를 할래?

소년 욕 안 하는 거요. 욕 좀 그만하고 싶어요.

어른 일주일에 몇 번이나 욕을 하는데?

소년 한 마흔 번이요.

어른 다음 주까지 욕을 얼마나 줄일 수 있겠니?

소년 저는 전혀 욕을 하고 싶지 않아요!

어른 마흔 번이나 하던 욕을 한 번도 안 하겠다고?

소년 저도 모르겠어요.

어른 그럼 우선 서른 번까지 줄여볼까? 다음 주에는 욕을 서른 번까지만 할 수 있는 거야.

소년 좋아요.

어른 내기가 시작된 거다. 일주일 뒤에 여기서 만나 어떻게 됐는지 말해주렴. 성공하면 사탕 두 개를 줄게. 실패하면 네가 나에게 사탕 두 개를 주는 거야.

위 내용은 내기의 기본 구조를 보여준다. 스스로 만남을 요청한 아이는 자신의 갈등을 파악하고 목표를 제안하도록 격려받는다. 단순해 보이지만 어른은 아이의 말을 듣고 실현할 수 있는 목표인지 중요한 목표인지 따져보며, 분명한 목표를 세우게끔 안내한다. 동시에 목표를 달성하는 데 드는 비용과 얻게 될 이익이 동등하도록 결과를 제안하는 것이 어른의 일이다. 코르차크 고아원의 교육자 중 한 명인 잘만 바세르추크^{Zalman Wassercugg}(1927)는 내기를 다음과 같이 설명했다.

> 첫 번째 만남에서 소년은 이번 주에 열 번 이상 사람들을 공격하지 않을 것이라고 내기했다. 소년은 일주일 내내 자신의 습관을 고치기 위해 애쓰다가 드디어 "아홉 번만 공격했어요"라며 성과를 보여주었다. 그 보상으로 소년은 사탕 세 개를 받았다. 이제 소년은 공격 횟수를 여덟 번으로 줄이겠다고 약속했다. 예전보다 더 어려워졌기 때문에 도전은 실패할 가능성이 높아졌다. 소년이 아무도 공격하지 않을 때까지는 시간이 오래 걸리겠지만, 그래도 소년이 드디어 아무도 공격하지 않기에 성공한다는 것은 그가 공격하는 습관을 완전히 고쳤다는 것을 뜻했다. 몇 주가 더 걸린 내기 끝에 아이는 진정한 승리를 거뒀다. 이제 더는 내기를 할 필요가 없었다. 남을 공격하지 않는 것이 습관이 되었기 때문이다.(pp. 27–28)

이 방법의 핵심은 자기 행동을 스스로 분별하고 개선할 수 있는 아동의 능력을 무조건적으로 신뢰한다는 것이다. 어른의 역할은 아동을 통제하거나 바로잡는 것이 아니라 좋은 환경을 만들어주는 것이다. 그런 환경은 (아이가 자기의) 갈등에 관해 토론할 용기를 내게 하며, 성공하든 실패하든 내기의 결과를 정직하게 말할 수 있게 한다. 어른은 아이에게 진실한 노력은 값을 매길 수 없다는 것을 보여줄 책임이 있다. 또한 비록 지금은 실패하더라도 언젠가 성공하기 위해 다시 시도할 수 있는 기회가 항상 있다는 것을 보여줄 책임도 있다. 내기와 관련하여 바세르추크(1927)는 다음과 같이 덧붙인다(p. 29).

'내기'는 완벽하게 정직한 분위기 속에서 이뤄졌다. '내기'는 사탕에 초점을 맞춘 바보 같은 짓이 아니었다. 그보다 더 대단한 것, 즉 자기 자신과 씨름하고 있는 …… 아이가 벌이는 투쟁의 치열함과 의지를 반영했다. '내기'의 중요한 목표는 인간 영혼의 근본적인 기초를 형성하는 자기향상이었다.

엽서

엽서 활동의 본질적인 목표는 공개적으로 그리고 개인적으로 인정과 감사를 보내고 기념하기 위한 것이다.

공동선 ──

고아원에는 어린이 공동체에 기여할 수 있는 많은 방법과 형태가 있었다. 그중 하나는 고아원의 일에 참여하는 것이었다. 고아원의 모든 일은 여러 가지 작은 일들로 실용적이고 꼼꼼하게 나뉘어 있었다. 아이들은 한 달 동안 맡을 일을 선택했다. 일이 끝날 무렵에는 같은 일을 계속할지 다른 일을 할지 선택할 수 있었다. 메드베데바 나트오(Medvedeva-Nathoo,

2012)에 따르면, 시행한 지 일 년 뒤에 코르차크는 다음과 같이 말했다(pp. 197-198).

> 올해 우리는 드디어 승리를 거뒀단다. 모두를 위해 백 명의 아이들이 각각 사감, 교사, 관리인, 요리사 등이 되어 일했지. 우리는 자질이 부족한 직원과 호스피스의 횡포에서 우리 자신을 해방한 거야. 어린이가 바로 우리의 집(고 아원)의 주인이자 노동자, 기획자가 된 거지.

엽서 활동은 아이들이 일을 나눠서 하는 고아원 시스템의 가장 큰 성공 요인이었다. 아이들 수가 많다 보니 자기가 맡은 역할에 만족하지 않는 아이들도 많았다. 코르차크는 아이들이 자신의 노력이 공동체를 위해 똑같이 소중하다는 점을 확신하는 것이 중요하다고 생각했다. 비록 자기가 맡은 일이 내키지 않더라도 말이다.

또한 코르차크는 아이들이 맡은 일이 자기계발을 위한 고유한 기회가 될 수 있다는 것을 증명해주기를 바랐다. 맡은 일을 즐거워하는 아이에게 코르차크는 "어떻게 하면 맡은 일을 가장 잘 해낼 수 있을까?" 물었다. 이런 질문을 통해 아이가 자기계발을 위해 어떤 연습을 할 수 있을지 확인하게 했다. 만약 맡은 일을 좋아하지 않는 아이가 있다면 코르차크는 "어려움에 어떻게 대처할 생각이지?"라고 물었다. 그럼으로써 자기가 맡은 일이 자신의 발전을 위한 하나의 도전이라고 인식하게 했다.

코르차크는 이런 두 가지 접근방식이 모두 의미 있다고 여겼다. 그는 엽서라는 시스템을 도입해 아이가 자신이 지닌 가치를 알아차리게 하려고 노력했다.

엽서 시스템이 작동한 방식을 설명하자면 이렇다. 아동 한 명이 한 달

동안 일하는 시간을 1일 평균 30분, 1개월 평균 서른 번으로 나눴다. 저마다 다른 500개의 역할을 맡은 아이들은 특별한 엽서를 받았다. 2년 동안 엽서 여섯 장을 모으면, '훌륭한 노동자the Worker'라는 특별한 타이틀을 얻을 수 있었다. '훌륭한 노동자'는 아이들에게 큰 영광이었다. 원칙적으로 '훌륭한 노동자'는 일을 두 가지 이상 맡은 아이가 받을 수 있었다. 이런 시스템은 아이들의 노동에 동기를 부여했다. '자발적 도움'과 같은 엽서를 받을 수 있는 기회도 있었다. 자신의 노동이 타인과 공동체를 돕는 옳은 일이라고 생각한 아이는 이 엽서를 추가로 받을 수 있었다.

여기서 주목해야 할 것은 고아원 의회Parliament of the Orphans' Home가 발행한 엽서를 아이들이 늘 소중하게 간직했다는 점이다. 코르차크가 맡았던 아이들은 대부분 홀로코스트로 끌려갔다. 홀로코스트에서 살아남은 아이들은 2차 세계대전 동안 거의 모든 것을 잃어버렸다. 그런 아이들이 가장 소중하게 간직한 물건은 바로 고아원의 사진과 엽서였다.

그림엽서는 정해진 날에 특별한 의례를 통해 수여되었다. 이날이 다가올수록 아이들은 점점 더 흥분하며 기다렸다. 코르차크는 아이들에게 위대한 사람이었다. 그런 코르차크가 직접 쓴 엽서를 받는 것은 아이들에게 특별한 자랑거리였다. 어떤 아이들은 한 번에 엽서를 여러 장 받기도 했다. 그것이 아이들에게 얼마나 특별한 행사였을지 상상하기는 결코 어렵지 않다.(Medvedeva-Nathoo, 2012, p. 193)•

• 엽서와 그 활동 사례에 관한 자세한 내용은 메드베데바 나트오의 글(2012), pp. 100 – 132, 191 – 206을 참조하라 — 옮긴이.

자기계발 ───

엽서는 또한 특정 분야에서 애쓴 아이가 자기계발이라는 개인적 성취를 확인할 수 있는 표시이기도 했다. 내기와 엽서라는 두 가지 방법의 목적이 얼핏 비슷해 보일 수 있지만 결정적인 차이가 있다. 내기가 내적 동기를 강조하는 개인적인 활동이었다면, 엽서는 자기계발이라는 공적인 가치를 지향했다는 점이다. 엽서를 받았다는 것은 의회가 자신의 향상을 인정하고 고마워하며, 자신의 역할이 고아원에 전반적으로 유익하다고 여긴다는 것을 증명했다. 엽서는 비슷한 성과를 거둔 고아원 바깥 사람에게도 주어졌다. 코르차크(1967)에 따르면 "예전에는 제시간에 오지 않던 구두장이가 시간을 지키기로 약속한 뒤로는 1년 내내 약속한 날 약속한 시간에 장화와 신발을 가져왔고, 어린이 의회는 그에게 '약속시간 왕' 카드를 수여했다"(p. 351).

현대적인 적용

야누시 코르차크와 마리아 팔스카^{Maria Falska}(우리의 집 관리자)는 많은 교육자가 자신들의 방식을 따르려 한다는 것을 알았다. 코르차크와 팔스카는 그런 사람들에게 있는 그대로 모방하기보다는 그들이 놓인 특수한 상황에 맞게 적용하라고 권했다. 코르차크와 팔스카는 교육자가 단순히 자신들을 모방하기만 하는 것은 도덕적 행위에 초점을 맞춰 자기계발과 자기 주도성을 발달시키려는 중요한 목표에 반하는 것이라고 우려했다. 결정적으로 코르차크와 팔스카의 방식은 고아원이라는 환경 안에서 서로 연결되고 결합되며 의존적이었다. 이런 맥락을 고려하지 않는다면 특정 방식이 제대로 작동하지 않고 실제로 득보다 실이 많을 수 있다.

나는 코르차크와 팔스카의 조언과 오늘날의 상황적 특성을 고려할 때, 지금은 엽서보다 내기가 더 구현하기 쉽고 효과적일 것이라고 생각한다. 엽서는 복잡한 제도와 조직적인 구조가 필요한 반면, 내기는 아동의 협조와 성인의 도움만 있으면 실시할 수 있다. 그러므로 여기서는 내기를 활용하는 방법을 좀 더 구체적으로 살펴보고자 한다.

활용 방안: 내기 ──

1) 다른 사람들과 떨어져 조용히 회의하기에 알맞은 공간을 찾는다. 아동에게 신뢰감을 주고 아동의 도덕적 행위에 초점을 맞추며 개인 정보가 보호받는 장소가 적절하다. 아동이 조사받는 듯한 느낌을 받지 않고 편안한 대화가 이루어질 수 있게끔 충분한 시간을 보장한다. 필요하다면 학부모에게 새로운 방법 활용에 관해 안내한다.
2) 내기 활동을 효과적으로 진행할 수 있게 시나리오를 연습한다. 동료와 함께 시나리오를 익히고, 역할을 바꾸어가면서 연습해본다(표 24.1 참조).

표 24.1를 검토한 뒤 다음 주제들을 생각해보자.

① 내기가 유용하다고 생각하는가? 어떤 면에서 그런가?
② 개선점이 있는가? 어떤 사항이 더 필요한가?

학생을 위한 설명	성인을 위한 설명
준비: 여러분이 학생이고 선생님과 대화를 해야 한다고 상상해보자.	**준비:** 여러분이 선생님이나 교육자이고 학생과 대화를 나눈다고 상상해보자.

· 대화를 나누는 이유는 학생에게 이슈/문제/목표가 있기 때문이다.
  학생의 역할은 자신의 도전을 설명하는 것이고, 교육자의 역할은 그 도전/목표를 명시하고
  구체화하게 돕는 것이다.
· 과제는 구체적이고 진실하며 정량 평가가 가능하고 실현 가능해야 하며,
  학생이 제시한 이슈/문제/목표와 직접적인 관련이 있어야 한다.
  도전은 학생이 긍정적인 습관을 기르거나 부정적인 습관을 바꾸게 할 수 있다.
  이런 도전에는 스페인어 공부(이를테면 하루에 한 단어씩 외우기)나 휴대폰 사용 시간 줄이기,
  단 음식 줄이기처럼 나쁜 습관을 없애는 것을 포함할 수 있다.

학생을 위한 설명	성인을 위한 설명
· 이슈/문제/목표 설정하기 · 다음 문장으로 대화를 시작해보자. · 학생 처지에서 생각나는 대로 답해보자.	· 다음 질문으로 대화를 시작해보자. 학생의 답변과 내기의 성격 또는 메커니즘을 기록하자.
대화 예시 성인 어떤 내기를 하고 싶니? 학생 저는…… (예를 들어, 어떤 습관을 만들거나 없애기처럼 무엇을 원하는지 설명해보자.)	**대화 예시** 성인 어떤 내기를 하고 싶니? 학생 [어떤 내기를 할지 말한다.] 성인 일주일에 몇 번 그런 행동을 하니 (또는 하고 싶니)? 학생 (몇 번인지 말한다. 반드시 적게 한다.) 성인 다음 주에는 몇 번이나 하고 싶니? 학생 (답한다) 성인 _____을 여러 번/몇 번 할 수 있겠니 (또는 줄이거나 늘릴 수 있겠니)? 학생 ……_____. 학생이 "아니요"라고 말하는 경우: 성인 목표에 좀 더 쉽게 도달할 수 있도록 바꿔볼까? (너무 많거나 너무 적지 않게)? 학생 ……. 성인 [X배 또는 X배까지 줄이거나 늘리는 것]에 찬성한 거다. 내기 활동 시~작. 일주일 뒤에 여기에서 다시 만나 진행 상황을 이야기해보자. 만약 네가 성공하면 표에 '예!'라고 표시할 거야 (표 24.2 참조). 성공하지 못한다면 '아직!'이라고 표시할 거란다. 괜찮겠니? 학생 …….

표 24.1. 내기 활동을 위한 지침

이름	내기 날짜	다음 약속 날짜	내기 주제	성공했나요?
				예!
				아직!

표 24.2. 내기 활동 기록표

③ 선택 사항으로 학생이 약속을 잘 지키는지 관리하기 위해 표 24.2
를 활용할 수 있다. 자신만의 동기부여 기술을 생각해보자. (코르차
크처럼 사탕을 주는 것이든) 어떤 것이든 보상으로 주는 물건은 다음
기준을 충족해야 한다.

○ 실제로 보고 만질 수 있는 것이어야 한다.

○ 아동에게 매력적이어야 하지만 동시에 매우 저렴하고(또는 무
료), 준비하거나 마련하기 쉬운 물건이어야 한다. 내기에서 진 아
이들도 쉽게 가질 수 있는 것이어야 한다.

④ 내기 방법은 어른이 결정하는 것이 아니라 아이가 스스로 결정해
야 한다.

⑤ 교사의 중요한 역할은 학생과 신뢰관계를 형성하고 모든 것을 기
록하는 것이다. 아동의 목표를 정해주거나 아동의 노력 또는 과
거·현재·미래를 평가하는 것은 피해야 한다. 어떤 아동은 지금까
지 내기에서 이겨본 경험이 없기 때문에 목표를 너무 낮게 잡을 수
있다. 그래서 교사는 이 접근방식을 어떻게 개선할지 자기만의 생
각이 있을 수 있다. 그렇지만 교사는 간섭을 삼가야 한다.

활동 방안: 엽서 ──

① 엽서 수여를 담당하는 기관을 정하거나 구성한다. 예를 들면 수업을 위한 학생 의회를 만들 수 있다. 편견을 배제하기 위해 교사나 다른 사람이 엽서를 받을 아동을 선정해서는 안 된다. 엽서는 공정하고 민주적으로 수여되어야 한다.

② 학급 단위로 활동 영역을 정해 문서화한다. 예를 들면 다음과 같은 활동을 포함할 수 있다.

    ○ 공동체를 위한 활동: 교실 청소하기, 식물에 물 주기, 물건 나눠 주기 등

    ○ 영웅 활동: 집단 활동에서 소외된 친구를 비롯하여 괴롭힘을 당하는 친구 보호하기, 괴롭힘에 맞서 적극적으로 멈추라고 말하기, 불공정한 행동이나 차별에 저항하기, 모든 사람을 평등하게 대우하기 등

    ○ 개인적 성장: 두 달 연속 지각하지 않기, D에서 C로 성적 올리기, 석 달 동안 일주일에 두 권 독서하기처럼 공동체를 위한 일이면서도 개인적인 목표까지 달성한 학생 표창하기

③ 엽서를 주는 규칙을 정하고 기록한다. 엽서를 주는 규칙과 절차를 정하기 위해 다음 질문과 관련하여 공적인 토론을 준비한다. 어떤 행동을 기록할 것인가? 횟수를 어떻게 기록할 것인가? 언제 수여하는가? 만약 어떤 활동 영역(예컨대 '영웅 활동')의 행동 횟수를 세기가 어렵다면, 어떤 행동을 어떻게 성공한 것으로 인정해야 하는가? 간략하고 신뢰할 수 있으며 구체적인 규칙을 만드는 것이 중요하다.

가이드라인 예시는 다음과 같다.

- ○ 공동체를 위한 활동은 시간(예를 들어 청소 10분), 영웅 활동은 구체적인 행위나 행동, 개인적 성장은 자기 보고를 토대로 정량 평가할 수 있다.
- ○ 기본적인 시간 단위당 10, 15, 20, 25점······을 받는다. 250점을 모으면 엽서를 준다.
- ○ 공동체 구성원은 누구를 옹호하고 용감한 말을 하는 등 특별한 행동을 한 학생을 추천할 수 있다. 교사가 동의한다면 해당 월에 한 가지 행위 또는 여러 행위에 대해 엽서를 줄 수 있다.
- ○ 학생 개인은 구체적인 목표를 달성했는지 여부를 게시판에 적을 수 있다. 엽서는 한 달에 한 번 또는 특정 횟수 이상 성과가 있을 때 수여한다.
④ 엽서는 급우들과 함께 디자인하고 제작한다. 사진, 장난감, 조각품, 준비된 물건 등 많은 것이 엽서를 만드는 재료가 될 수 있다. 나는 저렴하고 준비하기 쉬우며 만질 수 있는 재료를 추천한다. 사탕처럼 없어지는 것이 아니라 기념품에 가까운 것이 좋다. 마지막으로, 학생의 성취는 개인적·사회적인 측면 모두에서 인정받아야 한다.

내기와 엽서 활동을 성공적으로 운영하는 법 ──

내기와 엽서 같은 방법을 성공적으로 활용하기 위해 따라야 할 몇 가지 필수 요건이 있다.

첫째는 교육기관 안에 친근한 환경을 조성하고 유지하는 것이다. 내기와 엽서가 그런 분위기를 조성하는 데 도움이 될 수 있지만, 친근한 분위기가 부족한 상태에서는 내기와 엽서 같은 방법을 효과적으로 시행하기가 어렵다.

　친근한 분위기는 신뢰가 형성되어 있다는 것을 뜻한다. 학생은 교사가 학생의 자기계발을 언제나 도우리라는 점을 인지할 필요가 있다. 또한 자기계발 방법을 익히려는 모든 학생에게 높은 수준의 독립성을 보장해주며 교사가 전략을 직접적으로 가르쳐주지 않으리라는 점도 주지할 필요가 있다. 아동은 교사가 자신의 자기효능감에 관심이 있는지 언제나 잘 알아챈다. 덧붙여 엽서 활동의 경우 교사와 학생은 융통성이 있어야 하며 적응에 개방적이어야 한다. 즉 성공적으로 협력해야 할 뿐만 아니라 제도적·개인적 실수를 모두 효과적으로 해결할 수 있는 능력이 필요하다.

　둘째는 인내심을 품는 것이다. 아동이 내기·엽서 같은 활동방법을 이해하고 친숙해지려면 많은 시간과 연습이 필요하다. 학생은 빠른 시간 안에 내기와 엽서를 따내려고 분명 열심히 노력할 것이다. 따라서 도전을 극복하고 장기적 관점을 발전시킬 수 있는 방법을 찾는 것이 중요하다.

　셋째 조건은 좀 더 까다로우며 코르차크의 접근방식을 더 잘 반영한다. 교사는 엽서와 내기 같은 교육방법에 대한 아동의 저항을 실패로 보지 말고 오히려 학생의 요구와 필요성을 인식하고 개선할 수 있는 기회로 바라보아야 한다. 실제로 코르차크가 아이들의 불만을 해결하기 위해 또래 법정을 처음 소개했을 때 아이들은 비웃고 참여를 거부하며 훼방을 놓기까지 했다.

　코르차크는 학생들에게 또래 법정 참여를 강요하기보다는 또래 법정을 여는 과정에 대한 학생들의 불만이 정확히 무엇인지 이해하려고 노력했다. 이렇게 해서 불만 사항을 처리하고 난 다음에야 또래 법정을 다시 추진했다. 이런 식으로 수정한 사항들 중 가장 중요한 것은 아동과 어른 모두 법정을 열 수 있다는 것이었다. 또래 법정 규약문에 대한 이 작은 수정은 더 큰 수정으로 이어졌다. 아이들은 또래 법정이 갈등을 해결하기 위해 실행할 수 있는 과정이라고 받아들였다. 뿐만 아니라 또래 법정은 수십 년 동안 코르차크 고아원의 기초가 되었다.

결론 ———

내기와 엽서는 코르차크가 일상생활에 구조를 만들기 위해 활용한 복잡하고 정교한 방법이었다. 코르차크는 내기와 엽서 같은 방식을 활용할 수 있는 전체 시스템을 설계했다. 그리고 이런 설계의 바탕에는 아동이 어른과 똑같이 가치 있는 사람이며, 따라서 어른과 똑같은 권리를 지닐 자격이 있다는 생각이 깔려 있었다.

만약 우리가 주체적인 행위자로서 아동의 잠재력을 신뢰한다면, 아동 스스로 바람직하지 않은 행동이나 습관을 확인하고 조정할 수 있는 기회를 주어야 한다. 내기는 그런 기회를 제공했다. 우리가 공동의 이익을 추구하고 또한 자기를 계발하려는 아동의 노력을 인정하고 보상해야 한다고 믿는다면, 아이들이 선한 일을 하고 감사와 인정을 받을 수 있는 특별한 기회를 마련해주어야 한다. 엽서*는 이런 기회를 보장하기 위한 약속

• 엽서 대신 디지털 배지를 활용할 수 있다. 디지털 배지는 요즘 아이들에게 친숙하며 실제론 엽서와 같은 효과를 낼 수 있다.

이었다.

나는 코르차크의 이런 방법이 오늘날 실행될 수 있고 실행되어야 한다고 확신한다. 그의 방법을 그대로 모방하여 따라 하기는 힘들다. 그러나 우리는 코르차크의 방법을 더 탐구하고 구체적인 사회 상황에 맞게 수정해서 적용할 수 있으며, 이는 분명 의미 있는 일이 될 것이다.

25

《마치우시 왕 1세》와
책임의 무게

타마라 슈티마

《마치우시 왕 1세》*는 야누시 코르차크(1923)의 가장 유명한 작품 가운데 하나로, 어떻게 하면 심각하고 어려운 주제를 아이와 함께 이야기할 수 있는지 보여주는 좋은 예이다. 이 장에서는 먼저 《마치우시 왕 1세》의 역사적 맥락과 사상을 짚어보려고 한다.

또한 이 작품이 영향을 준 특별한 전시 하나를 간략히 소개하고자 한다. 바르샤바의 폴린폴란드유대인역사박물관에서 열린 전시회 〈마치우시 왕의 폴란드In King Matt's Poland〉는 《마치우시 왕 1세》에서 영감을 받아 기획되었다.

• King Matt는 폴란드어 마치우시 왕을 영어로 번역한 것이다. 이 글에서는 본래 제목을 번역하여 마치우시 왕으로 표기하였다 — 옮긴이.

역사적 배경

코르차크는 매우 어려운 시기에 《마치우시 왕 1세》를 집필했다. 1918년 11월 11일 1차 세계대전이 끝나고 유럽은 급진적으로 변했다. 독일, 러시아, 오스트리아 – 헝가리제국의 패배로 폴란드를 포함한 많은 신생국이 독립했다. 특히 폴란드는 126년 만에 독립했다.•

그러나 독립은 분열된 국가를 재건하는 기나긴 과정의 시작에 불과했다. 전쟁으로 폴란드는 황폐하고 가난해졌으며 다양한 민족과 소수 인종이 섞여 정치적·경제적·사회적으로 분열되어 있었다. 유럽의 다른 신생국가들과 마찬가지로 폴란드는 의회민주주의제를 도입했다. 1919년 1월에 제1차 입법회의The Sejm가 선출, 소집되었다. 1921년 헌법은 출신이나 종교와 상관없이 모든 폴란드 국민에게 동등한 시민권을 부여했지만, 시민 간의 상호 이해는 쉽지 않았다. 문화적·종교적·경제적 차이 그리고 상호 불신에서 수많은 갈등이 생겨났다.

그 무렵 폴란드에서는 화해할 수 없는 두 국가관이 부딪히고 있었다. 하나는 폴란드 가톨릭 신자만이 완전한 시민권을 가질 수 있다는 관점이고, 다른 하나는 개방적인 민주주의 국가로서 모든 시민을 존중하고 포용하자는 관점이었다. 1922년 12월, 폴란드 초대 대통령은 선거 일주일 만에 소수민족의 국가 통치를 반대하는 민족주의 정치단체 추종자에게 살해당했다.

• 분할통치 정권의 규율은 가혹했다. 정치적·시민적 자유가 침해되었고, 학교와 사무실에서 폴란드어를 제한적으로 사용할 수 있었으며 어떤 경우에는 금지되기까지 했다. 당시 폴란드는 심한 고통을 겪었다.

《마치우시 왕 1세》의 탄생 ──

코르차크는 《마치우시 왕 1세》를 1923년 초에 출간했다. 그는 이 책을 통해 당시 폴란드에 무슨 일이 벌어지고 있는지 설명해보려 했다. 그럼으로써 어린이들이 훌륭한 시민으로 성장하기를 바랐다. 특히 《마치우시 왕 1세》를 출간한 해에는 폴란드 제2공화국이 출범하면서 새로운 국가와 민주주의 사회가 탄생했다. 그래서 국가와 시민에 관한 문제는 코르차크를 더욱 사로잡았다. 그 시기 낙관적인 사상가들은 폴란드가 모든 인민을 위한 나라가 되리라고 기대했다. 코르차크의 보살핌을 받는 가난한 유대인 고아들을 포함해서 말이다.

1918년부터 1919년까지 고아원 어린이 신문인 《고아들의 집 주간지 Tygodnik Domu Sierot》는 코르차크의 글을 연재했다. **"세계에서 지금 무슨 일이 벌어지고 있는가 Co się dzieje na świecie?"** 라는 제목의 이 글은 1차 세계대전이 일어난 원인과 과정, 본질을 설명하려고 시도했다.

코르차크가 글을 쓴 방식은 단순했다. 그는 다양한 문제를 둘러싸고 벌어지는 아이들의 일상적인 논쟁을 적었다. 그리고 문제해결을 시도하는 아이들에게 익숙한 경험을 언급했다. 코르차크는 성인과 아동이 복잡한 문제를 놓고 이야기 나누는 것이 가장 효율적인 방법이라 믿었다. 이런 맥락에서 코르차크는 아동 소설을 쓰기로 결심했다. 그는 소설을 통해 아이들이 쉽게 이해할 수 있는 어린이 왕의 이미지를 창조했다. 코르차크는 이 어린 주인공의 모험을 매개로 권력의 본질과 국가를 다스리는 책임을 설명하려고 했다(이미지 출처 25.1 참조).

《마치우시 왕 1세》는 아버지의 죽음으로 왕위를 계승하게 된 열 살 소년의 이야기다. 어린 왕이 즉위하자마자 이웃 국가들과 전쟁이 벌어진

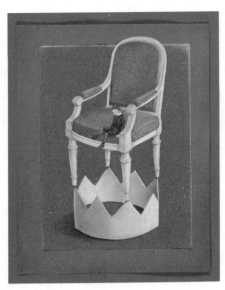

그림 25.1 독립 100주년 기념행사로 폴린박물관에서 열린 〈2018 마치우시 왕의 폴란드〉에 전시된 삽화.《마치우시 왕 1세》에서 영감을 받아 그림.•

다. 전쟁에서는 승리했지만 마치우시 왕은 전쟁이 얼마나 파괴적인지 깨닫는다. 마치우시 왕은 전쟁으로 폐허가 된 나라를 복구해야 하는 문제에 직면한다. 소년은 권력이 무엇인지 이해하려고 애쓴다. 그는 훌륭한 통치자가 되고 싶지만 그렇게 되기가 너무 어렵다. 마치우시 왕은 참모와 다른 왕에게 조언을 구하고 각료들과 의논도 하지만, 때로는 독재자처럼 행동하고 자신의 명령을 따르라고 다른 사람들에게 강요하기도 한다.

개혁과 민주주의가 무엇인지 차츰 깨닫게 되는 마치우시 왕은 누구나 토론할 수 있는 의회가 있고 국민이 통치에 참여하는 민주주의 국가를 건설하기로 결심한다. 구체적으로 마치우시 왕은 어린이들을 위한 의회

• 예술가 이보나 흐미엘레프스카의 허락을 받아 사용.

와 어른들을 위한 의회를 세운다. 왜냐하면 어린이들은 그들에게 가장 시급한 문제를 스스로 결정하고 싶어 했기 때문이다. 그러나 협의를 통해 결론에 이르기가 그렇게 쉽지만은 않다는 것이 드러난다. 사람들은 저마다 다른 목적을 위해 노력하고 싸움을 시작했다.

마치우시 왕의 개혁 중 일부는 너무 억지스럽고 비현실적으로 보인다 (예를 들어 그는 어린이와 어른이 서로 역할을 바꾸라고 명령한다. 즉 어린이가 직장에 가고 어른은 학교에 가야 한다). 어린이가 어른을 통제하는 나라에서 혼란이 이어지고 새로운 전쟁이 코앞으로 다가온다. 마치우시 왕은 국가를 통치하는 것은 큰 책임이며, 좋은 의도가 늘 자신의 실수를 덮어주지는 않는다는 점을 배운다.

이 책에서 마치우시 왕은 코르차크의 세계관을 구성하는 모험과 경험을 바탕으로 여러 진리와 사상의 본질을 성찰한다. 이 놀라운 책은 이런 주인공을 통해 풀어나가는 고전적인 철학 이야기다.

《마치우시 왕 1세》의 기초로서 코르차크의 교육학 ──

코르차크는 어린이를 독립적이고 완전한 능력이 있는 인간으로 인식한 최초의 사람이었다. 그는 강압이나 요구보다는 파트너십·대화·협력을 토대로 새로운 방법을 모색했다. 그는 아동을 지원하고 세상을 설명하며 정서적인 면에서 긍정적이고 존중하는 관계를 만드는 것이 교육자의 역할이라고 이해했다.

코르차크는 성인과 아동이 감정적으로 깊이 연결되는 것이 중요하다고 믿었다. 이런 신념을 바탕으로 코르차크는 어른도 한때는 꿈 많고 어린 시절이 있었다는 것을 항상 기억해야 한다고 강조했다. 그는 어른이 자신의 '내면아이'를 소중히 여겨야 한다고 주장했다. 코르차크의 이런 생각은 《마치우시 왕 1세》의 초판 서문에 가장 아름답게 표현된다. 코르차크는 이 글에 자기가 열 살 때 모습이 담긴 사진을 함께 실었다.

사진에서 보는 것처럼 나도 어린 시절이 있었다. 어릴 때 나는 이 책에 있는 모든 것을 하고 싶었다. 그러나 지금은 그 모든 걸 잊어버렸고 너무 늙었다. 나는 이제 전쟁에 나가거나 식인종의 땅을 탐험할 시간도 힘도 없다. 이 사진을 실은 이유는 왕이 되고 싶었던 시절의 내 모습이 소중하기 때문이다. 마치우시 왕에 관한 이야기를 쓰고 있는 지금이 아니고. 왕, 여행가, 작가는 어른이나 노인이 되기 전 자신의 모습을 담은 사진을 보여주는 편이 더 낫다. 그러지 않으면 처음부터 모든 것을 아는, 결코 어린 시절이 없던 사람처럼 보일지도 모르기 때문이다. 그래서 아이들은 자기가 정치인이나 여행가, 작가가 될 수 없으리라고 생각할지 모른다. 하지만 그렇지 않다.(Korczak, 1986, p. 1)

아동과 성인 세계의 동등성·상호의존성에 관한 이런 철학적 성찰은 코르차크가 몇 가지 진지한 실제적 결정을 내리게끔 이끈다. 코르차크는 아동 권리를 강력히 지지한 사람들 가운데 한 명으로 국제아동보호연맹 International Save the Children Union에 가입했다. 국제아동보호연맹은 국제연맹이 승인한 〈아동권리선언〉을 만들었다(Geneva Declaration on the Rights of the Child, 1924).

코르차크는 아이들이 사회생활에 참여하고 자신과 관련된 문제를 결정하기를 바랐다. 이런 까닭에 코르차크는 '아동 시민권'이나 '어린이 공화국'을 구상하게 되었다. 코르차크는 아동이 사회의 동등한 구성원으로 대우받아야 하며, 어릴 때부터 사회생활에 참여해야 한다고 주장했다. 코르차크는 자신의 고아원을 어린이 법정이 열리고 어린이 신문이 발행되는 자치공동체로 탈바꿈시켰다. 아이들은 식사 준비, 집 정리, 어린 고아 돌보기 등 고아원 일에 적극적으로 관여했다.

마치우시 왕 1세 이미지의 상징성 마치우시 왕 1세는 코르차크의 비밀, 즉 어린 시절의 **변형된 자아**alter ego 같은 것이었다고 해도 과언이 아니다. 왕국에서 마치우시 왕 1세가 어린이를 대한 태도는 코르차크 자신의 교육학을 동화적으로 표현한 것일 뿐이다. 마치우시 왕은 어린이였지만 나라를 다스릴 수 있었고, 어린이들이 원하는 것을 무엇이든 해줄 수 있었다. 코르차크는 아동에게 결정권을 주었으며 경험하고 실수에서 배울 권리를 주었다. 그래서 마치우시 왕은 깨닫는다. "어린이도 인민의 일부이고 ...... 또한 국민의 일부"(Korczak, 1986, p. 167)이며, 국가를 통치하는 데 참여해야 한다는 것을 깨닫는다. 왕으로서 마치우시 왕은 어린이가 국가 통치에 참여할 수 있게 어린이 의회를 만든다. 어린이에게 무엇이 좋은지는 어린이가 가장 잘 알기 때문이다. 그래서 마치우시 왕은 어린이들이 자기들 문제를 결정할 수 있도록 허락한다.

코르차크는 마치우시 왕 1세 안에 자신의 여러 특질을 담았다. 더불어 그는 마치우시 왕을 통해 어떻게 모든 사람이 행복하고 더 살기 좋은 세상을 만들지에 관한 자신의 꿈을 담았다. 코르차크의 모든 문학, 저널리즘, 교육적 노력은 누군가가 소외되는 것을 막기 위한 방편이었다. 그는 모든 사람에게 세상에 대한 책임감을 지니라고 요구했다. 또한 코르차크는 혁명보다는 점진적 진화가 좋은 방법이라고 믿었다. 이런 맥락에서 마치우시 왕 1세가 점령한 나라들을 순방할 때 '슬픈 왕'과 나눈 대화는 음미해볼 가치가 있다.

"그러면 누구를 위한 왕입니까?" 마치우시 왕이 순진하게 물었다. "그 냥 왕관을 쓰는 것이 아니라, 국민에게 행복을 가져다주기 위해서." [……] "그런데 어떻게 행복을 가져다줄 수 있죠?" [……] "제가 한 일은 여러 가 지 개혁을 한 것입니다." 마치우시 왕은 '오, 흥미롭군' 생각했다(Korczak, 1986, p. 120).

마치우시 왕은 그의 친구이기도 한 궁정 의사와 함께 걸으면서 이 주 제에 관해 곰곰이 생각한다. 이 책에서 왕의 친구인 의사는 코르차크를 나타내는 또 다른 상징일 수 있다.

"모든 아이들이 저처럼 건강한가요?"

"아니, 마치우시, 약하고 아픈 아이들이 아주 많아." [……]

"그럼 모든 아이들이 정원이 있는 집에 살면서 영양가 있는 음식을 먹을 수 있게 무슨 일을 할 수 있지 않을까요?"

"그건 너무 어려운 일이야. 옛날부터 사람들이 이 문제를 고민해왔지만, 지 금까지 아무도 좋은 생각을 해내지 못했단다." [……]

"제가 방법을 찾을 수 있을까요?"

"물론 할 수 있지. 왕은 많은 것을 할 수 있거든 ……."(Korczak, 1986, p. 127)

마치우시 왕의 이야기에서 나타나는 인간성에 관한 코르차크의 생각 마치 우시 왕 1세는 일반적인 동화와 달리 해피엔딩으로 끝나지 않는다. 선한 의도를 품었지만 마치우시 왕은 성공하지 못한다. 백성을 행복하게 해주 고 어린이와 어른에게 평등한 권리를 주고 싶었던 작은 왕의 이야기는 아름다운 유토피아로 남는다. 이런 결말은 인간을 바라보는 코르차크의 시각과 그가 생각하는 삶의 의미를 반영한다.

코르차크는 모든 사람이 자신이 처음 내린 판단과 사실로 보이는 것에 집착하지 말아야 한다고 강조했다. 그는 현실을 끊임없이 의심해야 한다고 생각했다. 코르차크는 소크라테스가 가르쳐준 지혜를 잊지 않았다. 그래서 "난 아무것도 모른다는 걸 안다"며 어떤 형태의 독단주의도 반대했다. 그에게 궁극적인 성공보다 훨씬 중요한 것은 자신의 목표를 달성하기 위해 필요한 일과 노력이었다. 그래서 비록 마치우시의 대담한 생각은 실패로 끝나지만, 왕의 선의와 세상을 바꾸려는 고된 노력은 그를 영웅으로 만든다.

코르차크는 인간을 선하게 만들고 세상을 발전시키기가 얼마나 어려운지를 현실적인 눈으로 보았다. 그래서 행복한 결말을 믿지 않았다. 그 대신 코르차크는 인간이 좌절하기 쉬운 존재라는 사실을 스스로 깨우친 철학자가 느끼는 회의와 슬픔을 함께 나누었다. 하지만 그는 사람들이 계속 행동하고 노력해야 한다고 확신했다. 그는 "어느 누구도 세상을 이대로 놔둔 채 떠나면 안 된다"라고 선언했다.

새로운 폴린박물관 전시회
〈마치우시 왕의 폴란드 In King Matt's Poland〉

2018년 11월, 바르샤바 폴린박물관은 폴란드 독립 100주년을 기념하는 전시회를 기획했다. 이 전시회는《마치우시 왕 1세》에서 영감을 받은 시민교육 아이디어와 교훈을 담고 있다. 폴란드가 재건국될 때 코르차크는

그림 25.2 독립 100주년 기념행사로 폴린박물관에서 열린 〈2018 마치우시 왕의 폴란드〉 전시회 모습.•

민주주의와 통치 의도에 관해 아이들과 이야기를 나누었다. 박물관은 코르차크의 그런 발자취를 따르고자 했다. 이에 전시회는 관람객들이 코르차크가 아이들과 나눴던 방식과 비슷한 대화를 나눌 수 있는 공간을 마련했다. 영웅적인 죽음과 달리 코르차크의 교육적·사회적 가르침에 관해서는 잘 알려지지 않았다. 이런 점에서 〈마치우시 왕의 폴란드〉 전시회는 폴란드와 코르차크의 세계를 생각해볼 수 있는 훌륭한 기회라고 할 수 있다(그림 25.2 참조).

전시회는 두 가지 관점에서 보편적인 성찰을 시도한다. 하나는《마치우시 왕 1세》와 같은 문학적 서사가 나타내는 동화적인 세계의 관점이고, 다른 하나는 사회·정치과학의 기초 개념에 근거한 관점이다. 이러한 보편적 성찰을 바탕으로 전시회는 폴란드 제2공화국 재건과 코르차크

• 사진작가 마그달레나 스타로비에이스카(Magdalena Starowieyska)의 허락을 받아 사용.

의 활동에 얽혀 있는 역사적 난제를 생각하게 했다. 이 전시회의 제목인 〈마치우시 왕의 폴란드〉는 어떤 면에서 코르차크의 소설에 담긴 은유적 메시지를 해체한 것이라고 볼 수 있다. 이 전시회는 코르차크가 두 세계 대전 사이에 놓인 현실을 바탕으로 독창적인 허구의 세계를 창조한 것을 보여준다. '책임, 자유, 권력, 국가, 민주주의, 자치공동체는 무엇을 뜻하는가?'와 같은 전시회의 주요 질문은 100년이 지난 오늘날에도 여전히 보편적이고 매우 중요하다.

전시의 한 섹션에서 관람객들은 글자 그대로 책의 한 페이지 속으로 **들어가** 이리저리 옮겨 다니며 줄거리를 파악하고, 어린 왕을 괴롭히는 주요 문제를 이해한다. 이 섹션은 이보나 흐미엘레프스카Iwona Chmielewska 의 작품으로 꾸며져 있다. 흐미엘레프스카는 상징적인 메시지를 함축한 글자 이미지를 창조하는 작가이자 화가로 유명하다.

마치우시 왕을 그릴 때 흐미엘레프스카는 열 살 소년 코르차크의 초상화에서 영감을 얻었다. 초상화 속에서 흰색과 검은색 교복을 입은 코르차크는 왕을 상징하는 주홍색 옷으로 갈아입는다. 코르차크의 꿈을 이해하고 공감한 흐미엘레프스카는 이런 방식으로 코르차크에게 왕이라는 칭호를 부여했다.

흐미엘레프스카는 마치우시 왕의 머리에 황금 왕관을 씌웠다. 황금 왕관은 왕권을 상징하기도 하지만 보편적인 의미에서 일반적인 권위를 상징하기도 한다. 책 속에서 왕관은 대부분 어린 왕이 직면하는 문제를 상징한다. 흐미엘레프스카는 황금 왕관을 다양하게 표현함으로써 세부적인 내용을 묘사했다. 어린 왕과 황금 왕관 사이의 다양한 관계는 이 소설의 진정한 본질이다. 때때로 왕관은 너무 무겁지만 때로는 너무 가볍고 때로는 재미를, 때로는 근심을 나타낸다. 또한 왕관은 모습이 변한다. 어

그림 25.3 독립 100주년 기념행사로 폴린박물관에서 열린 〈2018 마치우시 왕의 폴란드〉에 전시된 삽화.《마치우시 왕 1세》에서 영감을 받아 그림.•

그림 25.4 독립 100주년 기념행사로 폴린박물관에서 열린 〈2018 마치우시 왕의 폴란드〉 전시회 개막식 모습.••

- • 예술가 이보나 흐미엘레프스카의 허락을 받아 사용.
- •• 사진작가 마치에크 야지비에츠키(Maciek Jaz′wiecki)의 허락을 받아 사용.

떤 때는 붕대가 되고, 또 어떤 때는 평범한 야구모자가 되기도 한다. 어린 왕의 몸짓은 감성적인 메시지를 더한다. 소년은 거대한 왕좌에 오르거나 화난 태도로 회의 탁자를 가로지른다. 또는 왕관 모양의 낙하산에 매달려 영공을 날아다니거나, 머리에서 왕관이 흘러내리는 바람에 아무것도 보지 못해 쩔쩔매기도 한다. 주변을 뛰어다니는 아이는 옷자락을 잡아끌며 그런 마치우시 왕을 조종한다(그림 25.3 참조).

전시를 관람하는 아이들은 주홍 옷을 입은 마치우시 왕을 만질 수 있으며 그의 왕관을 가지고 놀 수 있다. 또 어린 왕의 신발을 신고 그가 감당해야 했던 책임의 무게를 느낄 수 있다. 모든 이를 행복하게 만드는 것이 가능할까? 무엇을 개혁해야 할까? 얼마나 많은 비용이 들까?

전시회의 다음 섹션에서 코르차크와 그의 어린 왕을 점령했던 여러 질문은 현대적인 시민교육 언어로 바뀐다. 관람객들은 재미와 놀이로 가득 찬 크고 열린 공간으로 초대된다. 이곳에서 어른과 어린이는 놀이를 통해 함께 대화에 참여하고 국가나 소규모 지역공동체 조직과 관련된 보편적이고 근본적인 문제를 생각해본다(그림 25.4 참조).

놀이는 다음 일곱 가지 질문으로 구성된다. 공동체, 사회, 국가, 국민이란 무엇인가? 사람들은 공동체 문제에 어떻게 동의하고 결정을 내리는가? 관련된 구조는 무엇인가? 민주공화국은 어떻게 작동하는가? 자치단체는 어떻게 운영되는가? 예산 통제, 결정, 관리는 무엇을 뜻하는가? 마지막으로 인민, 시민, 아동의 권리는 무엇인가?●●●

●●● 전시회의 주요 아이디어 설명은 전시회 카탈로그의 설명을 요약하여 사용했다(T. Sztyma, *An Exhibition for Small and Big Adults: What Questions Do We Want to Ask, on This Specific Occasion?* Warsaw: POLIN Museum of the History of Polish Jews, pp. 23–28).

결론 ───

〈마치우시 왕의 폴란드〉는 '큰 어른과 작은 어른'을 위한 전시회였다. 코르차크의 교육관에 기초한 이 전시회는 정해진 답을 제시하는 것이 아니라 경험할 기회를 제공하는 것을 목표로 삼았다. 관람객은 전시회를 통해 과거와 현재를 성찰했다. 코르차크에 따르면 "아이와 함께 놀 때 또는 단순히 대화할 때조차 나와 아이의 삶이 성장하는 두 순간은 똑같이 얽혀 있다"(Korczak, 1993, p. 453). 그래서 전시회는 방문객들이 아이들과 함께 의미 있는 시간을 보낼 수 있게 했다.

전시회는 시작하자마자 큰 반향을 불러일으키며 많은 관람객들에게서 긍정적인 호응을 이끌어냈다. 이는 코르차크가 남긴 유산, 특히 그가 어린이를 위해 남긴 저서들이 중요하고 타당하다는 것을 증명해준다. 분명 코르차크는 우리에게 다양하고 새로운 교육·사회 프로젝트를 이끌어낼 수 있는 유산을 남겨주었다.

아이들만의 세계: '우리의 집 Nash Dom' 캠프

이리나 데마코바

들어가며 ———

나는 1990년에 코르차크 여행을 시작했다.[*] 바르샤바의 유명한 연구자이자 나의 옛 제자인 알렉산더 레빈 Alexander Levin이 이스라엘에서 코르차크 세미나를 주최했기 때문이었다. 나는 동료 학자와 모스크바 교사들 30명과 함께 세미나에 참석했다. 코르차크의 유산에 깊이 감명받은 나는 그때부터 코르차크 연구를 멈춘 적이 없다. 그리고 코르차크의 유산이 오늘날에도 의미 있다는 생각을 믿어 의심치 않았다. 더욱이 코르차

---

[*] 코르차크를 함께 연구한 알리나 스히포바(Alina Shipova) 박사와 바르바라 데니소바(Varvara Denisova) 그리고 미국인 통역가이자 컨설턴트인 에린 그림(Erin Grimm)에게 고마움을 전한다.

크 교육학에 대한 개인적인 유대감은 점점 더 강해졌다. 그런 까닭에 나는 코르차크 교육학이 오늘날에 적용되기를 간절히 바라왔다.

그 후 제도적인 차원에서도 괄목할 만한 발전이 있었다. 러시아코르차크협회는 1991년 6월 6일에 창설됐다. 그리고 거의 동시에 모스크바, 상트페테르부르크, 카잔, 페름에 코르차크센터가 건립되기 시작했다. 또한 하바롭스크, 쿠르스크, 사라토프, 울리야놉스크 등 러시아 여러 도시의 주립대학에서 코르차크청년회가 구성되었다.

지난 30년 동안 성장해온 코르차크협회는 현재 두 가지 주요 목표가 있다. 하나는 코르차크 유산의 고유한 인문학적 가치, 목표, 원리를 아동·청소년·교사 활동에 잘 적용하고 확산할 수 있는 방법을 찾아 구체화하는 것이다. 다른 하나는 학교, 대학, 교사를 대상으로 실질적인 연수를 실시하는 것이다. 그동안 내 연구와 경험은 이 두 가지 목표와 관련되어 있다. 이 장에서는 먼저 지금까지 내가 수행한 연구 결과를 검토한 다음, 6~17세 아동과 청소년을 위한 여름·겨울캠프 조직, 감독에 관한 실천 지향적 연구를 살펴볼 것이다.

유년기의 공간 ───

나는 코르차크의 아이디어와 데이비드 펠드스타인David Feldstein의 **유년기 시공간**space-time of childhood이라는 심리학적 개념을 통합하는 방법을 연구해왔다. 그리고 이를 바탕으로 **유년기 공간** space of childhood이라는 새로운 용어와 개념을 제안하였다. 또한 나는 용어를 만드는 데에 그치지 않고 그 의미를 분명히 하고 유년기 공간을 인간답게 만드는 효과적인 방법을 구체화했다.

유년기 공간은 아동 발달에 큰 영향을 주는 사회문화적 현상으로, 활동의 허브 역할을 한다. 유년기 공간은 성인 공간과 밀접한 관계가 있지만 동시에 높은 자율성을 지니고 있다. 이 공간은 교육목표를 달성하기 위한 목적에 맞게 (자연적·문화적·사회적·정보적으로) 조정된 탐색적인 환경이다. 이런 관점에서 '환경'과 '공간'이라는 용어는 동의어가 아니다. 이같은 **환경** 개념은 러시아에서 좀 더 명확하게 드러난다. 왜냐하면 러시아에서 환경은 인간의 노력과 상관없이 존재하는 것을 뜻하기 때문이다. 반면 **공간**은 인간이 노력한 결과가 나타나는 곳이다. 좀 더 구체적으로 말하자면, 공간은 환경에 대한 **교육적 탐구의 결과**이다.

내 연구가 입증한 바에 따르면 **사회적 교육 공간**은 저절로 만들어지는 것이 아니라 의도적인 노력의 결과이며 교육적 실재 안에서 만들어진다. 이는 가장 중요한 사실로, 의도적인 노력이 있을 때 아동 삶은 개선되고 인간적이 된다. 좀 더 중요한 점은, 아동이 이 공간을 자기 영역으로 인식하고 지켜야 하며 해로운 것들에서 보호해야 할 책임이 있다는 것이다. 모든 교사는 **교육 영역** 내 모든 '거주자들'이 일정 수준의 상호작용과 정서적·지적 도전을 할 기회를 제공해야 한다. 세상에 대한 아동의 탐구를 자극하려면 이런 기회가 반드시 필요하다. 또한 삶의 중요한 질문에 답하기 위한 아동의 창조적인 탐구를 장려하기 위해서도 필요하다.

새로운 상황이나 활동을 마주할 때, 또는 다른 사람과 새로운 상호작용이나 의사소통을 해야 할 때 아동은 자신이 얼마나 준비되어 있는지 질문을 던진다. 이때 사회적 교육과정에 참여한 모든 사람은 자신의 역량을 명확하게 평가해야 한다. 만약 아동이 사회적 교육 공간에서 자신의 역량을 명확히 평가하는 것을 보여준다면, 이는 그 공간이 아동의 발달에 안정적인 역할을 했다는 것을 뜻한다.

인간적인 유년기 공간 구성을 촉진하기 위해 내가 세운 몇 가지 기본 원칙의 아이디어는 주로 야누시 코르차크에게서 얻었다. 이 밖에 몇몇 현대 연구자의 작품도 아이디어를 제공했다. 인간적인 유년기 공간 구성을 촉진하는 기본 원칙은 유년기의 본질적 가치에 대한 인식, 일반적인 아동 권리 존중 그리고 특히 사회적 교육과정에서 아동의 자유에 대한 권리*를 존중하는 것이다.

유년기의 본질적 가치 인식하기 이 원칙은 유년기의 절대적 가치에 대한 코르차크의 믿음을 반영한다. 교육자로서 코르차크는 인격 형성에서 행복한 유년기의 중요성을 거듭 강조했고, 행복한 유년기가 없다면 한 사람의 삶 전체가 손상을 입을 수 있다고 지적했다. 코르차크는 자신의 학생들이 단 몇 해만이라도 어린 시절의 기쁨을 경험하기를 원했다. 코르차크(2018)는 다음과 같이 썼다.

몇 년을 어린이 곁에서 일하면서 깨달은 바가 있다. 어린이는 존중과 신뢰 그리고 친절한 대접을 받을 자격이 있다는 것이다. 어린이는 온화함과 명랑한 웃음, 활기찬 시도와 놀라움으로 분위기를 밝게 만들며 삶을 즐긴다. 어린이의 마음은 순수하며 밝고 사랑스러운 기쁨으로 가득 차 있다. 어린이가 하는 일은 역동적이며 결실이 있고 아름답다.(p. 317)

• 이 원리는 아동을 자연적(생물학적)·사회적(문화적) 존재일 뿐만 아니라 실존적인(또는 자유로운) 인간으로 인식한다는 것을 암시한다(Gazman, 1996).

아동 권리 인식하기 코르차크(2018)는 아동 권리와 관련해 독특한 해석을 내놓는다. 코르차크는 모든 아동이 자신의 무지와 인지적 노력, 실패와 눈물, 성장의 고통이 품는 미스터리와 일탈, 지금 보내는 시간과 나날, 교화의 신비 그리고 노력과 고지식함과 관련하여 존중받을 자격이 있다고 믿었다. 마찬가지로 행동 면에서 아동 개개인은 스스로가 될 권리가 있고 자신과 직접적으로 관련된 토론과 판단에 참여할 권리가 있다.

이런 참여 과정에서 자신의 문제를 배려하는 태도를 경험하고 자기 생각을 표현할 권리도 있다. 나아가 자기 삶을 독립적으로 조직하고 자신의 미덕을 활용할 수 있으며, 결점을 감추고 문제에 항의할 수 있는 권리 그리고 실수하고 움직이며 재산을 소유할 권리가 있다. 코르차크는 이러한 아동 권리를 적극적으로 구현한 사람이었다.

사회적 교육과정에서 아동의 자유 인식하기 코르차크는 자유가 모든 것에 대한 허용과 무정부상태를 가리킨다고 보지 않았다. 그는 선택과 합의란 진정한 자유를 뜻한다고 믿었다. 코르차크는 "그래서 자유가 주어진다면 모든 것이 허용되는가?"(2018)라고 스스로에게 물었다. 그의 대답은 다음과 같다.

절대 그렇지 않다. 모든 것을 허용하면 우리는 따분한 노예가 되어 지루한 폭군을 만들 것이다. 자유를 포기하고 스스로를 구속하게 될지라도 결국 우리는 모든 것을 금지하겠다는 의지를 굳힐 것이다. 범위가 제한될 때 우리는 창의력을 발휘해 타인의 통제에서 벗어나는 기술을 배우고 비판적인 구성원을 자극하게 된다. 이는 삶의 일면을 위한 준비로서 중요하다. '모든 것이 흘러가게' 허용하고, 변덕을 받아주며, 열망을 억누르지 않게 더 조심하자. 어떤 방식

은 의지를 약하게 하지만, 어떤 방식은 의지를 아예 독살해버린다.(pp. 33-34)

토론 거리: 아동 캠프 '우리의 집' ──

'우리의 집' 캠프의 세 가지 핵심 요소는 다음과 같다.

① '우리의 집'은 교육적 환경에 대한 코르차크의 인식에 바탕을 둔 독특한 인간주의적 기관이다. 코르차크는 유년시절의 본질적 가치와 자유에 대한 아동의 권리를 중요하게 여겼다. 또한 코르차크는 성공적인 교육활동의 우선적인 조건으로 성인과 아동 관계의 핵심인 대화와 용서를 상정했다.

② '우리의 집'은 국제적인 캠프이다. 몇 년 동안 우리는 네덜란드, 독일, 이탈리아, 스위스, 미국 등 여러 나라에서 온 자원봉사 상담원과 팀장 300여 명을 대상으로 교육을 실시했다.

③ 지금까지 약 4,000명이 참가한 통합 캠프이다. 참가한 아이들은 부유층부터 사회적 취약계층에 이르기까지 다양한 계층에 속해 있다. 우리는 신체적·정신적으로 어려움이 있는 아동뿐 아니라 건강한 아이, 부모를 잃은 아이, 위기에 놓인 아이들을 참여시킨다.

2018년은 스물여섯 번째 '우리의 집'이 열린 해로, 그 자체로 매우 주목할 만하며 우리가 몇 가지 결론을 도출하게 해준다.

첫째, 이 캠프의 근본적인 철학적·심리적 기조는 변하지 않았으며, 그 핵심에는 아동 개개인이 지닌 헤아릴 수 없는 가치와 권리에 대한 코르차크의 생각이 반영되어 있다는 것이다.

우리는 코르차크 기념일을 발전, 확산시키고 그의 교육적 실천과 방법을 실행함으로써 캠프의 전통을 이어가고 있다. 이런 전통 가운데 내가 가장 아끼는 것은 '가족'(팀이나 그룹이 아니라)이라 부르는 구성원과 함께 캠프 활동을 수행하게 하는 것이다. 이를 통해 아이들은 가정에서 얻을 수 있는 삶의 감각을 느낄 수 있다. 몇몇 아이들에게 캠프의 **가족**은 사랑하는 두 부모를 가져봄으로써 필사적으로 그리운 무언가를 치유하고 채울 수 있는 놀이치료 처방이다. '우리의 집'에서 모든 아이들 곁에는 보통 '부모'로 불리는 젊은 여성과 남성 두 명의 팀장이 함께한다.

우리는 이런 방식으로 코르차크의 유산인 '행동 과정 course of action'을 그대로 이어가며 그 가치를 보존하고 있다. '우리의 집' 깃발에는 녹색 바탕에 금색 클로버 잎이 그려져 있다. 코르차크 고아원의 깃발을 따라 한 것이다. 나아가 캠프 시즌 동안 우리는 코르차크의 생일을 축하하고 기념일을 기린다. 또한 게시판, 어린이 신문, 내기 등 코르차크가 시행한 많은 것을 일관되게 실시하고 있다.

'우리의 집'은 코르차크의 고아원과 마찬가지로 어린이들이 운영자이다. 이 전통의 시작은 1993년으로 거슬러 올라간다. 그때 우리는 선거를 거쳐 어린이 의회를 구성하고 캠프 헌법을 채택했다. 날마다 회의가 열리며, 아이들은 팀장과 캠프 책임자의 도움을 받아 사안을 결정하고 시행한다. 진정한 의미에서 자치라고 할 수 있는 이 자치 정부는 캠프 안팎의 관계 조절을 지원한다.

캠프의 모든 날에는 특별하고 고유한 이름이 있다. 예를 들어 우리는 사랑의 날, 가족의 날, 연휴의 날, 거꾸로 날, '우리의 집' 탄생의 날, 새의

날, 워크샵의 날 등 일일이 열거할 수 없는 수많은 날을 만들었다. 그중에서도 자치의 날은 **가족 중 나이가 많은** 아이들이 수장과 단체장이 되는, 가장 희망적이고 기대되는 날 중 하나이다.

'우리의 집' 주민은 아이건 어른이건 모두 똑같이 주요 캠프 활동을 진지하게 관찰한다. 주요 캠프 활동으로는 '스보르Sbor'라고 불린 전체 캠프, 촛불을 밝히는 전체 콘서트와 가족 콘서트, '신입생 환영회', '가족 발표회', 감사 콘서트가 있다. 감사 콘서트는 캠프 시즌이 끝날 때 캠프에 참여한 모든 사람에게 고맙다는 마음을 전하는 활동이다.

2016년 여름 캠프를 마치면서 우리는 "올여름에 나는 ～을 배웠다"라는 문장을 완성해달라고 상담가들에게 요청했다. 그래서 상담가들이 자기 자신과 자신의 책임, 업무와 관련해 무엇을 배웠는지 성찰하게 했다.

○ 나는 어떻게 아이에게 관심을 기울여야 하는지 공부할 필요가 있다. 쾌활한 아이라고 해서 이 아이가 다른 아이들보다 보살핌과 사랑을 덜 요구하는 것은 아니라는 점을 공부할 필요가 있다. 나는 또한 모든 아이들이 도움을 받을 준비가 된 것은 아니라는 점도 배웠다(Anna K.).

○ 내 안에 있는 줄도 몰랐던 뜻밖의 장소에서 아이들은 내게 마음의 문을 열게 했다. 아이들 한 명 한 명이 내 안에 사랑, 따뜻함, 미소의 씨앗을 심는 것을 도왔다. …… 나는 변화했다(Mariya K.).

○ 아이들이 늘 비난받을 일만 하는 것은 아니다. 아이들은 우리를 돕고 올바른 해결 방안을 제시할 수 있다. 강한 사람들이긴 하지만 상담가도 인간이고 약점이 있다(Denis M.). (Demakova & Denisova, 2016)

결론 ———

생각해보면 궁금하다. 다음 캠프는 어떨까? 어떤 전통이 이어지고 어떤 전통이 사라질까?

요즘 아이들이 많은 시간을 전자기기 앞에서 보내는 현실을 고려할 때, 끊임없이 변하는 이 세상 속에서 분명 무언가는 변할 것이다. 캠프에서 우리는 친구를 사귀는 법, 노는 법, 공상에 잠기는 법을 모르는 아이들을 만난다. 아이들은 어디에나 있는 인터넷을 통해 거의 모든 질문에 대한 답을 쉽게 찾는다. 인터넷은 우리 아이들에게 건강하지 않은 역할 모델을 제공하고 비효율적인 행동 패턴을 보이게 하는 경우가 많다. 아이들은 자기만의 방법을 만들고 자기만의 전략을 세울 자유를 얻기보다는 보이는 것을 흉내 낼 수밖에 없는 처지에 놓여 있다.

다행히도 생리적·심리적·사회적 요소를 모두 갖춘 아동을 지향하는 코르차크의 총체적 비전이 우리를 안내한다. '우리의 집'의 철학은 신뢰, 사랑, 존경에 뿌리를 둔다. 캠프에서 우리가 하는 일은 모든 사람의 인격과 고유성을 인정하고 존중하기를 요구한다. 우리의 목표는 짧은 시간 안에 부모의 실수를 '고치는' 것이 아니다. 오히려 우리의 목표는 모든 아이들을 있는 그대로 받아들이는 것이다.

우리는 집단 리더와 아이들이 긍정적인 관계를 맺는 데 큰 의미를 부여한다. 긍정적인 관계를 만드는 과정은 캠프 첫날부터 시작된다. 유년기 공간은 변혁적 경험이 풍부한 독특한 공간이다. 모스크바를 떠나기 전에 기차역에서 처음 만날 때부터 아이들과 함께하는 마지막 순간까지 우리는 유년기를 축하하는 관계 형성에 주력한다.

신뢰는 이런 관계 형성의 핵심 요소이다. 신뢰는 모든 결정이 토론과 대화를 바탕으로 이루어질 때 생겨난다. 포용과 미소는 가장 중요한 의사소통 형태이다. 우리는 아이를 포용함으로써 정서적 따뜻함을 전한다. 정서적 따뜻함은 의미 있는 관계를 형성하는 데 필수적이다. 우리는 아이들이 자기 일에 책임감을 느끼게끔 가르친다. 또한 아이들의 창조적인 노력을 신뢰하며, 음악과 역사를 통해 영감을 불러일으키고, 본보기를 보여줌으로써 이끈다. 우리는 아이에게 말하거나 행동하기 전에 먼저 성찰하라고 가르치며, 연민과 독립성을 가르친다. 이러한 경험은 그들의 삶뿐만 아니라 우리의 삶에까지 변화를 주고 생명을 불어넣는다.

27

야누시 코르차크
아동문학 경연대회

시란 L.A. 알페랭

들어가며 ──

초등학교부터 고등학교에 이르기까지 각급 학교에서 전통적인 교육수단이 해마다 새로운 기술로 대체되고 있다. 새로운 기술은 건강한 교육에 긍정적인 영향을 미치기도 하지만, 부정적인 결과를 불러오기도 한다(예를 들어 학생들의 읽기·쓰기 능력이 떨어지는 결과를 낳았다). 이는 중요한 생활습관을 익혀야 하는 초등학교에서 더 심각한 문제로 드러난다.

예컨대 독서는 아동의 인지 발달을 위해 매우 중요하며 아동의 성공적인 삶에 큰 영향을 끼친다(BOP Consulting, 2015). 나아가 독서는 일반적으로 공감과 관용을 발달시킨다(Gleed, 2014). 이미 20년 전에 미국교육부(1998)는 책을 더 많이 읽는 학생이 더 좋은 성적을 거둔다는 것을 발견했다. 그럼에도 당시 미국교육성취도평가National Assessment of Educational Progress가 실시한 미국 아동의 읽기 능력 테스트 결과는 걱정스러운 수준이었다. 38퍼센트 학생의 독서 능력이 기초적인 수준인 것으로 나타났기 때문이다(미국교육부, 1999). 학생의 낮은 독서 능력은 오늘날 미국을 비롯한 여러 서구 국가가 공유하는 심각한 문제이다(OECD, 2013).

미국 아동은 일 년 평균 180일 또는 하루 평균 6.8시간을 학교에서 보낸다(Craw, 2018; 미국교육부, 2008). 이는 꽤 많은 시간이다. 따라서 학교는 학생의 성향과 습관을 바꿀 수 있는 곳이어야 한다. 결론적으로, 만약 이런 문제를 해결할 수 있는 방법이 기본으로 돌아가는 것, 즉 책과 같은 전통적인 자원을 활용하는 것이라면 어떨까? 책을 활용하는 것은 미래를 위한 기회일 뿐만 아니라, 그동안 잊었던 근본적인 가치를 되찾는 데 도움을 줄 수 있지 않을까?

개념 ———

'야누시 코르차크 아동문학 경연대회'는 해마다 열리는 문학 경연대회로, 참가하는 어린이들에게 주어진 문학작품 중에서 자신이 가장 좋아하는 책을 선택할 기회를 준다. 야누시 코르차크의 작품과 가치에서 영감을 받아 시작된 이 대회는 그의 인문학적 유산에 바탕을 두고 있다. 이 대회를 처음 만든 사람들은 어느 초등학교 설립자이자 프랑스 어린이와 홀로코스트 협회L'EnFant et la Shoah-Yad-Layeled France•의 명예회장인 베아트리스 로젠베르그Béatrice Rosenberg, 청소년문학 사업가 아니 팔지니Annie Falzini 그리고 아동도서 작가 에글랄 에레라Egial Errera이다.

이들은 2008년에 프랑스의 한 초등학교에서 두 학년을 대상으로 이 대회를 시작했다. 2014~15년에는 이 대회의 대상을 더 많은 학년으로 확대했다.[**] 벨기에, 룩셈부르크, 스위스도 곧 프로젝트에 참여했다(그렇지만 이 장에서는 스위스 제네바의 사례만 언급한다. 2014년을 시작으로 제네바 대회는 꾸준히 성장해왔다. 이 연구는 스위스 제네바주 교육부의 지원을 받았다). 참가자는 대부분 사립·공립학교 3~8학년(스위스에서 초등 수준) 또는 6~12세 학생들이다.

대회 과정 ——

교사라면 누구나 매년 초에 제네바와 로잔에서 열리는 대회에 등록할 수 있다. 파리에 있는 '야누시 코르차크 아동문학 경연대회' 위원회는 해마다 새로운 주제를 선정한다. 그러나 '전쟁 속의 아이들The Children in War'이라는 주제는 3~5년마다 정기적으로 다룬다. 왜냐하면 이 주제는 역사적·정신적으로 중요하며, 오늘날 우리가 겪고 있는 불행을 다루는 데 적절하기 때문이다. 주제가 무엇이든 출전 작품은 모두 야누시 코르차크의 생각과 실천에서 영감을 받아 완성된 것들이다. 또한 작품의 배경은 '장애' '선물' '가정' '삶의 변화' '추방' 등 어린이의 세계를 폭넓게 다룬다.

다음으로 '야누시 코르차크 아동문학 경연대회' 위원회는 주제와 관련

• 어린이와 홀로코스트 협회 : '아이에게 집단학살을 어떻게 설명해줘야 할까?'라는 질문에 답하기 위해 1997년 프랑스에서 설립한 협회로, 2차 세계대전 동안 벌어진 유대인 학살 역사를 가르치는 것을 목표로 하고 있다 — 옮긴이.

•• 자세한 내용은 경연대회 공식 홈페이지 www.prix-janusz-korczakde-litterature-jeunesse. fr, 2018 참조.

된 책을 서너 권 선정한다.* 가을 동안 학생들은 자기 연령에 맞는 책 꾸러미를 받는다. 연령은 6~7세, 8~9세, 10~11세 이렇게 세 범주로 나뉘어 있다. 일단 책을 받으면 교사는 경연 참여 방법을 결정한다. 학생들은 보통 한 학기 내내 책을 읽고, 선택된 주제를 놓고 토론하거나 야누시 코르차크와 아동 권리에 관한 전반적인 이야기를 나눈다. 가능하면 학생들은 선정된 책의 작가나 삽화가를 최대한 많이 만나기도 한다.

독서와 토론 과정은 5월까지 계속된다. 5월이 되면 모든 아동은 가장 좋아하는 책을 골라야 하는데, 이는 투표 게시판에서 이루어진다. 이런 기회를 통해 아이들은 민주적인 절차를 활용하여 집단적 과정을 처리하는 방법을 효과적으로 배울 수 있다. 이는 학생들의 적극적인 참여를 유도하고 자유로운 표현과 개방적인 태도를 발전시킨다.

학년이 끝나갈 즈음에 스위스코르차크협회Swiss Korczak Association는 모든 참가자를 초대하는 행사를 준비한다(그림 27.1 참조). 먼저, 행사 주최자가 책에 관한 음악 퀴즈를 낸다. 아이들은 노래나 음악 트랙을 듣고 책들 중 하나와 연결해야 한다. 그런 다음, 흥미진진한 각 부문 수상자 발표 시간을 마련한다. 끝으로, 폐막식 전에 초청 연사가 관련 주제를 놓고 강연한다. 이때 강연자는 질문에 답하는 방식으로 참석자들과 활발한 토론을 벌인다.

예를 들어 주제가 '전쟁 속의 아이들'이었던 2015년에는, 르완다 집단 학살의 생존자 한 명이 생존과 싸움 그리고 새로운 삶에 적응하기 위해 벌였던 투쟁 이야기를 들려주었다. 2016년 주제는 '선물'이었다. 이때는 한 교사가 어린 시절 자신이 얼마나 자신감이 없었는지, 교장선생님이 어

• 업데이트 내용은 협회 공식 홈페이지 www.korczak.ch, 2018 참조..

그림 27.1 스위스코르차크협회가 주최한 '야누시 코르차크 아동문학 경연대회' 모습.*

그림 27.2 스위스코르차크협회가 주최한 '야누시 코르차크 아동문학 경연대회' 모습.**

• 다니엘 알페랭의 허락을 받아 사용.
•• 다니엘 알페랭의 허락을 받아 사용.

떻게 자신을 도왔는지 자세히 발표했다. 그 교장선생님은 모든 학생들이 특별하고 고유하며 훌륭하다고 격려해주었는데, 교장선생님의 이런 격려가 그 교사의 인생에 진정한 선물이 됐다. '장애'를 주제로 한 2018년에는 한 소아과 의사가 유아기 소아마비로 종아리가 마비됐지만 왜 장애가 자기 삶의 목표 달성을 막지 못했는지 설명했다.

해마다 마지막 발표에는 발표자가 아이들의 질문에 모두 답할 시간이 턱없이 모자라는 일이 벌어지곤 한다. 그래서 참가자들이 회의장 밖에서 발표자에게 다가간다면 …… 조심해야 한다! 그 발표자는 적어도 …… 한 시간 동안은 그곳을 벗어날 수 없기 때문이다(그림 27.2 참조)!

대회 결과 ──

스위스에서 '야누시 코르차크 아동문학 경연대회'를 시작한 지 4년 만에 참가 학급 수는 600퍼센트가 넘게 늘어났다. 2014~15학년도에는 250명의 어린이가 참가했는데, 2018~19학년도에는 1,600명이 넘는 어린이가 참가했다. 현재 프랑스, 스위스, 벨기에에서도 함께 열리는 이 대회에는 1만 5천 명 이상의 어린이들이 참여하고 있다. 이들은 대부분 입소문으로 참여하게 되었으며 학생과 교사 모두 높은 관심을 보인다. 이 프로젝트는 꾸준히 확장하고 있는데, 앞으로 스위스의 여러 지역에서 더 많은 아이들을 끌어모을 것으로 예상된다. 지금까지는 스위스에서 프랑스어를 사용하는 지역의 두 도시만 대회에 참여하고 있다. 물론 상황이 바뀔 수도 있지만, 프랑스 전역과 독일 그리고 이탈리아로도 확대될 것이다.

덧붙여, 대회의 성공 여부는 참가자들의 반응을 보고도 가늠할 수 있다. 열 살 노라는 "코르차크 경연대회에 참여해서 정말 좋아요"라고, 열두 살 카미유는 "모든 행사는 모든 어린이들에게 아주 감동적인 멋진 순간이었어요. 학교에서도 이렇게 책을 읽는 것을 정말 추천해요. 저에게 아주 많은 것을 가르쳐주었거든요"라고 설명했다. 이러한 열정적인 반응은 이 대회에 참여한 성인에게서도 볼 수 있다. 두 차례나 대회에 참가한 교사 미레유는 "굉장하고 마법 같은 수업 순간"을 설명하면서, 대회가 끝난 뒤에 책들을 "가족끼리 돌려가며 읽었다"고 했다. 끝으로, 수상 작가 중 한 명인 시그리드 바페르Sigrid Baffert는 자기 감정을 다음과 같이 공유했다.

저는 제 책이 야누시 코르차크 상을 받은 것에 깊은 감동과 자부심을 느껴요. 만약 제가 단 하나의 상을 탈 수 있다면, 바로 이 상을 선택할 거예요. 야누시 코르차크 상이 무엇을 상징하는지, 어떤 의미인지 알기 때문이죠. 위대한 인물인 코르차크를 생각할 때, 그의 아이디어에 담긴 현대적인 면은 저에게 끊임없이 감동을 줘요. 코르차크는 저에게 생명력과 용기가 무엇인지, 생각의 자유와 당당함 · 영감 · 유머 · 창의성이 무엇인지 말해줍니다.(La Lettre, 2018)

성공 요인 ──

'야누시 코르차크 아동문학 경연대회'에 참가한 모든 작가, 삽화가, 주최자, 손님, 교사 그리고 특히 학생은 독특하고 풍부한 경험을 통해 분명한 혜택을 얻는다. 아이들은 대회에 참가하는 동안 많은 것을 배운다. 게다가 학교에서 공부하고 금방 잊어버리는 많은 사실과 달리, 이곳에서 배운 지식은 그들의 기억 속에 오랫동안 머무른다. 이는 많은 교사와 학생이 하나같이 인정하는 사실이다. 학생과 교사는 많은 것을 배울 뿐만 아니라 자신의 일상에 도움이 될 중요하고 본질적인 가치와 주제도 배운다. '야누시 코르차크 아동문학 경연대회'의 목표는 학생의 성격을 주조하고 변화시키는 것이 아니다. 대회는 학생의 정신을 형성하는 데 기여하며 비판적 사고, 자기성찰, 공감 능력, 관용과 열린 마음을 동시에 길러준다.

'야누시 코르차크 아동문학 경연대회'는 삶의 현실에 노출되지 않도록 아동에게 지나친 보호막을 씌우는 대신에 참여자들이 현실에서 사회적으로 중요한 주제에 집중하고 주변세계를 이해하게 한다. 어린이책에서 사회적 주제를 다루고 소설을 통해 문제를 다루는 것은 위협을 느끼지 않으면서 민감한 문제를 해결할 수 있는 훌륭한 방법이다.

대회는 또한 아이들에게 야누시 코르차크와 그의 〈아동권리선언〉을 소개함으로써 아이들이 코르차크의 삶과 역사적 맥락을 더 깊이 들여다보게 한다. 그럼으로써 참가자들은 위대한 롤 모델뿐만 아니라 20세기 역사에서 중대한 사건인 홀로코스트가 어떤 것인지 배울 수 있다. 코르차크와 홀로코스트에 관한 내용은 분명 미래 세대의 기억에 남을 만한 가치가 있다.

나아가 아이들은 코르차크의 작품에 관해 더 많이 배울 수 있다. 여러 측면에서 볼 때 코르차크의 작품은 관용, 상호 존중처럼 현대를 사는 우리에게 점점 더 희미해지는 많은 가치를 가르쳐준다. 그래서 어린이들은 아주 어릴 때부터, 또한 넓은 범주에서 그런 가치를 필수적으로 이해하고 적용할 수 있어야 한다.

물론 교사도 '야누시 코르차크 아동문학 경연대회'에서 빼놓을 수 없는 존재이다! 교사는 이 대회에서 큰 만족감을 느낀다. 비록 일 년에 걸친 교육과정의 일부에 불과하지만, 이 대회를 특별하며 재미있는 활동으로 기억하는 아이들이 많기 때문이다. 또한 대회는 아이들의 다른 일상적인 활동 참여도 늘리고 주변 세계 범위를 넓혀준다. 특히 학생들은 깊이 있는 토론에 참여하고 개인적인 문제와 경험을 교사와 공유함으로써 특별한 유대감을 형성한다. 나는 이 유대감이 아이들로 하여금 학교에서 그들의 잠재력을 최대한 발휘하고 성공적인 청년기를 향해 성장할 수 있게 해주는 매우 소중한 장치라고 생각한다.

결론적으로, 이 프로젝트의 성공을 설명해주는 많은 이유가 있다. 먼저, '야누시 코르차크 아동문학 경연대회'를 통해 교사는 초등 교육과정에서 일반적으로 또는 전혀 다루지 않는 아동 권리 교육을 실시할 수 있다. 아동 권리 교육은 관용·평등·존중처럼 중요하고 필요한 가치를 강조하며 코르차크의 삶과 가르침에 대한 학생들의 관심을 이끌어낸다. 또한 '야누시 코르차크 아동문학 경연대회'는 현재 전 세계적으로 강조되는 아동의 적극적인 참여를 촉진함으로써 아동의 자유로운 표현의 권리를 널리 알리는 역할을 한다.

나아가 '야누시 코르차크 아동문학 경연대회'는 디지털화에 따른 아이들의 스크린 중독과 읽기·쓰기 능력의 부족 문제를 해결하기 위해 독서 능력과 문학에 대한 관심을 증진하는 것을 목표로 한다. 문학작품을 접할 일이 거의 없는 아동은 이 대회를 통해 문학작품을 경험하는 기회를 얻는다.

마지막으로, '야누시 코르차크 아동문학 경연대회'는 아이들에게 2차 세계대전과 홀로코스트의 역사를 소개하고 전쟁, 장애, 질병, 망명 등 오늘날 중요하고 민감한 사회적 주제를 인식할 수 있게 한다. 또한 아이들이 사회를 변화시키고 더 나은 세상으로 만드는 행동가가 되도록 능력을 계발하고 동기를 부여한다.

결론 ———

'야누시 코르차크 아동문학 경연대회'는 짧은 기간 동안 프랑스, 스위스, 룩셈부르크, 벨기에에서 큰 성공을 거두었다. 소규모로 시작한 이 대회는 꾸준히 성장해왔으며, 초등학교 수준에서도 비교적 쉽게 실시할 수 있다. 우리의 경험이 증명하는 바에 따르면, 중요한 역사와 근본적인 권리·가치를 학생에게 가르칠 수 있는 가장 효율적이고 유용하며 강력한 열쇠는 바로 교사이다.

💗 과제 💗

- 코르차크의 전략과 방법은 아동의 사회적·정서적 역량 발달에 목표를 두는 오늘날의 변화와 어떤 관련이 있는가? 특히 코르차크의 아이디어 가운데 어떤 부분이 아동의 사회적·정서적 역량 발달을 위해 활용될 수 있는가? 그리고 그 이유는 무엇인가?

- 오늘날 학교에서 '내기'를 활용하고자 한다면 어떤 문제가 발생할까? '내기'에 대한 찬반 의견을 말하시오.

- 교실에서 강화 시스템으로 '엽서'를 활용할 수 있는 방안을 서술하시오.

- 자기가 가르치는 교실에서 '시를 발견하다' 프로젝트(21장 참조)를 활용할 수 있는 방법을 제안하시오.

- 어린이 캠프에 관한 코르차크의 전반적인 생각은 여름 캠프를 어떻게 바꾸었는가? 코르차크의 생각을 교실 밖 학교 활동에 적용할 수 있는가?

- 아동문학 경연대회를 성공적으로 활용하고 시민교육 방법으로 적용하기 위해 필요한 요건에는 무엇이 있는가?

- '코르차크에게서 영감을 받은 교육학Korczak inspired pedagogy'이라는 용어를 어떻게 정의하겠는가?

아동 발달과 존중, 야누시 코르차크와 함께한 가치 있는 협업

루카스 릿슨, 케이틀린 머피

시골로 떠나자! 코르차크는 이 간단한 말이 아이들의 마음을 흥분과 경이로 가득 채울 수 있다는 것을 이해했다. 그러면서 코르차크는 자기가 맡은 책무를 말하곤 했다. "시골로 떠나자!"는 마지막 여행을 떠나야 했던 고아원 아이들에게 코르차크가 한 말이기도 했다.

　실제 시골의 자연은 어린이가 자유의 이미지를 떠올리게 하는 힘을 지녔다. 자연 속에서 어린이는 거침이 없고 자유로우며 두려움이 없다. 자연에서 어린이는 나무를 타고 숲을 향해 소리를 지른다. 아니면 통나무 뒤에 잔뜩 웅크리고 숨어서 아예 다른 세상, 그야말로 **어린아이가** 될 수 있는 세계로 들어가기도 한다. 자연이 아이들에게 미치는 영향은 엄청나다. 자연 속에 있다는 상상만으로도 강제수용소를 향해 걷는 아이들이 상상과 희망의 세계로 떠날 수 있다.

코르차크(2007)는 "아이에게 다가가면 두 가지 감정이 생긴다. 아이의 현재 모습에 대한 애정과 아이가 될 수 있는 모습에 대한 존경심이다"(p. 17)라고 성찰했다. 아동을 존경하는 코르차크의 태도는 그의 가르침에 깊이 뿌리 박혀 있다. 코르차크는 학습의 중심에 아이를 두었으며, 아이가 판단하지 않고 배우게 하면서 자애를 강조했다. 코르차크는 아동의 독립심을 포용하고 학습을 통해 진정한 자아로 존재하게끔 격려했다.

코르차크 고아원에 존재한 민주주의 시스템은 위계를 없애고 모든 아이들을 지원했다. 민주주의 시스템은 일종의 자기 교육으로 볼 수 있는 실천을 통해 규칙을 가르침으로써 평등을 촉진하고 성인과 아동의 눈높이를 맞추며, 아이들이 가치 있고 용기 있는 삶을 살며 시민성을 갖추게 했다. 고아원은 민주주의 공동체였고 어린이 법원 같은 여러 기관을 통해 아이들이 자기 평가, 이해, 용서를 배울 수 있는 기회를 제공함으로써 민주주의를 실행했다.

아동은 "진지한 대우를 받을 권리가 있다. …… 아이들이 본래 될 수 있는 사람으로 자랄 수 있게 허용해야 한다. 어린이 한 명 한 명 안에 있는 미지의 사람이 미래에 우리의 희망"(Korczak, 2007, p. 19)이다. 교육자로서 우리는 우리의 미래 지도자들의 발전을 지원할 보편적인 의무가 있다. 이런 학습 결과를 극대화하려면 학습 자원을 최대한 활용해야 한다. 우리의 가장 훌륭한 자원이자 선생님인 존재는 밖으로 나가면 발견할 수 있다. 그것은 바로 자연적 환경이라고 할 수 있는 우리 자신이다. 그러나 밖으로 나가서 나 자신을 알기 위해 침잠하기 전에 먼저 코르차크(2007)의 관찰을 되새겨야 한다.

아이들을 알려고 시도하기 전에 자신을 먼저 알라. 아동의 권리와 책임을 설명하기 전에 여러분 자신이 무엇을 할 수 있는지를 인식하라. 가장 중요한 것은 나 자신도 아이라는 사실을 깨닫는 것이다. 우리는 내 안의 그 아이가 어떤 아이인지 먼저 알아야 한다. 우리는 그 아이를 기르며 교육해야 한다.(p. 2)

우리의 진정한 자아는 아이들 앞에 있을 때 드러난다. 아이의 순수함과 삶에 대한 호기심은 우리가 우리 자신의 행동과 삶의 원리에 의문을 품게 만들 수 있다. 코르차크는 의식적 가르침의 중요성을 강조했다. 의식적 가르침은 아이들과 공감하기 위해 자신을 교육하는 것을 뜻한다. 아이와 어른은 모두 서로의 집으로 걸어가는 아이라는 점을 인식하는 것은 서로의 취약점을 탐구하고 신뢰를 바탕으로 이해력을 발달시킬 수 있는 공간을 만든다. 이를 통해 아이와 어른 사이에 평등이라는 개념이 길러질 수 있다.

어떤 관계에서든 우리는 신뢰를 느끼고 우리의 요구가 가치 있다는 것을 인식할 필요가 있다. 우리는 사람들을 순간적으로 연결해 관계를 촉발할 수 있는 기술의 시대에 살고 있다. 그러나 인류 역사에서 이렇게 단절감이 큰 적은 없었다. 그 결과 우리는 그 어느 때보다 연결을 갈망하는 시대에 살고 있으며, 우리의 아이들은 고통받고 있다. 우리는 제멋대로인 데다 사려 깊지 못하고 의존적이며 부주의한 청년들을 마주하고 있다. 우리의 청년들은 자기 자신 그리고 이 세계와 단절되어 있다. 변화를 만들기 위해 지금 당장 우리는 무엇을 할 수 있을까?

두려움부터 시작하자. 두려움과 우리 자신의 관계는 우리 스스로가 어떤 존재인지에 관한 정보를 제공한다. 또한 두려움과 우리 자신의 관계는 아동의 정서 발달에 도미노 같은 영향을 미친다. 두려움은 대부분 사랑이 있는 곳에서 생겨난다. 우리는 사랑하는 아이에게 가장 좋은 것을 해주고자 하고 아이를 안전하게 지켜주려 하며 아이가 성공하는 모습을 보고 싶어 한다. 어린아이를 보호하는 것은 근본적인 본능이다. 그런데 이런 본능에서 생겨난 두려움이 현대의 우리가 아이를 교육하는 방법을 완전히 바꿔버렸다. 아이들은 학교에서 높은 성적을 거둬 '최고'가 되려고 애쓴다. 하지만 그 결과가 아이가 기대한 것과 다를 때, 아이는 자신을 실패자라 여기며 그 생각에 압도될 수 있다.

불편함과 미래에 대한 걱정은 어른들 몫이다. 우리의 공포를 아이에게 전가할 때, 그 두려움은 왜곡된다. 아이는 어른의 문제와 관련된 삶과 감정을 경험한 적이 없다. 우리의 두려움이 아이의 삶을 결정짓게 하는 것은 아이와 우리의 관계를 존중하지 않는 행위이다. 진정으로 아이의 발달에 집중하고 아이의 요구를 충족해주려면 우리 자신의 두려움을 인정하고 제쳐둘 필요가 있다. 이런 인식이 있을 때 우리 자신과 아이가 성장하며, 아이는 독립성을 기를 수 있다.

아이가 자기 목소리를 내게 함으로써 우리는 아이를 안전하게 지켜주고 성공하게 할 수 있다. 아이는 어른이 없을 때 비로소 자신의 세계를 항해하는 법을 배울 수 있기 때문이다. 그런데 무엇을 해야 할지 아이에게 끊임없이 지시한다면 아이는 스스로 살아남을 수 있는 기술과 개인적 자질을 계발할 수 없다.

아이들의 신체적 안전이 보장되지 않던 시대에 코르차크는 아이들의 안녕을 위해 정서적 발달에 집중할 수밖에 없었다. 코르차크는 연극 공연을 소개함으로써 고아원 아이들에게 다양하고 흥미로운 인물과 마법의 세계를 반갑게 맞이하게 했다. 그 세계는 아이들의 현실과는 거리가 멀었지만 아이들은 연극을 통해 그 세계에 발을 들여놓을 수 있었다. 표면적으로 공연장은 아이들이 현실을 안전하게 탈출할 수 있는 안식처였다. 그러나 연극의 하위 텍스트는 안식처를 넘어 훨씬 더 큰 의미를 담고 있었다. 아이들은 연기와 줄거리를 통해 감정에 관한 지식을 배우고 창의성을 탐구했다. 또한 격동적이고 혼란스러운 세상에서 자신이 스스로를 어떻게 인식하는지 깨달았다.

아이들의 안전한 삶을 보장하려면 우리는 스스로를 인식해야 한다. 즉 우리가 어떻게 집단적으로 변화를 창조할 수 있다고 생각하는지 인식해야 한다. 우리는 오직 이런 실행을 바탕으로 회복력 있고 자비로우며 성취감을 느끼는 젊은이들을 길러낼 수 있다.

한편, 코르차크는 에이브러햄 매슬로Abraham Maslow(1908-1970)를 떠올리게 한다. 매슬로에 따르면 우리는 생존과 안전, 사랑과 소속, 자존감, 마지막으로 자아실현이라는 다음 단계를 향해 나아가려는 욕구가 있다. 따라서 우리의 삶은 생리적 욕구를 충족하는 것에서 시작한다(Journal Psyche, 1994-2018). 그러나 오늘날 아이들은 기본적인 신체적 욕구를 충족하지 못하고 있다. 이는 정서적 불균형을 초래하는 결과를 낳는다. 다음 성장 단계로 나아갈 수 없는 아이들은 갖가지 잘못된 곳에서 감정적 성취를 추구한다.

기본 욕구와 연관된 성취감을 박탈당할 때, 현대적인 문화 맥락에서 아이들은 자신 밖에서 답을 찾을 것이다. 비디오 게임을 통한 아드레날린 폭발, 음식을 통한 육체적 포만감, 소셜미디어를 통한 타인들의 관심. 이런 방식으로 채우는 성취감은 불건전한 습관을 기르고 물질주의와 소비주의를 비롯한 부정적인 가치관을 형성하게 한다. 그 결과 자존감이 낮고 결핍됐으며 외로운 아이가 생겨난다. 많은 아이가 스크린 앞에서 삶을 보내고 있으며, 스크린을 보는 시간은 계속 늘고 있다. 요즘 아이들이 밖에서 보내는 시간이 한 세대 전 아이들의 반도 안 된다는 사실은 놀랄 일이 아니다.

코르차크는 아이를 양육하는 데는 자연이 필수적인 역할을 해야 한다고 믿었다. 아이는 자연의 세계를 받아들이는 법을 선천적으로 알고 있다. 도시가 성장하고 교외가 넓어짐에 따라 아이들이 자연과 의미 있는 관계를 맺고, 환경 또는 살아 있는 모든 것에 존경심을 품게끔 돕는 일이 점점 더 중요해지고 있다. 아이들은 환경이나 서로를 돌볼 때 사랑과 친절을 보인다. 사랑과 친절이 담긴 행동은 의식적으로 행동하며 남을 배려하고 역경을 잘 극복하며 자부심이 강한 학습자를 기르는 데 매우 중요하다. 마이클 거리언^{Michael Gurian}이 언급했듯이, "우리 뇌는 5천 년 전의 농부, 즉 자연지향적 존재가 되게끔 설정되어 있기"(Massy, 2017, p. 425에서 인용) 때문이다.

우리 자신의 두려움을 인식하는 것에서 아동과 자연의 건강한 관계를 지원하는 것에 이르기까지 아동 존중은 여러 형태로 가능하다. 우리는 우리 자신을 비판적으로 성찰하고 잘 알기 위해 노력함으로써 아이들에게 우리가 도움을 줄 수 있다고 약속할 수 있다. 우리는 이런 성찰을 위한 자원으로 코르차크의 유산을 활용할 수 있다. 코르차크의 유산은 오늘날 교육자가 개인적인 발달을 위해 활용할 수 있는 가장 강력한 도구이다.

변화를 만들 수 있는 다음 단계는 협업이다. 우리는 자신과 다른 일을 하는 사람과 파트너십을 형성하고 자신의 일과 그들의 일을 비교해보면서 발전할 수 있다. 이런 식으로 우리 스스로를 개방하는 것에 두려움을 느낄지도 모르겠다. 우리는 이런 두려움에 취약하다. 우리가 완벽하지 않다는 사실을 깨달을 때 우리는 우리가 하는 일의 타당성을 인정받지 못할까 봐 두려워한다.

아동을 위한 코르차크의 철학은 교육자인 우리에게 "나는 나다. 그게 내 힘이다"라고 말해도 괜찮다고 해준다. 이 말은 우리가 아이들에게 보내는 메시지이기도 하다. "나는 나다. 그게 내 힘이다"라는 아름다운 메시지는 아이에게 힘을 실어준다. 아이는 어른과의 관계에서 필요한 것을 자신 있게 말할 수 있을 것이다. 이런 관계를 맺으려면 대담함, 끈기 그리고 기꺼이 아이와 대등한 존재가 되려는 의지가 있어야 한다. 그런 교육자는 아동이 잘 살게끔 아이와 자기 사이에 놓인 벽을 무너뜨리고 존중에 기초한 관계를 허락한다.

코르차크는 세상을 바꾸려 하지 않았다. 그의 가르침은 사랑과 연민에서 탄생했으며, 변화를 이끌 수 있는 한 사람의 능력을 보여주었다. 코르차크의 믿음에 따르면, 어른이 가장 많이 배울 수 있는 순간은 아이가 어른을 가르치는 것을 허락할 때이다. 아이는 지도와 교육이 필요하지만 존경받을 필요도 있다.

아이들에게 긍정적인 영향을 주기 위해 우리는 교육자로서 세상을 바꾼 생각을 했던 사람들을 찾아본다. 생각을 이끄는 사람들은 우리가 가진 능력에 의문을 품게 하고 우리 안에 감정적인 반응을 일으키며 진정한 변화를 일으킬 수 있도록 동기를 부여한다. 그러나 꼭 기억해야 할 점이 있다. 우리의 모든 영웅들도 어떤 공동체의 **한 아이**로 시작했다는 사실이다. 우리는 이런 사실에서 어떤 영감을 이끌어낼 수 있다. 위대한 표현을 남기겠다는 생각을 버리고 교육자로서 성취의 핵심을 이해할 때, 우리는 우리가 가치 있게 느끼는 것이 무엇인지 발견할 수 있다. 그 가치는 우리가 돌보는 아이들에게 결정적인 영향을 미칠 것이다. 그리고 아이가 삶에서 오래도록 간직할 그 무엇이 될 것이다.

부록

'시를 발견하다' 프로젝트

에이미 스팽글러

활동 안내

'시를 발견하다' 프로젝트는 코르차크의 삶에 관한 시화를 만드는 활동으로, 홀로코스트와 코르차크의 삶과 죽음을 다룬 동영상과 읽기 자료에서 발췌한 텍스트를 활용한다.

○ 주요 텍스트(아래 읽기 자료에서 발췌)를 함께 읽는다.

○ 동영상을 보면서 시를 짓는 데 필요한 사실과 단어 등을 적어둔다.

○ 앞에서 읽은 텍스트를 활용하여 시를 짓고 삽화를 그린다(시는 10행 이상).

○ 코르차크의 삶을 연대순으로 나열한다.

○ 강조를 위한 시적 장치인 반복법을 공부한다.

○ 시화의 배경을 시의 내용이나 코르차크의 삶과 관련한 그림으로 채운다(그림 도구는 연필/목탄/색연필/크레용 권장).

○ 작은 그림을 모아서 코르차크의 삶을 나타내는 콜라주를 만들 수도 있다.

동영상 자료

- 이레나 센들러가 기억하는 야누시 코르차크

  prezi.com/p8yb-t3oc2sm/irena-sendler/
- 바르샤바 게토 어린이들의 영웅, 야누시 코르차크(유대인 역사 주간)

  https://www.youtube.com/watch?v=4_jHNKbIXu4&feature=
  emb_logo

읽기 자료

- Adler, D. (2002). *A hero and the Holocaust: The story of Janusz Korczak
  and his children.* Picture Book. New York: Holiday House, Picture
  Book.
- Bogacki, T. (2009). *The champion of children: The story of Janusz
  Korczak.* Picture Book. New York: Francis Foster Books.
- Lifton, B.J. (1988). *The king of children: The life and death of Janusz
  Korczak.* New York: St. Martin's Griffin.
- 《어린이를 사랑하는 법》에서 발췌한 추가 내용(야누시코르차크협회 온라
  인 PDF에서 발췌)

A Man, A Place, A Chance

A man, a doctor, treating wounded soldiers and children,
First hand experiences on how different real war is from play.

A teen, a guardian, giving candies, telling stories.
Doodles from his kids crowning his head proudly.

A place, where children would thrive,
A special design,
A space to reside.

A chance, an offer, to be free.
A refusal, "You do not leave a sick child in the night and you do not leave them now."
A protest, marching in, "Mute protest against this murderous regime."

A heart, pumping with persistence and pride,
Insisting children have the right to be loved, educated and protected,
A soul, that could, "Never wish anyone ill."
A man, relentless
A place, safety
A chance, denied
A soul, undying.

His Spirit Survives

Janusz Korczak was a man of truth.

The most important rule was that of forgiveness.

He wanted to do more than make children well.

Korczak gave his children love and attention.

He always made time for his children.

Janusz Korczak devoted his life to helping children-

Gave out candies, told stories to earn their trust.

"I always felt best among children"

Korczak let his children govern themselves-

To learn right from wrong.

August 6, 1942 trouble arose for Korczak and his children.

Calmly leading his children, refusing to leave them-

people screaming in horror all around.

Korczak led his children with love to Treblinka extermination camp,

His spirit survives in all he achieved for his children.

A young boy, humble and bold,
yearned to heal all, new and old,
Now a man with a glorious smile and selfless twinkle in hi
eyes,
    He dreamed of a kingdom of peace and
endless golden skies,
The children adored him, their pasts now faded scars,
Hearts shining like bright
stars in a lonely galaxy.
He loved them through
times dark,
frightening and cold.
They stood proudly
in face of harsh
reality
Like a gaurdian he
watched over them
day and night,

His
name
was

Janusz
Korczak.

청소년 법정과 엽서 활동
회복적 정의 원칙과 코르차크의 방법 통합하기

아이라 퍼타키

활동 개요

회복적 정의를 강조하는 청소년 법정Youth Court은 건설적인 집단 상호작용을 촉진하고 학생 개인이 책임감을 지니게 하는 이상적인 방법이다. 청소년 법정을 통해 학생 조직은 학교의 이해당사자로서 소속감을 느끼고 학교를 변화시킬 수 있는 힘을 기를 수 있다. 또한 청소년 법정은 청소년이 주도하기 때문에 우리가 학생들에게 가르치고자 하는 자신감, 정의감, 공감능력을 습득할 학교 환경을 만드는 데 기여한다.

나는 지역 학생들과 이스라엘 학생들이 문학과 온라인 학술 포럼을 통해 홀로코스트를 읽고 토론하는 교환 프로그램에 거의 10년 동안 참여해왔다. 이 특별한 프로그램은 본래 야누시 코르차크의 유산과 바르샤바 고아원의 유산을 홍보하는 재단의 지원을 받았다.

예전에 변호사였던 나는 코르차크의 진보적인 견해가 어린이 법원과 관련이 있다는 것을 알았다. 어린이 법원은 어린이가 내일을 위한 사람이 아니라 오늘을 사는 사람이라는 코르차크의 진보적 견해가 가장 잘 구현된 것으로, 아동 중심 전통을 따르는 오늘날 청소년 법정의 구조와 운영 방식에 많은 영향을 주었다.

샤프스빌 코르차크 청소년 법정은 공동체·문화·소통·협업이라는 핵심 개념을 강화하는 것을 목표로 회복적 정의 개념과 코르차크의 진보적 비전을 유기적으로 통합해 탄생했다. 우리는 학생이 재판장, 법원 경위, 배심원장, 변호사 역할을 맡는 모델을 활용했다. 참여 학생은 질문 기술, 멘토링, 대중 연설, 비판적 사고를 촉진하는 실천적이고 실제적인 활동을 준비해야 한다. 그러나 무엇보다 중요한 것은 학생 개인과 학교 공동체를 의미 있는 방식으로 연결하는 회복적 원칙이 중요하다는 점을 인식하는 것이다.

개별 학교 문화와 계획에 바탕을 둔 '회복을 위한 고려사항'(회복적 정의에 바탕을 둔 배심원 평결을 안내하기 위한 유인물)은 회복적 원칙을 가르치기 위한 사례다. 국어 교사로서 나는 오헨리O. Henry의 《참다운 회개A Retrieved Reformation》라든가 코르차크의 작품 같은 청년문학을 통해 회복적 정의 개념을 탐구해왔다.

코르차크의 '엽서'는 샤프스빌 코르차크 청소년 법정이 활용한 코르차크의 또 다른 유산이다. 구체적으로 살펴보면, 법정의 각 세션은 엽서 수여 승인과 엽서 수여로 시작되는데, 이는 '인격의 여섯 기둥Six Pillars of Character' 프로그램을 바탕으로 한다. 각 엽서 내용은 법정 문서에 기록되며, 긍정적인 행동에 대해 승인과 수여가 이루어진다. 이때 승인과 수여 역할을 맡은 학생들은 교직원들이 법원장에게 제출한 명단에 포함된 학생들이다. 이러한 엽서 활동 체계도 코르차크의 아이디어를 활용한 것으로, 부록의 다른 부분에 자세한 활동 방법이 안내되어 있다.

샤프스빌 지역 학교 중에서 특히 우리 학교는 지나친 규율을 지양하며, 사회적 문제로 주목받고 있는 이른바 '졸업 후 교도소 수감 코스'와는 거리가 멀다. 그럼에도 우리가 청소년 법정 프로그램을 실시하는 이유는 학생들이 리더십, 역할 모델, 비판적 사고 기술, 일상에서의 긍정적인 참여를 배움으로써 고등학교에 진학해서, 또한 그 이후에도 삶을 성공적으로 꾸려나가기를 간절히 바라기 때문이다.

샤프스빌 청소년 법정 절차와 재판 원고

굵은 글씨는 말해야 할 대사이다. 법원 경위는 사건의 모든 상황이 담긴 문서 양식을 모아서 제출하며, 재판장·배심원·피고·변호인이 심리를 시작하게 돕는다.

재판장   법원 경위, 피고와 변호인을 법정으로 데리고 오세요.

법원 경위는 피고와 변호인을 법정으로 데리고 들어온다.

재판장   (피고와 변호인에게) **일어나주세요.**

법원 경위   **모두 자리에서 일어나주시기 바랍니다. 지금부터 청소년 법정을 시작하겠습니다. 존경하는 ＿＿＿＿＿＿＿＿(재판장 역할을 하는 학생 이름) 재판장님이 재판을 진행하시겠습니다.**

재판장   법원 경위, '인격의 여섯 기둥'을 읽어주세요.

법원 경위   **신뢰, 존중, 책임, 공정성, 배려, 시민성.**

재판장   법원 경위, 이번 재판에서 샤프스빌 코르차크 청소년 엽서 수상자를 발표해주세요.

법원 경위   **샤프스빌 코르차크 청소년 엽서 수상자는 ＿＿＿＿＿＿＿＿입니다.**

재판장   축하합니다. 훌륭합니다. 법원 경위, 계속 진행하세요.

법원 경위는 사건 번호를 읽는다.

법원 경위 사건 번호＿＿＿＿＿＿＿＿(법정 양식 문서의 번호를 읽는다), ＿＿＿＿＿＿＿＿(피고 이름)에 관한 사건. 모두 일어나주시겠습니까?

① (방에 있는 모든 사람 선서) 오른손을 들고 저를 따라 해주세요. 저는 선서합니다. / (법정이 반복하기를 기다린다) 오늘 청소년 법정에서 / (기다린다⋯) 제가 보고 들은 모든 것은/(기다린다⋯) 비밀로 유지할 것입니다. / 배심원을 제외한 여러분께서는 자리에 앉아주시기 바랍니다.

② (배심원 선서) 오른손을 들어주세요. 이번 사건의 쟁점을 객관적으로 판단하고, 청소년 법정의 증거와 지침에 따라 진실한 평결을 내리겠다고 엄숙히 선서합니까? (배심원은 '예'라고 대답한다.) 자리에 앉아주세요.

③ (피고와 변호인 선서) 피고와 변호인 여러분, 일어나서 오른손을 들어주세요. 여러분은 지금 여러분이 하려는 증언이 진실이자, 온전한 진실이자, 하나뿐인 진실이라고 엄숙하게 선언합니까? (둘 다 '예'라고 대답한다.) 자리에 앉아주세요.

재판장 청소년 법정에서는 실제 법정에서처럼 엄숙해야 합니다. 껌을 씹거나 뭘 먹거나 마시면 안 됩니다. 휴대폰이나 전자기기는 사용할 수 없습니다. 재판이 열리는 동안 웃거나 말하는 등 부적절한 행동은 허용되지 않습니다. 만약 부적절한 행동이 발견되면, 법원 경위나 내가 그 행동을 중지하도록 명령할 것입니다. 경고를 했는데도 방청객이나 배심원이 부적절한 행동을 계속한다면 법정에서 나가야 하며, 그 사람을 제외하고 심리를 계속 진행할 것입니다. 피고가 진행을 방해한다면 퇴출될 수 있으며, 그럴 경우 미심판 선고 뒤 사건을 참고인 측에 다시 회부하겠습니다. 모두 이해하셨습니까? 법원 경위, 사건 내용을 읽어주세요.

법원 경위 (두 진술 모두 읽는다.) ① 피고를 조사한 교직원이 작성한 학교 측 공소장과 ② 피고의 서면 진술서(사실 진술서)

(법원 경위의 낭독이 끝난 뒤⋯)

재판장 변호인, 진술을 시작해주세요.

변호인이 진술을 시작한다.

(변호인 진술 후)

재판장 ＿＿＿＿＿＿＿＿(피고인 이름) 배심원단이 신문을 시작하기 전에 하고 싶은 말이 있습니까?(피고인은 대개 없다고 말한다).

재판장 이제 배심원은 피고에게 신문하세요.

배심원단 대표 (심리를 마친 뒤, 재판장에게) 더 이상 질문이 없습니다, 존경하는 재판장님.

배심원들은 신문을 계속한다.

배심원 대표는 배심원 질문 예시를 (필요한 경우) 따르고, 모든 문제를 검토하며, 모든 배심원이 참여하게끔 보장한다.

재판장 이제 변호인은 최후 변론을 할 수 있습니다.

변호인은 최후 변론을 한다.

재판장 법원 경위, 피고와 변호인을 법정 밖으로 데리고 나가주세요.

법원 경위는 피고와 변호인을 법정 밖으로 데리고 나간다.

법원 경위가 법정으로 돌아온다.

재판장 (배심원에게) 이제 배심원은 신문을 시작할 수 있습니다.

배심원은 결정이 내려질 때까지 심의하고, 배심원 대표가 청문 보고서를 작성한다.

배심원단 대표   존경하는 재판장님, 저희는 합의에 도달했습니다.

재판장   법원 경위, 피고와 변호인을 법정으로 데리고 와주세요.

법원 경위는 피고와 변호인을 데리고 와서 다음과 같이 말한다.

법원 경위   계속 서 있으십시오.

재판장   (전체 배심원에게) 피고에게 평결을 낭독해주시기 바랍니다.

배심원들이 일어선다.

배심원단 대표   우리 샤프스빌 청소년 법정 구성원은 귀하의 사건에 대해 다음과 같은 평결을 내렸습니다. (법정을 향해 평결 낭독)

재판장   _____(피고 이름), 평결이 이해됩니까? (응답을 기다린다). 평결대로 실행할 계획입니까? (기다린다…) 평결에 따른 책임을 완수하지 않을 경우 추가 조치를 위해 사건이 참조 자료로 반환된다는 사실을 알고 있습니까? (응답을 기다린다)

재판장   이제 휴정을 선언합니다(재판봉을 두드린다). 법원 경위, 피고와 변호인을 데리고 나가 평결에 대한 서약문 작성을 완료해주세요.

법원 경위는 피고와 변호인을 법정 밖으로 데리고 나간다.

변호인은 피고와 서약문 작성을 완료한다.

샤프스빌 코르차크
청소년 법정 유인물[•]

회복을 위한 고려 사항

목표

○ 피고가 또다시 잘못을 저지르지 않게 필요한 조치 취하기

○ 피고가 개선을 위해 도전할 수 있도록 도움 주기(학업 또는 개인적인 도전에 대해서)

○ 어떤 조치도 피고를 처벌하려는 목적이어서는 안 된다는 점 강조하기

① 사건의 사실과 상황 검토하기

② 피고의 이야기를 듣고 떠오른 점을 생각하기

③ 피고의 행동에 영향을 받은 사람과, 어떤 피해를 입었는지 파악하기

④ 피해를 입은 모든 사람의 요구를 파악하기

⑤ 피고의 도전과 요구를 파악하기

⑥ 피고가 문제를 다시 일으키지 않기 위해 필요한 활동과 자원 고려하기

⑦ 결정에 관해 피고에게 설명하기

• 부록 II의 모든 유인물에 대한 저작권은 아이라 퍼타키에게 있음 ⓒ Ira Pataki, 2018

청문 보고서 양식(심의하는 동안 배심원 대표가 작성)

피고 이름:_____ 사건 번호:_____

위반 날짜:_____ 청문 일시:_____ (오전/오후)

회복을 위한 조치(선택과 고려 사항)와 사과 방법

O 제시 방법: 서면 / 구두 (동그라미)

O 배심원단으로 봉사하기: 법원 경위 / 참관자 / 배심원 (동그라미)

O 과제 유형: 반성문 / 일기 / 에세이 (동그라미)

O 수정한 목표를 적은 개인의 목표 기록지 제출

O 청문회 도중 가정 문제를 언급한 경우 아래에서 필요한 사항 선택

  – 가족, 학교 활동, 공익광고, 학교 계획, 위원회에서 도움 받기 ☐

  – 학교 동아리 참여하기 ☐

  – 자습시간 확보하기 ☐

  – 요가나 명상 하기 ☐

  – 테드TED 강연이나 어린이 강연 듣기 ☐

  – 자연스러운 도우미**(고등학생 또래들)와 함께 시간 관리 ☐

  – 그림자 선생님***의 도움 받기 ☐

  – 개인지도 받기 ☐

  – 어른이나 또래 멘토의 도움 받기 ☐

O 지역사회 봉사활동 선택지:_____

** natural helper: 취약한 친구가 신뢰할 만한 어른과 연결되도록 도움과 듣기 기술을 교육받은 봉사 도우미다. 우울증을 앓고 있거나 자살을 고민하는 친구가 편안함을 느끼고 도움받을 수 있게끔 사회적 안전망을 만드는 역할을 한다 — 옮긴이.

*** shadowing teacher: 아이에게 각별한 관심을 보이고 학교생활에 잘 적응하게 도움을 주는 교사를 기리킨다 — 옮긴이.

○ 습관:_____

또래 멘토 이름:_____

배심원단 대표 서명 (모든 배심원의 찬성을 뜻함):_____

지도교사 서명:_____

재판장 서명:_____

배심원단 대표 기록지

사건과 관련된 사실은 무엇인가요?

_____

_____

_____

잘못된 행동을 한 진짜 이유는 무엇인가요?

_____

_____

_____

피해

어떤 피해가 발생했나요?

_____

_____

누가 피해를 입었나요?

_____

_____

피해를 입은 사람이 또 있나요?

_____

_____

나는 어떤 피해를 입었나요?

_____

_____

사건이 일어난 배경은 무엇인가요?

_____

_____

뉘우침

피고가 다시는 잘못된 행동을 하지 않을 거라고 어떻게 믿을 수 있나요?

_____

피고가 사과했나요?

_____

피고가 어떻게 행동했더라면 좋았을까요?

_____

_____

개선을 위한 조치

무엇을 개선해야 하나요? 피고에게 어떤 역량이나 습관이 필요한가요?

_____

재발을 막으려면 어떤 조치가 필요한가요?

_____

_____

청소년 법정을 열기 위한 동기유발 방법

공정성에 호소하기

불평등하거나 불공정한 일을 당한 비슷한 상황을 예로 들어 정의를 회복하기 위해 법정이 필요하다고 설득한다. 그러나 이 방법을 너무 자주 사용하면 효과가 떨어질 수 있으므로 유의한다. 또한 시작부터 공정성에 호소하는 것은 피하는 편이 좋다.

결과에 호소하기

청소년 법정을 통해 긍정적이고 찬성할 만한 결과를 이끌 수 있음을 설명한다. 또는 사건이 초래할 수 있는 부정적인 결과를 자세히 설명한다. 사건과 관련한 다양한 원인과 결과의 긍정적·부정적 측면을 최대한 다각도에서 고려해보게 한다.

반대 입장 설득하기

청소년 법정에 대한 합리적인 반대 입장이나 의견을 파악해야 한다. 청소년 법정을 통한 문제해결이 더 논리적이고, 효율적이며, 신중하다는 것을 보여준다. 청소년 법정의 약점을 분명하게 제시하고 반대 의견을 존중해야 한다. 청소년 법정의 장점을 논리적으로 설명함으로써 법정의 한계나 문제점이 장점이 될 수 있다는 것을 보여준다. 이는 청소년 법정에 대한 학생들의 신뢰를 얻기 위해 반드시 필요하다.

선례 보여주기

청소년 법정 개최 여부와 관련된 비슷한 토의 사례를 제시한다. 성공적인 사례와 실패 사례를 모두 보여준다. 이는 학생들이 청소년 법정을 여는 데 이미 찬성했더라도 청소년 법정의 운영 토대를 단단하게 마련하기 위해 필요하다. FRED(사실Facts, 연구Research, 예제Examples, 상세 정보Details) 전략을 사용한다.

배심원 질문지

사실

○ 청소년 법정에 회부된 이유는 무엇인가요?

○ 언제 그 사건이 일어났나요?

○ 어디에서 사건이 일어났나요?

○ 목격자가 있나요?

○ 사건이 일어나기 **전에** 무슨 일이 있었나요?

○ 사건 **직후에** 무슨 일이 일어났나요?

○ 사건에 대해 무슨 말을 했나요?

○ 당신은 무엇을 했나요?

○ 사건이 일어나기 전에 무슨 일이 있었나요?

○ 상황이 어떻게 나빠지거나 격렬해졌나요?

○ 상황이 진정되어갔나요?

○ 나빠지는 것을 어떻게 막을 수 있었나요?

○ 어떻게 진정할 수 있었나요?

○ 도움을 구했나요?

○ 사건이 일어나는 **동안** 어떻게 느꼈나요?

○ 사건 **전에는** 어떤 감정이었나요?

○ 그렇게 행동한 **진짜 이유**는 무엇인가요?

피해

○ 어떤 피해가 발생했나요?

○ 선생님에게는? 같은 반 친구들에게는?

○ 그 피해의 원인은 무엇인가요?

○ 부모님이나 다른 사람, 학교, 이웃 때문에 피해가 생겼나요? 아니면 자신 때문인가요?

○ 자신이 저지른 행동이나 사고로 인한 피해를 설명하세요.

배경

○ 학교에서 가장 좋아하는 과목이 무엇인가요?

○ 가장 싫어하는 과목이 무엇인가요?

○ 성적이 어떻죠?

○ 방과 후 활동에 참여하나요?

○ 일(아르바이트)을 하나요?

○ 학교에 대해 가장 좋게 생각하는 점이 무엇인가요?

○ 학교에 대해 가장 싫어하는 점이 무엇인가요?

○ 꿈꿔온 직업이 있나요?

○ 집에서 겪는 문제가 학교생활에 영향을 미치나요?

○ 만약 그렇다면, 고민을 나눌 때 편안함을 느끼나요? 누구와 고민을 나누나요?

뉘우침

○ 전에도 이런 질문들을 받은 적이 있나요?

○ 그렇다면 언제, 왜 그랬나요?

○ 이런 질문을 받을 만하다고 생각하나요?

○ 피고가 한 일을 부모님이 알고 계시나요?

○ 아직 모르신다면, 만약 알게 되었을 때 어떻게 반응하실까요?

○ 이런 행동을 되풀이하지 않으리라고 믿을 만한 이유가 있나요?

사과

○ 사과했나요?

○ 피고가 다르게 행동할 수 있었던 원인은 무엇인가요?

건설적인 조치

○ 어떤 계획이 피해를 복구할 수 있을까요?

○ 어떤 계획이 재발을 막을 수 있을까요?

○ 어떻게 피해를 복구하고 다른 사람의 감정에 상처를 주지 않을 수 있
  을까요?

피고인 사실 진술서

피고인 이름:_____ 피고인 ID:_____ 사건번호:_____
위반 날짜:_____ 청문 일시:_____
영역:_____

사건이 어떻게 발생했는지 또는 왜 그렇게 행동했는지 생각해보고 사건을 이해하는 데 중요하다고 생각하는 정보와 사실을 아래에 적으세요.

이 진술서는 법정에서 낭독될 예정이니 주의하기 바랍니다.

_____

_____

_____

_____

_____

_____

_____

_____

_____

_____

_____

_____

학생 서명과 날짜   변호인 서명과 날짜

_____   _____

목격자 보고서 예시

하교 버스를 타면 시끄럽고 떠들썩한 녀석들이 있어요. 저는 다른 버스도 조심해서 지켜봐야 해요. 왜냐하면 다른 버스들이 지나치는 정류장에는 부주의한 아이들이 있거든요. 그리고 저는 제 버스 뒤에 누가 있는지, 다른 차가 바짝 붙어 따라오는지 걱정하죠. 신경 쓸 일이 많아요. 아이들 몇십 명이 버스 안에 갇혀 집에 가고 싶어 안달이 나 있는 상황에서 온종일 저는 길을 지켜보며 속도를 살피고 상황을 파악해야 해요.

통학 버스 기사는 뒤통수에도 눈이 있어야 한다는 말을 들어보셨을 거예요. 물론 이렇게 주변을 살피는 것이 제 일의 일부라는 점을 알지만, 아이들도 버스 안에서는 행동을 조심해야 해요. 안전이 걸린 문제이니까요. 아이들이 조심히 행동하지 않는 게 제 책임은 아니지만, 그래도 정신 똑바로 차리고 도로를 살피는 일을 그만두고 싶진 않아요. 대가가 너무 크니까요.

그날 오후는 정말 끔찍했어요. 저는 전학 온 여학생에게 진정하라고 했지만, 그 아이는 가만있질 않았어요. 그러다 그 아이가 버스 통로에 서 있는 모습을 발견했죠! 버스가 운행 중일 때 통로에 서 있으면 안전하지 않아요.

저는 내버려 둘 수 없었어요. 전 나쁜 사람이 되고 싶지 않아요. 저는 단지 아이들을 학교에서 집으로 데려다주고 싶고, 아이들을 안전하게 데려다줄 책임이 있어요.

말을 듣지 않는 아이를 제 버스에 태울 수는 없어요. 아주 간단하죠. 저는 뭔가 조치를 취해야 해요.

청소년 법정 엽서 수여 대본

친애하고 존경하는 엽서 수여자에게

샤프스빌 국어 수업은 몇 년 동안 이스라엘의 여러 학교 학생들과 국제적으로 교류함으로써 홀로코스트에 관해 공부할 수 있는 기회를 제공해왔습니다.

그동안 우리는 교환학교 학생들과 함께 홀로코스트에 관해 배우고, 나치 점령 기간 동안 폴란드 게토에서 청소년들이 어떤 삶을 살았는지 기록한 책을 읽었습니다. 그리고 이러한 공부를 통해 폴란드에서 고아원을 운영한 소아과 의사이자 유명한 아동 작가인 야누시 코르차크도 알게 되었습니다. 유대인 아이들이 바르샤바 게토 안으로 이주하라는 명령을 받았을 때, 코르차크는 아이들과 함께 게토로 이주했습니다. 아이들이 죽음의 수용소 트레블링카로 가는 기차를 타라는 명령을 받았을 때, 코르차크는 아이들을 포기할 것을 다시 거부했습니다. 사랑하는 아이들이 기차로 행진할 때, 코르차크는 아이들과 손을 잡고 함께 걷기를 선택했습니다. 코르차크와 (거의 200명에 가까운) 아이들은 모두 트레블링카에서 사망했습니다.

시대를 초월한 희생, 사랑, 용기에 영감을 받은 우리는 늘 아이들을 격려하고 힘을 북돋웠던 코르차크의 삶과 실천에 경의를 표하기로 결정했습니다. 코르차크는 정의 공동체인 어린이 공화국을 구상했습니다. 어린이 공화국에서 어린이 시민은 의회, 신문, 또래 법정을 스스로 운영할 수 있었습니다. 우리는 코르차크의 어린이 법원 전통을 따라 샤프스빌 코르차크 청소년 법정을 자발적으로 세웠습니다.

코르차크가 기초한 〈아동권리선언〉에 따르면, 어린이는 사랑받고 존중받으며 성장할 수 있는 최적의 조건을 제공받고 진지하게 대우받을 권리가 있습니다. 어린이는 내일을 준비하는 사람이 아니라 오늘을 사는 사람입니다. 우리는 어린이들이 스스로의 의지에 따라 원하는 사람이 될 수 있도록 허락해야 합니다.

"아이 한 명 한 명 속에 있는 미지의 사람이 미래의 희망이다."

샤프스빌 코르차크 청소년 법정은 이와 같은 코르차크의 유산을 기리고 그의 훌륭한 실천을 이어가고자 합니다. 이에 우리는 학교와 지역사회를 더 나은 곳으로 만들기 위한 귀하의 노력을 인정하며, 귀하의 선하고 고결한 행동을 '격려'하기 위해 엽서를 수여합니다.

야누시 코르차크의 말을 빌리자면, "이 엽서는 어떤 보상이 아니라 기념물이자 기억하기 위한 것입니다. 어떤 사람은 인생의 길에서 그 기억을 잃을 테지만 다른 사람은 그 기억을 영원히 소중히 여길 것입니다."

샤프스빌은 귀하가 공헌한 바를 영원히 소중하게 여길 것입니다.

'엽서 활동' 예시
단원 학습 계획: 국어 교과 7학년, 1-2분기

활동 개요

이 사례는 1년 동안 시행되는 국제 공유 독서 프로그램을 마무리하기 위한 것으로, 학생들은 《버드가의 섬The Island on Bird Street》《상흔The Scar》《천둥아, 내 외침을 들어라Roll of Thunder, Hear My Cry》 요약본을 읽은 뒤 작품의 배경·등장인물·갈등·줄거리·관점·어조·주제를 찾아보고, 홀로코스트와 대공황 기간 동안 어떤 사회적 문제가 발생하고 사람들의 태도가 어땠는지, 학교·가족·세계 공동체가 오늘날 자신의 삶에 어떤 의미가 있는지 고민했다.

또한 학생들은 소설뿐만 아니라 논픽션·단편 소설도 분석했으며, 비유적인 언어와 여러 문학 기법을 바탕으로 시를 해석하는 법을 배웠다. 학생들은 독후활동으로 야누시 코르차크와 같은 역사적 모델을 따라 엽서를 만드는 활동에 참여했다. 이러한 활동은 주제에 대한 더 깊은 이해를 도왔다. 학생들이 만든 엽서는 텍스트에 대한 면밀한 분석을 거쳐 상징과 시각적 은유를 활용해 디자인되었다. 엽서를 만드는 활동은 '인격의 기둥' 프로그램이 샤프스빌 공동체와 공동체 바깥 사회에 미치는 긍정적인 영향을 기념하는 역할을 했다. 엽서는 문학적 요소, 주제, 특성에 대한 학생들의 이해를 보여준다. 학생들은 코르차크가 실천했던 본래 활동을 확장하여 문학적 요소, 주제, 기술, 문체에 대한 비판적인 이해와 감상이 담긴 엽서를 만들었다.

학생들은 6월 중순에 이스라엘의 자매학교 학생들에게 카드를 직접 전달했고, '2018 국제 코르차크 회의'(워싱턴주 시애틀)에서 발표·전시했으며, 교사는 이러한 계획을 학생들에게 미리 안내했다.

활동 목표

○ 소설·시 등 문학작품을 정독하고 비판적 텍스트 분석을 활용함으로써 역사가 작품에 미친 영향을 비교·대조·이해하며, 작가가 사용한 인물·설정·줄거리·주제·시점·어조·문체 등 문학적 요소를 분석하고, 일상생활과 학습에 관련된 삶의 교훈을 이끌어낼 수 있다.

○ 자신에게 의미 있는 자질, 행동, 품행, 대인관계를 비롯해 일상적인 상호작용과 관련된 긍정적 특성을 다양하게 표현하는 작품의 주제, 이미지, 문학적 기법을 이해할 수 있다.

○ 역사와 문학의 교훈에 대한 이해와 적용을 바탕으로 다른 사람의 덕행을 확인하고 인정하며 본받고 축하함으로써 학교에서 적극적인 리더십을 발휘할 수 있다.

○ 더 안전하고 관용적인 학교 풍토와 지역사회를 만들기 위해 '인격의 기둥' 프로그램이 지닌 중요성과 역할을 이해할 수 있다.

준비물

○ 엽서 디자인 서식

○ 풀

○ 만화책《지츠Zits》

○ 야누시 코르차크가 쓴《상흔》요약본

○ 기사〈우리 동네는 안 돼Not in Our Town〉

○ 소설《천둥아, 내 외침을 들어라》

○ 랭스턴 휴스Langston Hughes*의 시 워드 클라우드 사본

○ 코르차크 사진 퍼즐 조각(모둠 수만큼 준비)

○ 동영상〈아이들의 코르차크Korczak of the Children〉

○ 코르차크의 엽서를 담은 사진

○ 엽서 활동에 필요한 체크리스트 학습지

활동 흐름

첫째 날

① 배경지식 활성화하기:〈아이들의 코르차크〉동영상을 시청한다.

② 코르차크의《상흔》요약본을 함께 읽는다.

③ 국제 공유 독서 프로젝트 모둠을 구성한다.

④ 낯선 사람에 대한 혐오에 맞서는 관점과, 낯선 사람에 대한 혐오를 개
   의치 않는 관점으로 나눈 토론을 통해《상흔》의 주제, 아이디어, 심상
   을 비교·대조해본다.

* 미국의 대표적인 흑인 소설가·시인 ─ 옮긴이.

⑤ 짝 토론 또는 모둠 토론 기록지를 바탕으로 활동 사이의 관련성을 찾아보고 성찰한 내용을 기록한다.

둘째 날

① 모둠을 구성한다(첫째 날과 같은 모둠).
② 모둠별로 학습 주제에 관한 단서가 담긴 워드 클라우드에서 학습 주제를 찾는다.
③ 모둠별로 코르차크 사진의 퍼즐 조각을 맞춘다.
④ 시 〈정의Justice〉의 마지막 버전을 함께 읽고, 시가 말하는 정의가 무엇인지 토론한다.
⑤ 어린이 법정에 관한 코르차크의 글에서 "법정이 정의가 아니라 법정은 정의를 향해 노력해야만 한다" "법정이 진실이 아니고, 법정은 진실을 향해 노력해야만 한다" 부분을 함께 읽는다.
⑥ 〈우리 동네는 안 돼〉 기사를 읽고, 코르차크의 《상흔》과 어떤 연관이 있는지 모둠별로 토론한다.
⑦ 코르차크의 엽서 사진과 엽서에 관한 만화 《지즈》를 감상한다.
⑧ 엽서를 만드는 데 참고할 만한 내용(활용 가능한 템플릿이나 우수 사례)을 살펴본다.
⑨ 세 가지 유형(동반자, 수호자, 가족)의 엽서 디자인, 만들기, 발표 계획을 세우고 체크리스트를 만든다.

한 걸음 더: 전시와 출판

○ 모든 학생들이 참여하게 한다.
○ 기한, 일정, 안내, 유의사항을 알려준다.

○ 프로젝트 완수를 위한 체크리스트를 만들어 활용한다.

○ 동반자 엽서 전달 계획을 안내한다(6월 중순 이스라엘 텔아비브 근처의 자매결연학교를 방문하여 직접 전달).

○ 엽서 발표와 전시 계획을 안내한다(8월에 워싱턴주 시애틀에서 야누시 코르차크 협회가 주최한 국제 콘퍼런스).

○ 코르차크의 어린이 법정을 소개한 뒤, 어린이 법정의 진보적인 방법과 실천에 대한 이해를 바탕으로 샤프스빌 코르차크 청소년 법정이 앞으로 할 수 있는 역할과 가능성을 토의하게 한다.

활용상 유의점

○ 협력이 잘 이루어지도록 모둠은 미리 구성하고 가능하면 바꾸지 않는다. 특기가 있는 학생이 골고루 포함되게끔 모둠을 구성한다.

○ 프로젝트 결과물은 예술적인 면에서도 가치 있고 실용성이 있어야 한다.

○ 프로젝트를 만족스럽게 마칠 수 있도록 충분한 자료와 시간을 제공한다.

○ 콜라주의 실제 이미지를 제외한 모든 자료는 교사가 제공한다. 자료에서 사용하는 명칭은 외래어 표기법을 따른다.

○ 자료는 차례대로 적절한 때에 제시하며, 담임 시간이나 다른 교과 시간과도 연계하여 활용할 수 있다.

'엽서 활동' 유인물

인격의 여섯 기둥 학습지

신뢰

○ 정직하기

○ 속이거나 훔치지 않기

○ 좋은 평판 쌓기

○ 올바른 일을 위해 용기 내기

○ 자기가 한 말을 지킴으로써 신뢰 보여주기

○ 가족, 친구, 나라를 위해 성실한 사람 되기

존중

○ 타인을 존중하고 황금률 따르기

○ 관용을 베풀고 차이를 수용하기

○ 바른 말을 쓰고 예의 지키기

○ 타인의 감정을 고려하기

○ 분노, 모욕, 갈등을 평화롭게 다루기

○ 다른 사람을 때리거나 다치게 하거나 위협하지 않기

책임

O 내가 맡은 일 완수하기

O 미리 계획 세우기

O 인내하고 꾸준히 시도하기!

O 항상 최선을 다하기

O 자기 조절하기

O 수양하기

O 행동하기 전에 결과를 생각하기

O 자신의 말, 행동, 태도에 책임지기

O 타인에게 모범 보이기

공정성

O 규칙을 지키며 놀이하기

O 차례를 지키고 함께 나누기

O 열린 마음으로 경청하기

O 타인을 이용하지 않기

O 섣불리 타인을 비난하지 않기

O 모든 사람을 공정하게 대하기

배려

O 친절하게 행동하기

O 연민으로 대하고 배려하기

O 고맙다고 말하기

O 타인을 용서하기

O 도움이 필요한 사람들 돕기

시민성

○ 협동하기

○ 지역공동체 일에 참여하기

○ 선거에 관심을 두고 투표하기

○ 좋은 이웃 되기

○ 법과 규칙 지키기

○ 권위 존중하기

○ 환경보호

○ 봉사하기

○ 더 나은 학교와 공동체를 위해 참여하기

읽기 자료에서 자신이 선택한 '인격의 기둥'(덕목)을 보여주거나 설명하거나 강조하는 문장을 찾아 적으세요.

_____

_____

_____

_____

_____

왜 위의 문장을 선택했는지 이유를 적으세요.

_____

_____

_____

_____

_____

'엽서' 만들기 예시

엽서 만드는 방법

① 어떤 '인격의 기둥'과 텍스트 자료가 관련 있는지 확인한다.

② 선택한 기둥을 보여주거나, 설명하거나, 강조하는 인용문을 텍스트에서 찾는다(세 문장 이상).

③ 왜 그 인용문을 선택했으며, 인용문에 어떤 의미가 담겨 있는지 구체적으로 적는다(한 단락 정도).

④ 아래 예시처럼 엽서에 적을 문구(수여 내용)를 완성한다(수상자 특성에 맞춰 진술을 자유롭게 적을 수 있다).

엽서 예시

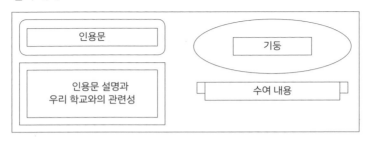

"귀하의 '기둥 이름'(덕목)은 친구, 가족, 공동체에 영감을 주었습니다."
"귀하의 '기둥 이름'(덕목)은 우리 학교를 빛나게 했습니다."

⑤ 동반자 엽서, 수호자 엽서, 공동체 엽서 이렇게 모두 3장을 만든다(자매결연학교의 파트너가 두 명일 때는 동반자 엽서를 한 장 더 만든다).
⑥ 엽서가 완성되면 수상자를 선정하고 수여한다.

엽서 종류별 만들기 사례

동반자 엽서 만들기
① 자매결연학교와의 교류를 되돌아본다.
②《버드가의 섬》에 등장하는 인물들의 특성이 어떤 '인격의 기둥'(덕목)에 어울릴지 생각해본다.
③ 자매결연학교에서 만난 친구와 함께 소통하면서 배운 내용을 ②의 덕목과 연결해본다. 되도록이면 자매결연학교 친구와 교류하면서 의미 있었던 세부사항이나 특별한 경험을 떠올려본다.
④ 자매결연학교에서 만난 친구(동반자)에게 적절한 '인격의 기둥'(덕목)을 선정한다.
⑤ 선정한 덕목을 보여주거나, 설명하거나, 강조하는 문장을《버드가의 섬》에서 찾는다(적어도 세 문장 이상).
⑥ 왜 그 문장을 선택했는지 설명한다.
⑦ 선정한 덕목과 관련하여 자매결연학교와 교류하면서 의미 있는 경험이 무엇이었는지 구체적으로 적는다(한 단락 이상).
⑧ 예시처럼 엽서를 만든다.

수호자 엽서 만들기 : 우리 학교에선 안 돼

우리 학교가 모든 구성원들이 원하는 곳이 될 수 있게끔 특별하고 안전한 장소를 만드는 데 기여한 사람을 칭찬하거나 축하하는 엽서 만들기

① 기사 〈우리 동네에선 안 돼〉와 야누시 코르차크의 단편 소설 《상흔》을 읽고, 다음 인용문에 대해 생각해본다.

> "아무도 괴롭히지 마세요, 그 누구도요. 우리 학교의 명예를 지켜주세요. 우리 학교를 다닌 어느 누구도 그들의 기억과 영혼에 제가 겪은 아픔을 담지 않게 해주세요. 어느 누구도 상흔을 안고 세상으로 나가지 못하게 해주세요." ― 선생님(퍼타키), 야누시 코르차크의 《상흔》을 읽고

② 《상흔》에 어떤 '인격의 기둥'이 나타나는지 찾는다. 왜 그러한 '인격의 기둥'이 나타나 있다고 생각하는지 이유를 구체적으로 설명한다.

③ 자신의 학교 경험을 바탕으로 우리 학교를 더 나은 곳으로 만들기 위해 《상흔》과 '인격의 기둥'(덕목)에서 무엇을 배울 수 있을지 설명한다 (자신의 경험은 익명으로 적는다. 길이는 한 단락 정도).

④ 예시처럼 엽서를 만든다.

공동체 엽서 만들기

① 《천둥아, 내 외침을 들어라》에 나오는 등장인물이 어떤 '인격의 기둥'(덕목)이 있는지 찾는다.

② 등장인물의 긍정적인 가치나 특성이 소설의 교훈이나 중요한 아이디어와 어떤 관련이 있는지 토의한다. 이때 교사는 랭스턴 휴스의 시와 서굿 마셜Thurgood Marshall●의 삶을 인용함으로써 깊이 있는 토의를 이

● 미국 최초의 흑인 대법원장 ― 옮긴이.

끌 수 있다.

③ 덕목을 보여주는 등장인물이나 그런 덕목을 쌓는 데 영향을 준 사건 또는 아이디어를 소설화(小說畵), 콜라주, 이야기 흐름판 등으로 표현한다(그림 옆에 인용문을 상세하고 정확하게 적는다).

그림 그리기 유의사항

○ 사용 가능한 그림 재료: 오려낸 종이, 색종이, 티슈페이퍼, 스테인드글라스 효과를 내기 위한 포일, 스티커(꼭 필요할 때만 제한적으로 사용), 천·벽지·사진·엽서 조각, 크기가 적당한 물건이나 토큰, 신문, 만화, 페인트, 그 밖의 색칠 도구(금속 사용은 금지).

○ 어떤 상징을 나타낸다고 생각하고 그린다.

○ 미리 밑그림이 그려진 제품을 사용하지 않는다.

○ (졸라맨처럼) 대충 그리기 금지!

○ 색칠 도구만 사용하지 않고 다양한 재료를 활용하여 입체적으로 나타내본다.

엽서 평가 예시•

	'인격의 기둥'(덕목)	영예 진술	인용문	설명	그림	총점
배점	2	3	4	6	35	50

•• 원문에는 양적평가 항목과 배점만 제시되어 있으므로 우리나라에서 활용할 때는 정성 평가 기준을 개발할 필요가 있다 — 옮긴이.

참고문헌

이 책을 읽어야 하는 열 가지 이유

Korczak, J. (1986). King Matt the first. (R. Lourie, Trans.). New York: Farrar, Straus and Giroux.

Korczak, J. (1992). When I am little again and The child's right to respect. Lanham, MD: University Press of America.

Korczak, J. (2012). Kaytek the wizard. (A. Lloyd-Jones, Trans.). New York: Penlight Publications.

Korczak, J. (2018). How to love a child and other selected works. Vol. I. (B. Platoff, D. Borchardt & S. G. Bye, Trans.). Chicago: Vallentine Mitchell.

1장

Cohen, A. (1995). The gate of light: Janusz Korczak, the educator and writer who overcame the Holocaust. Cranbury, NJ: Associated University Presses.

David, J. (2005). A square of sky: A wartime childhood from ghetto to convent. London: Eland Books.

Engelking, B., & Leociak, J. (2009). The Warsaw ghetto: A guide to the perished City. New Haven, CT: Yale University Press.

Gifford, E. (2018). The good doctor of Warsaw. London: Corvus.

Grynberg, M. (Ed.). (2002). Words to outlive us: Eyewitness accounts from the Warsaw ghetto. New York: Picador.

Hilberg, R., Staron, S., & Kermisz, J. (Eds.). (1979). The Warsaw diary of Adam Czerniakow: The prelude to doom. New York: Stein & Day.

Joseph, S. (2007). Loving every child: Wisdom for parents. New York: Algonquin Books. Korczak, J. (1992). When I am little again and The child's right to respect. Lanham, MD: UPA.

Korczak, J. (2003). Ghetto diary. New York: Yale University Press.

Korczak, J. (2018a). How to love a child and other selected works, Volume 1. Elstree, Herts, England: Vallentine Mitchell.

Korczak, J. (2018b). How to love a child and other selected works, Volume 2. Elstree, Herts, England: Vallentine Mitchell.

Lifton, B. J. (2018). King of children: The life and death of Janusz Korczak. Elstree, Herts, England: Vallentine Mitchell.

McQuaid, E. (2013). Halina: Faith in the fire. Westville, NJ: The Friends of Israel Gospel Ministry.

Schneiderman, S. L., & Pentlin, S. L. (Eds.) (2009). The diary of Mary Berg: Growing up in the Warsaw ghetto. London: Oneworld Publications.

Zuckerman, Y. (1993). A surplus of memory: Chronicle of the Warsaw ghetto uprising. Berkeley: University of California Press.

Zylberberg, W. (1969). The Warsaw diary, 1939–1945. Elstree, Hertshire, England: Vallentine Mitchell.

2장

Engelking, B., & Leociak, J. (2013). Getto warszawskie. Przewodnik po nieistniejącym mieście [Warsaw ghetto. The guide to the non-existent city]. Warszawa, Poland: Instytut Filozofii i Socjologii.

Korczak, J. (1992). Janusz Korczak w getcie. Nowe źródła [Janusz Korczak in the ghetto. New sources]. Warszawa, Poland: Oficyna Wydawnicza Latona.

Korczak, J. (2012). Pamiętnik i inne pisma z getta [The diary and other sources from the ghetto]. Warszawa, Poland: Wydawnictwo WAB.

Korczak, J. (2018). How to love a child, Volume 1. Elstree, Herts, England: Vallentine Mitchell.

Olczak-Ronikier, J. (2012). Korczak. Próba biografii [Korczak. An attempt of a biography]. Kraków, Poland: Wydawnictwo WAB.

Sakowska, R. (1993). Ludzie z dzielnicy zamkniętej [People from the closed district]. Warszawa, Poland: Wydawnictwo Naukowe PWN.

Witkowska, A. (2010). Ostatnia droga mieszkańców i pracowników warszawskiego Domu Sierot [Last march of the inhabitants and workers of the Home for Orphans]. Warszawa, Poland: Zagłada Żydów. Studia i materiały.

Witkowska-Krych, A. (2015). Janusz Korczak (1878[9]–1942). Warszawa, Poland: Wydawnictwo Instytutu Pamięci Narodowej.

3장

Belfer, I. (2016). White house in a grey city: A child of Janusz Korczak. Toronto: Provincial Advocate for Children and Youth of Ontario.

Korczak, J. (1969). The stubborn boy: The life of Louis Pasteur (Hebrew edition). Transl. by Sh. Meltzer. Tel-Aviv: M. Neuman.

Korczak, J. (2003). Ghetto diary. New Haven and London: Yale University Press.

Korczak, J. (2012). Kaytek the wizard. [Trans. by A. Lloyd-Jones]. Brooklyn, NY: Penlight Publications.

Lifton, B. J. (1988). The king of children: A biography of Janusz Korczak. New York: Farrar, Straus & Giroux.

Talmage Schneider, M. (2015). Janusz Korczak: Sculptor of children's souls. New York: Child Development Research & The Wordsmithy, LLC.

4장

Hartman, S. (2009). Janusz Korczak's legacy: An inestimable source of inspiration. In Janusz Korczak. The child's right to respect Janusz Korczak's legacy. Lectures on today's challenges for children (pp. 13–21). France: Council of Europe Publishing.

Korczak, J. (2003). Ghetto diary. New Haven, CT: Yale University Press. Lifton, B.J. (1988). The king of children. New York: Schocken Books.

5장

Bernheim, M. (1989). Father of the orphans: The story of Janusz Korczak. New York: E.P. Dutton.

Korczak, J. (2003). Ghetto diary. New Haven and London: Yale University Press. Korczak, J. (2009). The child's right to respect (1928), in Janusz Korczak's legacy: Lectures on today's challenges. Strasbourg: Council of Europe.

Korczak, J. (2017). Les colonies de vacance. [The holiday colonies.] Paris: Fabert. Lifton, B. J. (1988). The king of children: A biography of Janusz Korczak. New York: Farrar, Straus & Giroux.

6장

Buck, T. (Ed.). (2011). International child law (2nd ed.). New York: Routledge. Dewey, J. (1899). The school and society. (Kindle Version). Retrieved from Amazon.com Dewey, J. (1916). Democracy and education (Kindle Version). Retrieved from Amazon.com Hartman, S. (2009). Introduction. In Child's right to respect: Prawo Dzieka do Szacunku (1929). Strasbourg Cedex, France: Council of Europe Publishing.

Korczak, J. (2009). Child's right to respect: Prawo Dzieka do Szacunku (1929). Strasbourg Cedex, France: Council of Europe Publishing.

Lifton, B.J. (2018). The king of children: A biography of Janusz Korczak. London and Portland, OR: Vallentine Mitchell.

Medvedeva-Nathoo, O., & Czernow, A.M. (Eds.). (2018). How to love a child and other selected works (Vol. 2). London and Chicago: Vallentine Mitchell.

7장

Czerwińska-Rydel, A. (2018). Medal for a smile . . . and something more—children have a voice! Lodz, Poland: Lodz Publishing.

Edestin, A. (1981). Uśnij, moja córeczko [Sleep, my little daughter]. In Wspomnienia o Januszu Korczaku [Memoirs about Janusz Korczak]. Warsaw: Nasza Księgarnia, p. 43.

Michalak, M. (2009). With bowl and silence made sense. In C. Leżeński & W. Piątek, Life Is Full of Punch Lines. International Chapter of the Order of Smile, Warsaw.

UN Human Rights Council. (2011, July 14). Optional Protocol to the Convention on the Rights of the Child on a Communications Procedure : resolution / adopted by the Human Rights Council, 14 July 2011, A/HRC/RES/17/18, available at: https:// www.refworld.org/docid/4e72fbb12.html.

Zdanowska, Z. (1967a). Five years of a cheerful smile. Kurier Polski, 30.09 / 1.10.1967, No. 231, p. 4.

Zdanowska, Z. (1967b). 44 thousand submitted projects. Order of Smile. Ewa Chrobak—laureate of the competition. Kurier i Telewizji, Kurier Polski, 28 / 29.10.1967, No. 255, p. 1.

8장

Bauman, Z. (2017). Retrotopia. Cambridge: Polity Press.

Doron, S. (2011). Learning to accept the angel of death with equanimity: Tagore and Korczak in the Warsaw ghetto. In Rabindranath Tagore: A timeless mind. Com- memorating the 150th Birth Anniversary of Rabindranath Tagore. London: Tagore Center, pp. 74–84.

Irvin-Erickson, D. (2017). Raphaël Lemkin and the concept of genocide. Philadelphia: University of Pennsylvania Press.

Korczak, J. (1994). Dzieła Tom 3. Wolumin 2. Publicystyka społeczna (1898–1912). (Works Volume 3, Articles on social issues (1898–1912). Warsaw: Latona.

Korczak, J. (1996). Dzieła Tom 6. Sława. Opowiadania (1898–1914). (Works, Volume 6, Fame. Stories (1898–1914). Warsaw: Latona.

Korczak, J. (2003). Ghetto diary. New Haven, CT: Yale University Press.

Korczak J. (2008). Pisma rozproszone. Listy 1913–39, Tom 14, Z listu do Mieczysława Zylbertala (Collected writings. Letters 1913–39, Volume 14. Letter to Mieczysław Zylbertal), May 23, 1937, p. 222 (author's translation).

Korczak, J. (2018a). How to love a child and other selected works, Vol. 1. London and Chicago: Vallentine Mitchell.

Korczak J. (2018b). How to love a child and other selected works, Vol. 2. London and Chicago: Vallentine Mitchell.

Korey, W. (2001). An epitaph for Raphael Lemkin. New York: The Jacob Blaustein Institute.

League of Nations. (1924). Geneva Declaration of the Rights of the Child, September 26. Lemkin, E. (2013). Totally unofficial: The autobiography of Raphael Lemkin. Frieze,

D.-L. (Ed.). New Haven and London: Yale University Press.

Levitsky, S., & Ziblatt, D. (2018). How democracies die. New York: Crown.

Nagorski, A. (Interviewee), Margaret Warner (PBS book conversation interviewer). (2012). Hitlerland: American Eyewitnesses to the Nazi Rise to Power (PBS series episode). In PBS News Hour. Retrieved from https://www.pbs.org/newshour/ show/americans-with-a-front-row-seat-to-the-rise-of-hitler

Olczak-Ronikier, J. (2011). Korczak: Próba biografii. Warszawa: Wydawnictwo W.A.B. Riemen, R. (2018). To fight against this age: On fascism and humanism. New York: W.W. Norton & Company.

Snyder, T. (2017). On tyranny: Twenty lessons from the twentieth century. New York: Tim Duggan Books.

9장

Cockburn, T. (2013). Rethinking children's citizenship. New York: Palgrave Macmillan. Coleman, J. (2010). The nature of adolescence (4th edition). London: Routledge. Dahl, T. (2014). Children as researchers: We have a lot to learn. In G. Melton, A. Ben-Arieh, J. Cashmore, G.S. Goodman, N. Worley (Eds.). The SAGE handbook of child research (pp. 593–618). Los Angeles: SAGE.

Davis, T. (2009). Can social networks bridge the participation gap? Retrieved from http://www.timdavies.org.uk/2009/05/18/can-social-networks-bridge-the-participation-gap Graham, A., Fitzgerald, R., Smith, A., & Taylor, N. (2010). Children's participation as a struggle over recognition. Exploring the promise of dialogue. In B. Percy-Smith & N. Thomas (Eds.). A handbook of children and young people's participation: Perspectives from theory and practice (pp. 293–305). London: Routledge.

Hart, R. (1992). Children's participation: From tokenism to citizenship. Innocenti Essays, 4, Florence, Italy: UNICEF International Child Development Centre. Hart, R. (2009). Charting change in the participatory settings of childhood. In N. Thomas (Ed.), Children, politics and communication: Participation at the margins (pp. 7–30). Bristol, England: Policy Press.

Johnson, V. (2009). Children's autonomous organizations: Reflections from the ground. In N. Thomas (Ed.), Children, politics, and communication. Participation at the margins (pp. 31–48). Bristol, England: Policy Press.

Korczak, J. (1919). How to love a child. Warsaw-Krakow, Poland: Publishing Society in Warsaw.

Korczak, J. (1928). An informative outline with a preface. In M.Rogowska-Falska (Ed.), Zaklad Wychowawczy "Nasz Dom." Warczawa: Nakladem Towarzystwa "Nasz Dom."

Korczak, J. (1984). Pisma wybrane [Selected letters]. Transl. by Aleksander Lewin. Warsaw: Nasza Księgarnia.

Korczak, J.(1994). Dzieła [Works]. Vol. 3. Warsaw: Oficyna Wydawnicza Latona. Krappmann, L. (2013). The child as a citizen. In B. Smolińska-Theiss (Ed.), The year of Janusz Korczak 2012. There are no children, there are people (pp. 333–354). Warsaw: Office of the Ombudsman on Children's Rights.

Lansdowne, G. (2005). The evolving capacities of the child. Florence: UNICEF. Lansdowne, G. (2010). Addressing the balance of power. In M. Shurman (Ed.), Valuing children's potentials (pp. 45–46). Brussels: Eurochild.

Lansdowne, G. (2011). Every child's right to be heard. A resource guide on the UN Committee on the Rights of the Child General Comment No. 12, Save the Children UK, London. Levy, J. (2016). Democracy begins with children's rights. Pedagogika Społeczna, 60(2), pp. 61–66.

Liebel, M. (2008). Citizenship from below: Children's rights and social movements. In A. Invernizzi & J. Wiliams (Eds.), Children and citizenship (pp. 32–43). Los Angeles: SAGE.

Liebel, M. (2014). Adultism and age-based discrimination: A challenge for children's rights research and practice. In CREAN (Ed.), Children and nondiscrimination: Interdisciplinary textbook (pp. 119–143). Tallinn: University Press of Estonia. Lister, R. (2007). Unpacking children's citizenship. In A. Invernizzi & J. Williams(Eds.), Children and citizenship (pp. 9–19). London: SAGE.

Mereoiu, M., Abercrombie, S., and Murray, M. (2016). One step closer: Connecting parents and teachers for improved student outcomes, Cogent Education, 3, pp. 1-19.

Milne, B. (2008). From chattels to citizens? Eighty years of Eglantyne Jebb's legacy to children and beyond. In A. Invernizzi & J. Wiliams (Eds.), Children and citizenship (pp. 44–54). London: SAGE.

Milne, B. (2013). The history and theory of children's citizenship in contemporary societies. New York: Springer.

Mitchell, R. (2015). Children's rights and citizenship studies: Re-theorizing child citizenship through transdiciplinarity from the local to the global. In W. Vandenhole, E. Desmet, D. Reynaert, & S. Lembrechts (Eds.), Routledge International hand- book of children's rights studies (pp. 164–182). London and New York: Routledge International.

Percy-Smith, B., & Thomas, N. (2010). Emerging themes and new directions. In B. Percy-Smith & N. Thomas (Eds.), Handbook of children and young people's partic- ipation. Perspectives from theory and practice (pp. 356–366). New York: Routledge.

Santos Pais, M. (2016). Special Representative of the UN Secretary General speech during the high level conference on a new European strategy on the rights of the child, Sofia 5.04. Retrieved from http://www. coe.int/en/web/children/sofia2016

Shier, H. (2010). Pathways to participation revisited. Learning from Nicaragua's child coffee workers. In B. Percy-Smith & N. Thomas (Eds.), Handbook of children and young people's participation: Perspectives from theory and practice (pp. 215–229). New York: Routledge.

Thomas, N. (2002). Children, family, and the state: Decision making and child participation. Bristol, England: Policy Press.

Thomas, N. (2010). Conclusion: Autonomy, dialogue and recognition. In N. Thomas (Ed.), Children, politics, and communication. Participation at the margins (pp. 185–198). Bristol, England: Policy Press.

Thomas, N. (2012). Love, rights and solidarity: Studying children's participation using Honneth's theory of recognition. Childhood, 19(4), 453–466.

Tisdall, E.K. (2015). Children and young people's participation. A critical consideration of Article 12. In W. Vandenhole, E. Desmet, D. Reynaert, & S. Lembrechts, Rout- ledge international handbook of children's rights studies (pp. 185–200). London and New York: Routledge International.

Toots, A., Worley, N., and Skosireva, A. (2014). Children as political actors. In G. Melton, A. Ben-Arieh, J. Cashmore, G.S. Goodman, & N. Worley (Eds.), The SAGE handbook of child research (pp. 54–80). Los Angeles: SAGE.

Treseder, P. (1997). Empowering children and young people: Promoting involvement in decision-making. London: Save the Children and Children's Rights Office.

United Nations. (1989). Convention on the Rights of the Child. Treaty Series, 1577 (3). United Nations Committee on the Rights of the Child (CRC) (2009, July 20). General comment No. 12: The right of the child to be heard, CRC/C/GC/12, available at https://www.refworld.org/docid/4ae562c52.html [accessed 14 April 2019].

Wong, N.T., & Zimmerman, M. (2010). A typology of youth participation and em- powerment for child and adolescent health promotion. American Journal of Community Psychology, 46(1–2). Retrieved from https://doi.org/10.1007/s10464-010-9330-0

Wyness, M. (2012). Childhood and society (2nd ed.). London: Palgrave Macmillan.

11장

Battistich, V. A. (2008). The Child Development Project: Creating caring school com- munities. In L. Nucci & D. Narvaez (Eds.), Handbook of moral and character education (1st ed.). Mahwah, NJ: Erlbaum.

Baumeister, R. (1991). Meanings of life. London and New York: Guilford.

Ciarrochi, J., Kashdan, T.B., & Harris, R. (2013). The foundations of flourishing. In T.B. Kashdan & J. Ciarrochi (Eds.), Mindfulness, acceptance, and positive psychology: The seven foundations of well-being (pp. 1–29). Oakland, CA: Harbinger Press.

Damon, W., Menon, J., & Bronk, K. C. (2003). The development of purpose during ad- olescence. Applied Developmental Science, 7(3), 119–128. https://doi.org/10.1207/s1532480xads0703_2

Deci, E. L., & Ryan, R. M. (1985). The general causality orientations scale: Self-determination in personality. Journal of Research in Personality, 19, 109–134. https://doi.org/10.1016/0092-6566(85)90023-6

Eisenberg, L. (1995). The social construction of the human brain. American Journal of Psychiatry, 152, 1563–1575. https://doi.org/10.1176/ajp.152.11.1563b

Evans, G.W. (2017). Childhood poverty and adult psychological well-being. Proceedings of the National Academy of Sciences, 113, 14949–14952.

Feldman, R., & Eidelman, A. I. (2004). Parent-infant synchrony and the social-emotional development of triplets. Developmental Psychology, 40, 1133–1147.

Fiske, S. T. (2004). Social beings: A core motives approach to social psychology. New York: Wiley.

Flanders, J.L., Herman, K.N., & Paquette, D. (2013). Rough-and-tumble play and the cooperation-competition dilemma: Evolutionary. In D. Narvaez, J. Panksepp, A.N. Schore, & T. Gleason (Eds.), Evolution, early experience and human devel- opment: From research to practice and policy (pp. 371–387). New York: Oxford University Press.

Gandini, L. (2012b). Connecting through caring and learning spaces. In C. Edwards, L. Gandini, and G.

Forman (Eds.), The hundred languages of children: The Reggio Emilia experiences in transformation, 3rd ed. (pp. 317– 342). New York: Praeger.

Gleason, T. R., & Narvaez, D. (2014). Childhood environments and flourishing. In Narváaz, D., Valentino, K., & Fuentes, A. (Eds.), Ancestral landscapes in human evolution: Culture, childrearing and social wellbeing. Oxford University Press, USA.

Gottlieb, G. (2002). On the epigenetic evolution of species-specific perception: The developmental manifold concept. Cognitive Development, 17, 1287–1300. https:// doi.org/10.1016/s0885-2014(02)00120-x

Griffin, J. M., Fuhrer, R., Stansfeld, S. A., & Marmot, M. (2002). The importance of low control at work and home on depression and anxiety: Do these effects vary by gender and social class? Social Science & Medicine, 54, 783–798. https://doi.org/ 10.1016/s0277-9536(01)00109-5

Hill, P. L., & Turiano, N. A. (2014). Purpose in life as a predictor of mortality across adult- hood. Psychological Science, 25, 1482–1486. https://doi.org/10.1177/0956797614531799

Huber, M. (2016). Embracing rough-and-tumble play: Teaching with the body in mind. St. Paul, MN: Redleaf Press.

Kim, S. S., Chung, Y., Perry, M. J., Kawachi, I., & Subramanian, S. V. (2012). Association between interpersonal trust, reciprocity, and depression in South Korea: A prospective analysis. PLoS ONE, 7, e30602. https://doi.org/10.1371/journal. pone.0030602

Klem, A.M, & Connell, J. P. (2004). Relationships matter: Linking teacher support to student engagement and achievement. Journal of School Health, 74(7), 262–273.

Kochanska, G. (2002). Mutually responsive orientation between mothers and their young children: A context for the early development of conscience. Current Directions in Psychological Science, 11(6), 191–195.

Konner, M. (2005). Hunter-gatherer infancy and childhood: The Kung and others. In B. Hewlett & M. Lamb (Eds.), Hunter-gatherer childhoods: Evolutionary, developmental and cultural perspectives (pp. 19–64). New Brunswick, NJ: Transaction.

Korczak, J. (1967a). The child's right to respect. Selected works of Janusz Korczak, 355–377. Retrieved on December 13, 2018, from http://www.januszkorczak.ca/publications

Korczak, J. (1967b). Educational factors. Selected works of Janusz Korczak, 33–92. Retrieved on December 13, 2018, from http://www.januszkorczak.ca/publications

Lancy, D.F. (2015). The anthropology of childhood: Cherubs, chattel, changelings. 2nd ed. New York: Cambridge University Press.

Lewowicki, T. (1994). Janusz Korczak. Prospects, 24(1–2), 37–48.

Lupien, S. J., McEwen, B.S., Gunnar, M. R. and Heim, C. (2009). Effects of stress throughout the lifespan on the brain, behavior, and cognition. Nature Reviews Neuroscience, 10, 434-445.

Matthews, K. A., Gallo, L. C., & Taylor, S. E. (2010). Are psychosocial factors mediators of socioeconomic status and health connections? Annals of the New York Academy of Sciences, 1186, 146–173.

McEvoy, M., Twardosz, S., & Bishop, N. (1990). Affection activities: Procedures for encouraging young children with handicaps to interact with their peers. Education and Treatment of Children, 13, 159–167.

McGee, R. O. B., & Williams, S. (2000). Does low self-esteem predict health compromising behaviors among adolescents? Journal of Adolescence, 23, 569–582. https://doi.org/10.1006/jado.2000.0344

McMullen, M.B. and McCormick, K. (2016). Flourishing in transactional care systems: Caring with infant toddler caregivers about well-being. In D. Narvaez, J. Braungart-Rieker, L. Miller, L. Gettler, and P. Hastings (Eds.), Contexts for young child flourishing: Evolution, family and society. New York: Oxford University Press.

McNeely, C. A., Nonnemaker, J. M., & Blum, R. W. (2002). Promoting school con- nectedness: Evidence from the national longitudinal study of adolescent health. Journal of School Health, 72, 138–146.

Moak, Z. B., & Agrawal, A. (2010). The association between perceived interpersonal social support and physical and mental health: Results from the National Epidemiological Survey on Alcohol and Related Conditions. Journal of Public Health, 32, 191–201. https://doi.org/10.1093/pubmed/fdp093

Montessori, M. (1966). The secret of childhood. New York: Ballantine Books.

Narvaez, D. (2008). Human flourishing and moral development: Cognitive science and neurobiological perspectives on virtue development. In L. Nucci & D. Narvaez (Eds.), Handbook of moral and character education (pp. 310–327). Mahwah, NJ: Erlbaum.

Narvaez, D. (2010). Building a sustaining classroom climate for purposeful ethical citizenship. In T. Lovat and R. Toomey (Eds.), International research handbook of values education and student well-being (pp. 659–674). New York: Springer.

Narvaez, D. (2011). Neurobiology, moral education and moral self-authorship. In. D. de Ruyter & S. Miedema (Eds.), Moral education and development: A lifetime commitment (pp. 31-44). Rotterdam: Sense Publishers.

Narvaez, D. (2014). Neurobiology and the development of human morality: Evolution, culture and wisdom. New York: W. W. Norton.

Narvaez, D. (2018). Basic needs, wellbeing and morality: Fulfilling human potential. New York: Palgrave-MacMillan.

Narvaez, D. (2019). Original practices for becoming and being human. In Narvaez, D., Four Arrows, Halton, E., Collier, B., & Enderle, G. (Eds.), Indigenous sustainable wisdom: First-Nation know-how for global flourishing. New York: Peter Lang.

Narvaez, D., & Bock, T. (2014). Developing ethical expertise and moral personalities. In L. Nucci & D. Narvaez (Eds.), Handbook of moral and character education(2nd ed.) (pp. 140–158). New York: Routledge.

Narvaez, D., Panksepp, J., Schore, A., & Gleason, T. (Eds.). (2013). Evolution, early experience and human development: From research to practice and policy. New York: Oxford University Press.

National Association for the Education of Young Children (2009). Developmentally appropriate practice in early childhood programs serving children from birththroughage8.RetrievedMarch12,2018,fromhtt ps://www.naeyc.org/ positionstatements/dap

Noble, R., Kurth, A., & Narvaez, D. (2018a). Measuring basic needs satisfaction and its relation to health and well-being. In Narvaez, D. (Ed.), Getting to human potential: Basic needs, well-being, and morality. New York: Palgrave-Macmillan.

Noble, R., Kurth, A., & Narvaez, D. (2018b). Basic needs satisfaction and its relation to childhood experience. In Narvaez, D. (Ed.), Getting to human potential: Basic needs, well-being, and morality. New York: Palgrave-Macmillan.

Oyama, S., Griffiths, P. E., & Gray, R. D. (2001). Cycles of contingency: Developmental systems and evolution. Cambridge, MA: MIT Press.

Power, F.C. & Higgins – D'Alessandro, A. (2008). The just community approach to moral education and the moral atmosphere of the school. In L. Nucci & D. Narvaez (Eds.), Handbook of moral and character education (1st ed.). Mahwah, NJ: Erlbaum.

Rhea, D.J., & Rivchun, A.P. (February, 2018). The LiiNK Project®: Year 2. Effects of multi- ple recesses and character curriculum on classroom behaviors and listening skills. Frontiers in Education. https://doi. org/10.3389/feduc.2018.00009

Taylor, S. E., & Brown, J. D. (1988). Illusion and well-being: A social psychological perspective on mental health. Psychological Bulletin, 103, 193–210. http://humancond.org/_media/ papers/taylor_brown_88_ illusion_and_well_being.pdf

Vansteenkiste, M., & Ryan, R. M. (2013). On psychological growth and vulnerability: Basic psychological need satisfaction and need frustration as a unifying prin- ciple. Journal of Psychotherapy Integration, 23, 263–280. https://doi.org/10.1037/ a0032359

Watson, M., & Eckert, L. (2018). Learning to trust. New York: Oxford University Press. World Health Organization. (1948). Preamble to the Constitution of the World Health Organization as adopted by the International Health Conference, New York, June 19–22, 1946; signed on July 22, 1946, by the representatives of 61 States (Official Records of the World Health Organization, no. 2, p. 100) and entered into force on April 7, 1948.

12장

Center on the Developing Child at Harvard University. (2011). Building the brain's "air traffic control" system: How early experiences shape the development of executive function. Working Paper 11. Retrieved from http://www.developingchild.net

Diamond, A. (2002). Normal development of prefrontal cortex from birth to young adulthood: Cognitive functions, anatomy, and biochemistry. In D.T. Stuss & R.T. Knight (Eds.), Principles of frontal lobe function (pp. 466–503). New York: Oxford University Press.

Institut de la statistique du Québec. (2014). Faible revenu et inégalité de revenu. (Low income and income inequality). Quebec: Gouvernement du Québec, 1–124.

13장

Efron, S. (2005, March/April). Janusz Korczak: Legacy of a practitioner-researcher. Journal of Teacher Education, 56(2), 145–156.

Hammarberg, T. (Ed.). (2009). The child's right to respect: The Korczak lectures. Strasbourg: Council of Europe.

Hartman, S. (2009). Janusz Korczak's legacy: An inestimable source of inspiration. In T. Hammarberg (Ed.), The Legacy of Janusz Korczak (pp. 13–23). Strasbourg: Council of Europe.

Korczak, J. (1923, 1986). King Matt the first. (R. Lourie, Trans). New York: Farrar, Straus and Giroux.

Korczak, J. (1923, 2009). King Matt on a desert island. London: JPE Publications. Korczak, J. (2007). Loving every child: Wisdom for parents. (S. Joseph, Ed.). Chapel Hill, NC: Algonquin Books of Chapel Hill.

Korczak, J. (2018a). How to love a child and other selected works, Volume 1. London: Vallentine Mitchell.

Korczak, J. (2018b). How to love a child and other selected works, Volume 2. London: Vallentine Mitchell.

NAEYC. (2009). Position statement on developmentally appropriate practice. Washington, DC: Author. Retrieved May 5, 2019, from https://www.naeyc.org/resources/topics/dap

Yad Vashem. (n.d.). Educational values from the Korczak legacy. Retrieved November 5, 2018, from https://www.yadvashem.org/education/educational-materials/ learning-environment/janusz-korczak/ korczack-values.html

14장

Elliot, E. (2007). We are not robots: The voices of daycare providers. Albany: State Uni- versity of New York Press.

Klarina, L.M. (2016). The problem of preschool children's subjectness development: Can it be solved if teachers lack professional subjectness? Russian-American Education Forum: An Online Journal, 8(1). Retrieved from http://www.rus-ameeduforum. com/content/en/?task=art&article=1001176&iid=24

Korczak, J. (2009). The child's right to respect. In Janusz Korczak's legacy. Lectures on to- day's challenges for children. Strasbourg: Council of Europe Publishing. Available at https://www.coe.int/t/commissioner/ source/prems/PublicationKorczak_ en.pdf

Pikler, E., & Tardos, A. (2001). Laßt mir Zeit. Die selbständige Bewegungsentwicklung des Kindes bis zum freien Gehen [Give me time. The development of an independent movement of the child before she starts walking freely]. Munich: Pflaum.

Rubinshteyn, S.L. (1997). Chelovek i mir [Man and the World]. Moscow: Nauka.

Vygotsky, L.S. (1935). Obuchenie i razvitie v doshkol'nom vozraste / Umstvennoe razvitie v protsesse obucheniya. Sb. statej. [Teaching and development at preschool age]. In Mental development in the process of teaching. Collected papers (pp. 20–32). Moscow, Leningrad: Gosudarstvennoe Uchebno- Pedagogicheskoe Izdatel'stvo.

15장

Brussoni, M., Brunelle, S., Pike, I., Sandseter, E., Herrington, S., Turner, H., Belair, S., Logan, L., Fuselli, P., & Bell, D. (2014). Can child injury prevention include healthy risk promotion? Injury Prevention, 21(5), 1–4.

Chorpita, B., & Barlow, D. (1998). The development of anxiety: The role of control in the early environment. Psychological Bulletin, 124, 3–21.

Eichsteller, G., & Holthoff , S. (2015). Waarom kinderen risico's moeten leren ne- men [Why children should learn to take risks]. In Het recht van het kind op leven en dood [The child's right to life and death]. In Janusz Korczak Yearbook. Gorinchem, The Netherlands: Narratio.

Gray, P. (2015). Free to learn. New York: Basic Books.

Korczak, J. (1986). Hoe houd je van een kind [How to love a child]. Utrecht, The Netherlands: Bijleveld.

Korczak, J. (2018). How to love a child and other selected works. Portland, OR: Vallentine Mitchell.

Lifton, B. (1988). The king of children. New York: Farrar, Straus & Giroux.

Senninger, T. (2000). Abenteuer leiten—in Abenteuern lernen [To guide adventure: Learning by adventure]. Münster, Germany: Ökotopia.

Tulley, G., & Spiegler, J. (2011). 50 dangerous things (you should let your child do). New York: New American Library.

16장

Alexander, H. A. (2003). Moral education and liberal democracy: Spirituality, com- munity, and character in an open society. Educational Theory, 53(4), 367–387.

Arendt, H. (1993). Walter Benjamin: 1892-1940 (trans. H. Zohn). In H. Arendt, Men in dark times (pp. 153–206). New York: Harcourt Brace & Company.

Berding, J. W. A. (2018). Janusz Korczak and Hannah Arendt on what it means to be- come a subject: Humanity, appearance and education. In M. Michalak (Ed.), The rights of the child yesterday, today and tomorrow: The Korczak perspective (pp. 432–449). Warsaw: Rzecznik Praw Dziecka.

Buber, M. (1965). I and thou (R.G. Smith, Trans.). New York: Routledge.

Carver, C. S., & Scheier, M. F. (1999). Issues in the self-regulation of behavior. In R.S. Wyer (Ed.), Perspectives on behavioral self-regulation (pp. 1–101). Mahwah, NJ: Erlbaum.

Clandinin, D. J., & Connelly, F. M. (1996). Teachers' professional knowledge landscapes: Teacher stories, stories of teachers, school stories, stories of school. Educational Researcher, 25(3), 24–30.

Cohen, A. (1994). The gate of light: Janusz Korczak, the educator and writer who overcame the Holocaust. Cranbury, NJ: Associated University Press.

Dror, Y. (1998). Educational activities in Janusz Korczak's orphans' home in Warsaw: A historical case study and its implications for current child-care and youth care practice. Child & Youth Care Forum, 27(4), 281–298.

Eden, S. (2000). Henryk Goldszmit–Janusz Korczak: The man, the educator, the writer. Jerusalem: Janusz Korczak Association in Israel.

Efron, S. (2005). Janusz Korczak: Legacy of a practitioner-researcher. Journal of Teacher Education, 56(2), 145–156.

Efron, S. (2008). Moral education between hope and hopelessness: The legacy of Janusz Korczak. Curriculum Inquiry, 38(1), 39–62.

Eichsteller, G. (2009). Janusz Korczak: His legacy and its relevance for children's rights today. The International Journal of Children's Rights, 17(3), 377–391. DOI: 10.1163/157181808X334038

Engel, L. H. (2008). Experiments in democratic education: Dewey's lab school and Korczak's Children's Republic. Social Studies, 99(3), 117–121.

Hageri-Poznansky, A. (1982). Haish ah-akshan, Janusz Korczak mikarov [The stubborn man: Janusz Korczak closely]. Tel Aviv: Hakibbutz Hameuchad.

Korczak, J. (1962). Rules of life in J. Korczak. Pedagogical writings (Trans. D. Sadan & S. Metzer). Tel Aviv: Hakibbutz Hameuchad.

Korczak, J. (1967a). How to love a child (J. Bachrach, Trans.). In M. Wolins (Ed.), Selected works of Janusz Korczak (pp. 81–462). Washington, DC: The National Science Foundation.

Korczak, J. (1967b). The little brigand. (J. Bachrach, Trans.). In M. Wolins (Ed.), Selected works of Janusz Korczak (pp. 530–533). Washington, DC: The National Science Foundation.

Korczak, J. (1978). Dat Ha-Yeled [The child's religion] (D. Sadan & Z. Arad, Trans.). Tel Aviv: The Yitzchak Katzenelson, Beit Locahmei Haggetato & Hakibbutz Hameuchad.

Korczak, J. (1992). When I am little again and The child's right to respect. Lanham, MD: University Press of America.

Korczak, J. (2001). The education of educator by the children. Dialogue and Univer- salism, 11(9–10), 51–57.

Korczak, J. (2018). How to love a child and other selected works (Trans. B. Platoff, D. Borchardt & S. G. Bye). Chicago: Vallentine Mitchell.

Lewin, A. (1997). Tracing the pedagogic thought of Janusz Korczak. Dialogue and Universalism, 11(9–10),

119–124.

Lipiner, L. (2015). Taking roots: My life as a child of Janusz Korczak, The father of children's rights: Biography of Shlomo Nadel (Trans. Ora Baumgarten). http:// www.januszkorczak.ca/wp-content/ uploads/2015/12/JK_book_En.pdf. Toronto, Canada: Office of the Provincial Advocate for Children and Youth.

Murdoch, I. (1970). Sovereignity of good. London: Routledge & Kegan Paul.

Noddings, N. (2014). The challenge of care in schools: An alterntive approach to education (2nd ed.). New York: Teachers College Press.

Shner, M. (2012). Janusz Korczak and Yitzhak Katzenelson: Two educators in the abyss of history. Tel Aviv: Tel Aviv University.

Silverman, M. (2017). A pedagogy of humanist moral education: The educational thought of Janusz Korczak. New York: Springer Nature.

17장

Berlin, I. (1969). Four essays on liberty. London: Oxford University Press.

Cohen, A. (1994). The gates of life. Rutherford, NJ: Fairleigh Dickinson University Press.

Frost, S. (1983). Janusz Korczak: Friend of children. Moral Education Forum, 8(1), 4–22.

Joseph, S. (1999). A voice for the child: The inspirational words of Janusz Korczak. London: Thorsons.

Kohn, A. (1997, February). How not to teach values: A critical look at character education. Phi Delta Kappan. Retrieved from https://www.alfiekohn.org/article/teach-values/

Lamm, Z. (1976). Conflicting theories of instruction: Conceptual dimensions. Berkeley, CA: McCutchan.

MacIntyre, A. (1984). After virtue: A study in moral theory. 2nd edition. South Bend, IN: University of Notre Dame Press.

Neill, A. S. (1971). Summerhill. Middlesex, England: Pelican/Penguin.

Rousseau, J. J. (2001). Emile. London: J.M. Dent, Everyman.

Silverman, M. (2017). A pedagogy of humanist moral education: The educational thought of Janusz Korczak. New York: Palgrave-Macmillan.

Wolins, M. (Ed.). (1967). Selected works of Janusz Korczak. (J. Bachrach, Trans.). Washington, DC: National Science Foundation. Retrieved from www.januszkorczak.ca./ legacy/CombinedMaterials.pdf

18장

Berding, J.W.A. (1999). John Dewey's participatory philosophy of education: Education, experience and curriculum. Retrieved from http://members.ziggo.nl/jwa.berding/ Berding%20Summary%20PhDdiss. pdf

Berding, J. (2015). John Dewey. In T. David, K. Gooch, & S. Powell (Eds.), International handbook of philosophies and theories of early childhood education and care (pp. 49–56). Oxford: Routledge.

Berding, J. (2017). Introduction on Janusz Korczak. http://korczakusa.com/wp-content/ uploads/2016/07/ Introduction-on-Janusz-Korczak-by-Joop-Berding-May2017.pdf (Retrieved January 10, 2019)

Boisvert, R.D. (1998). John Dewey: Rethinking our time. Albany: State University of New York Press.

Chiel, S. (1975). Janusz Korczak: The making of a martyr. History of Childhood Quarterly, 13, 363-372.

Dewey, J. (1895). Plan of organization of the university primary school. Early Works 5, pp. 223-243.

Dewey, J. (1899). The school and society. Middle Works 1.

Dewey, J. (1902). The child and the curriculum. Chicago: University of Chicago Press. Dewey, J. (1916). Democracy and education. Middle Works 9.

Dewey, J. (1938). Experience and education. Later Works 13.

De Winter, M. (1997). Children as fellow citizens: Participation and commitment. Oxford & New York: Radcliffe Medical Press.

Korczak, J. (1967/1919). How to love a child. In M. Wolins (Ed.), Selected works of Janusz Korczak (pp. 81–462). Washington, DC: National Science Foundation.

Korczak, J. (1992a/1925). When I am little again. In E.P. Kulawiec (Ed.), When I am little again and The child's right to respect (pp. 1–158). Lanham, MD: University Press of America.

Korczak, J. (1992b/1929). The child's right to respect', in E.P. Kulawiec (Ed.), When I am little again and

The child's right to respect (pp. 159–186). Lanham, MD: University Press of America.

Tanner, L.N. (1997). Dewey's laboratory school: Lessons for today. New York: Teachers College Press.

19장

Brendtro, L., & Hinders, D. (1990). A saga of Janusz Korczak, the king of children. Harvard Educational Review, 60(2), 237–246.

Efron, S. (2005). Janusz Korczak: Legacy of practitioner-researcher. Journal of Teacher Education, 56(2), 145–159.

Kulawiec, E. (1989). Teachers and teaching: Yanoosh Who-o-o?: On the discovery of greatness. Harvard Educational Review, 59(3), 362–366.

Korczak, J. (1980 [1942]). The ghetto years 1939–1942. Western Galilee, Israel: Ghetto Fighters' House.

Korczak, J. (2003 [1942]). Ghetto diary. New York: Yale University Press. Levi-Strauss, Cl. (1974). Structural anthropology. New York: Basic Books.

Regev, M. (1995). Janusz Korczak and the play The Post Office by Rabindranath Tagore at the orphanage in the Warsaw ghetto. Maagale Kria, 23–24, 215–220. (In Hebrew).

Shalauddin, M., Hoque, M. S., & Bhuiyan, T. (2017). Cognitive study of image schema and dying-mind in Tagore's near-death experience poems. Rupkatha Journal of Interdisciplinary Studies in Humanities, IX(2), 303–320.

Silverman, M. (2017). A pedagogy of humanistic moral education: The educational thought of Janusz Korczak. New York: Palgrave Macmillan.

Tagore, R. (1996 [1912]). The post office. New York: St. Martin's Press. Tagore, R. (2005). Selected poems. Toronto: Viking Penguin.

Tagore, R. (2006). The Tagore omnibus: Volume 1. New York: Penguin Group.

20장

American College Health Association. (2008, 2013, 2018). National College Health Assessment. Baltimore, MD: ACHA.

Henriques, G. (2014, February 21). What is causing the college student mental health crisis? Psychology Today. Retrieved from https://www.psychologytoday.com/us/ blog/theory-knowledge/ 201402/the-college-student-mental-health-crisis

Hunt, J. and Eisenberg, D. (2010, January). Mental health problems and help-seeking behavior among college students. Journal of Adolescent Health, 46(1), 3-10.

Korczak, J. (1967). Selected works of Janusz Korczak. Washington, DC: National Science Foundation.

Korczak, J. (1992). When I am little again. Lanham, MD: University Press of America.

Korczak, J. (1999). A voice for the child: The inspirational words of Janusz Korczak. London: Thorsons.

Poppo, K. (2006). A pedagogy of compassion: Janusz Korczak and the care of the child. Encounter: Educating for Meaning and Social Justice, 19(4), 32–39.

Tillich, P. (1957). Dynamics of faith. New York: Harper & Row.

21장

Adler, D. A. (2002). A hero and the Holocaust: The story of Janusz Korczak and his chil- dren. New York: Holiday House.

Bogacki, T. (2009). The champion of children: The story of Janusz Korczak. New York: Francis Foster Books.

Holch, A. (1991). Heil Hitler: Confessions of a Hitler youth. [Video file]. United States: Home Box Office, Inc. Retrieved from https://www.youtube.com/ watch?v=JJ6umV7CVY8

Homage to Korczak. Excerpts from his writings, poems in his honor, children's drawings (1989). Yad Layeled: The Korczak Society of Israel.

Korczak, J. (2018). How to love a child: and other selected works, Volume 1. Elstree, England: Vallentine Mitchell.

Lifton, B. J. (1988). The king of children: A biography of Janusz Korczak. New York: Farrar, Straus & Giroux.

22장

Acast. (2018, December 5). Talking politics: Democracy for young people [Audio file]. Retrieved January 16, 2019, from https://play.acast.com/s/talkingpolitics/ democracyforyoungpeople?autoplay

Children's Parliament. (2019). Children's Parliament: Giving kids a voice. Retrieved January 16, 2019, from www.childrensparliament.org.uk

Janusz Korczak Association of Canada. (2018, May 13). A ceremony to honour Irena Sendler. Retrieved January 16, 2019, from www.januszkorczak.ca/a-ceremony- to-honour-irena-sendler.

Korczak, J. (1979). The Warsaw ghetto memoirs of Janusz Korczak (E.P. Kulawiec, Trans.). Washington, DC: University Press of America.

Korczak, J. (1990). Little King Matty and the desert island. (A. Czasak, Trans.). London: Joanna Pinewood.

Korczak, J. (2004). King Matt the first. (R. Lourie, Trans.). New York: Algonquin Books.

Korczak, J. (2009, November). Janusz Korczak: The child's right to respect. Strasbourg: Council of Europe Publishing.

Korczak, J. (2012). Kaytek the wizard. (A. Lloyd-Jones, Trans.). Brooklyn, NY: Penlight Publications.

Life in a Jar: The Irena Sendler Project. (n.d.). Retrieved January 16, 2019, from https://irenasendler.org/about-the-project

Lifton, B.J. (1988). The king of children: A biography of Janusz Korczak. New York: Schocken Books.

Liverpool City Council. (n.d.). 2168 Children's Parliament. Liverpool, BC. Retrieved January 16, 2019, from www.liverpool.nsw.gov.au/community/2168-childrens- parliament

Mazzeo, T. J. (2016). Irena's children: The extraordinary story of the woman who saved 2,500 children from the Warsaw ghetto. New York: Gallery Books.

Nast, P. (2002-2019). War and migration. Washington, DC: National Education Asso- ciation. Retrieved January 16, 2019, from www.nea.org/tools/lessons/63678.htm United Nations High Commission on Refugees (UNHCR). (2001-2019). Teaching about refugees. Retrieved January 16, 2019, from www. unhcr.org/teaching-about-refugees.html

Walther, S. T. (2003). United Nations. Declaration of the Rights of the Child. Retrieved January 16, 2019, from www.unicef.org/malaysia/1959-Declaration-of-the-Rights-of-the-Child.pdf

Weaver, M. (December 6, 2018). Lower voting age to six to tackle bias against young, says academic. The Guardian. Retrieved January 16, 2019, from www.theguardian.com/politics/2018/dec/06/give-six-year-olds-the-vote- says-cambridge-university-academic

23장

Anderson, C., Narvaez, D., Bock, T., Endicott, L., & Lies, J. (2004). Minnesota com- munity voices and character education: Final report and evaluation. Roseville: Minnesota Department of Children, Families and Learning.

Aristotle. (1988). Nicomachean ethics (W.D. Ross, Trans.). London: Oxford.

Battistich, V. A. (2008). The Child Development Project: Creating caring school com- munities. In L. Nucci & D. Narvaez (Eds.), Handbook of moral and character education (1st ed.). Mahwah, NJ: Erlbaum.

Block, J. (2007). Pushed: The painful truth about childbirth and modern maternity care. New York: Lifelong Books/Da Capo/Perseus.

Boschki, R. (2005). Re-reading Martin Buber and Janusz Korczak: Fresh impulses toward a relational approach to religious education. Religious Education, 100(2), 114–126.

Carter, C.S., Ahnert, L., Grossmann, K.E., Hrdy, S.B., Lamb, M.E., Porges, S.W., & Sachser, N. (2005). Attachment and bonding: A new synthesis. Cambridge, MA: MIT Press.

Elias, M. J., & Berkowitz, M. W. (2016). Schools of social-emotional competence and character: Actions for school leaders, teachers, and school support professionals. Naples, FL: National Professional Resources.

Hewlett, B. S., & Lamb, M. E. (2005). Hunter-gatherer childhoods: Evolutionary, developmental and cultural perspectives. New Brunswick, NJ: Aldine.

Korczak, J. (1967a). Selected works of Janusz Korczak. Published for the National Sci- ence Foundation by the Scientific Publications Foreign Cooperation Center of the Central Institute for Scientific, Technical and Economic Information, Warsaw [Available from the US Dept. of Commerce Clearinghouse for Federal Scientific and Technical Information, Springfield, VA.]. http://www.janusz-orczak.ca/legacy/1_ Introduction.pdf

Korczak, J. (1967b). How to love a child. Selected works of Janusz Korczak, 404–405. Retrieved on November 27, 2018, from http://www.januszkorczak.ca/legacy/3_ How%20to%20Love%20a%20Child.pdf

Korczak, J. (1967c). Educational factors. Selected works of Janusz Korczak, 1–80. Re- trieved on November 27, 2018, from http://www.januszkorczak.ca/legacy/ 2_Educational%20Factors.pdf

Korczak, J. (1967d). Child's right to respect. Selected works of Janusz Korczak, 355–377. Retrieved on November 27, 2018, from http://www.januszkorczak.ca/legacy/

Korczak, J. (1978). Ghetto diary (J. Bachrach & B. Krzywicka, Trans). New York: Holocaust Library.

LeDoux, J. E. (1996). The emotional brain: The mysterious underpinnings of emotional life. New York: Simon & Schuster.

Lewowicki, T. (1994). Janusz Korczak. Prospects, 24(1–2), 37–48.

MacIntyre, A. (1981). After virtue: A study in moral theory. Notre Dame, IN: University of Notre Dame Press.

Narvaez, D. (2006). Integrative ethical education. In M. Killen & J. Smetana (Eds.), Handbook of moral development (pp. 703–733). Mahwah, NJ: Erlbaum.

Narvaez, D. (2007). How cognitive and neurobiological sciences inform values edu- cation for creatures like us. In D. Aspin & J. Chapman (Eds.), Values education and lifelong learning: Philosophy, policy, practices (pp. 127–159). New York: Springer Press International.

Narvaez, D. (2008). Triune ethics: The neurobiological roots of our multiple moralities. New Ideas in Psychology, 26, 95–119.

Narvaez, D. (2009). Ethical action: Nurturing character in the classroom (EthEx Series Book 4). Notre Dame, IN: Alliance for Catholic Education Press.

Narvaez, D. (2010). Building a sustaining classroom climate for purposeful ethical citizenship. In T. Lovat and R. Toomey (Eds.), International research handbook of values education and student well-being (pp. 659–674). New York: Springer Publishing Co.

Narvaez, D. (2011). Neurobiology, moral education and moral self-authorship. In D. de Ruyter & S. Miedema (Eds.), Moral education and development: A lifetime commitment (pp. 31–44). Rotterdam: Sense Publishers.

Narvaez, D. (2014). Neurobiology and the development of human morality: Evolution, culture and wisdom. New York: W.W. Norton.

Narvaez, D. (2018). Basic needs, well-being and morality: Fulfilling human potential. New York: Palgrave-MacMillan.

Narvaez, D., & Bock, T. (2009). Ethical judgment: Nurturing character in the classroom (EthEx Series Book 2). Notre Dame, IN: Alliance for Catholic Education Press.

Narvaez, D., Bock, T., Endicott, L., & Lies, J. (2004). Minnesota's Community Voices and Character Education Project. Journal of Research in Character Education, 2, 89–112.

Sheridan, S., & Samuelsson, I. P. (2001). Children's conceptions of participation and influence in pre-school: A perspective on pedagogical quality. Contemporary Issues in Early Childhood, 2(2), 169–194.

Singh, R. (2010). Stories to light our way. Elbridge, NY: Wisdom Thinkers Network.

Watson, M., & Ecken, L. (2018). Learning to trust, 2nd ed. San Francisco: Jossey-Bass.

24장

Korczak, J. (1939). Pedagogika żartobliwa [Playful pedagogy]. Warsaw: Wydawnictwo J. Mortkowicza. Retrieved from http://www.dbc.wroc.pl/Content/13804/RP1342_ Pedagogika_zartobliwa.pdf

Korczak, J. (1967). How to Love a Child: The Children's Home. In Selected Works of Janusz Korczak. Jerzy Bachrach (Transl.). Washington, D.C.: The National Science Foundation. (Original work published 1920). Retrieved from: http://www. januszkorczak.ca/legacy/CombinedMaterials.pdf

Korczak, J. (1983). Rozwój idei miłości bliźniego w XIX wieku [Development of the idea of loving your neighbor in the nineteenth century]. In Maria Falkowska (Eds.) Myśl pedagogiczna Janusza Korczaka. Nowe źródła [Pedagogical thought of Janusz Korczak. The new sources]. Warsaw: Nasza Księgarnia.

(Original work published 1899.)

Korczak, J. (2018). How to Love a Child: The Orphan's Home. In How to Love a Child: And Other Selected Works Vol. 1. (S. Bye et al., Trans.). London: Vallentine Mitchell. (Original work published 1920.)

Medvedeva-Nathoo, O. (2012). Oby im życie łatwiejsze było [May their lot be lighter]. Ryszard Reisner (Transl.) Poznań: Uniwersytet im. Adama Mickiewicza. Retrieved from http://www.januszkorczak.ca/wp-content/uploads/2016/12/ Janusz-Korczak_2012.pdf

Wassercug, Z. (1927). Zakłady [Bets]. Dos Kind, 7, 27–29 (A. Geller, Trans. from Yiddish). The text is available in Polish in KORCZAKIANUM (Museum of Warsaw).

25장

Geneva Declaration of the Rights of the Child. (1924). Retrieved from UN Documents Database, http://www.un-documents.net/gdrc1924.htm

Korczak, J. (1923). Król Maciuś Pierwszy [King Matt the first]. Warsaw-Kraków: Towarzystwo Wydawnicze.

Korczak, J. (1986). King Matt the First (R. Lourie, Trans.). New York: Farrar, Straus and Giroux.

Korczak, J. (1993). Prawo dziecka do szacunku [Child's right to respect], Dzieła [Works], Vol. 7. Warsaw: Oficyna Wydawnicza Latona.

Korczak, J. (2003). Prawidła życia [Rules of life], Dzieła [Works], Vol. XI/1, p. 100. Warsaw: Wydawnictwo Instytutu Badań Literackich PAN.

Korczak, J. (2008). Nasz Przegląd 1926 [Our review], (Dzieła [Works], Vol. 14/1, 18-19. Warsaw: Wydawnictwo Instytutu Badań Literackich PAN.

Sztyma, T., & Czerwińska, A. (Eds.). (2018). In King Matt's Poland. The 100th anniversary of regaining independence. (Z. Sochańska, Transl.).Warsaw: POLIN Museum of the History of Polish Jews.

26장

Demakova, I.D., & Denisova, V.V. (2016). Anticipating the 25th anniversary of Nash Dom: Korczak's Camp in Russia. Russian-American Education Forum: An online journal, 8(2). Retrieved from www.rus-ameeduforum.com

Feldstein, D.I. (1997). Sotsialnoe Razvitie v Prostranstve-Vremeni Detstva [Social develop- ment in the space-time of childhood]. Moscow: Flinta.

Gazman, O.S. (1996). Pedagogika svobody: Put' v gumanisticheskuju tsivilizatsiju XXI veka [The pedagogy of freedom: On a way to the humanistic civilization of the XXI century]. New Values of Education, 6, 10–37.

Korczak J. (2018). How to love a child and other selected works, Volume 1. London and Chicago: Vallentine Mitchell.

27장

BOP Consulting, The Reading Agency. (2015, June). Literature review: The impact of reading for pleasure and empowerment. Retrieved from https://readingagency.org.uk/news/ The%20Impact%20of%20Reading%20for%20Pleasure%2and%20Empowerment. pdf

Craw, J. (2018, February). Statistic of the month: How much time do students spend in school? Retrieved from http://ncee.org/2018/02/statistic-of-the-month-how- much-time-do-students-spend-in-school/

Gleed, A. (2014). Booktrust Reading Habits Survey 2013. A national survey of reading habits and attitudes to books amongst adults in England. Retrieved from https:// www.djsresearch.co.uk/Free/published/1576-booktrust-reading-habits-report- final.pdf

La Lettre, Association suisse des Amis du Dr Janusz Korczak, Vol. XXXVIII, N°88 (2018, October). On Nous Écrit. Retrieved from http://www.korczak.ch/doc/ let/let_20181101_fr_0.pdf

OECD (2013). OECD Skills Outlook 2013: First results from the Survey of Adult Skills. Re- trieved from https://www.insidehighered.com/sites/default/server_files/files/ Skills%20volume%201%20(eng)--full%20v8--eBook%20(01%2010%202013).pdf

Official Website of "Association suisse des Amis du Dr Janusz Korczak." Prix Janusz Korczak de Littérature Jeunesse, Règlement du Prix. Retrieved from http:// www.korczak.ch/?m=25

Official Website of "Le Prix Janusz Korczak de Littérature Jeunesse." Retrieved from http://www.prix-janusz-korczak-de-litterature-jeunesse.fr/

US Department of Education, Office of Educational Research and Improvement, National Center for Education Statistics. (1998). The condition of education 1998, NCES 98-013. Washington, D.C., U.S. Government Printing Office. Retrieved from https://nces.ed.gov/pubs98/98013.pdf

US Department of Education, National Center for Education Statistics. (2008). Aver- age number of hours in the school day and average number of days in the school year for public schools, by State: 2007–08. Retrieved from https://nces.ed.gov/surveys/ sass/tables/sass0708_035_s1s.asp

US Department of Education, Office of Educational Research and Improvement, Na- tional Center for Education Statistics. (1999, March). The NAEP 1998 Reading Report Card for the Nation and the States, NCES 1999-500. Washington, D.C. Re- trieved from https://nces.ed.gov/nationsreportcard/pdf/main1998/1999500.pdf

책을 마치며

Journal Psyche. (1994–2018). Tag archives: Theories of Abraham Maslow. The quest for self-actualization. Retrieved on April 21, 2019, from http://journalpsyche.org/ tag/theories-of-abraham-maslow/

Korczak, J. (2007). Loving every child: Wisdom for parents. Chapel Hill, NC: Algonquin Books of Chapel Hill.

Massy, C. (2017). Call of the reed warbler: A new agriculture, a new earth. London: Chelsea Green Publishing.

다르샤 나바에즈(Darcia Narvaez) 미국 인디애나주 사우스벤드에 있는 노트르담 대학 심리학 교수이다. 여러 책을 저술했으며, 주로 인격과 도덕 발달에 관한 문제를 탐구한다. 미네소타대학에서 동료들과 함께 도덕적 인격 발달 이론을 적용한 학교 프로그램을 개발했으며, 그 뒤로 관련된 연구를 이어가고 있다.

랠프 싱(Ralph Singh) '지혜로운 사상가 네트워크Wisdom Thinkers Network'의 의장을 맡고 있으며 작가이자 교육자, 스토리텔러, 강연자이고 공동체를 조성하는 일을 하는 사람이다. 40년이 넘는 기간 동안 '교육과 공적 삶에서 영성과 가치'를 집중적으로 연구해오고 있다.

루카스 릿슨(Lukas Ritson) 지속가능성 교육자이자 워씨Wearthy의 공동 설립자이다. 워씨는 지속가능한 발전을 위한 실외 프로그램을 성공적으로 개발하고 시행한 기업이다. 자신의 연구 결과를 호주와 국제 세미나, 콘퍼런스, 개인적인 훈련 지도를 통해 공유하고 있다.

류보프 M. 클라리나(Ljubov M. Klarina) 러시아 모스크바에 있는 러시아교육아카데미의 유아·가족·교육연구소 선임 연구원이며, 혼자서 또는 동료들과 함께 미취학 아동 발달에 관한 책을 여러 권 저술하였다.

릴리안 보라크스 네메츠(Lillian Boraks-Nemetz) 폴란드 바르샤바에서 태어났으며 홀로코스트의 목격자이자 어린이 생존자이다. 비교문학 석사학위가 있으며, 산문집과 시집을 출판한 작가이다. 밴쿠버 홀로코스트 교육센터와 박물관의 봉사 강연자로도 활동하며, 캐나다코르차크협회 이사이다.

마레크 미할라크(Marek Michalak) 특수교육 교사이자 아동 옴부즈맨Ombudsman for Children(2008-2018), 국제미소훈장회의소International Chamber of the Order of the Smile 총장이다. 또한 2011-2012년 스트라스부르에 등록된 의석을 가진 '아동 옴부즈퍼슨의 유럽 네트워크European Network of Ombudspersons for Children, ENOC' 회장이다.

2022년 현재 국제 코르차크 협회의 선출직 회장이다.

마르샤 탈마지 슈나이더(Marcia Talmage Schneider) 《어린 혼의 조각가 야누시 코르차크》의 작가이자 교육자이다. 현재 뉴욕에 거주하고 있다.

마르크 실베르만(Marc Silverman) 이스라엘 히브리교육대학에서 30년 이상 선임 강사로 일했다. 교육철학, 유대인 문화와 교육에 관한 책을 출간했으며, 《인문주의 도덕교육학: 야누시 코르차크의 교육사상A Pedagogy of Humanist Moral Education: The Educational Thought of Janusz Korczak》(2017, Palgrave-Macmillan)을 썼다.

마르타 산투스 파이스(Marta Santos Pais) 유엔아동폭력대처 사무총장 특별대표로 40여 년 동안 인권 문제와 관련한 경험을 쌓았다. 아동 권리를 위해 변함없이 헌신하고 있는 변호사로, 아동 권리 문제를 다룬 많은 책을 저술했다. 유니세프와 포르투갈 리스본에 있는 국제대학에서 일한 바 있으며, 1989년에 〈아동권리협약〉과 세 가지 선택규약을 기초한 유엔 구성원 중 한 명이다.

마크 베른하임(Mark Bernheim) 미국 오하이오주 마이애미대학의 언어학·문학 명예교수이다. 풀브라이트상 등 여러 기회를 통해 프랑스, 오스트리아 그리고 이탈리아 전역에서 폭넓은 교수 경험을 쌓았다.

메리 S. 타샤(Mary S. Tarsha) 미국 인디애나주 사우스벤드에 있는 노트르담대학 국제 전문대학원 크록국제평화연구소에서 심리학과 평화를 연구하는 대학원생이다.

보이치에흐 라소타(Wojciech Lasota) 폴란드 바르샤바 출신으로 야누시 코르차크의 이론과 실무를 연구한 뛰어난 연구원이다. 폴란드코르차크재단 회장이자 공동 설립자로, 코르차크의 유산을 홍보하기 위한 여러 프로젝트에서 총괄 조사관으로 근무했다.

사라 에프랏 에프런(Sara Efrat Efron) 미국 일리노이주 시카고국립루이스대학

교육학 교수이자 교육과정, 지원, 정책 분야의 박사과정 프로그램 책임자이다. 여러 분야의 책을 펴냈으며, 국제회의에 소개된 바 있다.

슐로미 도론(Shlomi Doron)　이스라엘 아슈켈론대학에서 학제적 접근 학과의 선임 강사이며, 이스라엘 코르차크교육연구소[KEI]에서 일하고 있다.

시란 L.A. 알페랭(Shirane L.A. Halpérin)　스위스 제네바에서 태어났으며, 스위스 프리부르대학교에서 학사와 법학 석사학위를 받았다. 스위스 코르차크협회의 활동적인 회원이다.

아그니에슈카 비트코프스카 크리흐(Agnieszka Witkowska-Krych)　코르차키아눔 연구센터에서 수년간 연구원으로 근무한 인류학자이자 사회학자이다. 현재 바르샤바대학에서 박사학위를 취득 중이며, 바르샤바 게토의 고아라든가 버려진 유대인 아이들을 다룬 논문을 준비하고 있다.

아이라 퍼타키(Ira Pataki)　미국 노스웨스턴대학에서 법학 학위를, 옥스퍼드와 컬럼비아 대학에서 영문학 학위를 받았다. 현재 펜실베이니아주 샤프스빌중학교에서 일하고 있다.

앤절라 M. 커스(Angela M. Kurth)　세인트토머스대학교 심리학과 교수이다. 초기 교육환경과 관련한 경력을 쌓았으며, 부모와 교사 교육에 관심이 많다.

에바 야로시(Ewa Jarosz)　폴란드 카토비체의 실레지아대학 교수이자 아동 참여와 아동 폭력 문제 연구자이다. 아동 권리의 강력한 옹호자로, 2011~2018년에 '폴란드 아동 옴부즈맨' 사회 고문을 지냈다.

에바 우코비치 오니슈치우크(Ewa Łukowicz-Oniszczuk)　2011년부터 2013년까지 뉴욕 주재 폴란드영사관에서 부영사로 근무했다. 그의 관심사는 평화, 인권, 문화 간 의사소통을 위한 교육이다. 폴란드 코르차크협회 회원으로, 바르샤바에 있는 폴란드 외무부에서 일하고 있다.

에이미 스팽글러(Amy Spangler) 교육 컨설턴트이자 미국 공교육계와 일본의 국제공동체에서 30년 이상 교장으로 근무했다.

엘렌 (시오위) 트뤼델(Hélène (Sioui) Trudel) 캐나다 몬트리올의 공인받은 중재자이자 사회적 기업가이다. 야누시 코르차크와 질 쥘리앵 박사에게서 영감을 받아 CRC를 통합적으로 실시함으로써 빈곤 아동의 건강 상태와 존엄성에 초점을 맞춘 사회의학 법률 실행을 설계했다. 퀘벡과 캐나다에서 쌓은 업적으로 인정받았으며, 권위 있는 상을 받기도 했다.

엘리자베스 기퍼드(Elisabeth Gifford) 영국 리즈대학교에서 프랑스문학과 비교종교학을 공부했으며, 몇 년 동안 문맹과 난독증을 전문으로 다루는 특별 코디네이터로 일했다. 창작문학 석사학위가 있으며,《바르샤바의 선한 의사》는 세 번째 역사소설이다. 곧 소설 두 편이 더 나올 예정이다.

이리나 데마코바(Irina Demakova) 모스크바주립교육대학ᴹˢᴾᵁ 유아연구소 심리인류학과 교수이다. 또한 러시아청소년코르차크협회 부회장이자 국제청소년코르차크센터와 국제통합어린이캠프 '우리의 집' 학술 고문이며, MSPU 청소년 교육 및 연구 코르차크 센터 대표이다.

조나탕 레비(Jonathan Levy) 프랑스 파리 출신 교육학자로 교사 트레이너이자 아동 전문가 트레이너이다. 그의 연구는 아동 권리에 대한 교육학적 접근법에 기초한다. 아동 권리 실천 프로그램을 과학적으로 기획했으며, 국제코르차크협회 부회장이다.

줄리 스콧(Julie Scott) 미국 위스콘신주 스포케인에 있는 이스트밸리중학교와 이스트밸리학군의 2학년 국어 교사이다.

줍 W.A. 버딩(Joop W.A. Berding) 교육학자이며 로테르담 응용과학대학에서 교수로 은퇴했다. 야누시 코르차크, 존 듀이, 해나 아렌트와 관련한 교육 분야의 책을 저술했으며, 네덜란드코르차크협회 회원이다.

질 쥘리앵(Gilles Julien)　캐나다 몬트리올 출신의 소아과 의사이자 사회적 기업가이다. 책임감 있는 의사로서 통합적 의학을 이끌어 '지역사회 소아과 의사 CSP' 모델을 만들었다. CSP 모델은 어려운 생활환경에서 발생하는 독성 스트레스와 복합적인 트라우마 때문에 발달장애가 있는 아이들을 치료하기 위한 것이다. 그는 또한 여러 책을 저술하고 권위 있는 상을 받았으며, 캐나다와 그 밖의 지역사회에 끊임없이 영향을 주고 있다.

케네스 베델(Ken Bedell)　오바마 행정부에서 교육부 선임고문으로 일한 바 있으며, 인종차별 철폐와 인권을 위해 싸우는 열정적인 투사이자 작가이다.

케이틀린 머피(Caitlin Murphy)　아동을 위한 친환경 디자인 기업 워씨Wearthy(본사가 호주에 소재)의 커뮤니케이션·마케팅 매니저이다. 또한 파트타임 배우이자 전문 음악가이기도 하다.

크리스틴 파포(Kristin Poppo)　미국 뉴욕주 앨프리드주립대학 학장이다. 아동 권리에 열정적이며, 아동과 젊은이들에게 연민을 발달시키는 방법을 집중적으로 연구해왔다.

타마라 슈티마(Tamara Sztyma)　폴란드 바르샤바에 있는 폴란드 유대인역사폴린박물관의 미술사학자이자 전시 큐레이터로 여러 전시회를 기획했다. 2018년에 열린 전시회 중 하나는 야누시 코르차크의 삶과 작품에서 영감을 받아 기획했다. 바르샤바대학 교양학부 부연구원이기도 하다.

타티아나 치를리나 스파디(Tatyana Tsyrlina-Spady)　러시아 쿠르스크주립대학 교수이자 워싱턴주 시애틀퍼시픽대학 겸임 교수로, 20권이 넘는 책을 저술하거나 편집한 작가이기도 하다. 2019년 UBC(Vancouver, BC) 코르차크여름연구소의 첫 초빙 교수이며, 세계적인 교육 전문가로 평가받고 있다. 그의 경력은 대부분 야누시 코르차크에서 영감을 받아 쌓았다.

토니아 복(Tonia Bock) 미국 미네소타주 세인트토머스대학의 교수이자 인증·평가 이사이다. 교육 및 발달 심리학자로 특히 도덕 발달을 집중적으로 연구했다.

틸라 J. 마지오(Tilar J. Mazzeo) 미국 메인주 워터빌에 있는 콜비칼리지에서 클래라 파이퍼의 부교수로 영어를 연구하고 있다. 뉴욕타임스가 선정한 베스트셀러 작가이며, 미국 고등교육기관에서 30년 넘게 강의한 경험이 있다.

피터 C. 렌(Peter C. Renn) 미국 워싱턴주 시애틀퍼시픽대학 부학장으로 재직하고 있다. 25년이 넘는 경력을 쌓은 교육자이며, 주로 '학교에서 비판적 교육학의 역할'과 교육신경과학을 연구했다.

헬마 브라우어스(Helma Brouwers) 네덜란드 암스테르담대학에서 강의한 바 있으며, 코르차크와 비고츠키의 사상을 바탕으로 교사 양성 교재를 저술했다. 코르차크에게서 영감을 받아 교육학에 관한 여러 저서를 편집하기도 했으며 네덜란드코르차크협회의 활동적인 회원이다.

힐렐 골먼(Hillel Goelman) 캐나다 밴쿠버에 있는 브리티시컬럼비아대학 명예교수이다. 35년 동안 교육·상담심리학·특수교육 학부에서 유아교육과 연구방법 과정을 가르쳤고 학제간 대학원 프로그램 의장을 맡기도 했다.